高等职业教育教学改革融合创新型教材·财经基础课

U0648573

人际沟通
实训教程 （第三版）

◉ 刘晓燕 主 编

东北财经大学出版社
Dongbei University of Finance & Economics Press

大连

RENJI GOUTONG

SHIXUN JIAOCHENG

图书在版编目（CIP）数据

人际沟通实训教程/刘晓燕主编．—3版．—大连：东北财经大学出版社，2024.1

（高等职业教育教学改革融合创新型教材·财经基础课）

ISBN 978-7-5654-5086-0

Ⅰ.人…　Ⅱ.刘…　Ⅲ.人际关系学-高等职业教育-教材　Ⅳ.C912.11

中国国家版本馆CIP数据核字（2024）第004961号

东北财经大学出版社出版

（大连市黑石礁尖山街217号　邮政编码　116025）

网　　址:http://www.dufep.cn

读者信箱:dufep@dufe.edu.cn

大连图腾彩色印刷有限公司印刷　东北财经大学出版社发行

幅面尺寸：185mm×260mm　　字数：430千字　　印张：19.5

2024年1月第3版　　　　　　2024年1月第1次印刷

责任编辑：张晓鹏　李　季　　　　　　责任校对：郭海雷

封面设计：原　皓　　　　　　　　　　版式设计：原　皓

定价：49.00元

第三版前言

习近平总书记在党的二十大报告中指出："教育、科技、人才是全面建设社会主义现代化国家的基础性、战略性支撑。必须坚持科技是第一生产力、人才是第一资源、创新是第一动力，深入实施科教兴国战略、人才强国战略、创新驱动发展战略。"这三大战略共同服务于创新型国家建设。新时代要求广大教师承担起教育者的神圣职责，在教学全过程中一定要深入贯彻党的二十大精神，落实党的二十大报告的各项要求，不断强化课程思政，对学生进行社会主义核心价值观教育，强化学生的顾全大局意识、责任担当意识、团队合作意识和诚信守法意识，切实提高学生的道德水准和职业素养，促进学生的全面发展。

现代教育理论认为：沟通能力的培养和教育可以使一个人获得认知自我、理解和调节他人情绪以及与他人合作的能力。也就是说，新时代的大学生不仅要有深厚的基础理论知识、过硬的专业技术知识，还要有较强的沟通能力，这也是衡量大学是否能培养出对社会有用的人才的重要尺度。如果一个大学生不会沟通，不善于与他人合作，即使专业技能再强，也很难有用武之地。正如联合国教科文组织在国际21世纪教育委员会的报告《教育——财富蕴藏其中》中指出的："学会共处"是对现代人最基本的要求之一。具备一定的沟通能力，学会尊重、学会思考、学会共处、学会共赢，已成为每个现代人驾驭自我生活、学习和工作的基本要求，也是促进社会和谐的必然要求。

鉴于此，我们不揣浅薄，于2017年、2020年分别编写了本书第一版和第二版，自出版以来深受高职院校广大师生的欢迎，现在本书前两版的基础上进行全面修订，完成《人际沟通实训教程》（第三版）。与国内同类教材相比，其特色将更加鲜明。

本书是反映高等职业教育教学改革最新理念的创新型实用教材，是大连职业技术学院深化高职教育教学改革、开发任务驱动型高职教材的成功范例。本教材融知识性、趣味性和可操作性于一体，深入浅出，方便实用。其内容包括认识人际沟通、语言沟通、非语言沟通、倾听、面谈、书面沟通、网络沟通、日常沟通、面试沟通、会议沟通、工作沟通和商务沟通12项"任务"。每项"任务"都由课程思政要求、训练目标、任务导入、知识储备、能力提升（含案例讨论、实训项目、拓展阅读等）和课后练习构成，并且在"知识储备"中加入了大量的"小贴士""小故事""小案例""小训练"等栏目，增强了内容的可读性、趣味性、启发性和指导性，这些都使本版教材更方便学生训中学、学中训、学训有机结合，不断提升学生的人际沟通、人际交往能力。

本书由刘晓燕担任主编，于丽娟、郑添天担任副主编。其具体分工如下：刘晓燕编写任务7至任务12并制作PPT课件、案例及课后练习答案等基本教学资源；于丽娟、王允编写任务3；郑添天编写任务2、任务4和任务5并完成电子教案的制作；于丽娟、孙小杰编写任务6；张岩松编写任务1。全书由刘晓燕统稿。

本书既可作为应用型本科院校、高职高专院校以及各类成人院校各专业学生人际沟通课程的教材，也可作为大学生提高自身人际沟通能力的训练手册，同时也是各界人士开展人际沟通的优秀参考读物。

本书在编写过程中参考了大量文献和资讯，在此向各位作者表示衷心的感谢。同时，本书的出版也得到了东北财经大学出版社的大力支持与帮助，在此一并致谢。

因编者时间所限，本书不足之处在所难免，敬请读者指正。

编　者

2023年10月

目　录

任务 1

认识人际沟通

嘤其鸣矣，求其友声。

——《诗经·小雅·伐木》

课程思政要求

1.一条主线

坚定学生理想信念，爱党、爱国、爱社会主义、爱人民、爱集体。

2.课程思政的立体化构建

（1）遵循育人规律，推进教学理念的同向性和同行力。

（2）加强队伍建设，提高教师教学的专业性和引导力。

（3）完善教材体系，增强教材内容的系统性和说服力。

（4）改进教学方法，提升思政教育的针对性和亲和力。

（5）丰富教学载体，打造学习方式的多样性和吸引力。

（6）关注学生学法，重视学生的主体性和成长力。

训练目标

把握人际沟通的基本内涵和特点；了解人际沟通的作用；掌握人际沟通的影响因素；了解人际沟通的障碍并能予以克服。

任务导入

小王的烦恼

管理专家杜慕群曾在其著作中介绍了如下案例：小王大学毕业后进入某名企业工作。工作的第一天，小王对公司情况有了一个大致了解，接受了一些内部培训，一周以后便开始上岗了。

首次任务

两周过去了，小王逐渐熟悉了公司的情况。领导开始给小王派任务了，交给小王的第一个任务他不是特别熟悉，并被告知一周后完成。由于小王的不熟悉，他感到无从下手。但领导此时出差在外，小王心想不便打扰，所以并没有向领导请教。他自己就浪费了几天时间搜集资料来做一些大致的了解。一周之后，领导回来了，跟小王要资料，小王说这个任务他不是特别懂，希望领导给他点意见。谁知领导非常生气地训斥他："不懂可以打电话问，或者发邮件也可以，但是绝对不可以一周什么事情也不做！要主动和领导沟通！"当时小王就傻了，但是也没多说什么，请领导多给一周时间，他会尽力做好。

与外部门沟通

由于此次任务有很多事项需要和其他部门沟通，小王心想自己跟他们不熟，采用发邮件的方式会好些，只要把事情说明白就应该没有太大问题。因此，小王给别的部门同事发了邮件，其中有些还是外省公司代表处的。部分同事反应很快，将小王要的资料迅速回复给他。但是外省公司的，可能由于经常在外面有销售活动未能及时回复，小王又发送邮件催了一次，对方依旧没有回复。这样，三天过去了，小王开始急了，赶紧给他们打电话。电话那头，同事还算客气，但是他说："不好意思，你要的这些资料我这里暂时没有，而且我在外地出差，如果需要的话三天以后才有可能发给你，如果早点告诉我，情况会好点。"小王这次傻眼了，因为两天后，领导就要资料，时间根本来不及。又过了一周，领导问小王要报告。小王说："由于部分分公司资料没给齐，暂时做不出来，需要延后几天。"领导质问道："两周时间，他们资料还没给齐？"小王没有多作辩解，只是跟领导保证过几天将任务完成。

与领导沟通

又过了两天，小王好不容易将报告做出来了，他用邮件发给了领导。他以为有什么问题领导肯定会来找他要求他修改，因此就闲在那里等领导回复。但是两天过去了，一点动静都没有。小王心想：难道领导没收到邮件？因此又检查了一下邮箱，确定领导的确收到了邮件。一周过去了，领导又问他那份报告的事情，小王说："一周前就给您发过去了。"领导埋怨说做完了怎么也不告诉他，他邮件很多，有时不一定会看到所有的邮件。小王觉得很委屈，明明自己辛苦完成的工作发给领导了，是领导自己没看，还怪他。

坐冷板凳

做完这份报告之后，领导也没提什么修改意见，也没安排什么任务，过了几天就又出差去了。小王就有了属于自己的空闲时间，上上网、看看新闻，觉得日子很舒服，不知道上班要干点什么。两天之后，领导回来了，小王本以为领导会安排点任务给他，谁知道领导也没来找他。他还是照样偷偷摸摸地上网、聊天，等着领导给他安排任务。一周过去了，小王依然没有接到任何任务，领导似乎也不管他了。他开始有点担心了，但又顾忌到领导太忙，自己不敢去找领导主动要求安排任务，因此他就继续等待。晚上同事们加班，他也不得不留下来，尽管无事可做，但还是在那里耗时间。

沟通不畅，离职

又过了一周，小王进公司大概一个月的时间，领导总算来找小王了。小王十分忐忑，不知道领导会给他安排什么任务。可这次领导并没有提到工作的事情，只是跟小王谈工作态度问题。领导说："小王啊，你来公司也已经有一个月了，有什么工作业绩没有啊?"小王说:"没什么,就完成了一个报告,还在等着您给我下任务呢。"领导说:"小王,你是我一手招进来的,本来我很看好你的,然而我经过观察发现,你做事情最大的一个缺点就是不够积极主动,什么时候都要人家给你布置任务,你为什么不能主动来找我沟通工作问题呢?"小王此刻深受启发,但接下来在与领导的沟通上依旧没有什么大的改观。又过了一个月,试用期要结束了,小王也觉得在这里工作不受重用,没有什么激情,因此试用期还没过,小王就主动提出离职了。

资料来源　杜慕群. 管理沟通案例［M］. 北京:清华大学出版社,2013.

问题:

1.结合此案例谈谈人际沟通的意义体现在哪些方面。

2.在人际沟通上,你认为小王存在哪些问题?应如何改进?

1.1　知识储备

统计资料表明:良好的人际关系,可使工作成功率与个人幸福实现率达到85%以上。在某地被解雇的4 000人中,人际关系不好者占90%,不称职者占10%;大学毕业生中人际关系处理得好的平均年薪比优等生高15%,比普通生高33%。而要建立良好的人际关系,必须以人际沟通这一方式来实现,由此可见,人际沟通对一个人获得成功是非常重要的。

1.1.1　人际沟通的基本内涵

所谓人际沟通,就是指人与人之间进行信息传递和情感交流的过程。通过人际沟通,人们彼此交流思想、观点、情感和意见,从而达到传递信息、调节情绪、增进友谊、加强团结的目的。在现代社会中,人际沟通的广度和深度不仅是人们生活质量的重要体现,而且是组织沟通、团队沟通的前提和基础。可以说,有效的管理沟通都是通过有效的人际沟通来实现的。人际沟通的含义包括以下三个方面:

微课1-1

认识人际沟通

1.人际沟通是一种历程

在一段时间之内,有目的地进行一系列信息交流的行为,就是人际沟通。与亲人饭后闲聊,或和好友电话聊天,或使用网络与朋友们交流等都是人际沟通的例子。

2.人际沟通是一个有意义的沟通过程

人际沟通的重点在于它是一个有意义的沟通过程。在沟通的过程中,其内容所体现出的是"什么",其意图所传达的是"为何",其价值所对应的是沟通"有多重要"。

3.双方在沟通历程中表现出的是一种互动

沟通其实是一种互动,这种互动对沟通中和沟通后所产生的结果都负有责任。在沟通之前,双方无法预测沟通后的结果。例如,孩子向父母要钱,说:"我没有钱了,能不能给我1 000元零用钱?"此时,无法知晓沟通结果。其结果可能是"可以",也可能是"不可以",而且"可以"或"不可以"的结果又存在着许许多多语气、态度等方面的差别。

小案例 1-1 ▆ 　　　　　　　　　　　王总经理的一天

王伟是一家公司的总经理，下面看一下他一天的工作情况。

早晨 8：00 来到办公室，打开计算机开始收发邮件。

8：20 开始批阅文件，然后撰写年度工作报告的提纲。

9：00 浏览了一个地区经理提交的关于改变某项工作流程的备忘录，于是决定要为这件事召开一次会议。

按照约定，他在 10：00 就新招聘员工的相关事宜听取了人力资源部经理小宋的汇报。

11：00 亲自去机场迎接来自美国的客户，并与其共进午餐。

下午 1：30 陪同美国商户去公司参观，并就进一步合作事宜进行了磋商。

下午 3：30 接受了一名记者的采访。

下午 4：00 就与美国客户合作事宜召集各部门经理开了一个紧急会议。

……

他一天中的上述工作都可称为是一种"人际沟通"。

资料来源　黄漫宇. 商务沟通［M］. 3版. 北京：清华大学出版社，2023.

1.1.2　人际沟通的特点

由于人是有思想、有感情的高级动物，所以人际沟通与其他形式的沟通相比，具有下述特点：

1.沟通双方都是交流活动的积极参与者

沟通双方积极地参与交流，前提是双方有共同的动机。在人际沟通过程中，每一个参与者都是主体，双方之间的沟通是一个相互作用的互动过程。

2.人际沟通受到人际关系的影响

俗话说："酒逢知己千杯少，话不投机半句多。"人际沟通总是在一定的人际关系下进行的，人际关系状况直接影响人际沟通的深度、广度，影响人际交流的方向。这一特点在中国文化背景下显得尤为突出，"逢人且说三分话，未可全抛一片心"，说的就是人际关系对人际沟通的影响。

3.人际沟通会出现障碍

在人际沟通过程中，社会文化因素和沟通双方的心理因素，包括双方的社会地位、文化水平、风俗习惯和社会传统以及个人的需要、动机、情绪、兴趣、价值观、个性、经验与知识结构等，都会使人际沟通出现障碍，产生信息的过滤和曲解，从而妨碍人际沟通的正常进行。这是人际沟通过程中特有的一种现象。

4.人际沟通的主要工具是语言

除了书面语言以外，人际沟通还经常通过口头语言进行。在口头沟通过程中，除了语言符号系统外，语音、语调、停顿、重音以及语速等辅助语言符号也会传递大量的信息和表现出丰富的情感；同时，表情、姿态、手势等非语言符号在沟通过程中也起着很大的作用。因此，口头沟通时常常会出现言外之意和弦外之音。

5.信息传递迅速，交流形式与内容随意性较大

人际沟通是人与人之间直接进行信息传递，中间不经过第三者，因此信息传递速度比较快，信息传递的数量也很少受到限制。特别是当人际沟通只限于两人时，其传递效果往往是比较好的。但是人际沟通也有另一方面的特点，就是形式与内容随意性较大，双方可以根据具体情境对人际沟通的形式和内容进行调整和改变，如果人际沟通的链条过长，其信息传递效果就会呈明显下降趋势。有关研究显示，第一个信息传播者将信息传递给第二个人时，信息量只有原来的70%；第二个人将信息传递给第三个人时，信息量只有原来的55%；第三个人将信息传递给第四个人时，信息量只有原来的30%。

1.1.3 人际沟通的作用

小训练1-1

问题出在哪儿？

仔细观察这幅漫画（如图1-1所示），回答以下问题：

图1-1 有关团队合作的漫画

问题：

1.该幅漫画说明了什么问题？

2.如何避免以上问题的发生？

3.在生活中你有没有遇到过类似情形，你是如何处理的？

人际沟通除信息的传递外，还包括情感、思想、知识和经验等多方面的交流。它对改善人际关系、调整和转变人的行为都具有十分重要的意义和作用。具体说来，人际沟通的作用主要表现在下述几个方面：

1.开阔视野，丰富经验

人际沟通有助于增长知识，开阔视野，丰富经验。在人际沟通过程中，个体可从对方那里吸收对自己的工作、学习和生活有用的知识，以他人的长处弥补自己的短处，借鉴他人的优势来改变自己的劣势，总结他人的成功经验，吸取他人的失败教训，以此丰富自己的知识积累，提高对环境的适应能力。

2.联络情感，改善关系

有效的人际沟通可以针对双方的思想、情感、信息进行充分的、全方位的交换，使双方达成共识、增进了解、联络感情，有效地改善人际关系。世界上最美的东西就是人与人之间的情感联结，而这种情感联结就是通过人际沟通来实现的。沟通的过程使积极的情感体验加深，使消极的情感体验减弱，从而使人际关系不断得以改善。

3.认识他人，自我定位

唐太宗说："以铜为镜，可以正衣冠；以史为镜，可以知兴替；以人为镜，可以明得失。"这句话道出了人际沟通有认识自我并进行自我定位的作用。因为一个人在与他人沟通的过程中，理解了他人，也认识了他人眼中的自己。人们从他人对自己的反应、态度和评价中，会发现自己的长处和短处，找到自己恰当的社会位置，从而为自我的设计、发展、完善创造有利条件。离开了人际沟通，人就永远无法客观地认识他人，也无法真正地了解自己。

4.心理健康，满足需求

沟通与交往是人类最基本的社会需要之一。根据美国社会心理学家马斯洛的需求层次理论，每个人都有归属和社交的需要，通过彼此间的相互沟通和交往，可以诉说个人的喜怒哀乐，这样就增进了彼此之间的情感。人际沟通有助于人的心理健康，正如一些人所说的那样："当我们快乐时，把我们的快乐告诉自己的朋友，会使快乐加倍；当我们痛苦时，把我们的痛苦告诉自己的朋友，会使我们的痛苦减半。"

5.高效团队，实现目标

人际沟通是组织管理的基础，离开了人际沟通，是不可能发挥管理功能和实现管理目标的。良好的人际沟通能够把每个人的知识、专长和经验融合在一起，更好地与他人合作，从而组建一个高效的工作团队，取得事业上的成功。

小案例1-2　　　　　　　　　　　　**留住一线员工的组长**

刘斌已经当了七个月的组长，组内十几名组员却没有一人辞职跳槽。这期间也发生过组员想辞职的情况，但经过刘斌细致的思想工作，他们都高兴地留下了。

第一位员工小吴平时干活比较实在，年龄较小。他提出辞职时，说要回老家去跟着别人卖服装，每个月能挣3 000多元。刘斌问他："雇你的那个人买卖规模有多大？自己有房子、汽车吗？"他说不清楚。刘斌则说："他每个月给你3 000多元工资，那他最低也得赚1万元吧，怎么能没房子和汽车呢？你'五一'节回老家去看看，把情况搞准确再说。公司希望你有更好的发展前途。"趁"五一"节放假他回去一看，果不其然，服装店老板的生意很小，收入很低。于是小吴回到公司继续安心工作。

第二位员工小贺性格内向，长得很秀气，突然提出想辞职。刘斌问他是不是工作压力太大？他说不是，是想学些技能，想学计算机，将来好有一技之长，找个能上白班的地方，还想去饭店工作。刘斌说："你想学一技之长非常好，可以理解，可是你了解外边的实际情况吗？譬如饭店的工作，每天上午营业，要到晚上九点钟才关门，下班后你还有精力学习吗？另外，那里住宿要几个人一个房间，没有空调，饭店人员流动性大，素质参差不齐，没有好的环境，你怎么学习？在外边学计算机学费就要950元，而咱们公司办计算机学习班有补贴，学费才250元。在外边上课都是单班，你缺了课就补不上了，公司的培训班都是双步制，你倒班也能跟上。如果你想学计算机，过几天我帮你去报名"。后来小贺去了公司计算机学习班，刘斌还找了懂计算机的同事辅导他。小贺学会了计算机后非常感谢他的组长刘斌。

资料来源 王聿轩. 倾听的艺术 [J]. 现代班组，2016（8）：34-35.

【点评】刘斌作为一名班组长，很好地做到了在沟通中充分理解对方的意思，并站到对方的角度上去分析问题，这是沟通的最高境界；再从尽量留住员工的角度，拿出对对方来说比较稳妥圆满的解决问题方案，取得了较好结果，达到了公司与员工的双赢；在沟通时，他还注意将自己放在与员工同等的位置上，让员工觉得不是在跟领导交代问题，而是与一个朋友在谈心，充分感受到班组长的关心、专注和鼓励，这有时比说很多话更起作用。

1.1.4 人际沟通的影响因素

小贴士1-1

人际沟通与人际关系的辩证关系

人际沟通是一个连续、动态的变化过程，始终受到沟通者生理、心理和社会等多重因素的影响。因此，正确地认识这些复杂的因素及其对人际沟通产生的各种作用，对激发沟通动力、去除沟通障碍具有积极的意义。这些影响因素主要包括：

（1）移情效应。所谓移情，是指沟通者从对方的角度来感受、理解和分享其感情的过程。它是人际沟通一个最重要的影响因素，对理解对方发挥着关键作用。实际上，站在对方的角度理解对方，并及时地向他们表达这种理解，既是移情的具体表现，又是有效人际沟通的基本前提。在沟通时，我们应当充分重视并恰当地应用移情效应。

（2）信任程度。人际沟通的效果还取决于沟通双方的信任程度。在现实生活中，自己信任的人所传递的信息比其他渠道的信息更容易被相信和认同。对沟通者的信任程度，主要与对方的权威性、信誉、领导才华、语言魅力以及目的一致性（即判断其是否与自己的目的和价值观一致）等因素有关。

（3）控制能力。它是指一个人引导和确定与沟通对象的某种人际关系的支配力度。由控制能力所建立的关系包括互补关系、对称关系和平等关系三种。在互补关系中，由于沟通双方地位不平等，一方常以支配方式要求另一方顺从，显然，此时支配方的控制能力最强；在对称关系中，沟通双方因地位平等，导致以竞争方式争夺控制权，结果是谁也不能控制谁，两者的控制能力呈动态平衡状；在平等关系中，沟通双方的控制能力介于上述两种关系之间，一方能否取得控制地位，需机动灵活地根据当时的沟通状况来确定。

（4）自我显示。在人际沟通过程中，自我显示是沟通者有意地向他人叙述自己真实情况的一种沟通行为。它有利于沟通双方增进对彼此的了解，促进和发展双方逐渐形成的人际关系，常以主动性、有意性、真实性和独特性等特点，来影响人际沟通的效果。

（5）沟通者状况。它主要是指沟通者自身的影响因素。

第一，生理因素。如沟通者过度疲劳、身患疾病或听障、失语等，均会直接妨碍人际沟通。

第二，情绪因素。情绪是一种具有感染力的感情因素，对沟通的有效性可产生直接影响。一般轻松愉快的情绪，能增强一个人的沟通能力；而紧张忧虑的情绪，会干扰一个人传递或接收信息的能力。故交际双方应注意始终保持平和、良好的情绪，这对有效沟通是尤为重要的。

第三，智力因素。若沟通双方接受教育的程度、知识水平、使用的语言和对事物的理解等均存在明显差异，则会造成明显的沟通障碍。

第四，性格因素。通常，性格内向的人因经常独思独处，与其他人沟通的动机不强，不善于人际沟通，但有时可与少数知心人建立稳定、有效的沟通渠道，从而形成深厚的情感和友谊。性格外向的人由于机敏活泼，乐于表现，与其他人沟通的动机强烈，往往善于沟通，并易获得社会信息，在公共社交场合中可能有较大的影响力，但其沟通程度并不一定很深。

小故事1—1

土著人的最高礼节

第五，感觉和态度因素。沟通时，传送者因需保密或对接收者缺乏信任而将信息删掉、更改或保留，常会导致接收者拒收或无法理解所传信息，造成沟通困难。此外，当沟通双方因生活经验、社会阅历、价值观念、理解方式存在较大差别时，往往对传送的信息难以形成准确、恰当的共识，进而使沟通无法继续进行。

1.1.5　人际沟通障碍及其克服

人际沟通的过程就是人与人之间信息沟通、思想感情交流和行为互动的过程。在现代社会，人际沟通范围的不断扩大，频率不断增强，水准不断提高，因而人际沟通的障碍因素也比以往更复杂。分析和研究人际沟通的障碍因素，对调节人们的沟通行为，搬掉沟通过程中的"绊脚石"，克服障碍，具有重要意义。

1.人际沟通障碍

（1）心理障碍。人际沟通中有很多因素会成为沟通的障碍。在这些障碍中，表现最为突出的是心理障碍。人的兴趣、态度、情绪、思想、性格、价值等因人而异，这些差异使人们在沟通时很容易带有主观成分，自觉或不自觉地用自己的观点对信息加以"过滤"，从而有意无意地歪曲信息，给人际沟通造成不同程度的危害。

①知觉障碍。在人际沟通中，我们经常会出现不同的心理障碍，最常见的有第一印象、晕轮效应和刻板印象。

首先，第一印象。心理学家做过这样一个试验，让被试者看两种性格类型：

性格A：聪明、勤奋、易冲动、爱批评、顽固、嫉妒心强。

性格B：嫉妒心强、顽固、爱批评、易冲动、聪明、勤奋。

试验结果表明，人们对性格A有好印象。其实性格A和性格B的内容完全一样，只是顺序不同罢了。这表明：当不同信息结合在一起时，我们总是倾向于注意前面的信息，而忽视后面的信息；即使人们同样也注意后面的信息，但也会认为后面的信息是"非本质的""偶然的"。这就是第一印象。所谓第一印象，是指在人际沟通中，人们对第一次经历的事件往往留下深刻的印象，成为一种心理定式而难以改变。

第一印象是有层次的。当人们在商店得到某个营业员的热情服务时，他所形成的第一印象不仅是对这个营业员的印象，还包括对整个商店的印象；当一个人千挑万选地购回一台洗衣机，刚一使用就发现有毛病时，他对这台洗衣机、这一品牌的不良印象也许就再也无法挽回了。第一印象有层次性、广泛性、拖延性，因此难免以偏概全，妨碍人们准确、全面地认识事物。当然，第一印象也不是不能改变的。随着人与人相互交往的加深，可以修正第一印象，最后给予对方客观、公正的评价。

其次，晕轮效应。所谓晕轮效应，是指从对象的某种特征推及对象的总体特征，从而美化或丑化对对象的印象的一种心理定式。称其为"晕轮效应"，是因为它像月晕一样，会在真实的现象周围产生一个更大的假象：人们隔着云雾看月亮时，在月亮周围有时还能看到一个光环，这个光环是虚幻的，只是月亮的光通过云层中的冰晶时折射所产生的光现象，事实上并不是真的。晕轮效应也和第一印象一样普遍。人们走进礼品店，选购的往往是包装精美、价格偏高的礼品。因为精美的包装、偏高的价格往往使人产生晕轮效应，认为里面的东西会像精美的包装一样好，会和偏高的价格相一致。在人际关系中，名片越印越精致、样式品种越来越多，出现了所谓名片效应，有些人甚至对它盲目相信，这其实是晕轮效应的典型范例。

晕轮效应是一种以偏概全的主观心理臆测，其错误在于：①它容易抓住事物的个别特征，习惯以个别推及一般，就像盲人摸象一样，以一点代替全面；②它把并无内在联系的一些个性或外貌特征联系在一起，断言这种特征必然会有另一种特例；③它说好就全面肯定，说坏就全面否定，是一种受主观心理影响很大的认知障碍。

最后，刻板印象。所谓刻板印象，是指在人际沟通中，人们对某个群体或事物所形成的一种概括而固定的看法。生活在同一地域和同一文化背景中的人们，常常表现出许多的相似性，如同一民族和国家的人有着大致相同的风俗习惯。职业、年龄、性别、党派一样的人，在思想、行为等方面也都较为接近。例如，商人大多是较为精明的；知识分子一般是文质彬彬的；山东人直爽、乐于助人，而上海人灵活、善于应酬……以上这些相似的特点被概括地反映到人们的认识当中，并被固定化，便产生了刻板印象。

刻板印象一旦形成，具有非常高的稳定性，很难被改变。即使遇到与其相反的事实，人们也倾向于坚持它，而去否定或"修改"事实。刻板印象具有一定的消极作用，它使人们的认识僵化和停滞，阻碍人们接近新事物、开阔视野。持有刻板印象的人在判断他人时往往把群体所具有的特征都附加到他身上，也常常导致过度概括的错误。显然，知识分子未必人人都文质彬彬，上海人也不见得个个都善于应酬。

小故事 1-2　　　　　　　　　　　　　　　**孔子的慨叹**

孔子被各国所聘，携众弟子到处讲学，但是迟迟得不到报酬。当时，孔子生活拮据，当地村民给了他们一些米，孔子想，这个米饭让谁来煮我才放心呢？他想到了大弟子颜回，颜回平日忠厚老实，不贪图小便宜，于是他就把煮米饭的任务交给颜回，颜回欣然接受。

过了一会儿，孔子受不了米饭香味的诱惑，便来到厨房。刚走到厨房门口，他就看到了这样一幕：颜回正手抓米饭，大口吃着。孔子十分生气，自己最认可的弟子怎么会这样呢？孔子回到了书房，此时颜回把米饭端进了书房让孔子吃。孔子心想，我要考验他一下，看看他是否真的不懂尊师重道。于是，孔子就对颜回说："我们难得吃一回米饭，先祭祖吧！"古时，祭祖必须用干净的食物，如果食物沾染了脏东西，那就是对祖先的大不敬。当时，颜回一听要祭祖，扑通一声跪了下来，说："师傅，不能祭祖，因为这些米饭已经被我抓过了，也吃过了。"孔子当时心里暗喜，想孺子还算可教，接着颜回说了一句让孔子非常震惊的话："因为厨房年久失修，又没有清理过，当我打开锅盖时，热气使棚上的灰掉到了锅里，米饭脏了。我想扔掉太可惜了，就把这些脏的米饭吃掉，既可以让我吃饱，也可以让您吃到干净的米饭，多好啊。"听罢，孔子在心中深深叹息，原来我亲眼看到的也不一定是真的。

由于知觉障碍是普遍存在的，它会影响我们对事物的判断，所以不管对一个人的举止有多了解，也要与其进行充分沟通才能做出判断。

资料来源　高琳. 人际沟通与礼仪：附微课［M］. 2版. 北京：人民邮电出版社，2021.

②心理品质障碍。其包括自卑心理、害羞心理、嫉妒心理等。

首先，自卑心理。自卑是指个人由于某些生理或心理缺陷及其他原因（如智力、记忆力、判断力、气质、性格、技能等欠佳）而产生的轻视自己，认为自己在某个方面或几个方面不如他人的心理。有自卑心理的人往往缺乏自信，自己看轻自己，在交往活动中想象成功的体验少，想象失败的体验多。这种心理在与权威人士、长者、名人交往时，表现得更为突出。自卑是一种消极的心理状态，它在人与人的交往中起着严重的阻碍作用，往往使沟通双方难以进行平等的对话，进而影响彼此真情实感的交流；严重者，会失去交往的愿望，成为一个孤独者。

自卑心理一般表现为一种自我否定的心理定式，包括对自身的否定和对社会组织的否定，认为自己样样比不过别人，自暴自弃，不能正确地评估、判定自己所代表的社会组织，对人际沟通的期望值很低，把需要沟通的对象限定在狭小的范围里，只与熟悉的公众交往就感到满足，而不想去开辟新的交往渠道、建立新的交往空间、扩充新的公众交往队伍。

自卑心理形成的原因是多方面的。从主观方面讲，有两个原因：一是自己的期望值不高，把自己的交往局限在小圈子里，行动上畏缩不前，当遇到新的交往情境时，总是害怕失败，担心遭到他人的耻笑和拒绝；二是某些生理上的短处容易导致自卑，如残疾、长相不佳等。从客观方面讲，如家庭背景、社会地位较差，四处碰壁，挫伤了积极性，而产生自卑心理。

那么怎样克服自卑心理呢？一要正确认识、恰当评估自己和组织的优势，树立自己代表社会组织所特有的自豪感和自信心。要善于发现自己的长处，肯定自己的成绩，不要把别人看得十全十美，把自己看得一无是处，应认识到他人也有不足；经常回忆那些经过努力而成功的事情，对一些做得不好的事情进行自我暗示——不要紧，别人也不见得就能做好，自己再努力一点也许就能将事情做好。另外，注意发现他人对自己的好的评价。每个人都是以他人为镜子来认识自己的，不是所有的人都对自己有较低的评价，赏识、理解和了解自己的人总是有的，关键是要自己去捕捉，用捕捉到的好的评价来提高自我评价系数，以增强自信心，克服自卑心理。二要磨炼自己坚强的性格。一个人被自卑心理所困扰，丧失进取心，通常与其性格怯懦、意志薄弱有关，而那些自信心强、勇于进取的人，往往性格比较开朗、大胆，意志坚强。对已露出自卑苗头的人来说，要注意通过锻炼、自我教育等方法，磨炼自己坚强的性格，增强性格的独立性，摆脱人们尤其是权威人士对自己的成见，使自己在交往中日益成熟起来。三要积极引导沟通对象给予必要的反馈信息，从反馈中体验成功。

小案例1-3　　　　　　　　　聪明的父亲

一个人在遭受挫折以后如果不能正确对待自己，就会产生自卑心理。有一个叫小文的女孩，参加工作后第一次单独外出接洽生意时就失败了，被同事取笑后，她哭着跑回家，在父母的劝解下仍然不能释怀，觉得自己一无是处。这时她的父亲拿出一支笔和一张白纸，要她在白纸上画黑点，只要想到自己的不足和缺点，就在纸上画一点。画完之后，父亲问她："你看到了什么？"她说："我看到了无数的黑点，无数的缺点。"父亲又问："你还看到了什么？"她说："除了缺点还是缺点。"

父亲一再地追问，女儿终于发现"白色部分大于黑点部分"。父亲又问她："将你的优点和长处盖在黑点上，还剩下多少黑点？是不是白色部分更大了？白色部分就是你的发展空间，是不是空间很大？"女儿认真地思考之后，点了点头，心情开朗了，鼓足勇气重新开始自己的工作。

父亲一次次提问，一步步启发，让女儿变得自信，最后女儿当上了公司的销售经理。

这里绝大多数人看到的都是白纸上的黑点，而忽略了黑点旁边更大的白色部分，因而产生自卑心理。若能不执着于黑点，多欣赏黑点之外的白色部分，就可以豁然开朗，克服自卑心理，愉快、自信地做事了。

资料来源　高琳. 人际沟通与礼仪：附微课［M］. 2版. 北京：人民邮电出版社，2021.

其次，害羞心理。害羞是常见的心理障碍之一。虽然未必人人都像古诗中写的那样，"千呼万唤始出来，犹抱琵琶半遮面"，但对初涉人际沟通领域的人来说，害羞是家常便饭。这种心理会产生腼腆的感觉，感到紧张不安，扭扭捏捏，丧失认识公众的良机。

人为什么会害羞呢？从心理学角度分析，有三个方面的原因：一是认识性害羞。这是由于人们认识自己时过分注重"自我"，总是担心和怀疑自己的言行不能得到别人的承认，生怕自己的言行不对而被人耻笑。这种心理状态加上缺乏临场经验，就使得一些人在人际沟通中特别是在自己不熟悉的环境中往往表现得害羞、胆怯。二是挫折性害羞。有的人以前并不害羞，他们活泼、开朗、善于交际，但由于种种主客观原因，连遭挫折，结果变得害羞、胆怯、消极被动。三是气质性害羞。害羞还与个人的气质类型有关。一般来说，属于内向性格和抑郁气质的人，较容易害羞。

那么怎样克服害羞心理呢？一要多一些自信心。一个人一旦失去了自信，在沟通中便会显得手足无措。因此，要克服害羞心理，就要找回丢掉的自信心。在沟通中，即使遇到比自己强的人，也不要缩手缩脚，不敢将自己的能量释放出来。尺有所短，寸有所长，你的长处可能正是他人的短处。如果你能对自己有一个全面客观的评价，提高自信心，你在公众面前就会落落大方、潇洒自如。二要锻炼并提高解决复杂问题的能力。怕沟通，主要是自己缺乏处理棘手问题的能力。因此，不妨主动地寻求外部刺激，鼓起勇气，向自己提出挑战，敢于说出第一句话，敢于迈出第一步，在沟通实践中提高自己的交往技能，把可交往的沟通对象视为自己的重要工作对象。当迈出第一步后，你就会感到这道障碍不过如此，很容易跨越。三要注意成功的积累。要善于从小事做起，总结成功的经验。哪怕是小小的成功，对克服自卑心理也是十分有益的。为此，要不断地分析、总结以往沟通工作的经验教训，挖掘出富有积极意义的正面材料，激发成功的愉快体验，从而强化自身的沟通意识，增强沟通的勇气和信心。四要做好沟通前的充分准备。由于自卑心理的作用，人在沟通过程中，对自己应该说什么、做什么等没有形成简明清晰的印象，导致焦虑、恐慌随之产生。克服的根本办法是：准备充分，不断收集社会组织与公众两方面的信息；在沟通过程开始之前，将如何开场、如何发问、发问的具体内容、解决的核心问题、可能出现的障碍、解决的办法等一系列问题在心里预演一遍，直至滚瓜烂熟、如数家珍。另外，在与陌生人接触之前，可以阅读有关材料，听介绍，看影片、录像等，这样"知己知彼"，与公众交谈时就会踏实、自然、轻松自如、情绪稳定、侃侃而谈了。

最后，嫉妒心理。古人把嫉妒这一消极心理状态视若"灾星"。嫉妒古已有之，"既生瑜，何生亮"的故事就是突出的一则。三国时期，周瑜面对诸葛亮的足智多谋和超人的军事才能，没有把嫉妒之情化为自己奋起的雄心，而是将熊熊的妒火喷射出来，伤害他人，屡屡失策，终于在"既生瑜，何生亮"的悲鸣中倒下。简单地说，嫉妒心理就是当个人的愿望得不到满足时对愿望得不到满足的原因的一种怨恨行为。嫉妒心理是社交的大敌，它打击别人，贻误自己，腐蚀风气，以损人开始，以害己告终。由于嫉妒心理作祟，一定范围内的人际关系可能因此而失去和谐，变得紧张起来。

在人际沟通过程中，嫉妒心理主要表现在三个方面：一是嫉妒他人利益上的满足；二是嫉妒他人各方面的进步；三是嫉妒他人的独创与改革。在嫉妒心理下，唯恐对方超过自己，因此，采用消极保守的方法对待对方，人为地阻止了相互间关系的发展。

那么怎样克服嫉妒心理呢？一要心胸开阔。加强个人思想品德的修养，驱除以自我为中心的个人主义，努力使自己成为胸怀宽广、心底无私的人，"大度能容天下难容之事"，显现出具有"大家风度"的社交风范，以胸阔之海淹没嫉妒之舟。二要端正认识。嫉妒心理的产生常常是由一种错误的认识造成的，即你取得了成绩，便是说明我没有成绩；你成功了，便是对我的威胁、对我利益的侵占。要注意摒弃这一不良认识。三要学会比较。善于从比较中学习他人的长处，从而克服自己的短处，而不是以己之长比他人之短。四要自我反省。嫉妒时常在我们不知不觉中产生，故时常反省一下，看看自己是否带有不良情绪，是大有好处的。如果你能够意识到自己在嫉妒，你就会控制或消除这种处于萌芽状态的情绪。

（2）文化障碍。它是人们由于言语、观念、风俗习惯等的不同，在相互沟通时所产生的各种分歧和冲突。随着世界市场的形成，人们在沟通中越来越重视文化因素，正如美国的《公共关系手册》所指出的那样："对外关系的交恶，十有八九不是出于利益的冲突，而是语言文化、传统等方面的隔阂。"文化障碍包括如下几方面：

①语言障碍。人与人之间的信息沟通主要是借助语言进行的（包括口头语言和书面语言），而语言只是交流思想的工具，它并不是思想本身，它只是用以表达思想的符号系统。由于人们的语言修养不同、表达能力不同，对同一种思想观念或事物，有的表达得很清楚，有的表达得不清楚。同样，对于同一组信息，有人听后马上理解了，有人听来听去不知其所以然；有人听后作这样的解释，有人听后又作那样的解释。用语言特别是用各种不同的语言或者文字表达思想、阐述事物，往往会出现听不懂、曲解或断章取义的现象，形成语言障碍。例如，一位非洲客人来到中国民航的一家宾馆，用法语要求住一个单间，并说"我是部长"。服务员只懂几句常用的法语，对"我是部长"这句关键的话不熟悉，因而闹得很不愉快。可见，不同国度、不同民族之间的沟通会遇到语言上的障碍。实际上，在同一国度里的同一民族，也会因地区不同造成语音、语义不同，使人备尝语音、语义不通之苦。侯宝林的相声中有过这样的描述：外地人到上海理发店理发，理发师说要"打打头"（理发的意思），把顾客弄得莫名其妙，从而闹出了笑话。

要克服语言障碍，必须注意"三忌"：一忌夸夸其谈。不分对象、不分场合地夸夸其谈，极易造成语言障碍。二忌涉及敏感话题。对男士不问收入，对女士不问年龄。向公众提出敏感话题，极易造成对方的不快，甚至会使对方终止交谈。三忌一知半解，特别是使用外语时，有的人不懂得外语词语的背景和使用场合，随便拿来就用，造成误解。例如，法国巴黎某服装店在门口用英文写道"Have a fit"（请进来大发脾气），其实，店主不过是想请顾客进店试穿一下，但由于他不懂英语短语的特殊用法，生造了"Have a fit"这样的词句，就变成"大发脾气"了。

小故事1-3

到底怎么吃

小贴士1-2　　　　医院各科室的大神级医患沟通

医生说的话术语太多，患者听不懂，这是困扰医生和患者的常见问题。近日，《医生》杂志汇编了医院各科室医生们自创的沟通方案，一笑之余，不得不佩服医生们的用心良苦。

儿科：患儿发热就像火炉上烧水，退烧药就像往锅里浇凉水，水暂时不开了，但只要火还在烧就还会开。只要找到病因把火灭了锅里的水自然就会凉下来，烧也就退了！

心内科：患者总不理解为什么要做心电图、心脏彩超，还要造影，就好比心脏是间屋子，心脏彩超看屋子有多大，墙结不结实，漏不漏水，心电图看电路通不通，有没有短路啊漏电啊，而造影是看水管子堵没堵，这管子都是铁皮包着，里面锈成啥样谁也不知道，心电图和心脏彩超根本看不着，只能做造影，三个检查是不能互相替代的。

神经内科：脑梗死患者的脑细胞就像稻田里的秧苗缺水一样，早期尚不致干死，如及时恢复灌注，可能活得过来；时间长了等地缝都裂开了，再灌注也晚了，神经功能再不能完全恢复了。

资料来源　高燕．护理礼仪与人际沟通［M］．3版．北京：高等教育出版社，2014.

②观念障碍。观念属于思想范畴，由一定的经验和知识积累演化而成，是一定社会条件下人们接受、信奉并用以指导自己行动的理论和观点。不同年龄、不同阅历、不同社会背景的人，会有不同的观念，这种观念上的差异会成为他们之间沟通的障碍。例如，青年人认为老年人保守僵化，老年人认为青年人幼稚轻浮；售货员认为自己的职业是"伺候"顾客、低人三分，顾客认为拿钱买货理应被"伺候"。

怎样克服观念障碍呢？一要了解他人的思想观念，正视分歧，然后再设法加强沟通，改变公众的思想观念；二要从自身角度消除一些消极的、跟不上时代潮流的旧的思想观念，如封闭观念、极端观念等；三要克服思想僵化、故步自封的毛病，善于接纳进步的新观念；四要多站在沟通对象的立场上考虑问题，如组织公共关系人员在与公众沟通时，要消除报喜不报忧、夸大成绩、避谈缺点、只维护组织利益的偏狭观念，可开展"假如我是一名顾客（公众）"的活动，通过角色互换来消除双方的沟通障碍。

③习俗障碍。习俗，即风俗习惯，是在一定的文化、历史背景下形成，具有固定特点的调整人际关系的社会因素，如礼节方式、审美传统等。习俗世代相传，是长期重复出现而约定俗成的习惯和方法，虽然不具有强制力，但对人们的行为和思想有相当大的约束和影响作用，不可忽视。

忽视习俗因素往往会造成误解，导致沟通失败，甚至会伤害沟通对象。曾经有这样一件事：一天，六位外国海员来北京某饭店用餐。海员们胃口很好，如风卷残云一般，将一盘盘菜肴一扫而空。唯有那条大黄鱼，只吃了上面的一半，下面的一半却没动。笑盈盈的女服务员见此情景，便热情地拿起公筷，把鱼翻了过来。想不到这几位海员勃然大怒，把筷子一摔，离席而去。这位女服务员一片好心，为什么反而触怒了海员呢？原来，海员长年在海上工作，最担心的是翻船，而把鱼翻个身，"翻"这个动作是他们最忌讳的。忌讳也是风俗习惯的一部分。

怎样克服习俗障碍呢？一要知俗。在与各类沟通对象尤其是同外国人打交道时，要注意了解他们的社会文化环境，了解其风情民俗、生活习惯、兴趣爱好、忌讳、节日等，掌握沟通对象的这些信息，使自己成为适应不同风俗的行家里手。二要随俗。当与沟通对象特别是与外地人、外国人交往时，要尊重其特有的风俗习惯，做到入乡随俗，切不可把自己的习俗作为通行标准，强加于人。入乡随俗是对沟通对象的尊重，一定会赢得其好感。

④文化程度障碍。沟通双方的受教育程度、经验水平、文化素质和文明程度差距

过大，信息接收者对信息的内涵不理解或不接受，也会造成沟通障碍。

小故事1-4　　　　　　　　　　　　　　　　　　**秀才买柴**

有一个秀才去买柴，他对卖柴的人说："荷薪者过来！"卖柴的人听不懂"荷薪者"（担柴的人）这三个字，但是听得懂"过来"这两个字，于是把柴担到秀才面前。秀才问他："其价如何？"卖柴的人没听懂这句话，但是听得懂"价"这个字，于是告诉秀才价钱。秀才接着说："外实而内虚，烟多而焰少，请损之。"（你的木柴质量不好，燃烧起来会浓烟多而火焰小，请减些价钱吧）。卖柴的人因为听不懂秀才的话，于是担着柴就走了。

资料来源　莫林虎. 商务交流［M］. 3版. 北京：中国人民大学出版社，2018.

（3）社会障碍。社会系统方面的沟通障碍因素有很多，这里主要探讨一下空间距离障碍、组织结构障碍和社会角色障碍，因为它们在诸多社会系统方面的沟通障碍因素中是最主要的。

①空间距离障碍。发送者与接收者空间距离过远、中间环节过多，就有可能使信息失真或被歪曲；传递工具不灵敏、通信设备落后，会造成接收者不了解信息内容；信息在传递过程中还会受到自然界各种物理噪声的干扰，更加重了沟通障碍。

怎样消除空间距离障碍呢？一要缩短距离。一方面，从缩短物理距离入手，尽可能与沟通对象面对面地沟通；另一方面，从缩短心理距离入手，运用各种媒介，表达情意，打动沟通对象，如有的企业公关人员每到新年或客户过生日时都寄贺卡或者小礼物，以示祝贺，这就缩短了双方的心理距离。二要改善信息交流工具，实现信息传递的现代化。随着社会的发展，人们会不断地改善交流工具，开辟新的沟通渠道，如对讲机、声像电话、录音邮件、微信等，为人们进行远距离交往提供了方便。

②组织结构障碍。其主要表现在以下三个方面：

第一，传递层次过多造成信息失真。让我们看一则故事：据说历史上某部队一次命令的传递过程是这样的：

——少校对值班军官：今晚8点左右，在这个地区将可能看见哈雷彗星，这种彗星每隔76年才能看见一次。命令所有士兵穿野战服在操场上集合，我将向他们解释这一罕见的现象。如果下雨就在礼堂集合，我会给他们放一部关于彗星的影片。

——值班军官对上尉：根据少校的命令，今晚8点，76年出现一次的哈雷彗星将在操场上空出现。如果下雨，就让士兵穿着野战服列队前往礼堂，这一罕见现象将在那里出现。

——上尉对中尉：根据少校的命令，今晚8点，非凡的哈雷彗星将身穿野战服在礼堂出现。如果操场上有雨，少校将下达另一个命令，这种命令每隔76年才出现一次。

——中尉对上士：今晚8点，少校将带着哈雷彗星在礼堂出现，这是每隔76年才有的事。如果下雨，少校将命令彗星穿上野战服到操场上去。

——上士对士兵：在今晚8点下雨的时候，著名的76岁的哈雷彗星将军将在少校的陪同下，身着野战服，开着他那辆"彗星"牌汽车，经过操场前往礼堂。

经过五次传递，少校的命令已经变得面目全非，信息失真率达到90%以上。同理，如果组织结构庞杂、内部层次过多，每经过一个层次，往往都会产生差异，使信息失真或流失，积累起来，便会给沟通效果带来很大影响。

第二，沟通渠道单一造成信息量不足。这种沟通中的组织结构障碍主要是指信息的传递基本上是单向的——上情下达。组织结构的安排不利于从下往上提建议、商讨问题，因而传递到决策层那里的信息量明显不足。

第三，机构臃肿造成沟通缓慢。市场竞争要求组织迅速决策，迅速占领市场，而机构臃肿却使组织与沟通对象的沟通缓慢，极不适应市场经济的要求。

消除组织结构方面的障碍，对形成健康的社会舆论和风尚具有重要作用。我们应从自身做起，从每件小事做起，为消除组织结构方面的障碍付出实实在在的努力。

③社会角色障碍。这包括社会地位不同、社会角色不同、年龄差异和性别差异造成的障碍。

第一，社会地位不同造成的障碍。居高位、掌实权的人物如果官僚主义作风严重，下属就会敬而远之，由此便阻塞了上下沟通的渠道。克服社会地位障碍的有效方法是发扬民主，干群广泛接触，经常对话，相互听取意见。

第二，社会角色不同造成的障碍。在管理过程中，如果管理者不能以平等的态度对待下属和同事，总喜欢用教训人的口吻与下属和同事说话，那么他与下属和同事之间就会产生隔阂，导致管理沟通的障碍。解决的办法是管理者发扬民主作风，尊重下属和同事，有事一起商量，共同寻求解决问题的途径，这样才能实现有效沟通。

小贴士1-3

老板的不当沟通

第三，年龄差异造成的障碍。年龄是人的阅历的体现，是时代的年轮和缩影。不同年龄的人所处的时代不同、环境不同，每个年龄段的人无不带着所处时代的烙印，因此其思想观点、行为习惯甚至世界观也有所差别，这正是人们所说的"代沟"。可以说，在不同的年龄阶段，代沟是人际沟通的主要障碍。

第四，性别差异造成的障碍。由于性别的差异，男性和女性有不同的语言表达方式和习惯。有研究表明：男性通过交谈来强调自己的身份，而女性通过交谈来改善人际关系。也就是说，男性的说和听是一种表达独立意识的行为，而女性的说和听是一种表示亲密的行为。因此，对许多男性而言，交谈主要是为了保持个体独立和维持社会等级秩序与身份；而对许多女性来说，交谈则是为了亲近而进行的活动，女性通过交谈寻求认同和支持。例如，男性经常会抱怨女性一遍又一遍地谈论她们的困难，女性则批评男性没有耐心地听她们说。实际情况是，当男性听到女性谈到问题和困难时，他们总是希望通过提供解决方案来表现他们的独立和对问题的控制；相反，女性则将谈论困难看作拉近彼此距离的一种方法。女性谈到困难是为了获得支持和理解，而不是想听取男性的建议。

2.人际沟通障碍的克服

尽管在人际沟通中会遇到各种各样的障碍，但只要人们树立正确的沟通理念，采用科学的沟通方法，就能克服沟通中的障碍，实现有效沟通。具体来说，克服人际沟通障碍的总体策略与技巧主要有以下几种：

（1）明确沟通的目的。沟通双方在沟通之前必须弄清楚沟通的真正目的是什么，动机是什么，要对方理解什么。确定了沟通目的，沟通内容就容易理解了。

（2）保持积极的态度。态度对人的行为具有非常重要的影响。在人际沟通中，要尽可能保持乐观、积极、向上的态度，避免消极、悲观的态度，在沟通中保持平和的心态，这样才能取得沟通的预期效果。

（3）尊重他人的观点和意见。在人际沟通中，无论自己是否同意对方的意见和观点，都要学会尊重对方，给对方说出他自己意见的权利，同时将自己的观点更有效地与对方进行交换。

（4）坚持实事求是，以理服人。在人际沟通中，说话办事要实事求是，言行要符合社会规范，相处交往要体谅他人。与人交往发生矛盾时，最好的办法是避开对方最有力的攻击，寻找对方的薄弱环节有理有力地进行反击，以理服人。如果与人交往中发现自己确实错了，切不可强词夺理，不妨主动认错，赔礼道歉，这样显得诚恳而豁达，更易赢得他人的谅解、同情和赞许。

（5）以情动人。在人际沟通中，要善于控制自己的情绪，根据不同的人、事以及环境、气氛，恰当地、情真意切地表达自己的喜、怒、哀、乐。只有真实的感情才具有力量，才能够感染和打动人。

（6）正确地运用语言。在人际沟通中，语言是必不可少的工具。正确地运用语言，选词造句准确恰当，中心鲜明突出，逻辑思维严密，语言流畅，语气语调依人依事合理选择，恰到好处，就能够保证人际沟通获得更大的成功。

（7）保持积极健康的心态，换位思考。在人际交往过程中，要做到"己所不欲，勿施于人"，经常进行心理换位。同时，要保持良好的心态，积极主动地与他人进行沟通，做到不卑不亢、平等真诚，这样才能避免自卑和自负造成的沟通障碍，赢得他人的尊重。

（8）用非语言信息打动人。非语言信息往往比语言信息更能打动人。因此，如果你是发送者，你必须确保你发出的非语言信息具有强化语言的作用；如果你是接受者，你则要密切注意对方非语言信息的提示，以便全面理解对方的意思、情感。

（9）选择恰当的时间和地点进行沟通。一定要选择对方清醒的时间传递信息，并且传递信息时要有张有弛，疏密得当，让接受信息的人感到轻松愉快；在地点上，要尽量减少干扰因素，使沟通双方感到轻松自然。

（10）针对沟通对象进行沟通。发送者要根据接收者的心理特征、知识背景等状况，调整自己的谈话方式和措辞，要避免以自己的职务、地位、身份为基础进行沟通。

小训练1-2

请同学们自我检查一下，你在与同学、老师或朋友的沟通过程中，自身存在的沟通问题有哪些？与同桌交流，并互相商讨一下解决策略。

1.2 能力提升

1.2.1 案例讨论

1.奶奶与孙子

到吃饭的时间了，奶奶开始催促9岁的孙子：

"快点，准备吃饭了！"

"赶紧把作业收起来，把手洗一下！"

不一会儿，见孙子从洗手间出来了，奶奶又不放心地问：

"手洗干净了吗？你要洗得认真一点呀，用香皂了没有？"

见孙子没有反应，奶奶又说："再去洗一遍，一定要洗干净，要不然会生病的！"

孙子有点不耐烦了："奶奶，你好烦呀！"

"你这是什么话？我还不是为你好吗？"奶奶有点生气了，"我每天忙里忙外的，为了谁？还不是为了你，你这个没良心的！"

孙子装着没听见，赶紧跑到客厅看电视去了。

"你怎么还看电视呀？跟你说吃饭了，没听到吗？"

"你看看，刚洗干净的手又弄脏了吧，再去洗一下！"

奶奶喋喋不休地说着，孙子的眉头不知不觉皱得更紧了。

资料来源　佚名．隔代教育在家庭教育中的利弊 ［EB/OL］．［2023-04-15］. https：//www. zhihu.com/question/550026689/answer/2984668434.

思考与讨论：

（1）祖孙之间的人际沟通障碍到底在哪里？问题出在谁的身上？

（2）如何解决祖孙之间的人际沟通障碍？

2.焦急的李经理

星期一通常是公司最繁忙的日子，当李经理走进办公室的时候，秘书早将一沓文件放在他的办公桌上。每天都要花费大量的时间处理很多这样的文件，李经理很是头疼。

李经理开始埋头处理文件的时候，电话铃响了，是技术总监打来的，他告诉李经理他准备辞职。最近一直在公司内部流传着的小道消息"公司的竞争对手在挖技术总监"的事情被证实了，李经理心中一阵恼火。技术总监了解公司最新开发产品所有的第一手资料，而这些资料是竞争对手梦寐以求的，技术总监此时投奔到对手旗下对公司是很不利的事情。既恼怒又担心的李经理在电话中没想好如何跟技术总监谈这件事，而技术总监又很快挂断了电话。

放下电话，李经理一时也想不出什么好办法，他着急地在屋子里踱步。此时，秘书推门进来，说员工们对此次裁员计划有很多不满，特别是前两天裁掉老刘这件事。

老刘已在公司工作多年并接近退休，这样裁员让员工觉得公司很无情，大家也没有安全感，需要经理给出一个解释，此时被裁减的员工代表也聚集在会议室里等待经理的说法。裁员本身已经影响了公司的士气，但一想到可能要面对盛怒的离职员工代表，李经理不由得产生一丝担忧，这可不是一般的谈话，如果处理不好，带来的后果可能是不堪设想的。

可是眼下由于技术总监的辞职电话干扰了他的注意力，他甚至猜想竞争对手是否已经掌握了新产品的技术，接下来他该怎么办？需要与竞争对手人力资源部经理联系吗？还是直接汇报上司？还是找技术总监本人谈话呢？

可是目前最紧急的问题是，他该如何面对并说服离职员工代表。由于焦急，他竟然找不到合适的说辞来向大家解释公司目前的处境。与员工代表会谈的时间就要到了，可李经理还在自己的办公室焦急地走来走去……

资料来源　张秋筠. 商务沟通技巧［M］. 3版. 北京：对外经济贸易大学出版社，2018.

思考与讨论：

（1）李经理的人际沟通能力如何？他应怎样解决目前面临的问题？

（2）请谈谈如何提高人际沟通能力？

3. 飞机因何失事

1990年1月25日晚9：34，阿维安卡航空公司52航班一架燃料耗尽的飞机发生坠毁空难，机上共73名工作人员和旅客遇难。事后调查表明，这场悲剧的原因完全是由于沟通障碍，即燃料状况这一简单的信息，既没有被清楚地表述，也没有被充分接收所引起的。

当晚7：40，阿维安卡航空公司52航班一架飞机飞行到距离新泽西海岸上空37 000英尺的高空。飞机上的燃油足够维持将近两个小时的航程。在正常情况下，飞机半小时后就可以降落在纽约肯尼迪机场上。晚上8时整，机场航管人员通知52航班飞机，由于严重的交通问题，他们必须在机场上空盘旋待命。晚上8：45，52航班上的副驾驶员向肯尼迪机场报告说他们的"燃料快用光了"。肯尼迪机场地面控制人员做了应答，但在9：24前没有批准飞机降落。在此期间，阿维安卡机组成员再也没有向肯尼迪机场报告任何燃油短缺、情况危急的信息。但事后发现，在此期间飞机座舱中机组人员互相间焦急地讨论着燃油逐渐减少的问题。

晚上9：24，飞机被迫降落，但由于飞行高度太低和能见度太差，第一次试降失败。当肯尼迪机场指示飞机进行第二次试降时，机组人员再次提到他们的燃油将要用尽，但飞行员却告诉地面控制人员新分配的飞行跑道"可行"。9：32，飞机的两个引擎停止工作。一分钟以后，另两个引擎也停止了工作，燃油耗尽的飞机于9：34在长岛海滩坠毁。

当调查人员研究考察了飞机上的黑匣子并与当事的地面控制人员谈话后，他们发现导致这场悲剧的原因是沟通障碍。

分析那天晚上发生的事件，飞行员一直说他们"燃油不足"，地面控制人员却告诉事故调查者，这是飞行员们经常使用的一句话。当降落延误时，地面控制人员假设每架飞机都有燃料缺乏的问题，但是如果飞行员发出"燃油危急"的呼叫，地面控制人员就有责任让这架飞机先于其他飞机降落。一位地面控制人员指出："如果飞行员宣称'情况紧急'，那么所有的规则程序都可以不顾，我们会尽可能以最快的速度引导其降落。"遗憾的是，该飞机飞行员从未说过"情况紧急"，所以肯尼迪机场的地面控制人员从未了解飞行员当时所面临的真正困境。

此外，飞机飞行员的语调也并没有表现出燃油缺乏问题的严重性和紧迫性。这些地面控制人员接受过专门训练，可以在这种情境下捕捉到飞行员声音中极细微的语调变化。尽管52航班的机组成员之间非常不安地讨论着燃油问题，但是他们同肯尼迪机场沟通时的语调却是十分冷静和正常的。

最后，飞行员和机场管理部门的文化习惯，使得该飞机的飞行员不愿意声明飞机的情况紧急。飞行员在正式报告情况紧急之后，就需要写出大量的书面报告。另外，如果发现飞行员在计算飞行过程需要多少油量方面疏忽大意，联邦飞行管理局就会吊销其驾驶执照。这些不利因素极大地阻碍了飞行员发出紧急呼救的信息。

资料来源　梁忆．有效沟通与飞机失事［EB/OL］．［2020-08-19］．https：//www.jianshu.com/p/484b4eb232a7.

思考与讨论：

（1）你认为飞行员和地面控制人员之间在人际沟通上存在什么问题？产生这些问题的原因是什么？

（2）你认为应当如何克服飞行员和地面控制人员之间的人际沟通障碍？

（3）这个案例对我们有什么启示和借鉴作用？

1.2.2　实训项目

1.技能训练

目的：沟通的方法有很多，当环境及条件受到限制时，你怎样去改变自己，用什么方法来解决问题。

形式：将全体学生每14～16人分为一组。

类型：问题的解决方法及沟通。

时间：30分钟。

材料：摄像机、眼罩及小贴纸。

场地：教室。

操作程序：

（1）让每位学生都戴上眼罩。

（2）给他们每人一个号，但这个号只有本人知道。

（3）让各小组根据每人的号数，按从小到大的顺序排成一条直线。

（4）全过程不能说话，只要有人说话或摘下眼罩，游戏结束。

（5）全过程录像，并在点评之前放给学员看。

思考与讨论：

（1）你是用什么方法来通知小组你的位置和号数的？

（2）沟通中都遇到了什么问题，你是怎么解决这些问题的？

（3）你觉得还有什么更好的方法？

资料来源　惠亚爱.沟通技巧［M］.2版.北京：人民邮电出版社，2013.

2.测试

你是一个善于沟通的人吗？通过下面的测试，你会对自己的沟通能力有所把握。

（1）你刚刚跳槽到一个新单位，面对陌生的环境，你会怎样做？（　　　）

A.主动向新同事了解单位的情况，并很快与新同事熟悉起来

B.先观察一段时间，逐渐接近与自己的性格合得来的同事

C.不在意是否被新同事接受，只在业务上下功夫

（2）你一个人随旅游团去旅游，一路上你的表现是怎样的？（　　　）

A.既不请人帮忙，也不和人搭话，自己照顾自己

B.游到兴致处才和别人交谈几句，但也只限于同性

C.和所有人说笑、谈论，也参与他们的游戏

（3）因为你在工作中的突出表现，领导想把你调到你从未接触过的岗位去，而这个岗位你并不喜欢，你会怎样做？（　　　）

A.表明自己的态度，然后听从领导的安排

B.认为自己做不好，拒绝

C.欣然接受，有挑战才更有意义

（4）你与爱人的性格、爱好颇为不同，当产生矛盾的时候，你怎么做？（　　　）

A.把问题暂且放在一边，寻找你们的共同点

B.妥协，假意服从爱人

C.非弄明白谁是谁非不可

（5）假设你是一个部门的主管，你的下属中有两个人因为不合常到你面前说彼此的坏话，你怎样处理？（　　　）

A.当着一个下属的面批评另一个下属

B.列举他们各自的长处，称赞他们，并说明这正是对方说的

C.表示你不想听他们说这些，让他们回去做事

（6）你认为对青春期的子女的教育应该是怎样的？（　　　）

A.经常发出警告，请老师协助

B.严加看管，限制交友，监听电话

C.朋友式对待，把自己的过去讲给孩子听，让他们自己判断，并找些书来给他们看

（7）你有一个依赖性很强的朋友，经常打电话与你聊天，当你没有时间陪他的时候，你会怎样做？（　　　）

A.问他是否有重要的事，如没有，告诉他你现在正忙，回头再打给他

B.马上告诉他你很忙，不能与他聊天

C.干脆不接电话

（8）你因为一次小小的失误，在同事间产生了不好的影响，你怎么办？（　　　）

A.走人，不再看他们的脸色

B.保持良好心态，寻找机会挽回影响

C.自怨自艾，与同事疏远

（9）有人告诉你某某说过你坏话，你会怎样做？（　　　　）

A.从此处处提防他，不与他来往

B.找他理论，同时揭他的短

C.有则改之，无则加勉，如果觉得他的能力比你强，则主动与他交往

（10）看到与你同龄的人都已小有成就，而你尚未有骄人业绩，你的心态如何？（　　　　）

A.人的能力有限，我已做了最大努力，可以说问心无愧了

B.我没有那样的机遇，否则……

C.他们也没有什么真本领，不过是会溜须拍马

（11）你虽然只是公司的一名普通员工，但你的责任心很强，你如何把自己的意见传达给最高领导？（　　　　）

A.写一封匿名信给他

B.借送公文的机会，把你的建议写成报告一起送去

C.在全体员工大会上提出

（12）在同学会上，你发现只有你还是个"白丁"，你的情绪是怎样的？（　　　　）

A.表面若无其事，实际上心情不佳，兴趣全无

B.并无改变，像来时一样兴致勃勃，甚至和同学谈起了自己的宏伟计划

C.一落千丈，只顾自己喝闷酒

（13）在朋友的生日宴会上，你结识了朋友的同学，当你再次看见他时你会怎样做？（　　　　）

A.匆匆打个招呼就过去了

B.一张口就叫出他的名字，并热情地与之交谈

C.聊了几句，并留下了新的联系方式

（14）你刚被聘为某部门的主管，你知道还有几个人关注着这个职位，上班第一天，你会怎样做？（　　　　）

A.把问题记在心上，但立即投入工作，并开始认识每一个人

B.忽略这个问题，让它消失在时间中

C.个别谈话，以确认关注这个职位的人

在线练习

分析提示

（15）你和小王一同被领导请去吃饭，回来后你会怎样做？（　　　　）

A.比较隐晦地和小王交流几句

B.同小王热烈谈论吃饭时的情景

C.绝口不谈，埋头工作

资料来源　张文光.人际关系与沟通［M］.2版.北京：机械工业出版社，2018.

评分标准见表1-1。

表1-1   评分标准   金额：元

	(1)	(2)	(3)	(4)	(5)	(6)	(7)	(8)	(9)	(10)	(11)	(12)	(13)	(14)	(15)
A	2	0	1	2	0	1	2	0	1	2	0	1	0	2	1
B	1	1	0	1	2	0	1	2	0	1	2	2	2	1	0
C	0	2	2	0	1	2	0	1	2	0	1	0	1	0	2

■ 课后练习

（1）根据你的理解，谈谈什么是人际沟通。

（2）请联系自身实际，谈谈人际沟通的作用。

（3）试列举出影响人际沟通的因素。

（4）在跨国企业中，沟通最大的障碍来自于哪里？为什么？

（5）在沟通遇到障碍时，人们经常会提到代沟，请问代沟主要体现在哪些方面？你与家长之间有代沟吗？代沟能不能消除？

（6）请你谈谈晕轮效应与第一印象效应之间的区别与联系。你在生活中有没有晕轮效应或第一印象？请举出具体例子。

（7）请回忆和分析一个自己人际沟通失败的例子，以书面的形式提交并复印十份，同学之间相互传看、借鉴交流。要求：

①具体描绘那次人际沟通事件的情景；

②逐条分析导致人际沟通不成功的原因；

③指出学习本任务内容后，自己当初该怎样做才会取得好的人际沟通效果。

（8）请列举5位你认为具有良好沟通能力的人，并与同学们分享他们留给你的美好印象。完成分享后，大家发现沟通高手都有一些什么样的共同点呢？请大家列出来。

（9）阅读以下文字然后回答问题。

黑色幽默

有三个人要被关进监狱三年，监狱长允许他们三个人每人提一个要求：美国人爱抽雪茄，要了三箱雪茄；法国人最浪漫，要一个美丽的女子相伴；而犹太人说，他要一部与外界沟通的电话。

三年过后，第一个冲出来的是美国人，嘴里、鼻孔里塞满了雪茄，大喊道："给我火，给我火！"原来他忘了要火了。

接着出来的是法国人，只见他手里抱着一个小孩，那个美丽的女子搀扶着一个小孩，肚子里还怀着第三个孩子。

最后出来的是犹太人，他紧紧握住监狱长的手说："这三年来我每天与外界联系，我的生意不但没有停顿，反而增长了200%，为了表示感谢，我送你一辆劳斯莱斯！"

资料来源　佚名．管理故事［EB/OL］．［2017-12-21］．https://www.shangxueba.com/ask/10283799.html.

思考与讨论：

三个囚犯的不同结果说明了什么？

任务 2

语言沟通

同声自相应，同心自相知。

—— ［晋］傅玄《何当行》

课程思政要求

1. 一条主线

坚定学生理想信念，爱党、爱国、爱社会主义、爱人民、爱集体。

2. 课程思政的立体化构建

（1）遵循育人规律，推进教学理念的同向性和同行力。

（2）加强队伍建设，提高教师教学的专业性和引导力。

（3）完善教材体系，增强教材内容的系统性和说服力。

（4）改进教学方法，提升思政教育的针对性和亲和力。

（5）丰富教学载体，打造学习方式的多样性和吸引力。

（6）关注学生学法，重视学生的主体性和成长力。

训练目标

明确有声语言的特性和要求；能够运用语言沟通的基本原则开展人际沟通；熟练掌握并运用语言沟通的技巧；能够以质量良好的语言进行人际沟通。

任务导入

该来的不来

有一天，一个业务员宴请客户。开宴时间快到了，客人只来了一半，业务员有些着急，忍不住自言自语道："怎么该来的还没来呢？"

有的客人一听，心里凉了一大半："他这么说，想必我们是不该来的。"于是有一半人拍拍屁股走了。

业务员一看许多客人离开了，着急地说："怎么不该走的走了？"剩下的人听了，特别生气："看来我们是该走的！"于是剩下的客人又走了一半。

业务员急得直拍大腿："嗨！我说的不是他们啊！"余下的人听了："这是什么

话？不是说他们，那是说我们啦！"于是剩下的客人纷纷离去，客房里只剩下一位平时和业务员关系较密切的客人。最后这位客人奉劝业务员："说话前要先动脑子想想，不然说出去的话就收不回来了，覆水难收啊！"业务员一听，急忙辩解："我并不是叫他们走啊！"

这位客人一听也火了："不是叫他们走，那就是叫我走了！"说完，头也不回，扬长而去。

资料来源　静待花开. 做一个让别人舒服自己也舒服的人［EB/OL］.［2022—05—17］. https：// www.jianshu.com/p/237454cb7997.

问题：

1. 为什么要重视语言沟通？

2. 本案例对你有何启示？

2.1　知识储备

2.1.1　有声语言——语言沟通的重要方式

语言沟通即利用语言或声音的方式进行沟通活动，它是人们在特定的时空情境中以有声语言（不排除无声语言，在本任务中只涉及有声语言）为主要媒介交流思想、联络感情、沟通信息、商讨问题的一种手段。语言作为沟通的主要工具，是一种可能性最大、最准确、最有效的沟通形式。这种形式不论是在人际沟通中，还是在组织管理中都发挥着重要的作用。

1.有声语言的特性

有声语言是用语音表达或接受思想、感情，以说、听为形式的口头语言。从语言运用看，有声语言在传情达意的过程中最直接、最普遍、最常用。有声语言具有如下特性：

（1）有声性。有声语言是靠语音来表情达意的，其中各个语言单位均有声音。有声语言根据表达的需要对声音的高低、升降、快慢进行调整。有声性是有声语言的本质属性。

（2）自然性。有声语言通俗、平易、自然。它保留了生活中的许多语音、词汇和语法现象，如方言、俚语、俗语、儿化、象声、叠音等词汇以及省略、易位现象，表达时生动、自然。

（3）直接性。有声语言的传达和交流以面对面为主要形式，信息传递直接、快捷。有声语言还辅以丰富的态势语和类语言使之更完美。

（4）即时性。有声语言突发性、现场性强，现想现说，可舒缓，可急迫，可重复，可更正，可补充。

（5）灵活性。有声语言的表达可根据所处的语言环境随时调整、变化。表达者在不同的地点、场合，面对不同的任务对象，谈论的话题、选择的角度、切入的深度等都可以随机应变。

小案例 2-1　　　　　　　　　　　　　　　　　　　　　景泰蓝食筷

　　一家涉外宾馆的中餐厅，中午时分，用餐的客人很多，服务小姐忙碌地在餐台间穿梭。

　　一桌的客人中有好几位外宾，其中一位外宾在用完餐后，顺手将自己用过的一双精美的景泰蓝食筷放入随身带的皮包里。服务小姐看在眼里，不动声色地转入后堂。不一会儿，她捧着一只绣有精致图案的绸面小匣，走到这位外宾身边说："先生，您好，我们发现您在用餐时，对我国传统的工艺品景泰蓝食筷表现出极大的兴趣，简直爱不释手。为了表达我们对您如此欣赏中国工艺品的感谢，餐厅经理决定将您用过的这双景泰蓝食筷赠送给您，这是与之配套的锦盒，请笑纳。"

　　这位外宾明白自己刚才的举动已被服务小姐看到，颇为惭愧。只好解释说，自己多喝了一点，无意间误将食筷放入包中。感激之余，希望能出钱购下这双景泰蓝食筷，作为此行的纪念。餐厅经理亦顺水推舟，按最优惠的价格，记在主人的账上。

　　资料来源　佚名. 服务礼仪案例 [EB/OL]. [2018-07-02]. https://wenku.baidu.com/view/3c0037e8f78a6529657d53db.html.

　　【点评】聪明的服务小姐既没有让餐厅受损失，也没有令客人难堪，圆满地解决了问题，并收到良好的效果。恰当得体的语言沟通，不仅能够化解矛盾，解决问题，而且能达到良好的服务效果。在这个案例中，有声语言的特性得以充分彰显。

　　2. 有声语言沟通的优点和缺点

　　有声语言沟通的优点和缺点见表 2-1。

表 2-1　　　　　　　　　　　　　　**有声语言沟通的优点和缺点**

有声语言沟通的优点	有声语言沟通的缺点
1. 适合表达感情和感觉，并运用非语言要素，如语气和姿势来加强，使下属备受尊重，便于调动工作的积极性	1. 话语一旦说出口就很难收回
2. 灵活多样，可以是两人的交谈，也可以是群体讨论；可以是正式的磋商，也可以是非正式的聊天	2. 讲话时，有时很难控制时间
3. 需与多人沟通时成本较低	3. 因为传播速度快，信息接收者很难快速地思考
4. 双向沟通，通过语言和非语言要素的快速反馈，有利于及时收到接收者的反应	4. 口头表达带有很多的感情色彩，容易因情绪说错话，影响信息的可靠性
5. 传播速度较快	5. 偏向啰嗦，很多情况下不够言简意赅

小故事 2-1

名医妙言救人

　　3. 有声语言的基本要求

　　有声语言表达的目的是实现人与人之间思想和感情的交流，表达者都希望对方能明白、理解和接受自己的意思。这就要求有声语言要符合口语表达的基本要求。

　　（1）准确流畅。说出的有声语言如果词不达意、前言不搭后语，很容易被人误解，达不到交际的目的。因此在表达思想感情时，应做到发音标准、吐字清晰，说出的语句应符合规范，避免使用似是而非的语言。应去掉过多的口头语，以免语句被割断；语句停顿要准确，思路要清晰，谈话要缓急有度，从而使交流活动畅通无阻。语言准确流畅还表现为能让人听懂，因此交谈时尽量不要用书面语或专业术语，因为这样的谈吐让人感到太正规、受拘束或是理解困难。

（2）词汇丰富。要想把话说好、说贴切，充分发挥有声语言的表意功能，还要有丰富的词汇储备，只有在这个基础上才能精心选择最确切、最恰当的词汇，正确地反映客观事物，真切地表达自己的思想感情。为此，就要努力学习、掌握丰富的词汇以及成语、格言、歇后语、惯用语、谚语等，并以它们为素材，根据不同场合的需要，精心加以选用，增强说话的艺术效果。试想一说起话来就没词，颠来倒去就是那几句话，没有一点生动活泼的语言，难免让人觉得枯燥无味，味同嚼蜡。

（3）清亮圆润。有声语言音色优美，如黄莺般清亮、朝露般晶莹圆润，善于变化，富有磁性，富有艺术魅力，令人心情舒畅。这是针对运用有声语言提出的进一步要求，使日常用语艺术化，从而达到最佳的表达效果。为此，首先要注意声音的情感变化，说话内容庄重，应用严肃的声音；内容平和，应用舒缓的声音；情感悲切，应用沉郁的声音；情感亢奋，应用高亢的声音；情感急骤，应用短音；情感惬意，则用长音。其次要自觉地克服大喊大叫、漏气、带有喉音、鼻音太重和发音抖动等毛病，正确使用呼吸器官和共鸣腔，加强对声音的控制能力，使呼吸、声带闭合与咬字协调起来，从而达到声音和谐、适度、清亮、圆润的目的。

（4）热情自然。热情是表达兴奋或激情，使声音听起来富有表现力，通过改变音高、音量、语速等使声音与语言内容、思想情感相吻合，使听众更容易理解。而缺乏热情则会造成声音单调，这会使交流的气氛沉闷压抑，使听众昏昏欲睡。热情的声音就好像是一盆火，听众即使是一块冰也会被融化。自然意味着当我们在讲话时对语言的内容和意图要有回应，使语言富有活力、真实。要想做到声音自然，对语言内容的熟悉非常重要，但不要死记硬背语言内容，学会自然地表述语言内容，使它传递讲话者在用心考虑语言内容和他的听众这一信息。"宁要自然的雅拙，也不要做作的乖巧"。卡耐基认为，演讲时声音自然，才能把意思表达得更为清楚，更为生动；否则，难以引起听众的共鸣。

2.1.2 语言沟通的基本原则

语言沟通的基本原则是人际交往活动中运用语言表情达意、进行信息交流时所必须遵循的准则，它贯穿于交际语言运用的各个方面和每个过程的始终，是一种制约性的因素。在人际交往过程中，只有自觉遵守语言沟通的基本原则，才能有效地增加语言交际的信息传递量，融洽人与人之间的关系；反之，如果背离了这些原则，就会削弱甚至破坏交际语言传播信息的效果，难以达到人际交往的目的。归纳起来，语言沟通的基本原则主要包括以下几个方面：

1.礼貌待人

礼貌是对他人尊重的情感外露，是谈话双方心心相印的导线。人们对礼貌的感知十分敏锐。有时，即使是一个简单的"您""请"字，都可以让他人感到温暖和亲切。在人际交往中，可以从以下三个方面达到礼貌待人、沟通情感的目的：

（1）语言表达要满足交际对象对自尊的需求。其目的在于利用礼貌文明的语言艺术与技巧，快速消除隔阂、沟通感情、拉近距离。在人际交往中，初次见面的恰当称呼，寒暄中的礼貌用语，交谈中的言语分寸，分别时的告别祝词等等，都应当体现出尊重对方的主观意向。

在词语的选用方面，使用得体的敬辞和谦辞可以体现出对他人的尊重，也是一个人有教养的重要表现。比如，与客人初次见面时说"您好"，与客人久别重逢时说"久违了"，求人解答问题时说"请教"，请人协助时说"劳驾"，要帮助别人时说"我能为您做些什么"，看望别人时说"拜访"，等候别人时说"恭候"，陪伴别人时说"奉陪"，不能陪客人时说"失陪"，有事找人商量时说"打扰"，让人不要远送时说"请留步"，表示歉意时说"抱歉"，表示感谢时说"谢谢"。像"后会有期""祝你好运""一路顺风""万事如意"等告别用语也都能体现出对他人的尊重。

（2）要根据具体环境选择使用富有亲和力的词语，拉近交往距离，沟通相互之间的情感，使与交际对象的合作成为可能。在人际交往中，渴望受到尊重是每个人的基本心理需求，想要得到他人的尊重，自己先要善于主动接近对方，缩短人际距离，沟通相互情感。其实，做到尊重别人并不难，有时只需一个微笑、一句问候、一声敬称、一对善于倾听的耳朵，就会给别人带来阳光和温暖，当然也会为您自己带来真挚的友谊与和谐的交际。

小案例2-2　　　　　　　　　　　**生日的祝福**

有位女士，想在24岁生日那天为自己购买一辆某名牌小轿车。当她向这名牌轿车经销店的售货员询问轿车情况时，售货员见她衣着普通，认定她无意购买，便随意地应付了几句，又借口用午餐离去。女企业家只得出门蹓跶，准备等售货员用完午餐后再登门。在闲逛时，她发现在附近另有一家轿车经销店，就顺便入内询问。这家经销店的售货员十分热情，不仅认真解答她的询问，还和她聊天、拉家常。当得知她是为自己24岁生日购买轿车后，又非常客气地请她稍等片刻。不一会儿，这位售货员拿着一束玫瑰花回来，真诚地说："小姐，您在生日之际光临本店，是本店的荣幸，我代表本店赠您一束玫瑰花，祝您生日快乐！"这位女士十分感动，在进一步询问了该店经销的轿车的品种、性能后，用稍高的价格购买了一辆该经销店的轿车。不久，她周围的许多朋友也在她的推荐下购买了这家经销店的轿车。

资料来源　佚名. 礼仪的功能［EB/OL］.［2010-08-15］. http：//klaoshi.blog.163.com/blog/static/9414773201071510 2932448/.

【点评】客户在购买商品时，需要的是富有情感的沟通和人性化的服务，商家富有亲和力的语言、良好的举动会影响到客户购买商品的情绪：你乐于助人，对客户热情，真诚，就会赢得客户；冷漠、敷衍会扼杀购买热情，也使自己丧失商机。

（3）欣赏、赞美他人，说话人在语言交流过程中，能够肯定他人的优点，尊重他人的人格，尽量减少对别人的贬损，增加对别人的赞誉。希望得到别人的注意和肯定，这是人所共有的心理需求，而欣赏正是满足这种需求的一种交际方式。人际关系大师卡耐基说："避免嫌弃人的方法，那就是发现对方的长处。"因此，在交际中，我们应抱着欣赏的心态来对待每一个人，时时留心身边的人和事，多发现别人的优点和长处。赞美是欣赏的直接表达。有道是"良言一句三冬暖"，真诚的赞美不仅能激发人们积极的心理情绪，得到心理上的满足，给别人也给自己带来好心情，还能使被赞美者产生一种交往的冲动。托尔斯泰说得好："就是在最好的、最友善的、最单纯的人际关系中，称赞和赞许也是必要的，正如润滑油对轮子是必要的，可以使轮子转得快。"利用心理上的相悦性，要想获得良好的人际关系，就要学会不失时机地赞美别人。

2.坦诚真挚

在语言交际中，说话人的感情直接影响表达的效果，也影响听话人的理解力和接受程度。待人真诚，给人以充分的信任，可以激发他人的工作热情，提高工作效率。其实，感情本身就是一种教育力量，最有效的手段是以情感人，以理服人。唯有入情入理、坦诚真挚、充满信任的话语，才能够深入人心，引起别人的共鸣和注意。人际交往中要做到坦诚真挚，需要注意如下两方面：

（1）说真话，以坦诚的心取信于人。言必行，行必果。这是交往沟通时收到良好谈话效果的重要前提。例如：

当年深圳蛇口工业区负责人在国外和一个财团谈判，由于对方自认为技术设备先进，漫天要价，使谈判陷入僵局。这时，这个财团所在的商会请他去发表演说。他讲道："中国是个文明古国。我们的祖先早在1 000多年以前，就将四大发明——指南针、造纸术、印刷术和火药的生产技术，无条件地贡献给人类。而他们的后代子孙，从来没有埋怨他们不要专利权是一种愚蠢的行为；相反，却称赞祖先为世界科学的进步做出了杰出贡献。现在，中国在与各国的经济活动中，并不要求各国无条件让出专利，只要价格合理，我们一分钱也不少给……"这番发自内心的讲话，使与会者报以热烈的掌声，同时也在外国人心中，引起了巨大的震动和强烈的反响，因为他们的许多先进技术正是从中国引入的，这番讲话终于促使谈判对手愿意降低专利费，双方达成了近3亿美元的合作项目。"心诚能使石开花"，这段发自内心的讲话，借助历史事实，寓意深刻，语气直率，不仅没有因此影响到合作协议的达成，反而让对手更深切地感受到了中国人的诚心与诚信，取得了谈判对手的理解与支持。

（2）感情真挚，态度诚恳。在与人交流沟通的过程中，诚恳而真挚的态度是语言交往目的得以实现的基础。"善大，莫过于诚"，热诚的赞许与诚恳的批评，都能使沟通者愿意彼此了解；信任、倾诉、交心，正如《庄子·杂篇·渔父》中所说："不精不诚，不能动人。""真在内者，神动于外，是所以贵真也。"只要肯尊重对方的特殊能力，高度地给予信任和肯定，任何人都会乐于将其优点表现得淋漓尽致。如果你希望某人懂得自尊自爱，你就该率先表现出你对他的信任和尊重。

3.平等友善

在人际交往中，我们不仅要尊重他人的人格、他人的个性习惯、他人的权力地位、他人的情感兴趣和隐私，还要尊重彼此存在的外显或内在的心理距离，要秉持人人平等、一视同仁的谈话态度，切忌给人居高临下、自以为是的印象。只有在人际交往中保持自尊而不盲目自大，受人尊敬而不傲慢骄横，才能得到对方对你个人、对你的组织、对你的国家的尊重，才能谈得上真诚、平等的合作。例如：

"演员是人民给养活的，有艺无德可对不住观众啊。"被誉为"平民艺术家"的赵丽蓉，在她所追求的艺术事业中，始终把"观众第一"放在首位，对他人的关爱之情，也常以自己真挚独特的谐趣表达出来。一次大年初一，中央电视台开招待酒会，每个参加者都得到了一个大西瓜。赵丽蓉瞥见旁边的记者没份儿，便将自己的那个西瓜放在记者座位底下，说："你大老远赶到北京来采访，不待在家里过年，这西瓜你就带回家去孝敬父母吧。"这"土气儿"十足的言谈，比那些虚情假意的关怀，不知"引人入胜"了多少倍！在她身上，没有了那种司空见惯的矫情、虚饰与浮躁，而多了几分质朴、风趣与豁达。难怪她那平等友善的态度和语言中的缕缕真情，至今仍令人难以忘怀。

在人际交往中，尽管人与人之间身份、地位等方面的情况可能不同，但是，交际双方在人格上是平等的，在心理上是对等的，平等是建立良好人际关系的前提。我们绝不能把自己高抬一寸，把别人放低一尺，让对方感到双方之间"横着一条沟，隔着一堵墙"，给别人一种"拒人于千里之外"之感。

小故事2-2　　　　　　　　　　　　"我是你的妻子"

英国女王维多利亚与其丈夫阿尔伯特相亲相爱，感情和睦。阿尔伯特喜欢读书，且不大爱社交，也不太关心政治。

有一天深夜，女王办完公事，回到卧室，见房门紧闭，便敲起门来。"谁？"里面问道。女王回答："我是英国女王。"门没有开。"我是维多利亚。"再敲，门还是未开，敲了几次之后，女王突然感觉到了什么，又敲了几下，用温和的语气说："我是你的妻子，阿尔伯特。"这时，门开了。即使身为一国之君，但在家里，面对丈夫阿尔伯特，"女王"的生活角色也要发生改变，此时作为妻子的她更应保持夫妻双方平等相待的心态，才会为丈夫所接纳，因此，最后的一次敲门达到了目的。

资料来源　佚名. 演讲与口才的技巧［EB/OL］．［2012-07-17］．http://www.docin.com/p-442718638.html.

4.区分对象

在人际交往中，对交际主体来说，最重要的莫过于研究交际对象，根据交际对象的性别、年龄、生活背景、心理特征等因素的差异来选择恰当的语言，以求明晰地表达自己的思想，达到正常的语言交际的目的。也就是所谓的"到什么山上唱什么歌""见什么人说什么话"。如果不考虑对方的实际情况，信息流通渠道就会因此而出现偏差，甚至"阻塞"，交际也会随之而停止。例如，1954年，周恩来总理出席日内瓦会议，为了向外国人宣传中国，表明中国爱好和平，决定为外国嘉宾举行电影招待会，放映越剧艺术片《梁山伯与祝英台》。为此，工作人员准备了一份长达16页的说明书。周总理看后笑道："这样看电影岂不太累了？我看在请柬上写上一句话就行，即请你欣赏一部彩色歌剧电影：中国的《罗密欧与朱丽叶》。"果然，一句话奏效，外国嘉宾都知道这部电影要讲述的故事了。

5.换位思考

韩非子在《韩非子·说难》中写道："凡说之难，在知所说之心。"在现实社会，随着人们日常交往的日益频繁，摩擦、矛盾也会随之增多，很多人只强调他人对自己应该承认、理解、接受和尊重，却忽视对等地去理解和尊重他人；只注意自己目的的实现，却无视他人的利益和要求。在这种倾向的支配下，他们常常不顾场合和对方心情，一味由着自己的性子去交往，致使在交往中由于语言使用缺乏得体性而出现尴尬的局面。所以，在很多时候，注意交际场合的特点，多进行换位思考，灵活应变，将心比心，以诚换诚，才能达到心灵的沟通和情感的共鸣。

所以，在语言交际时，必须换位思考，无论是话题的选择、内容的安排，还是语言形式的采用，都应该根据特定场合的表达需要来进行取舍，做到灵活自如。

6.切合情境

运用语言进行信息传递、情感交流，离不开一定的时间、地点和场合，要使这种传递活动获得好的效果，语言运用不仅要符合特定的时代背景和此时此地的具体情景，还要恰当地利用说话时机，把握时间因素，力求切情切境，入旨入理。

在杭州的"美食家"餐厅，一对新人在举行婚礼时，正赶上滂沱大雨下个不停。新人和客人们被大雨淋得很懊丧，婚礼气氛很不愉快。这时，餐厅经理来到100多位客人面前微笑着，高声说："老天爷作美，赶来凑热闹。这是入春以来的第一场好雨。好雨兆丰年，这象征着今天这对新人的未来是十分幸福的。雨过天晴是艳阳天，象征着今天在座的所有客人都将迎来更加灿烂的明天。我提议：为了创造和迎接雨过天晴的明天，大家干杯！"话音刚落，整个餐厅的情绪和气氛发生了180度的转变，沉寂的婚礼场面，气氛一下子变得热烈起来。

7.明确目的

语言沟通是一种为了实现一定的交际目的而进行的双向交流的传播活动，无论是与他人拉家常、叙友情，还是进行学术报告、演讲、谈判、采访乃至解说、寒暄、拜访、提问等，都是为了实现信息传递，沟通情感，增进了解，阐明观点等特定的交际目的而进行的。当与他人说话时，需要针对交际对象的特点和语言环境做出必要的调整，也要根据语言交流的主题，选择和使用恰当的语言，做到有的放矢，缓解气氛，增进友情。如瑞士厄堡有一块要求游客不要采花的通告牌，上面分别用英、德、法三种文字写着："请勿摘花""严禁摘花""喜爱这些山峦景色的人们，请让山峦身旁的花朵永远陪伴着它们吧！"由此不难看出瑞士旅游业人士对不同游客的民族心理特点的充分考虑。英国人讲面子，崇尚绅士风度，因此，用"请"。德国人严守律令，故采用"严禁"。法国人浪漫且重感情，所以用了富有激情的语句。这样就与不同交际对象的民族心理特点相吻合了。又如，曾有一位营业员在向外国顾客介绍商品时，因为不了解外国顾客的情况，而按照对中国顾客的方式来接待，结果把顾客赶跑了。事情是这样的：有一位英国客人在商店里表示出对一件工艺品感兴趣，该营业员取出该工艺品，然后对客人说："先生，这件不错，又比较便宜。"顾客听了她的话后，丢下商品，转身而去。为什么这些话会把这位顾客赶跑呢？原来是"便宜"二字。因为在英国人心目中，买便宜货有失身份，所以这桩买卖没有做成。

2.1.3　语言沟通的技巧

在沟通过程中，常常会遇到一些矛盾的、顾此失彼、难以两全的情况，使你处于两难的境地。例如，我们常会碰到下列情景：既想拒绝对方的某一要求，又不想伤害他的自尊心；既想吐露内心的真情，又不好意思表述得太直截了当；既不想说违心之言，又不想直接顶撞对方；既想和陌生人搭话，又不能把自己表现得太轻浮和鲁莽……凡此种种，难以一一列举。但概而言之，都是一种矛盾：行动和伤害对方的矛盾，自己利益和他人利益的矛盾，自己近期利益和长远利益的矛盾。

为了适应上述情况，产生了各种各样的语言表达艺术，缓解了这些矛盾。从表面上看，语言表达艺术似乎违背了有效口头表达的清晰、准确的要求，但实际上是对清晰、准确原则的一种必要的补充，是在更全面地考虑了各种情况之后的清晰和准确，是在更高阶段上的清晰和准确。

语言表达艺术的具体方法因人、因事、因时、因地而异，没有绝对的适用任何情况的方法。这里介绍一些沟通技巧，供参考。

1.积极表达期望

心理学中的"皮格马利翁效应"启示我们：赞美、信任和期待具有一种能量，它能改变人的行为，当一个人获得另一个人的信任、赞美时，他便感觉获得了社会支持，从而增强了自我价值，变得自信、自尊，获得一种积极向上的动力，并尽力达到对方的期待，以避免对方失望，从而维持这种社会支持的连续性。在语言沟通中，积极的语言反应表达出积极的心理期望。"皮格马利翁效应"也验证了积极的心理期望和暗示所产生的强大影响。要做到评议表达得积极，可从以下几个方面来把握：

微课 2-1
积极表达期望

（1）避免使用否定字眼或带有否定口吻的语气。如用肯定句来代替双重否定句，必须使用负面词汇时，则尽量使用否定意味最轻的词语。"我希望""我相信"这两种说法有时表明你没有把握，或者传递出有些盛气凌人的信息；而赞扬现在的行为可能暗示对过去的批评。

（2）强调对方可以做的而不是你不愿或不让他们做的事情，从对方的角度讲话。如说"我们不允许刚刚参加工作就上班迟到"（消极表达）就不如说"刚刚参加工作的人保证按时上班很重要"（积极表达）。

（3）把负面信息与对方的某个受益方面结合起来叙述。可以说"你可免费享用20元以内的早餐"（积极表达），而不是说"免费早餐仅限20元以内，超出部分请自付"（消极表达）。

（4）如果消极方面根本不重要的话，干脆省去。如对方决策时不需要这方面的信息，信息本身也无关紧要，或者以前已经提供了这方面的信息。

（5）低调处理消极面，压缩相关篇幅。篇幅大，表明在强调信息。既然不想强调消极信息，就尽量少用篇幅，出现一次即可，不必重复。

2.注意推论与事实

通常在观察外界的时候，人们在获得所有的必要事实之前就开始进行推论，推论的形成相当快，以致很少有人仔细考虑它们是否真的代表事实。"他未完成工作，因为偷懒""如果您听了我的建议，您就了解我的意思了"，这些语句表示的并非是事实，而是推论，因此不良的沟通就产生了。徐丽君、明卫红主编的《秘书沟通技能训练》对此进行了分析：

有6种基本方法可以分辨事实陈述和推论陈述（见表2-2）。

表2-2　　　　　　　　　　6种基本方法可以分辨事实陈述和推论陈述

事　实　陈　述	推　论　陈　述
1.根据第一手资料下断言	1.在任何时间下断言——根据事前、事后、事情发生时的经验
2.根据观察下断言	2.根据任何一人的经验下断言
3.必须根据所经历的经验	3.超出自己的经验
4.根据经验的陈述	4.无界限地根据经验推论、陈述
5.达到最大的可信度	5.仅有很小程度的可信度
6.得到具有相同经验的人士的认同	6.有此经验的人士不认同

为了避免妄下推论，在与人沟通的过程中应当注意以下情况：①学会区分哪些是事实，哪些是推断。②当根据从别人那里得到的信息做出决策时，要评估推断的准确性，并获得更多信息。③在听取别人的汇报时，让其陈述事实而不是听取他人的评价。④在说服别人时要使用具体的事实而非个人的判断。⑤在使用文字进行沟通时，要表明自己的推断以便别人了解自己的看法。⑥意识到事情的复杂性，不要将其简单化。⑦当只看到两种可选择情况时，有意识地寻找第三种甚至更多种可能出现的情况。⑧意识到自己所得的信息是经过过滤的，自己并没有得到所有的事实。⑨尽量向别人提供背景信息，以便别人能够准确地解释自己的观点或看法。⑩以具体的证据、事实和事例来支持笼统的陈述和评价，避免诸如"这个人的素质不是很高"这样的论断。

检查自己的反应，保证自己的决策建立在合理的证据之上。

3.进行委婉表达

"委婉"一词人们并不陌生，它在修辞学中是修辞格的一种。但"委婉"并不仅仅指修辞的方法。在书面语中，它主要表现为一种语言的表达方式；在沟通中，它又是一种处理问题的态度和方法。恰当的"委婉"，能够鲜明地表明人们的立场、感情和态度。这样做，既使对方乐于接受，达到说话的目的，又可增强语言的形象性和生动性。

（1）直意曲达。语言总要表达某种意思，即说话者要达到表明自己态度和感情的目的。但这个意思是通过迂曲委婉的说法来表达的，这也是利用了人们思维的曲折性和复杂性来达到的。

要达到沟通的最佳效果，不一定都用直言不讳的说法，用委婉的说法可能会达到预想不到的效果。

小故事2-3

人中

（2）易于接受。人们总是希望对方能够接受自己所发出的信息，并做出相应的反应。委婉的语言可以帮助你达到这个目的。

小故事2-4   聪明的蚊子

美国小说家马克·吐温到某地旅馆投宿，别人早就告诉过他此地蚊子特别厉害，他特别担心晚上是否能安稳睡觉，想要事先和服务员打声招呼，又觉得这样做效果未必好，服务员不一定乐意接受。他在服务台登记房间时，一只蚊子正好飞过来。马克·吐温灵机一动，马上对服务员说："早听说贵地蚊子十分聪明，果然如此，它竟然会预先看我的房间号码，以便夜晚光临，饱餐一顿。"服务员听了不禁大笑起来，结果就记住了他的房间号码，并相应地采取了一系列防蚊措施，使马克·吐温这一夜睡得很好。马克·吐温如果生硬地告诉服务员要怎样赶蚊子，就不一定能达到这种效果。马克·吐温的话很委婉，让服务员易于接受，当然也就乐意尽心服务了。

资料来源　佚名. 文豪与蚊子［EB/OL］.［2017-09-24］. https://www.zybang.com/question/e2ee062f8ba4262a473726e086003c2d.html.

在日常生活中也常有这样的例子：当你要求别人做一件事，或者指责别人哪里有过失的时候，要尽量选择让对方有回旋余地。例如某一员工衣帽不整有碍企业形象，你可以说："这样还算挺好的，但如果能够把这个颜色换一下，会更好些。"这样的话语会使员工乐于接受而后改正。

委婉的语言是曲折地表达自己的意思，使听话者感到你是为他着想，或者感到合情合理，这就容易达到自己的目的，也给人以教育和启迪。

（3）言简意赅。委婉的语言表现形式是婉转温和的，这就形成了它隐约、含蓄的特点，也就使委婉的语言信息量较大，语言虽然简洁通俗，含义却是相当深刻的。请看下面一段对话：

问：你有过感叹吗？

答：感叹是弱者的习气，行动是强者的性格。

问：扬州大明寺一进门有尊大肚佛，两侧有副对联。上联是"大肚能忍忍尽人间难忍之事"，下联是"慈颜常笑笑尽天下可笑之人"。你能做到吗？

答：我如果能做到我就成佛了。

问：你有烦恼与痛苦吗？

答：越有追求的人，烦恼与痛苦越多。成功之后将是快乐。

答话者回答问题时，总是用迂曲的方式作答，语言浅显通俗，含义却值得回味。

（4）手法新颖。委婉表达产生于人际沟通中出现了一些不能直言的情况之时。一是总会存在一些因为不便、不忍或不雅等原因而不能直说的事和物，只能用一些与之相关、相似的事物来烘托要说的本意。二是总会存在接受正确意见的情感障碍，只能用没有棱角的软化语言来推动正确意见被接受的过程。还有其他类似的情况。黄漫宇、彭虎锋在其所著的《商务沟通》（清华大学出版社，2019）中列举了如下新颖的委婉手法，值得我们在人际沟通中一试：

第一，用相似、相关的事物取代本意要说的事物。如恩格斯《在马克思墓前的讲话》中说："3月14日下午两点三刻，当代最伟大的思想家停止了思想……他在安乐椅上安静地睡着了——但已经是永远地睡着了。"恩格斯用"停止思想""睡着了"

"永远地睡着了"来取代"死"的概念。又如在餐厅中人们谈到上厕所，一般都用"洗手间"来取代"厕所"这一概念。

第二，用相似、相关事物的特征来取代本意事物的特征。在一次记者招待会上，一位美国记者问周总理："请问中国人民银行有多少资金？"周总理说："中国人民银行现有18元8角8分。"——直接回答，涉及国家机密；拒绝回答，影响招待会和谐气氛；不予回答，有损总理个人风度。借用人民币面值总额取代资金总额这一特征，真可谓三全其美，妙不可言。

第三，用与相似、相关事物的关系类推与本意事物的关系。《人到中年》的作者谌容访美时，用"能与身为老共产党员的丈夫和睦生活了几十年"来间接回答关于她与共产党关系的提问。有人问："听说你至今还不是中国共产党党员，请问您对中国共产党的私人感情如何？"谌容回答："你的情报很准确，我确实还不是中国共产党党员。但是我的丈夫是个老党员。而我同他共同生活了几十年尚无离婚迹象，可见……"

第四，用某些语气词，如"吗""吧""啊""嘛"等来软化语气。这样可以使对方不感到生硬，试比较下列三组句子：

别唱了！今天别去了！你不要强调理由！

别唱了好吗？今天别去了吧！你不要强调理由嘛！

无疑每组中的第二句都显得比较客气婉转，会使对方易于接受，有更大的说服力。

第五，用个人的感受取代直接的否定。例如，用"我认为你这种说法不对"取代"我不认为你这种说法是对的"，用"我觉得你这样不好"取代"我不认为你这样好"。

第六，以推托之词行拒绝之实。例如，别人求你办一件事，你回答说办不到会引起不快。你最好说："这件事目前恐怕难以办到，今后再说吧，我留意着。"——推脱给将来和困难。再如，别人请你去他家玩，你要说没空，去不了，会令人扫兴，你最好说："今天恐怕没有时间，下次一定去。"——推脱给将来和没空。又如，别人向你借钱，你手头也不宽裕，你可以说："这件事我将同我的内当家商量商量。"——推脱给将来和爱人。

第七，以另有选择行拒绝之实。例如，有人向你推销一件产品，你不想要，你可以说："产品还可以，不过我更喜欢另一种产品。"又如，有人要求下星期一进行下次洽谈，你不想在这天洽谈，你可以说："定在星期五怎样？"

第八，以转移话题行拒绝之实。例如，甲："星期天去不去工厂参观？"乙："我们还是先来商量一下下次推销的安排吧？"又如，甲："我们明天去展销大厅再见面好吗？"乙："好吧，不过我想时间定在展销前不如定在展销后。"

4.使用模糊语言

我们在客观世界里所遇到的各种各样的客观事物，绝大多数都没有一个明确的界线，作为客观世界符号表现的语言也必然是模糊的。巧妙地利用语言的模糊性，使语言更能发挥它神奇的效用，是人际沟通追求的目标之一。

（1）化难为易。其也称"化险为夷"。在人际沟通中，常会遇到难以应对的棘手场合，也会有非说不可却难以启齿的局面，怎么办？成功的沟通者往往会用模糊语言，使自己摆脱这种尴尬的处境。

小案例2-3 机智的售货员

在某大商场，有一位顾客拿了几个西红柿，然后混杂在已经称好重量并交款的蔬菜中转身就走。这时，售货员发现了这一情况。如果她高喊"捉贼"，势必会影响商场的秩序，有损商场的声誉，可能会大吵大闹一番。富有经验的售货员会两手一拍说："哎呀！请您慢走一步。我可能刚才不注意，把蔬菜的品种弄错了，您再回来查查看。"这位顾客无奈也只得回来，售货员把蔬菜重新称过，随手就将西红柿拣了下来。售货员此时说"可能""查查看"都是模糊词语，起到了神奇的公关效果。

资料来源　张岩松，侯晓霞. 现代管理沟通实务与案例［M］. 北京：清华大学出版社，2003.

（2）缓和语气。在某些情况下，对方可能故意激怒你，使你怒发冲冠、情绪激动，让气氛顿时紧张起来。在这种情况下，使用模糊语言，易于控制自己的情绪，缓和气氛，使事态朝好的方向发展。

小案例2-4 司机下车

在我国南方一个城市，正值下班时间，乘车的人特别多，车已爆满。乘客们把车窗堵得严严的，车内乘客不容易看到车已行驶到哪一站。尽管乘务员大声报站名，但总有乘客过站。有一位过站的乘客慌慌张张地擂门大叫："售票员下车！"乘务员也非常生气，正要酝酿几句奚落挖苦的话，正巧这时有一位公关人员在车内，及时地插嘴说："售票员不能下车。售票员下车了，谁来售票？"这时，不仅那位过站乘客的情绪缓和了下来，连乘务员也和颜悦色起来。

资料来源　董耀会，张树满. 成功公关语言［M］. 北京：中国经济出版社，2004.

【点评】这位聪明的乘客就是利用"售票员下车"这句话的模糊性来为乘务员解了围，剑拔弩张的气氛缓和了，避免了一场争吵。如果我们用模糊语言来淡化紧张气氛，就可以控制情绪。它能使我们与他人交往时不致紧张，在公关时能摆脱困境。即使在一触即发的关键时刻，它也可以使我们从容地脱身出来，离开不愉快的窘境或矛盾漩涡。

（3）点到为止。模糊语言要有分寸，要点到为止。不该说的不说，能把自己的意思表达明白，却不伤害别人，不能直言不讳；要把自己的意思曲折地表达出来，并且要让对方明白。

小案例2-5 精神病院的采访

我国一位著名的播音员曾到一家精神病院采访，在其采访提纲中最初写的是："您什么时候得的精神病？"这位播音员感到这种话可能刺激病人，就临时改口问道："您在医院待多久了？住院前感觉怎么不好呢？"这种委婉含蓄的提问，采取的是模糊语言，使对方易于接受，不至于产生反感。

在采访结束时，这位播音员说："您很快就要出院了，真为您高兴。"

精神病患者对"精神病"这个词十分敏感，播音员在采访时自始至终都注意回避这个词。

资料来源　董耀会，张树满. 成功公关语言［M］. 北京：中国经济出版社，2004.

模糊语言的运用要掌握分寸，过于模糊，对方不了解自己的意思，就失去了交际的作用。过于直露，又会伤害别人。只有既模糊又适度，在模糊语言中透露出自己真实的语意，才能达到公关的目的。

（4）增大容量。模糊语言的一个重要特征在于它能把难以表述的道理表达出来，大大地丰富了表达效果。模糊语言是"犹抱琵琶半遮面"，这样更能引起人们的联想和推断，包含着广博的内容。

例如，在我国某城市一个广播电台的直播节目中，一位小姐将听众点给别人的歌曲误认为是点给自己的歌，并在直播节目中向播音员询问。只是播音员明知不是点给这位小姐的，但又不好明白地指出来。如果说出来，不仅扫了这位小姐的兴，也会使广大听众感到不愉快。于是，播音员说："可能是点给您的吧？其实呀，人间是一个温暖的大家庭，人与人相处都应该以友相处。只要以诚相待，以友善之心相待，我们的朋友遍天下，又何必非要去计较是哪一位朋友呢？"播音员随机应变，巧舌如簧，从小姐询问点播节目一事引申出一番处世人生哲学。播音员使用了模糊语言，深化了节目的内容。

5.不妨幽默表达

幽默一词在古代汉语中已有，它的含义是寂静无声。现在人们早已不在原意上使用幽默一词，它倒成了一个外来词语，是英语humor的音译。

幽默是一种含蓄而充满机智的辞令，是一种经过艺术加工的、最生动的语言形式和表达手法，是一个人的思想、学识、才华、灵感在语言运用中的结晶。正如林语堂先生所说："幽默是一种人生态度。"在生活中，无论是文人雅士还是寻常百姓，无论是亲朋好友、邻里还是夫妻间，幽默的话语几乎无处不在，它已成为一种健康的文化和艺术，是人际交往的调节剂。

小案例2-6　　　　　　　　　　　　　　　**服务员的幽默**

一位顾客在一家餐馆用餐，有一道菜很久没送上来，他不耐烦地问服务员："我有一道菜怎么还没有送上来？"服务员笑着耐心询问："请问您点的是什么菜？"顾客没好气地说："炒蜗牛！"服务员立即说："哦，蜗牛是个行动迟缓的动物。"一句话把顾客给逗乐了，然后，服务员马上说："真是对不起，先生。请您稍等，我这就去催。"

资料来源　佚名. 幽默笑话［EB/OL］.［2018-07-14］. https://baijiahao.baidu.com/s? id=1605936925270452366&wfr=spider&for=pc.

【点评】我们不但要把话说得清楚明白、礼貌得体，还要把话说得有趣，增强语言的感染力。这就要借助幽默的力量。

（1）幽默的作用。幽默的作用很多，主要有以下方面的作用。

一是幽默可以化解难堪，融洽关系。例如：

在一个庆功会上，一个将军在与一个士兵碰杯的时候，士兵由于紧张，举杯时用力过猛，竟把一杯酒都泼到了将军的头上，士兵当时就吓坏了，可老将军却用手擦了擦头顶的酒，笑着说："小伙子，你以为用酒能治好我的秃顶啊，我可没听说过这个药方呀！"说得大家哈哈大笑。

二是幽默可以化解矛盾，缓和气氛。例如：

一个小孩看到一个陌生人长着很大的鼻子，马上大叫："大鼻子！"小孩的父母感到很难为情，很对不起人。陌生人却幽默地说："就叫我大鼻子叔叔吧！"大家都能因此一笑了之了。

一个人在车上不小心踩了别人一脚，忙连声道歉。被踩的这个人风趣地说："不，是我的脚放错了地方。"这个人大度地认为，事情发生了，已无可挽回，又不是故意的，也没有什么损失，何不一笑了之呢。

一个顾客在餐厅吃饭，米饭中沙子很多，服务员歉意地问："净是沙子吧？"顾客大度地回答："不，其中也有米饭。"既批评了餐厅，也免除了尴尬局面。

三是幽默可以用来含蓄地拒绝。例如：

罗斯福在当选美国总统前，曾在海军担任要职。一天，一位好朋友向他打听海军在加勒比海一个小岛上建立潜艇基地的计划。罗斯福向周围看了一看，压低声音说："你能保守秘密吗？"对方回答道："当然能。"罗斯福微笑着说："你能我也能。"好友也就知趣地不再问了。

四是幽默可以揭露缺点，针砭时弊。例如：

领导：你对我的报告有什么看法？

群众：很精彩。

领导：真的？精彩在哪里？

群众：最后一句。

领导：为什么？

群众：当你说'我的报告完了'，大家都转忧为喜，热烈鼓掌。

这段幽默讽刺了领导干部长篇大论，不着边际的作风。

五是幽默可以在轻松的气氛下进行严厉的批评。例如：

某商店经理在全体职工大会上说："要端正经营作风，加强劳动纪律，公私分明，特别是那'甜蜜的事业'——糖果柜台。"

六是幽默也是有力的反击武器。例如：

德国大文豪歌德有一次在公园散步，遇到了一个恶意攻击他的批评家。那位批评家不肯让路，并傲慢地说："我从不给傻瓜让路。"歌德立刻回答："我却完全相反！"说完，立即转到一边去了。

七是幽默可以放松心情，感受美好。当今社会高效率、快节奏、信息量大，这样必然会使人的大脑容易产生疲劳。如果我们的生活多点笑声，多点幽默，就会消除人们的烦躁心理，保持情绪的平静。说话，在某种程度上，具有一定的娱乐性，它不应该让人感到紧张、费力，而应给人一种舒适轻松之感。例如：

有个大财主定了个规矩：庄稼人遇到他，都得敬礼，否则便要挨鞭子。

一天，阿凡提经过这里，碰上了大财主。

"你为什么不向我敬礼，穷小子！"大财主怒不可遏。

"我为什么要向你敬礼？"

"我最有钱。有钱就有势，穷小子，你得向我敬礼，否则我就抽你。"

阿凡提站着不动。

围观的人越来越多，大财主有点心虚，便压低声音对阿凡提说："这样吧，我口袋里有 100 块钱。我给你 50 块，你就向我敬个礼吧！"

阿凡提慢悠悠地把钱装进兜里，说："现在你有 50 块钱，我也有 50 块钱，凭什么非要向你行礼不可呢？"

周围的人大笑起来，大财主又气又急，一下子把剩下的 50 块钱抽了出来："听着，如果你听我的，那我就把这 50 块钱也送给你！"

阿凡提又把这 50 块钱收了，接着严肃地说："好吧，现在我有 100 块，你却 1 分钱也没有了。有钱就有势，向我行礼吧！"大财主目瞪口呆。

这里，阿凡提的故事虽然带有寓言的色彩，但他的话语的确逗人，给人以轻松愉悦之感。

八是幽默语言可以婉转地提出要求。运用幽默语言提出自己的要求，这种方法在外交谈判、贸易洽谈中使用较多。这种说话方式含蓄婉转，往往具有暗示性、启发性，不会伤害双方感情。如果对方能够接受你的要求，则可以在笑声中主动、乐意地采取措施；如果对方不能接受，那也无伤大雅，权当听了一则笑话，一笑了之。

九是幽默可以塑造交际中的自我形象。幽默的谈吐是良好性格特征的外露。在人际交往中，每个人都会遇到一些意想不到的情况。这时，为了避免出现僵局，就需要有一种随机应变的能力。而具有幽默感的人，则一定是一个机智、敏捷、善于应对各种棘手问题的能手。

（2）幽默的表达方式。幽默是人的思想、学识、智慧和灵感的结晶，幽默风趣的语言风格是人的内在气质语言在使用时的外化，幽默风趣的语言风度固然有先天成分的影响，但更要靠后天习得。应掌握一些幽默的表达手法，并注意在语言表达中加以运用。

①飞白。白指白字，别字。所谓飞白，就是明知其错，故意将错就错地加以援用。根据错误产生原因的不同，可把飞白分为语音飞白、字形飞白两类。

语音飞白即因语音相同、相近而将错就错地加以援用的飞白。如：中国古代有许多笑话就是利用错别字来制作的，如清代小石道人的《嘻谈续录》中有这么一个笑话：

一个人因为是捐钱得的官，所以不懂官场语言。到任后便去拜见上司。上司问："贵处风土如何？"他回答说："并无大风，更少尘土。"上司又问："春花如何？"他回答说："今春棉花每斤二百八。"又问："绅粮如何？"答："卑职身量，穿三尺六的衣服。"又问："百姓如何？"答："白杏只有两棵，红杏倒不少。"上司说："我问的是黎庶。"他回答说："梨树很多，但结的梨都很小。"上司说："我不是问什么梨杏，我是问你的小民。"他赶紧站起来，说："卑职小名叫狗儿。"

"风土"即风俗，"春花"是指鱼苗，那个花钱买官的人，把"风土"误解为"风"和"土"，把"春花"误解为春天的棉花，这都是错误地理解了词语的意思，把它们当成是语素意义的简单相加。这种误解还不是语音飞白，属于语音飞白的是把"绅粮"误解为"身量"，"百姓"误解为"白杏"，"黎庶"误解为"梨树"，"小民"误解为"小名"，它们的语音都相同或相近。

字形飞白即因为字形的相似而导致误认、误读的飞白。一个外国留学生在北京学习汉语。一日，他忽然对老师说："贵国的民族自豪感宣传得极好，只是用语过于单调。到处都是'中国很行''中国人民很行''中国工商很行''中国农民很行''中国交通很行''中国建设很行'。"老师解释说："你看得不仔细，那是'银行'。"外国留学生之所以把"银行"与"很行"混为一谈，就是因为这两个字的字形极为相似，中国人很容易区分这两个字，所以觉得可笑。以下《西游记》猪八戒扮演者改名的故事也是飞白手法的运用。

在电视剧《西游记》中扮演猪八戒的马德华，原名叫马芮。有一天，老马因患重感冒，到一家颇有名气的医院看病，等了好久，值班护士拿着挂号本在走廊上叫："马内、马内！谁叫马内？"马芮见没人答应，心想：大概是叫我的吧，就进了门诊室。医生问："你叫马内？"马芮只好回答道："是的，我叫马内。"

到化验室抽血后，化验员又高声吆道："马苗、马苗，谁是马苗？你的血化验好了。"马芮不敢答应，但眼看化验室要关门了，他进去要化验单时，女化验员不耐烦了："你就是马苗呀，那你刚才是聋了还是哑了？"

马芮去药房取药，药剂师隔着窗户尖声嚷道："马丙，马丙，你的药好了。"有教训在先，这时马芮不敢怠慢，管它马内、马苗、马丙呢，抓起药就往注射室走去。

到了注射室，女护士见了注射单就笑了："哟，这个病号怎么叫马肉？马肉，该你注射啦！"马芮哭笑不得。

后来，马芮参加了《西游记》的摄影，他想这么多人不认识我这个"芮"字，名字一印到屏幕上，还不知道会被人们念成什么呢。干脆更名，叫马德华吧。

"马芮"，从字形上看，与"马内""马苗""马丙""马肉"也有些相像，这个故事马德华也许进行了虚构，至少进行了加工，由于巧妙地运用了飞白的手法，令人忍俊不禁。

②降用。故意使用某些"重大""庄严"的词语来说明一些细小、次要的事情的表达技巧，谓之"降用"。恰当地运用降用，可暗示自己的思想，启发对方思考，令语言风趣生动。例如：侯宝林的相声作品《给您道喜》中有如下对白：

甲：第一是我有了孩子；第二是我当了爸爸；第三是我已经接受了爸爸这个官衔。

乙：好啊，那您就宣誓就职，赶快发表谈话吧！

"相声"是一种独特的表演艺术，它往往凭借幽默的语言来引发观众的笑声和掌声，以达到寓教于乐的目的。这里的"接受官衔""宣誓就职"都是以大写小、化庄为谐的降用修辞手法，它很适合相声这种艺术形式。

③仿似。故意模仿现成的词、调、篇及语句格式，临时创造新的词、调、篇及语句格式，谓之"仿似"。它是幽默诸多构成法中最常用的一种，往往借助于某种违背正常逻辑的想象和联想，把原来适用于某种语境、现象的词语用于另一种截然不同的新的环境和现象之中，而且模拟原来的语言形式、腔调、结构甚至现成篇章，造成一种前后不协调、不搭配的矛盾，给人以新鲜、奇异、生动的感受。例如：

毛泽东主席在一次报告中批评某些干部为评级而争吵、落泪时说："有一出戏，叫《林冲夜奔》，唱词里说：'男儿有泪不轻弹，只因未到伤心处。'我们现在有些同志，他们也是男儿，他们是'男儿有泪不轻弹，只因未到评级时'。"

这里运用的就是局部改动名句的仿似之法，显得俏皮生趣、批评有力。

④双关。双关。利用双关、比喻、夸张等修辞手法，可使语言生动形象，幽默风趣。例如：

有一学生问导师："我常梦想当上了教授。导师，我要怎么做才能把梦想变为现实呢？"导师答道："少睡觉。"

"少睡觉"是一语双关，其一指少做白日梦，意在规劝他早醒悟，莫抱不切实际的幻想；其二指多用功，不要虚度时光，学习要做到废寝忘食。又如：

孩子：爸爸你当过船长吗？

爸爸：没有。

孩子：那妈妈为什么说你脚踏两只船？

孩子的天真无知，不理解"脚踏两只船"的双关含义，构成了"船"的本义和引申义的矛盾碰撞，造成了幽默情趣。

⑤自嘲。自我嘲讽，是指运用嘲讽的语气来嘲笑自己的缺陷和毛病，以取得别人的共鸣，引起别人会心一笑的方法。笑的规律是优笑劣、智笑愚、美笑丑、成熟笑幼稚。因此，如果公关人员善于显示自己比别人劣、愚、丑或幼稚，就会引人发笑，赢得公众的好感。自嘲还可嘲讽自己做过的蠢事、自己的生活遭遇等。

⑥辨析。辨析就是对字形、数字、姓名或其他常用的词组作巧妙的拆卸、组合、分辨、解析。这种"辨析"是一般人预想不到的，机智巧妙，听者先是"出乎意外"，一经思考，又觉得在"情理之中"，在"豁然顿悟"之中，幽默之感油然而生。在人际交往中，富有幽默感的人，自己介绍姓名或听人介绍时，往往都感到亲切自如，还能找出姓名中的特点，便于记忆。例如：

小故事2-5

陈嘉漠的自嘲

薄一波初次见到毛泽东并向其介绍了自己的姓名，毛泽东紧握他的双手，嘴里连声说道："好啊，这个字很好！薄一波，薄一波，如履薄冰，如临深渊嘛！"说得周围的同志都笑了起来。

毛泽东风趣的"析姓辨名"，使初次会面的客人顿消紧张情绪，感到他和蔼可亲。

⑦活用。活用熟语，随机应变，改变其原义，借形载义，可使语言富有诙谐感。例如：一次，国画大师张大千和京剧艺术大师梅兰芳在席间相遇，张大千向梅兰芳敬酒道："梅先生，你是君子我是小人，我敬你一杯。"梅兰芳与众宾客不解。张大千含笑解释道："君子动口，小人动手。你唱戏动口，所以你是君子；我画画动手，所以

我是小人。"一句话引得满堂宾客大笑不已。

2.1.4 提高声音质量

1.认识声音

有人把人的发声器官比作一架管风琴。肺是风箱，由它提供发声的原动力。气流由肺自下而上，通过气管上升到喉头，由喉部产生声音。当人们呼气时，使保护气管开端的肌肉（即声带）紧密地挨在一起，使空气通过声带时能够产生振动。这种振动产生了微弱的声音，然后该声音再穿过咽部（喉咙）、口，或者在某些情况下上升到鼻腔而产生共振。在这里，口和鼻腔就成了管风琴的两个管，它们不但可以起到扩大音量的作用，还可以任意变换音色。这样，共振后的声音被舌头、嘴唇、腭和牙齿这些发音器官改造，从而形成了语言体系中的声音。

我们认识发声器官，了解声音是如何产生的，其目的是要在有声语言的训练中遵循其活动规律，正确地发挥其功能和作用，从而有效地利用它来发出富有表现力和感染力的声音，增强语言表达的效果。

2.影响声音质量的因素

在现实生活中，去除语言的内容，人们经常能够通过一个人的声音判断出对方的许多信息，如对方的性格、涵养、情绪等；有时单凭一个人的声音就去主观地判断这个人的外貌、形象等特征，判断的结果可能与事实不相符，这说明声音具有迷惑性。声音质量的高低直接影响听众对语言内容和表达者的接受程度。那么，影响声音质量的因素有哪些呢？

（1）音域。音域即每个人声音从低音到高音的范围。大多数人运用音高的范围超过音阶上的8度。音域的宽窄直接影响到声音的质量。人们在平时交谈时，音域在一个8度左右，而常用的也只有四五个音的宽度，但是如果要同时与众多听众进行交流，如演讲或是表达强烈的思想感情时，这样的音域就显得过窄。因为这时表达者不得不用到音域的极限，自己会感到吃力，声音会变得不自然，而带给听者的则是极不舒服的感觉。如果因一个人的音域过窄而造成表达上的障碍，则需要进行专门的训练，以拓宽自己的音域。事实上对于大多数人来说，问题不在于是否拥有令人满意的音域，而在于是否较好地利用了他们的音域。

（2）音量。音量也就是发出声音的强弱、大小。当人们正常呼气时，横膈肌放松，空气被排出气管。当人们讲话时，就会通过收缩腹肌来增加排出空气对振动声带的压力。这种压力提高了声音的音量。感受这些肌肉动作的方法是：将双手放在腰部两侧，将手指伸展放在腹部。然后以平常的声音发"啊"，再以尽可能大的声音发"啊"，这时我们会感觉到提高音量时腹部收缩力量的增强。微弱的声音，缺乏力度，使有声语言没有表现力，难以表达强烈的思想感情；而响亮、浑厚、有穿透力的声音，则能做到高低起伏，轻重有别，可以增强声音的表现力与感染力。因此，如果我们的音量不够大，则可以通过在呼气时提高腹部区域压力的方法加以锻炼。

（3）音长。音长也就是声音的长短，它同语速、停顿密切相关，可以影响语言节奏，对声音的质量同样有着不可忽视的作用。语速，也就是讲话的速度。大多数人正常交流时语速为每分钟130~150个字，而播音员的语速一般在每分钟180~230个字。可见，对于不同的人，不同的语言环境，语速的差异是比较大的。我们不需要统一执行哪一个标准语速，因为一个人语速是否恰当关键取决于听众是否能理解他在说什么。通常情况下，当一个人发音非常清楚，并且富有变化、抑扬顿挫时，即使语速很快也能被人接受。

（4）音质。音质是指嗓音的音调、音色或声音。笛子有笛子的声音，而京胡有京胡的声音。音质取决于共鸣腔的状态和声音质量的变化。音质的好坏直接决定了声音是否优美悦耳，影响声音的表现力。最好的音质就是一种清澈悦耳的音调。音质上的障碍包括鼻音、呼气声、嘶哑的声音和刺耳的声音。

对于上述这四个因素，我们一方面要进行良好的训练，另一方面要学会合理地控制这些因素，这样就可以使声音富于变化、轻重有别，从而更加有效地表达语言的思想内容。

小训练2-1

①大声朗读下列词语，注意声母和韵母以及声调。

比翼双飞	披荆斩棘	满载而归	丰衣足食	大张旗鼓	推陈出新
南征北战	龙飞凤舞	高瞻远瞩	快马加鞭	和风细雨	洁身自好
轻歌曼舞	先人后己	正本清源	超群绝伦	生龙活虎	日新月异
责无旁贷	此起彼伏	四通八达	按部就班	呕心沥血	峨冠博带
依山傍水	闻过则喜	云淡风轻	而立之年	仗义执言	瞒天过海
鞍前马后	兵强马壮	催眠有术	灯红酒绿	飞崖走壁	甘霖普降
挥毫洒墨	坚决果断	鲲鹏展翅	捞钱索物	闷头写作	千锤百炼
酸甜苦辣	吞云吐雾	心明眼亮	争前恐后	因循守旧	巍然挺立

②向听众讲述一段个人经历中印象深刻的一件事。

要求：不要照稿宣读，注意吐字发音，并使自己的声音热情、自然、有表现力。可将自己上面的讲话用手机录下来，然后分析研究自己的录音，找到自己语言中的干扰词。再重复自己刚才讲述的内容，重复时注意克服这些干扰，尽量减少干扰词出现的频率。

3.发声练习

"发声"讲的是声音的问题。声音的好坏直接影响着说话的效果。古希腊演说家德摩斯梯尼第一次参加演讲比赛时惨败收场，其中一个非常重要的原因就是他的嗓音嘶哑。后来，他苦练嗓音，终于成为享有盛名的演说家。优美的声音，会给人增添一种绚丽耀眼的光彩，而浊哑的声音，会使人们的话语黯然失色。声音集中，才能洪亮，才能结实。声音自然，才能毫不做作。声音圆润，才能给人以美感。在发声训练中，我们要求做到"集中、圆润、自然"。正确的发声方式是："开牙关，要微笑，舌根松，下巴掉，一条声柱通硬腭，声音集中打面罩。"

"开牙关，要微笑"，必然引起软腭上提，增加口腔的空间，并具有一定的力量，可以增强口腔共鸣，使声音明亮、圆润，避免挤压出缺少共鸣、毫不悦耳的扁音来。后声腔适当打开，对充分运用胸腔、口腔共鸣也有好处。"舌根松，下巴掉"，是指喉部要放松，以免紧张，妨碍气息的流畅，产生挤压声音的现象。"下巴掉"不是说有意识地把下巴向下拉，而是让自己有一种下巴轻松得如同不存在似的感觉，目的还是让它松弛。"一条声柱通硬腭，声音集中打面罩"，是指结合气息的运用，要形成一条声柱（而不是一片）直通硬腭中心线，打到面罩上来，使声音集中，并具有穿透力。

在这个练习的基础上，才能进一步地对声音进行塑造。例如，在朗诵不同文体、不同风格、不同感情、不同人物性格和不同艺术形象的作品时，有了良好的发声基础，才能使声音富有表现力和感染力。

我们已经知道，声音的产生并不是单靠哪一个器官，而是呼吸器官、消化器官相互协同完成了发声。发音效果的好坏，与呼吸、声带、共鸣器官等有直接的关系。因此，要想提高声音的质量，使自己发出的声音更加富有表现力和感染力，就要从以下几个方面多加练习：

微课 2-2
控制气息

（1）控制气息。气乃声之源。一个人气量的大小、能否正确用气，对语音的准确、清晰度和表现力都有直接影响。唐代文学家韩愈曾说过："气，水也；言，浮物也。水大而物之浮者大小毕浮。气之与言犹是也，气盛则言之短长与声之高下者皆宜。"因此我们必须学会控制好气息，这样才能很好地驾驭声音。在语言交流中要想使声音运用自如、音色圆润、优美动听，就要学会控制气息，掌握呼吸和换气的技巧。

呼吸的紧张点不应放在整个胸部，而应放在丹田，以丹田、胸膛、后胸作为支点，即着力点。力量有支点，声音才有力度。

第一，吸气。吸气时，要双肩放松，胸稍内含，腰腿挺直，像闻鲜花一样将气息吸入。要领是：气下沉，两肋开，横膈降，小腹收。这样，随着吸气肌肉群的收缩和横膈的下降，胸腔和腹腔容积立刻扩张，有明显的腰部发胀、向后撑开的感觉，注意不要提肩，也不要让胸部塌下去。当气吸到七八成时，利用小腹的收缩力量控制气息，使之不外流。

小训练 2-2

抬重物时，必须把气吸得较深，憋着一股劲，后腰膨胀，腰带渐紧。这正是正确的呼吸方法。多抬几次重物，找出以上感觉。

第二，呼气。呼气时，要保持吸气时的状态，两肋不要马上下塌。小腹始终要收住，不可放开，使胸、腹部在努力控制下，将肺部储存的气息慢慢放出，均匀地向外吐。呼气要用嘴，做到匀、缓、稳。在呼气过程中，语音随之一个接一个地发出，从而使有声语言富有节奏。

小训练 2-3

假设桌面上有许多灰尘，要求吹而又不能吹得尘土飞扬。练习时，按吸气要领做好准备，然后依照抬重物的感觉吸足一口气，停顿两秒钟左右，向外吹出气息。吹气时要平稳、均匀，随着气息的流出，胸腹尽量保持吸气时的状态。尽量吹得时间长些，直至将一口气吹完为止。

第三，换气。在语言表达过程中，人们不可能一口气将所要说的内容全部说完，常需要根据不同内容和表情达意的需要作时间不等的顿歇。许多顿歇之处就是需要换气或补气之处，以保证语气从容、音色优美，防止出现气竭现象。换气有大气口和小气口两种换气方法。大气口是在进行类似于朗读、演讲这样的表达时，在允许停顿的地方，先吐出一点气，马上深吸一口气，为下面要说的话准备足够的气息。这种少呼多吸的大气口呼吸一般比较从容，也比较容易掌握。小气口是指在说一段较长的句子时，气息用得差不多了，但句子未完而及时补进的气息。补气时，可以在气息能够停顿的地方急吸一点气，或在吐完前一个字时不露痕迹地带入一点气，以弥补底气不足。无声、音断气连，这是难度较大的换气方法。

小训练2-4

①高声朗读《高山下的花环》中雷军长的一段演说，安排好换气："我的大炮就要万炮轰鸣，我的装甲车就要隆隆开进！我的千军万马就要去杀敌！就要去拼命！就要去流血！！可刚才，有那么个神通广大的贵妇人，她，竟有本事从千里之外把电话打到我这前沿指挥所。她来电话干啥？她来电话是要我给她儿子开后门，让我关照关照她儿子！奶奶娘！走后门她竟敢走到我这流血牺牲的战场！我在电话里臭骂了她一顿！我雷某不管她是天老爷的夫人，还是地老爷的太太，走后门，谁敢把后门走到我这流血牺牲的战场上，没二话，我雷某要让她儿子第一个扛上炸药包去炸碉堡！去炸碉堡！"

②练习下面的绕口令，开始做练习时，中间可以适当换气。练到有了控制能力时，逐渐减少换气次数，最后要争取一口气说完。

五组的小组长姓鲁，九组的小组长姓李。鲁组长比李组长小，李组长比鲁组长老。比李组长小的鲁组长有个表姐比李组长老，比鲁组长老的李组长有个表姐比鲁组长小。小的小组长比老的小组长长得美，老的小组长比小的小组长长得丑。丑小组长的表姐比美小组长的表姐美，美小组长的表姐比丑小组长的表姐丑。请你想一想：是鲁组长老，还是鲁组长的表姐老？是李组长小，还是李组长的表姐小？是五组小组长丑，还是九组小组长丑？是鲁组长表姐美，还是李组长表姐美？

气息控制训练可以把握"深、通、匀、活"四字方针，注意气息和内容的结合。单纯的语音、气息训练效果并不好，需要大家在实际朗读过程中不断体会、运用。

（2）训练共鸣。气流从肺部上升到喉头冲击声带发出的声音本来是很微弱的。但经过喉腔、咽腔、口腔、鼻腔的共鸣，声音就扩大了，这不需训练，人人都可以做到。但是，要想使声音洪亮、圆润、悦耳，就需要进行特殊的训练了。

第一，鼻腔共鸣。鼻腔共鸣是由"鼻窦"实现的。鼻窦中的额窦、蝶窦、上颌窦、筛窦等，它们各有小小的孔窦与鼻腔相连，发音时这些小孔窦起共鸣作用使声音响亮、传得更远。运用鼻腔时，软腭放松，打开口腔与鼻腔的通道使声音沿着硬腭向上走，使鼻腔的小窦穴处充满气，头部要有振动感。这样，发出的声音才会震荡、有弹力。但要注意，鼻腔运气发声不能过量，过量就会形成"鼻囊鼻音"。

小训练 2-5

词组练习：妈妈　光芒　中央　接纳　头脑

蓝蓝的天上白云飘，白云下面马儿跑，挥动鞭儿响四方，百鸟齐飞翔。

第二，口腔共鸣。唇抬起，呈微笑状，使整个口腔保持一定张力，口腔壁、咽腔壁的肌肉处于积极状态。这样，声带发出的声音随气流的推动流畅向前，在口腔的前上部引起振动，形成共鸣效果。共鸣时要把气息弹上去，弹到共鸣点。声音必须集中，同时还要带上感情，兴奋起来。这样才会达到一个好的共鸣效果。

小训练 2-6

词组练习：澎湃　冰雹　拍照　平静　抨击　批评　哗啦啦　啪啪扑　哽咽

绕口令：山上五株树，架上五壶醋，林中五只鹿，柜中五条裤，伐了山上树，取下架上醋，捉住林中鹿，拿出柜中裤。

第三，胸腔共鸣。胸腔是指声门以下的共鸣腔体，属于下部共鸣腔体，它可以使声音结实浑厚、音量大。运用胸腔共鸣时，声带振动，声音沿着气流的方向通过骨骼和肌肉组织壁传到肺腔，这时胸部感到明显振动，从而产生共鸣。有了这个底座共鸣的支持，声音才会真实、不飘。胸腔的空间及共鸣能量大，发出的声音有深度和宽度，声音更浑厚、更宽广。

小训练 2-7

①胸腔共鸣训练。

"a"元音直上、直下、滑动练习

词组练习：百炼成钢　翻江倒海　追悔莫及

小柳树，满地栽，金花谢，银花开。

②发声练习。

口腔打开，使下面一组音从胸腔逐渐向口腔、鼻腔过渡。要求放慢、拖长、找准共鸣位置。

a-mai-mao-mi-mu

③朗读共鸣练习。

朗读《七律·长征》(毛泽东)，要求放慢速度，有意识地夸张，尽量找出最佳共鸣效果。声音适当偏后些，使之浑厚有力。注意防止"囊鼻音"。

红——军——不怕——远——征——难，

万——水——千——山——只——等——闲。

五岭——逶迤——腾——细——浪，

乌蒙——磅礴——走——泥——丸。

金沙——水拍——云——崖——暖,

大渡——桥横——铁——索——寒。

更喜岷山——千——里——雪,

三军过后——尽——开——颜。

④假设分别向 1 个人、10 个人、50 个人、1 000 个人,在教室、大礼堂、体育场等地朗诵或喊口令,十分准确地运用声音。

在进行共鸣训练时,扩大共鸣腔要适度,不能无限制,要以不失本音音色为前提。同时,应该学会控制共鸣腔肌肉的紧张度,保持均衡的紧张状态。另外共鸣腔各部位(包括肌肉)要协同动作,这样才能真正提高声音的质量。

(3)吐字归音。吐字归音是汉语(汉字)的发声法则,即"出字"和"收字"的技巧。我们把一个字分为字头、字腹和字尾三部分,"吐字"是对字头的要求,"归音"是对字腹和字尾(尤其是对字尾)的发音要求。

第一,吐字。吐字也叫咬字。一是注意口型,口型该大开时不能半开,该圆唇的时候不能展唇,尽量使声音立起来;二是注意字头,字头是字音的开始阶段,要做到吐字清晰,发音有力,摆准部位,蓄足气流,干净利落,富有弹性。只有这样吐字,才能使声音圆润、清楚。

小训练 2-8

读下面的绕口令。先慢读,注意分辨声母,发好字头音,读准声调,读几遍后再加速。

①白石白又滑,搬来白石搭白塔。白石塔,白石塔,白石搭石塔,白塔白石搭。搭好白石塔,白塔白又滑。

②四和十,十和四,十四和四十,四十和十四。说好四和十,得靠舌头和牙齿。谁说四十是"细席",他的舌头没用力;谁说十四是"适时",他的舌头没伸直。认真学,常练习十四、四十、四十四。

第二,归音。字尾是字音的收尾部分,指韵母的韵尾。归音是指字腹到字尾的收音过程。收音时,唇舌的动作一定要到位,字腹要拉开立起,即在字腹弹出后口腔随字腹的到来扯起适当空间,共鸣主要在这里体现。然后收住,要收得干净利落,不拖泥带水,但也不能草草收住。如"天安门"三个字收音时舌位要平放,舌尖抵住上齿龈,归到前鼻韵母"n"音上。只有这样归音才到位,才能使声音饱满,富有韵味。

小训练 2-9

读下面的绕口令,注意"n"和"ng"的收音。

梁家庄有个梁大娘,梁大娘家盖新房。大娘邻居大老梁,到梁大娘家看大娘,赶上梁大娘家上大梁,老梁帮着大娘扛大梁,大梁稳稳当当上了墙,大娘高高兴兴谢老梁。

2.2 能力提升

2.2.1 案例讨论

1.妙答

在南朝时期，齐高帝曾与当时的书法家王僧虔一起研习书法。

有一次，高帝突然问王僧虔说："你和我谁的字更好？"这个问题比较难回答，说高帝的字比自己的好，是违心之言；说高帝的字不如自己，又会使高帝的面子挂不住，弄不好还会将君臣之间的关系弄得很糟糕。

王僧虔的回答很巧妙："我的字臣中最好，您的字君中最好。"皇帝就那么几个，而臣子却不计其数，王僧虔的言外之意是很清楚的。

高帝领悟了其中的言外之意，哈哈一笑，也就作罢，不再提这事了。

资料来源　王佳，许玲．人际沟通与交流［M］．北京：清华大学出版社，2013.

思考与讨论：

（1）在本案例中语言沟通发挥了怎样的作用？

（2）王僧虔的回答巧在何处？

2.三位应聘者

刘同学在简历的著作栏里写下了曾发表过一篇关于汇率稳定的文章，以期在银行面试时会有作用。结果在中国银行面试时，当主考官问起她对汇率稳定的观点时，她结结巴巴，说不出个所以然。事实是身为会计专业的她对金融问题根本没有研究，只是托自己学习金融专业的同学在其发表的文章上加入自己的名字。因此，她和中国银行失之交臂。

王同学一心想进入国际性的咨询公司，在遭到拒绝后，转而将目标锁定于国际会计师事务所。最后，只有安永公司给了她面试邀请。原本此机会已是弥足珍贵，但面试中，考官问到她还投递了哪些单位时，王同学将她投递过的单位如数家珍般一股脑地说出，并表现出极强的兴趣，但就是没有表现出对安永公司的兴趣。结果可想而知，安永公司将她拒之门外。

张同学在面试毕马威公司时，向主考官强调她特别想进入该公司。在解释原因时，她指出毕马威公司的良好背景有利于她以后再次跳槽。最后，毕马威没有给她这个可以再次跳槽的机会。事后，张同学懊恼地表示她当时头脑发晕，不该这么回答问题。

资料来源　佚名．求职面试［EB/OL］．［2020-05-17］．https：//wenku.baidu.com/view/f1b7acbe1fb91a37f111f18583d049649a660e96.html.

思考与讨论：

（1）请运用所学语言沟通相关知识针对三位应聘者出现的问题进行分析和评价。

（2）本案例对你有何启示？

3.成功的推销

某单位原先考虑买一辆某厂载重量为4吨的卡车,后来为了节省开支,又打消了主意,准备购买另一家工厂载重量为2吨的小卡车。第一个厂家闻讯,立刻派出一位有经验的推销员专访该单位的主管,了解情况并争取说服该单位仍旧购买他们厂的产品。这位推销员果然不负众望,获得了成功。他是怎样说服买方的呢?请看:

推销员:你们需要运输的货物平均重量是多少?

买方:那很难说,2吨左右吧!

推销员:有时多,有时少,对吗?

买方:对!

推销员:究竟需要哪种型号的卡车,一方面要根据货物数量、重量;另一方面也要看常在什么公路上、什么条件下行驶,您说对吗?

买方:对。不过……

推销员:假如您在丘陵地区行驶,而且在冬天,这时汽车的机器和本身所承受的压力是不是比平时的情况下要大一些?

买方:是的。

推销员:据我所知,您单位在冬天出车比夏天多,是吗?

买方:是的。我们夏天的生意不太兴隆,而冬天则多得多。

推销员:那么,您的意思就是您单位的卡车一般情况下运输货物为2吨;冬天在丘陵地区行驶,汽车就会处于超负荷状态。

买方:是的。

推销员:而这种情况也正是在您生意最忙的时候,对吗?

买方:是的,正好在冬天。

推销员:在您决定购买多大载重量的卡车时,是否应该留有一定的余地比较好呢?

买方:您的意思是……

推销员:从长远的观点来说,是什么因素决定一辆车值得买还是不值得买呢?

买方:那当然要看它能正常地使用多长时间。

推销员:您说得完全正确。现在让我们比较一下。有两辆卡车,一辆马力相当大,从不超载;另一辆总是满负荷甚至经常超负荷。您认为哪辆卡车的寿命会长呢?

买方:当然是马力大的那辆车了!

推销员:您在决定购买什么样的卡车时,主要看卡车的使用寿命,对吗?

买方:对,使用寿命和价格都要加以考虑。

推销员:我这里有些关于这两种卡车的数据资料。通过这些数字您可以看出使用寿命和价格的比例关系。

买方:让我看看。(埋头于阅读资料之中)

推销员:哎,怎么样,您有什么想法?

买方自己动手进行了核算。这场谈话是这样结尾的:

买方:如果我多花5 000元,我就可以买到一辆多使用3年的汽车。

推销员：一部车每年盈利多少？

买方：少说也有5万元吧！

推销员：多花5 000元，3年获利15万元，还是值得的。您说是吗？

买方：是的。

资料来源　陈秀泉．实用情境口才——口才与沟通训练［M］．北京：科学出版社，2007.

思考与讨论：

（1）根据本案例信息，谈谈推销员为什么能够成功地实现推销？

（2）在推销员与客户沟通的过程中，推销员运用了哪些语言沟通的方法和技巧？

（3）本案例对你有哪些启示？

2.2.2　实训项目

1.口头语言沟通训练

（1）实训目的：①通过实训掌握书面语言及口头语言沟通中的各种技巧要领。②提高运用相关知识解决实际问题的信心和能力。③养成良好的沟通习惯和风格，形成得体的沟通综合能力。

（2）实训情景。

职业情景1：

如果你是某公司的办公室主任，公司曾向某家饭店租用大舞厅，每一季度用20个晚上，举办员工培训等一系列讲座。可是就在即将开始的时候，公司突然接到通知，要求必须付高出以前近3倍的租金。当你得到这个通知的时候，所有的准备工作已经就绪，通知都已经发出去了。单位领导派你去说服对方不要违约，你该如何处理？

职业情景2：

秘书于雪的上司吴总是公司负责营销的副总，为人非常严厉。吴总是南方人，说话有浓重的南方口音，经常"黄"与"王"不分。他主管公司的市场部和销售部，市场部的经理姓"黄"，销售部经理又恰好姓"王"，由于"黄"和"王"经常听混淆，于雪非常苦恼。这天，于雪给吴总送邮件时，吴总让她"请黄经理过来一下！"是让王经理过来还是让黄经理过来？于雪又一次没听清吴总要找的是谁。面对这种情况，于雪该怎样处理？

（3）实训内容：①根据职业情景1，模拟演示办公室主任的沟通协调过程。②根据职业情景2，为秘书于雪找出一个两全其美的解决问题的办法，并演示沟通过程。

（4）实训要求：①本实训可在教室或情景实训室进行。②先分组讨论，再进行角色模拟演示。③分组进行，每组3~5人，一人扮演职业情景1中的对方公司经理，一人扮演职业情景2中的秘书于雪，一人扮演公司的吴副总。分角色轮流演示，每组分别演示以上两个情景。④要求编写演示角色的台词与情节，用语规范，表达到位。

（5）实训提示：①利用口语交流的技巧。②注重沟通的目的与策略。

（6）实训总结。个人畅谈沟通后的体会，教师点评，评选出最佳口头语言沟通者。

资料来源　徐丽君，明卫红. 秘书沟通技能训练［M］. 北京：科学出版社，2008.

2.沟通游戏：找到合适的距离

游戏目的：让游戏者知道沟通需要合适的距离；使双方通过沟通确定他们的最佳距离。

游戏人数：10人。

游戏场地：不限。

游戏时间：30分钟。

游戏用具：无。

游戏步骤：

（1）2人一组，让其面对面站着，间隔2米。让两个人一起向对方走去，直到其中有一方，如A，认为是比较合适的距离（即再往前走，他会觉得不舒服）再停下。

（2）让小组中的另一个人，如B，继续往前走，直到他认为不舒服为止。

（3）现在每个小组都至少有一个人觉得不舒服，也许事实上两个人都不舒服，因为B觉得他侵入了A的舒适区，没有人愿意这样。

（4）现在请所有人回到座位上去，给大家讲解四级自信模式（见后面）。

（5）将所有的小组重新召集起来，让他们按照刚才的站法站好，然后告诉A们（不舒服的那一位），现在他们进入自信模式的第一阶段，即很有礼貌地劝他的同伴离开他。例如："请你稍微站远一点好吗？这样让我觉得很不舒服。"注意，要尽可能礼貌，面带微笑。

（6）告诉B们，他们的任务就是对A们笑一笑，然后继续保持那个姿势，原地不动。

（7）A们中现在有很多人已经对他们的搭档感到恼火了，他们进入第二级，有礼貌地重申他的界限，例如："很抱歉，但是我确实需要大一点的空间。"

（8）B们仍然微笑不动。

（9）现在告诉A们，他们下面可以自由选择怎么做来达成目的，但是一定要依照四级自信模式。要有原则，但是要控制你的不满，尽量达成沟通和妥协。

（10）如果你们已经完成了劝服的过程，就回到座位上。

四级自信模式：

第一级：通过有礼貌地提出请求，设定你个人的界限。你可以使用下面的表述："你介意往后退一步吗？""我觉得我们的距离有点近。"

第二级：有礼貌地再次重申你的界限或边界。你可以使用下面的表达："很抱歉，我真的需要远一点的距离。"

第三级：描述不尊重你的界限的后果。你可以使用下面的表述："这对我很重要，如果你不能往后退一点，我就不得不离开。"

第四级：实施结果。你可以使用下面的表述："我明白，你选择不接受，正如我刚刚所说的，这意味着我将不得不离开。"

思考与讨论：

（1）当别人跨越到你的区域时，你是否会觉得很不舒服？如果别人不接受你的建议，你会有什么感觉？

（2）是不是每一组的B都退到了让A满意的地步，是不是有些是A和B妥协以后的结果？

（3）有多少人采用了全部的四级自信模式？有没有人只采用了一级，对方就让步了？有没有人直接使用了第四级或直接转身离开？

拓展阅读

有效表达的方式

培训师语录：

只要大家心平气和地沟通，总会找到双方的合适距离。

人与人之间要保持合适的沟通距离，距离太远，不利于及时沟通和深入沟通；距离太近，会让人产生紧张和压迫感，影响沟通效果。

资料来源　邹晓春. 沟通能力培训全案［M］. 3版. 北京：人民邮电出版社，2014.

课后练习

1.运用语言沟通的知识和技巧，由3～4名同学自由组成小组，其中一人为讨论组织者，任选以下问题进行讨论，5～8分钟完成讨论，并派一人当众综述沟通结果。

（1）你们几位同学都是电影爱好者，打算成立一个校内影迷协会，作为发起者请讨论它的可行性方案。

（2）你们几个同学是超级数码影迷，一直想自导、自拍、自演一部DV，现在商量实施方案。

（3）如果你们班有一名同学因经济困难假期无钱回家，几个好朋友想帮助他，但他的自尊心很强，讨论一个最得体的办法。

（4）假设你们班得到优秀班集体奖金1 000元，你们几个是班干部，现在商议一下这笔奖金的处置方案。

2.结合实际分析如何成为一个善于言辞的人。

3.向听众讲述个人经历中印象深刻的一件事，要求不要照本宣读，并使自己的声音热情、自然、有表现力。

4.根据气息控制、共鸣训练、吐字归音的训练要求，长期进行这三项训练，提高自己的声音质量。

任务 3

非语言沟通

一撮精神，百般体态。

—— ［宋］郭应祥《踏莎行·一撮精神》

课程思政要求

1. 一条主线

坚定学生理想信念，爱党、爱国、爱社会主义、爱人民、爱集体。

2. 课程思政的立体化构建

（1）遵循育人规律，推进教学理念的同向性和同行力。

（2）加强队伍建设，提高教师教学的专业性和引导力。

（3）完善教材体系，增强教材内容的系统性和说服力。

（4）改进教学方法，提升思政教育的针对性和亲和力。

（5）丰富教学载体，打造学习方式的多样性和吸引力。

（6）关注学生学法，重视学生的主体性和成长力。

训练目标

明确语言沟通与非语言沟通的联系和区别；了解非语言沟通的作用；运用非语言沟通的表现形式做好非语言沟通。

任务导入

紧缩的嘴唇

一位麦肯锡的谈判专家曾说过自己的经历：在一次咨询服务中，对交谈对象嘴唇动作的研究给了她很大的帮助。

客户要与一家大型跨国公司洽谈一笔船舶交易，让专家在双方谈判过程中观察对方的状态。专家建议客户把合同的事项一条条列明，然后一项项向前推进，尽量把问题细化。这样可以近距离地观察对方公司的谈判人员，从而获得所有可能对雇主有帮助的非语言信息。

在谈判开始之后，专家将所有精力放在了观察双方在逐条审核合同内容的一举一动上。慢慢地，专家发现了一个重要的信息，就是当客户念出合同的某一条款——一项涉及价值几百万美元的建筑工程，这家跨国公司的首席谈判代表紧缩了他的嘴唇，很明显，这说明这一内容不合他的"胃口"。

此时，专家给了客户一张纸条，提示他们合同的这一条款有争议，需要现场仔细检查或进一步讨论。于是，双方就这一条款反复推敲，最终为客户节省了上千万美元。

一般来说，嘴唇是思维意识的延续，嘴唇突然紧缩代表不悦，说明遇到了某些问题，而故作没事，想掩盖什么。无疑，深谙非语言沟通的谈判专家助力了此次谈判的成功。

资料来源　欧阳宇情. 麦肯锡精英最重视的55个高效能沟通［M］. 北京：群言出版社，2016.

问题：

1. 非语言沟通有何意义和作用？

2. 本案例对你有何启示？

3.1　知识储备

3.1.1　非语言沟通的含义

据研究，高达93%的沟通是非语言的，其中55%是通过面部表情、身体姿态和手势传递的，38%是通过声调传递的。

所谓非语言沟通，是指不通过口头语言和书面语言，而是通过其他的非语言沟通技巧，如声调、眼神、手势、空间距离等进行沟通。因为非语言沟通大多通过身体语言体现出来，所以通常也叫身体语言沟通。在沟通过程中，非语言沟通与语言沟通关系密切，而且经常相伴而生。

首先，通过非语言沟通，语言沟通得到补充与强化。如一位经理敲击桌子或者拍一下同事的肩，或通过语调来强调相关信息的重要性。当谈到某个方向时，伴随着手指的指示，可以加深印象。在语言和非语言沟通出现矛盾的时候，非语言沟通往往更能让人信服。当某人在争吵中处于劣势时，嘴唇颤抖地说道："我怕他？笑话！"事实上，从说话者颤抖的嘴唇不难看出，他的确感到恐惧和害怕。

其次，非语言沟通可以代替语言沟通，有效地传递许多用语言不能传递的信息，而且，作为一种特定的形象语言，它可以达到语言沟通所不能达到的交际效果。在日常工作中，我们也都在自觉或不自觉地使用非语言沟通来进行信息的传递和交流，既省去不少口舌，又能取得"只可意会，不可言传"的效果。比如，当经理走进办公室，显出一副伤脑筋的样子，不用说，他与上司的见面很糟糕。

但是，语言沟通和非语言沟通也有很大的区别。惠亚爱主编的《沟通技巧》一书对此进行了专门论述：

（1）沟通环境。在非语言沟通中，我们可只用眼睛，不必与人直接接触。比如，你可以通过一个人的着装、动作判断他的性格与喜好，可以通过他的收藏品判断他的业余爱好，也可以通过他的表情看出他与朋友的关系，通过约会的地方也可以看出他对约会的重视程度。非语言沟通可以不为被观察者所知，而语言沟通必须面对面地进行。

（2）反馈方式。除了语言之外，对于对方所给予的信息，我们给予大量的非语言反馈。我们的很多感情反应是通过面部表情和形体位置的变化表达的。通过微笑和点头来表示对别人说的内容感兴趣，通过坐立不安或频频看手表来表示缺乏兴趣。

（3）连续性。语言沟通从词语开始并以词语结束，而非语言沟通是连续的。无论对方在沉默还是在说话，只要他在我们的视线范围内，他的所有动作、表情都传递着非语言信息。比如在一家商店里，一个妇女在面包柜台旁徘徊，拿起几样，又放下，还不时地问面包的情况，这表明她拿不定主意。一位客户在排队，他不停地把口袋里的硬币弄得叮当响，这清楚地表明他很着急。几个小孩试图确定自己的钱能买收款处附近糖果罐中的多少糖果，收款员皱着眉头叹了口气，可以看出她已经不耐烦了。商店中所有人都向我们传递着非语言信息，并且是连续的，直到他们从我们的视线中消失。

（4）渠道。非语言沟通通常不只利用一条渠道。例如，想象在观看一场足球赛时你所传递的信息。任何人都会知道你喜欢哪支球队，因为你穿有该队代表色的衣服，或者举着牌子，当该队得分时，你跳起来大声喊叫。这样，在你的非语言沟通中，你既使用了视觉渠道，又使用了声音渠道。又比如一次会议，地点在五星级饭店，配有最好的食物，高层领导出席，着装正式，这些都表明此次会议非常重要。

（5）可控程度。我们很难控制非语言沟通，其中控制程度最低的领域是情感反应。高兴时你会不由自主地跳起来，愤怒时会咬牙切齿。我们所传递的绝大多数非语言信息是本能的、偶然的。这与语言沟通不同。在进行语言沟通时，我们可以选择词语。

（6）结构。因为非语言沟通是在无意识中发生的，所以它的顺序是随机的，并不像语言沟通那样有确定的语言和结构。如果要与人交谈，你会计划你要说的话，但不会计划什么时候跷腿、从椅子上站起来或看着对方，这些非语言动作对应着交谈期间所发生的情形。仅有的非语言沟通规则是一种行为在某种场合是否恰当或被容许。例如，在一些正式场合，即使你遇到再不高兴的事，也不能跳起来，要喜怒不形于色。

（7）掌握。语言沟通的许多规则，如语法、格式，是在结构化、正式的环境中得以传授的，如学校。而很多非语言沟通没有被正式教授，主要是通过模仿学到的，小孩子模仿父母、兄弟姐妹和同伴，下属模仿上司。

3.1.2 非语言沟通的作用

非语言沟通作为沟通活动的一部分，在完成信息准确传递的过程中起着重要的作用。非语言沟通在交际活动中的作用是丰富多彩的，它能使有声语言表达得更生动、更形象，也更能真实地体现心理活动状态。

小故事 3-1

藏不住事的
齐桓公

1.代替语言

我们现在进行的大多数非语言沟通经过人类社会历史文化的积淀而不断地传递、

演化，已经自成体系，具有一定的替代有声语言的功能。许多用有声语言所不能传递的信息，通过非语言沟通却可以有效地传递。另外，非语言沟通作为一种特定的形象语言，它可以产生有声语言所不能达到的交际效果。在日常工作中，我们也多在自觉或不自觉地使用各种非语言沟通来代替有声语言，进行信息的传递和交流。在传递交流信息的过程中，既省去"颇费言辞"的解释和介绍，又能达到"只可意会，不可言传"的效果。例如：

有一次，曾任美国第16届总统的林肯作为被告的辩护律师出庭。原告律师将一个简单的论据翻来覆去地陈述了两个多小时，听众都不耐烦了。好不容易才轮到林肯辩护。只见他走上讲台，一言不发，先把外衣脱下，放在桌上，然后拿起玻璃杯喝了口水，接着重新穿上外衣，然后又喝水，这样的动作重复了五六次，逗得听众笑得前俯后仰。这时，林肯才在笑声中开始了他的辩护。

林肯与其他听众一样，对原告律师啰啰嗦嗦、翻来覆去的发言极为不满，却又不便直言指责。于是，他上台之后，进行了一系列体态动作、幽默表演，以此代替有声语言嘲弄原告律师，表达他心中的不满。一举胜过千言万语，收到了无声胜有声的表达功效。

小案例 3-1   **毛泽东的挥手之间**

方纪的《挥手之间》描述了在抗日战争时期，毛泽东去重庆谈判前与延安军民告别时的动作。"机场上人群静静地站立着，千百双眼睛随着主席高大的身影移动""人们不知道怎样表达自己的心情，只是拼命挥着手""这时，主席也举起手来，举起他那顶深灰色盔式帽，举得很慢，很慢，像是在举一件十分沉重的东西，一点一点地，一点一点地，等举过头顶，忽然用力一挥，便在空中一动不动了"。"举得很慢，很慢"，体现了毛泽东在革命重要关头进行重大决策时严肃认真的思考过程，同时，也反映了毛泽东和人民群众的密切关系和依依惜别之情。"忽然用力一挥"表现了毛泽东的英明果断和一往无前的英雄气概。毛泽东在这个欢送过程中一句话也没有讲，但他的手势和动作却胜过千言万语。

非语言沟通代替有声语言在舞台表演中的作用最为突出。在表演时，完全凭借手、脚、体形、姿势、表情等身体语言，就能够准确地传递特定的剧情信息。需要指出的是，在管理工作中所采用的非语言沟通与舞台表演时的身体语言应当有所区别。在商务沟通中运用非语言沟通，要尽量生活化、自然化，与当时的环境、心情、气氛相协调，如果运用非语言沟通时过分夸张或矫揉造作，只会给别人以虚情假意的印象，影响沟通的质量，甚至会起到反作用。

2.强化效果

在语言交际的过程中，表达者的神情容貌、举手投足、身姿体态，始终伴随着有声语言来传递出相应的信息。在一般情况下，动态的、直观形象的体态语与有声语言的协调统一，会同时作用于听者的视觉器官与听觉器官，从而拓宽信息传输渠道，补充和强化有声语言信息的传递效果，使人产生更深刻的印象。例如：

英国前首相丘吉尔在一次演讲中说："我们现在的生活水平比历史上任何时期都高，我们现在吃得很多。"讲到这里，他故意停了下来，看着听众好一会儿，然后，他盯着自己的大肚皮说："这是最有力的实证。"

丘吉尔在这段演讲中首先妙用停顿，把听众的注意力吸引到自己身上，然后巧妙地运用"盯着自己的大肚皮"的体态语来辅助有声语言进行论证，产生了妙趣横生、令人捧腹的表达效果。

3.体现真相

非语言沟通大多是人们的非自觉行为。它们所载荷的信息往往都是交际主体在不知不觉中显现出来的。它们一般是交际主体内心情感的自然流露，与经过人们的思维进行精心构织的有声语言相比，非语言沟通更具有显现性。非语言沟通在交际过程中可控性较小，其所传递的信息更具有真实性，正因为非语言沟通具有这个特点，因而非语言沟通所传递的信息常常可以印证有声语言所传递信息的真实与否。在现实交际中常出现"言行不一"的现象。正确判断一个人的真实思想和心理活动，要通过观察他的身体语言，而不是有声语言，因为有声语言往往会掩饰真实情况。在日常工作中，同事之间一个很小的助人动作，就能验证谁是你的真心朋友。在商务谈判中，可以通过观察对方的言行举止，判断出对方的合作诚意和所关心的目标等。

小故事 3-2　　　　　　　　　　　　　**麻将后面的政治新闻**

我国新闻界的前辈徐铸成先生，有一次谈到他早年采访中的一段经历。1928年，阎锡山和冯玉祥曾经酝酿联合推翻蒋介石，可是当冯玉祥到达太原时，阎锡山却把他软禁起来，并借此向蒋介石要钱要枪。后来冯玉祥的部下做了一番努力，才逐步扭转危局。那天徐铸成到冯玉祥驻太原的办事处采访，看到几个秘书正在打麻将，心里一动，估计冯玉祥已经脱身出走了，因为冯治军甚严，如果他在家的话部下是不敢打牌的。徐铸成赶紧跑到冯玉祥的总参议刘志洲家采访，见面就问："冯玉祥离开太原了？"对方大吃一惊，神色紧张地反问："啊？你怎么知道？"这个简短的对答，完全证实了徐铸成的判断。徐铸成就这样通过一桌麻将和采访对象的神色语气，获得了冯玉祥脱身出走的重要信息。以后他又经过深入的访谈，摸清了冯玉祥、阎锡山将再度联合的政治动向，在当时这是一条极其重要的政治新闻。

资料来源　佚名.非语言符号和新闻采访：人际传播中的非语言符号［EB/OL］.［2007-07-29］.https://www.fwsir.com/wenshi/HTML/wenshi_20070729134534_38970_2.html.

4.表达情感

非语言行为主要起着表达感情和情绪的作用，例如，相互握手表示着良好人际关系的建立，父母摸摸小孩子的脑袋表示爱抚；夫妻、恋人、朋友间的拥抱表示着相互的爱恋和亲密。在历史上，管宁通过"割席"这个无声行动拉开了同不专心学习的伙伴华歆的距离；汉文帝垂询贾谊时，"夜半虚前席"则缩小了君臣之间的距离。例如，吴敬梓的《儒林外史》第五回和第六回中写严监生病入膏肓，弥留之际已不能说话，但是还不咽气，把手从被单里拿出来，赵氏慌忙揩揩眼泪，走近上前道："爷，别人都说得不相干，只有我晓得你的意思！你是为那灯盏里点的是两茎灯草不放心，恐费了油。我如今挑掉一茎就是了。"说罢，忙走去挑掉一茎。众人看严监生，其点一点头，把手垂下，登时就没有了气。这段描写固然是夸张地刻画了严监生吝啬的性格特点，但更说明了人在不能说话的情况下能用体态语言来表情达意。

5.展示素质

小故事3-3

一个微小举动

态势语言不仅可以补充、替代、强调有声语言，也是一个人思想情感的外化，是个人修养、风度、个性等方面的展示。良好的态势语言，能够提升一个人在听众心目中的地位，从而建立一种信任，同时还能给听众带来美好和谐的感觉。而不当的态势语言则会降低其在听众心目中的地位，影响听众对其语言信息的接收。例如，一个人举止从容，说明其为人冷静；"慌慌张张"说明其不够自信或是缺少条理；面部微笑，说明心态阳光，对听众友好；而面部僵化说明其历练不足或是心理素质欠佳等。无论我们是否有意识地使用着态势语言，我们总是以某种态势出现在听众面前，而这种态势能够把人的性格特征、内在涵养等方面的信息无声地传递给听众。态势语言既是一个人德才学识等各方面修养的外化，也是其特有的行为气质的外在表现。《世说新语·容止》讲述了这样一个故事：

魏武将见匈奴使，自以形陋，不足雄远国，使崔季珪代，帝自捉刀立床头。既毕，令间谍问曰："魏王何如？"匈奴使答曰："魏王雅望非常；然床头捉刀人，此乃英雄也。"魏武闻之，追杀此使。

虽然曹操装扮成地位低下的卫士，可是，曹操高度的政治、军事和文化素养，长期养成的封建时代的政治家的特有气质，并没有被他矮小的身材所掩盖，而被匈奴来使一语道破。

3.1.3　非语言沟通的表现形式

小贴士3-1

积极的非语言
和消极的
非语言

1.副语言

副语言又称类语言，是有声音而没有固定语义的语言。有声是相对于无声而言的。从发声的角度讲，人类的交际活动主要分为有声语言交际和无声语言交际两类。无声类主要包括体态语言，如表情、眼神、动作等。有声类主要包括常规语言和副语言。常规语言是指我们平时交谈时运用的分音节语言。副语言与常规语言的区别在于：其一，常规语言是分音节的语言，而副语言的语音形式诸如重音、语调、笑声、咳嗽等都不是正常的分音节语言。其二，常规语言绝大多数有较为确定的语义，而副语言本身没有固定的语义，只有在具体的语境中才能表达特定的意义。正因为副语言语义的不确定性，所以，在交际过程中适当地运用副语言能产生特殊的表达效果。

副语言主要包括两类：一是伴随有声语言而出现的声音特性，如停顿、重音、语速、语调等。二是功能性发声，如笑声、哭声、呻吟、叹息、咳嗽等。前者往往与常规语言同时发生，表现为常规语言的表达方式。后者可以单独使用，在具体的语境中有相对独立的语义。相比于常规语言，副语言更加依赖语境。脱离语境，副语言只剩下了一些功能性的发声，是纯粹的语音形式而没有确切的语义。副语言在不同语境中的运用使其产生了丰富的语义信息，副语言的交际功能就是由其丰富的语义信息所决定的。概括起来，副语言主要有以下几个方面的交际功能：①强调功能。副语言借助重音、停顿或语速、语调的变化等形式强调所要表达的内容。②替代功能。在交际过程中，副语言有时能直接替代常规语言并产生特别的表达效果。比如，当甲问乙："你家儿子考上大学没有？"乙一声"叹息"，就等于回答了甲："没有考上，别提了。"③暗示功能。副语言的声音里有特定的含义，常作为一种"声音暗示"。例如，咳嗽声可以表示默契、暗中提醒；打哈欠声可以表示厌烦；打喷嚏声可以表示嗤之以鼻；笑声可以表示蔑视等。④否定功能。同样的语句因说话者的语调、语气或重音运用得不同，可能会有截然不同的语义。比如，"你来得真早！"既可以是直接肯定对方早来的事实，也可以是对对方迟到的讽刺。这句话的否定意义就是通过加重"真"字的语音并放慢其语速而表达的。

（1）音质。它也叫音色，是声音的特色，是一个声音与其他声音相互区别的根本标志。每个人都有独一无二的音质，我们可以根据声音辨别某人。比如，隔壁房间有几个熟悉的人在大声说话，我们就可以根据各人的音质的不同来判断是张三还是李四在说话。或者即使是自己不认识的一群人在隔壁说话，也能大概知道是老人还是小孩，是男的还是女的在说话。作为声音的自然特性，音质虽然没有区分语义的功能，但它在语言交际中却能产生特别的表达效果。试想一下，如果我们拿起话筒，听到的是一个明亮、清脆、音调谐婉的女性声音，或者是一个带有磁性的浑厚的男中音时，都会感到特别悦耳、动听，相反，如果女的声音宽厚，男的声音尖细则让我们感到不舒服。

正因为音质是一个人的声音特征，是每个人特有的说话方式，所以音质有时能够透露出一个人的性格和个性。有学者研究得出：说话带呼吸声的男性年轻并且富有艺术感；女性则长相漂亮，有女人味，但较为浅薄。声音细弱的男性普普通通，没有什么特殊能力，无足轻重；声音细弱的女性则不够成熟。声音紧的男性年龄较大，不易屈服；声音紧的女性大多年龄较轻，容易动感情，智商稍低。声音清晰、有活力的男性身心健康，热情；女性则富有朝气，态度随和，人缘好。声调富有变化的男性充满活力，富有同情心和爱美之心；女性声调富有变化则显得充满活力，会体贴人，善于与人沟通等。

音质有时会发生"性别错位"和"年龄错位"。成熟的男性如果说话声音尖细，就是"娘娘腔"；女性发音厚重，则被认为没女人味，这是"性别错位"。如果年少而声音苍老，或者年长而声音稚嫩，则属于音质的"年龄错位"。音质错位会给交际带来消极影响，因此，我们要注意自己的音质，并改善自己的发声。虽然音质是由一个人发声器官的生理特征所决定的，但如果注意自己的发音方法和习惯，有意改变自身发音的弱点，音质是可以得到一定的改善的。

（2）语调。语调是指说话者为了表达意思和感情而表现出来的抑扬顿挫的语句调子。在普通话里，最常见的语调有升调和降调两种。升调是句尾升起的调子，一般疑问句用升调。降调是句尾降低的调子，陈述句、祈使句、感叹句一般用降调。同样的句子，因语调不同，其语义大不相同。如"你们能赢"这句话，如果是用来鼓励对方，或相信对方一定能赢，则用降调表达肯定的语气，反过来，对方已经赢了，但说话者对此表示怀疑，说"你们能赢？"用的是升调，则会令对方不愉快。

语调的升降同句义的表达有密切的关系，如果把特定的语义和说话者的感情变化包括在内，句子升降的类型实际上并不止两种。比如：你好啊（平直调，说话者平常地问候对方）；你好啊（升调，说话者关切地询问对方的身体或其他情况的变化）；你好啊（高升调，说话者夸赞对方做出了令人惊讶的事情）；你好啊（曲折调，说话者厌恶或讽刺对方）。同样的语句因语调的不同而有多种不同的语义，这一特点说明，在语言交际中，要重视语调的作用，善于运用不同的语调来表达确切的语义和情感。

（3）语速。它是指说话的快慢。每个人说话都有一个比较恒定的语速。有人说话语速较快，有人说话语速较慢，这与说话者的个性相关。一般来说，性子比较急的人说话速度偏快，慢性子的人说话速度也慢。语速在交际中的作用在于说话者可以利用语速来调整感情，更好地表情达意。一般来说，人在激动、兴奋、喜悦、愤怒时语速较快，在悲伤、沉郁、忧郁、疑虑时语速较慢。在演讲或说话时，为了强调某些特定信息，讲话者有意放慢语速，并加重语气。对于不太重要的信息，则快速带过。比如，我们常在电影或书本中看到革命者面对敌人的拷问，一字一句地回答："不——知——道！"或者自豪地说："我是共——产——党——员！"

同样的句子因不同的语速而表达不同的语言信息。如召唤某人时，他回答："来啦！"这两个字如果拉长语气即放慢语速说的话，则表示高兴、欢快的情绪；如果是语速很快，则表示不情愿、不耐烦的态度。演讲和说话时，讲话者可通过调整语速，调节和控制现场气氛，以达到更好的表达效果。例如，"林肯会以很快的速度说出几个字，当遇到他希望强调的那个单字或句子时，他会拖长声音，并一字一句，说得很重，然后就像闪电一般，迅速把句子说完……他会把他所要强调的单字或句子的时间尽量拖长，几乎和他在说其余五六句不重要句子的时间一样长。"相反，如果讲话者一直以没有变化的语速和平直的语调发言，听者会感到乏味，气氛也会沉闷。这时则可以加快或放慢语速，并结合语调的变化，来引起听者的注意。

（4）停顿。它是语流中声音的暂时中断，这是副语言中一种特殊的类型。因为副语言是一种有声的语言，对于通过声音传达的信息，人们早已认识；停顿虽然没有声音（这里我们可以将停顿理解为一种音量值为零的语言），但在语言交际中，适当地运用停顿，也可传达信息，并产生较好的表达效果，所谓"此时无声胜有声"。我们这里所讲的停顿是副语言范畴中的停顿。停顿分为常规停顿和超常规停顿。常规停顿是指语法停顿和逻辑停顿，这种停顿并没有产生特殊的语义；副语言中的停顿是一种违反常规的停顿，停顿能传达特殊的信息，并产生特别的表达效果。进行口语交际时，适当地运用停顿可调节言语的节奏，并能控制语速，这样有利于讲话者迅速地调整思维，对自己的言语进行编码，也便于对方接受，使谈话达到最佳效果。比如，提出问题后的停顿，不管是让人回答还是自问自答，都给对方提供了思考的时间；在句群和段落之间，适当的停顿可提示对方谈话层次的转换。

停顿作为一种辅助性的交际手段，它的作用主要表现为对语言信息的强调。马克·吐温说："恰如其分的停顿经常产生非凡的效果，这是语言本身难以达到的。"例如，英国政治家赖白斯有一次在伦敦发表一个关于劳工问题的演讲，他讲到中间，突然停顿了27秒之久，正当听众莫名其妙时，赖白斯突然大声说："诸位适才所感觉到的局促不安的27秒的时间，就是普通工人垒起一块砖所用的时间。"赖白斯的停顿使得听众对停顿之后所说的话产生了特别的注意。在演讲的开场白之前运用停顿能"压场"；而演讲即将结束时较长时间的停顿往往会产生有力的效果。

（5）重音。它是指说话和朗读时把句子里的某些词语念得比较重的语言现象。语言学中的重音有语法重音和逻辑重音两种。根据语法结构的特点而把句子的某些部分重读的，叫语法重音。一般短句中的谓语部分以及句子中的修饰、限制成分如定语、状语、补语部分常常要重读。例如，春天到了（"到"是谓语，读重音）。她是个很漂亮的姑娘（"很漂亮"是定语，读重音）。月亮慢慢地升起来了（"慢慢"是状语，读重音）。屋里打扫得很干净（"很干净"是补语，读重音）。根据表情达意的需要，对句子中需要突出和强调的词语重读，叫逻辑重音。例如，我知道你会唱歌（"我"读重音，表示别人不知道你会唱歌）。我知道你会唱歌（"知道"读重音，表示你不要瞒着我了）。我知道你会唱歌（"你"读重音，表示别人会不会我不知道）。我知道你会唱歌（"会"读重音，表示你怎么说不会呢）。我知道你会唱歌（"唱歌"读重音，表示会不会唱戏我不知道）。重音主要通过提高声音的强度来体现。语法重音是一种常规性的重读，其语音强度并不是很强；逻辑重音具有突出强调的作用，其强度比语法重音要强。

此外，在谈话或演讲时，讲话者对所讲的内容充满特殊的感情，用重音来表达。有人称之为感情重音。比如，京剧《智取威虎山》中的一段，当杨子荣问小常宝的父亲在深山老林里住了多久时，小常宝父亲满腔悲愤，重重地吐出六个字"八年了，别提它。"再如，《生的伟大，死的光荣》一文中刘胡兰面对敌人铡刀的威胁，铁骨铮铮地回答道："怕死不当共产党员！"这句话用饱含强烈感情的重音，表现了刘胡兰对党的无限忠诚和大无畏的英雄气概。

（6）抑扬。抑扬是指语调高低升降的变化。抑扬顿挫才会引人入胜。下面六种语言节奏较为常用，应注意掌握：

一是高亢型。声音偏高，起伏较大，语调昂扬，语势多上行。用于鼓动性强的演说，叙述一件重大的事件，宣传重要决定及使人激动的事。

二是低沉型。语速偏慢，语气压抑，语势多下行。多用于悲剧色彩的事件叙述，或慰问、怀念等。

三是凝重型。声音适中，语速适当，既不高亢，也不低沉，重点词语清晰沉稳，次要词语不轻不促。用于发表议论和某种语重心长的劝说，或抒发感情等。

四是轻快型。多扬少抑，听起来不费力。日常性的对话、一般性的辩论都可使用这种语言节奏。

五是紧张型。语速较快，句中不延长停顿。用于重要情况的汇报，必须立即加以澄清的事实申辩等。

六是舒缓型。声音不高也不低，语速从容，既不急促，也不大起大落。说明性、解释性的叙述，学术探讨等宜用。

在不同的场合，要注意运用有效的发音。坚毅激进的声音，可以给人一种奋进感；柔和清脆的声音使人愉快；低缓忧郁的声音让人感伤；而粗俗急躁的声音使人愤怒。所以，要试着克服自己的发音障碍，调整节奏和音色，使有声语言富有节奏，展示出声音的和谐之美，做个说话受人欢迎的人。

小训练 3-1

综合运用副语言中的语调、语速、停顿、重音等技巧，根据语言的环境，朗读下面的内容：

①伙计们都寻思起来，想什么办法呢？玉宝坐在旁边也想了一会，笑着说："叔叔，我有个好办法，咱们大家出口气，把那老小子打一顿。"（选自高玉宝《半夜鸡叫》）

②康大叔显出看他不上的样子，冷笑着说："你没有听清我的话，看他的神气，是说阿义可怜哩。"（选自鲁迅《药》）

③我为少男少女们歌唱，我歌唱早晨，我歌唱希望，我歌唱那些属于未来的事物，我歌唱正在生长的力量。（选自何其芳《我为少男少女们歌唱》）

④范柳原冷冷地道："你不爱我，你有什么办法，你做得了主吗？"白流苏道："你若真爱我的话，你还顾得了这些！"范柳原道："我不至于那么糊涂。我犯不着花了钱娶一个对我毫无感情的人来管束我。那太不公平了。对于你，那也不公平。噢，也许你不在乎。根本你以为婚姻就是长期的卖淫合同。"（选自张爱玲《倾城之恋》）

⑤一生中能有这样两个发现，该是很够了，即使只能做出一个这样的发现，也已经是幸福的了。但是马克思在他研究的每一个领域，甚至数学领域都有独到的发现，这样的领域是很多的，而且其中任何一个领域他都不是肤浅地研究的。（选自恩格斯《在马克思墓前的讲话》）

（7）笑声。它是一种功能性发声，因为笑声有声音的传出，且声音本身有一定的含义。功能性发声大多都有相应的文字符号，如哈哈大笑、咯咯地笑等。笑声既是一种生理现象，也是一种心理现象，是人们内心情感的外部显示，同时它还是传递信息的手段。人类的笑多种多样，文字中对笑的形容也丰富多彩。诸如开怀大笑、哈哈大笑、放声大笑、捧腹大笑、笑弯了腰、笑出了眼泪、笑得肚子痛、笑得发抖、狂笑、欢笑、嬉笑、傻笑、耻笑、嗤笑、憨笑、奸笑、干笑、冷笑、阴笑、苦笑、哭笑、嘲笑、皮笑肉不笑、怪笑、媚笑、浪笑、假笑等。每一种笑声里都有特定的信息，并且通过面部表情表现出来，当然，笑容是一种表情，属体态语言。

笑声在交际中的作用是显而易见的。首先，无论是爽朗的笑声还是清脆的笑声都能给人带来愉快的情绪，活跃交际的气氛。其次，人们从各种不同的笑声中能解读出不同的语义，体察笑者真实的情感，比如，面对敌人的威逼利诱，革命者哈哈大笑，那是对敌人极大的蔑视，表明了革命者坚定的信念和开阔的襟怀，同时笑声里传达出革命者讽刺和愤怒的情绪。最后，由于笑声是一种生理和心理的复合，即笑声可以是一种条件反射、情不自禁的情绪反应，也可以是一种自觉意识的表现，亦即人们可以故意地发出笑声并通过笑声来传情达意。比如，在听了别人一个并不可笑的笑话后，人们用笑声来鼓励和安慰讲笑话者。此外，诸如假笑、干笑、冷笑、阴笑以及嘲笑等都是有意为之的笑，能传达出特殊的信息。

（8）咳嗽声。咳嗽本来只是一种生理现象，嗓子发痒或呼吸系统病变会引起咳嗽。但它有时候也是一种功能性发声，人们有意发出咳嗽声并借此传达特定的信息。如在发言之前，讲话人习惯咳嗽一两声，一为镇定自己的情绪，二为提示别人安静下来。咳嗽声还可以用来填补语言间隙，如果在说话时出现因一时的思维障碍而导致讲话突然中断，说话人习惯用咳嗽声来填补语言间隙，从而使说话显得连贯。

（9）叹息声。叹息首先是一种生理性的反应，当人们伤感、郁闷时，常不由自主地发出叹息，借以排解内心苦闷的情绪。同时它又是一种功能性的发声，可以作为信息传递的一种方式，在具体的语境中，有较明确的含义。比如，当别人向你诉说令人悲伤的事情时，你适时地叹息一声，这叹息是表示同情并予以安慰的意思。当你的生活或工作遇到不如意的事情时，别人问及了你，你的一声叹息也等于回答了别人，不愿多说也无须多说。一个经常性长吁短叹的人，似乎总是在向别人诉苦，时间久了，别人的同情也会转成厌烦。正因为叹息是负面情绪的外化形式，所以，在交际中要注意其使用。当别人高兴之际，你的叹息会引起别人的不快；而当别人悲伤之时，你无动于衷，不作一声，悖于常情，也会令人不满。

（10）嘘声。它表示语义的功能是非常明显的，而且情绪化色彩很强，在公众场合用得较为普遍。嘘声常常表现为观众的一种否定、对抗甚至是反抗的激烈情绪。比如，演员和球员在台上、场上令人不满意时，观众常发出一片嘘声，促其下台或下场。在交际过程中，嘘声作为交际主体单方面发出的声音信号，虽然传达了特定的语义和情绪，但对交际客体来说是一种伤害，是交际客体主观上不愿意接受的。这样，嘘声就违背了交际中合作、礼貌和协调的基本原则。从这个意义上来讲，它不应该参与到交际过程中来。严格地说，嘘声表现的是一种不文明的行为。

2.沉默

沉默即言辞、话语间的短暂停顿。沉默常常出现在高信息内容或低概率词项之间，是超越语言力量的一种高超的传播方式。因此，恰到好处的沉默也是一种艺术。比如，有一次，周总理主持记者招待会，有外国记者问："中国有没有妓女？"回答："有！"然后停下来。此时全场哗然。几秒钟后，他接下来说："在中国的台湾。"少顷，掌声大作。这一恰到好处的停顿——沉默，使后续的话语产生了惊人的效果。

"沉默是金"是深刻的至理名言。例如，在舌战中适当地沉默一会，是自信的表现，是迫使对方说话的有效方法。只有缺乏自信、忐忑不安的人才会用喋喋不休来掩饰。例如，青年男女之间倾心相爱，双眸含情脉脉，无言而对，这种沉默所传递的信息量要比言语大上几十倍，这绝对可以称得上"此时无声胜有声"。

沉默所表达的意义是丰富的，它以言语形式上的最小值换来了最大意义上的交流，显示了精彩的艺术美。它可以是无言的赞许，也可以是无声的抗议；它可以是欣然的默认，也可以是保留己见；它可以是威严的震撼，也可以是心虚的无言；它可以是毫无主见，附和众议的表示，也可以是决心已定，无须多言的标志。

在一定的语境中，沉默是相对明确的，就像乐曲中的休止符一样，它不仅是声音上的空白，更是内容的延伸与升华。沉默确实是沟通中很厉害的武器，但是必须恰当地使用。否则，无论是在日常生活还是商务沟通中，很容易使另外一个沟通者无法判定行为者的真实意图而产生惧怕心理，从而不能达到有效的沟通。

3.时间[①]

时间作为非语言表现形式，主要是根据沟通者对待时间的态度来判定沟通者的性格、观念和做事的方式，从而达到有效的沟通，准确地了解沟通者，做出符合自己利益的决策。

（1）不同民族、社会、文化对时间的感受不同。我们往往容易做出人人都以同样的方式感受时间的假定。毕竟一小时就是一小时，不是吗？然而不同的民族、不同的社会和不同的文化对时间的感受是不同的。

在西方，人们信奉基督教，故而将复活节、感恩节、圣诞节等宗教节日视为民族大节，非常重视并开展大量庆典活动。而在我国历史上，老百姓比较喜欢按照阴历计算日子和确立节日，因此中秋节、春节等是中国老百姓喜欢过的传统节日。

（2）即使在同一种文化之内，不同社会团体也会将时间分为不同时段。工商界关注从周一到周五的工作日，而零售店的经营者则更关心周末；像宾馆、酒店等从事第三产业的经营者会把黄金销售期订在节假日和双休日，而农村可能不怎么关心工作日和周末，他们会根据农业活动和季节（如耕作季节、播种季节和翻晒季节）安排时间。

（3）人们对时间有不同的估价。由于监管并不总是明确的，所以更重要的或许是每个人都有不同的时间划分。根据其地位和所处的环境，人们对时间有不同的估价。如一个大公司的总经理和退休老夫妻对于时间的态度会有很大的区别。

使用时间的方式也会对人际沟通产生明显的影响。如果你在上午10点安排一个约会，却在上午10点半露面，那么你可能在传递着某些信息：你对约会的态度、对约会对象的态度或对自己的态度和时间对你的重要性。如果你提前出席一个讲座，可能说明你的兴趣和热情。你可能在利用时间表达你的热心。

（4）人们在时间的使用上有不同的观念。有些人没有时间观念；在北美国家，"时间就是金钱"，他们会记录约会日程并按日程计划和时间表生活，因此准时和及时对于北美国家的人们来说是很重要的；欧洲一些国家的时间观念会比北美国家差一点，但是准时也是他们的特征。在德国，公共交通工具从来都是按照时刻表运行的，一旦因为晚点而给乘客造成损失，相关部门会给予适当的赔偿；在南美洲的一些国家中，人们参加宴会或者谈判时迟到是很普遍的现象。因此，和不同文化背景的沟通者进行沟通要了解和尊重对方的文化。

4.着装打扮

在现代生活中，人们的着装打扮已远远超越了最基本的遮羞避寒的功能，其更重要的功能是向别人传递属于个人风格的信息。服装、饰物及化妆都作为沟通手段发挥

---

① 黄漫宇，彭虎锋. 商务沟通 ［M］. 2版. 北京：清华大学出版社，2019.

着重要作用。

（1）服装。它对非语言沟通极为重要。穿着打扮是重要的非语言沟通途径之一，具有鲜明的个人色彩。服装是个人的自我形象的延伸和扩展，显示出一个人的社会地位、经济状况、精神气质、文化修养和独特个性。衣服的颜色、款式和风格等不仅标示着个人所属社会团体的角色，如显示地位，也标示着正式情境的角色，不同场合应有不同着装。同时，衣着具有展现个性或情绪、展现人格特质，以及展现吸引力与时尚性的作用。如表3-1所示[①]。

表3-1 每一种服装传递不同的含义并导致不同的互动方式

分类	含义	互动方式
制服	维护工作场所的社会控制，互动的发生是为了团体或组织的利益，而不是代表的穿制服的个人利益。他们仅是团体或组织的代表	制服排除个人利益想法的侵扰，所以互动方式是正式的、有结构的和可控制的
职业装	传递组织关系。允许外部团队和组织的规则进入。制服和职业装都表明结构、团体或组织	与顾客的沟通更加便利，将沟通置于亲密的层次上
休闲装	表示暂离工作，是社会流动性、情绪和身份的表达。代表着松散的结构、更大的自主权。休闲服与制服和职业装是相对的，它表明不受工作场所的社会控制	相互作用在这里是开放的，并且不正式，没有结构和控制
化妆服	标志着以特殊的、自发的行为进行社会关系和安排。着化妆服意味着没有传统的社会结构、正式性和控制	代表了传统的责任和义务形式的废除——传统规则的终止——化妆服使沟通的自发性更加便利

（2）饰物。它在人的整体装饰中至关重要，一件用得适当的饰物好似画龙点睛，能使人气质出众。佩戴饰物有四点要求：

一是在选择饰物的种类及佩戴方法时，首先要做到恰到好处，然后再考虑锦上添花，绝不可画蛇添足。例如，在黑色羊毛衫上面佩戴一枚闪光的彩色胸花，是很别致的。但如果再配上一条项链的话，就显得烦琐。

二是饰物的佩戴要与自身的体形、发型、脸型、肤色及所穿服装的款式、面料、颜色保持协调一致。例如，夏天，穿一身飘逸的连衣裙，背一个精巧的浅色双肩小包的女孩看上去就很协调，如果挎一个黑色皮包就不协调。

三是由于现代饰物品种繁多，各种质地的饰品琳琅满目，在选择时首先要考虑自身所处的环境及身份，绝不可乱戴。例如，办公室"白领"上班时，闪闪发光的手链、奇形怪状的戒指与身处的工作环境可能很不相配。有一定身份的人，绝不可只图好看而选戴劣质饰品。

四是饰物的色彩、款式要与季节相配，这一要求主要针对皮包、眼镜、领带的选择。例如，夏季和春季，女士应选择色彩亮、体积小的皮包。男士应选戴以浅色为主的领带；冬季，着装比较厚，皮包相应要大一点才能与穿着协调。

---

① 韦宏，陈福明. 商务谈判与沟通技巧［M］. 2版. 北京：高等教育出版社，2019.

小案例 3-2　　　　　　　　　　　　　　你代表不了公司

一个炎热的下午，一位销售钢材的专业推销员走进了一家制造公司的总经理办公室。这个推销员身上穿着一件有泥点的衬衫和一条皱巴巴的裤子。他嘴角叼着雪茄，含糊不清地说："早上好，先生，我代表森筑钢铁公司。"

"你也早上好！你代表什么？"这位总经理问，"你代表森筑公司，听着，年轻人，我认识森筑公司的高层领导，你不能代表他们——你的形象和外貌代表不了他们。"

资料来源　孙郡锴. 做最好的推销员［M］. 北京：中国华侨出版社，2010.

（3）化妆。它与衣服一样，是皮肤的延伸。常见的化妆品有眉笔、粉底液、唇膏、指甲油、香水等。化妆的目的在于重整面部的特征，例如单眼皮变双眼皮、细小的眼睛变大的眼睛、扁平的鼻子显得高耸、青白的面色变得红润等。化妆是一种身体语言，一位女士精心打扮，除了令自己更好看外，还"告诉"人们三点：一是我肯花时间在化妆上，而时间就是金钱，所以我的社会地位不低。二是我的化妆品是贵重的，这反映了我的财富。三是我与其他同样精心化妆的人是特别的一群人，与未精心化妆的人不同。

5.环境布置[①]

环境布置不仅影响人的工作效率和效果，而且反映出许多信息。在管理过程中，环境布置的重点主要集中在办公室设计、房间颜色搭配及办公室陈设等方面。

（1）办公室设计。它主要有两种模式，即传统式与开放式。传统式办公室设计的特点是：四周设有若干办公室，中间有大厅。大办公室供老板使用；有两扇窗户的办公室属于资深主管；而转角办公室——两面墙上带有窗户的房间，通常是高级主管或合伙人的办公室；建筑物内侧的办公室是资历较浅的主管的，那里没有窗户，但有一扇门，因此这里还是一个可以称为自己小天地的地方；中间大厅是属于低层职员和临时工的地方，在这里，你的桌子就好像放在走道里，没有隐私可言，要在这里咒骂或抱怨实在困难，因为你被置于众目睽睽之下。近年来，开放式办公室的概念已获得大部分公司的青睐。20世纪90年代，半数以上的美国公司都采用开放式、大部分空间为员工而非经理所用的办公室。开放式办公室的拥护者声称，开放式办公室有助于建立民主的气氛，以及增加同事之间的沟通，甚至有研究认为，开放式的办公环境提高了员工的生产力。

小贴士 3-2　　　　　　　　　　房间天花板的高度与人的思维

美国明尼苏达大学的研究揭示了房间天花板的高度与人的思维之间的关系，根据此研究，市场学教授迈耶说："头顶的高度能激活人脑中的某种概念，当人们进入天花板较高的房间时，就会产生自由的念头；反之，人们会倾向于产生拘泥狭隘的想法，然后影响解决问题的行为方式。"根据这个规律，管理人员最好在拥有较高天花

---

① 王建民. 管理沟通实务［M］. 5版. 北京：中国人民大学出版社，2019.

板的办公室里工作，这样更有利于管理者对公司进行大胆的改革和创新。同样的道理，工程技术人员和会计所在的房间天花板最好相对低些，这样可以对工作精益求精，使他们的思维更集中在具体的事物和细节上。

（2）房间颜色搭配。研究显示，办公环境的颜色影响着员工和顾客的心理和感情。颜色能被看见，也能被感受到。红色、橙色、黄色会产生侵略性刺激，人们所处房间的地板、墙壁、天花板和家具如果是鲜艳的色彩，会使人血压增高，心跳加快，并增加脑部活动。清凉的色彩使人的生理器官正常活动，如蓝色具有镇静的效果，而淡绿色则让人觉得安详平和。

（3）办公室陈设。其能够影响人们在此停留的时间。另外，办公桌的大小、外形也能影响来访者对主人的印象，而且能决定这个办公室开放性沟通的程度如何。

6.态势语言

态势语言又称为行为语言、人体语言、动作语言，是一种伴随着自然有声语言而实现交际功能的辅助性无声语言。当然，要完成交际任务，应以自然有声语言为主，态势语言只起强调、修饰、渲染的作用，但在某种特殊情况下，态势语言不但可以单独使用，甚至还可表达出有声语言难以表达的思想感情，直接替代自然有声语言。成功的语言交际者能将有声语言和态势语言配合得非常默契，将它们有机地协调起来；反之，如果在日常交际中，忽略了态势语言的选择和运用，不仅会直接影响有声语言的表达效果，而且会给别人留下不良印象，有损自身和所代表的组织的形象。

小贴士3-3

办公桌的四种
陈设方式

（1）面部表情语。在人体语言中，面部表情是最丰富、最具有感染力的。"体语学"创立者雷·伯德惠斯特尔指出："光是人的脸，就能做出大约25 000种不同的表情。"美国著名记者根室在《回忆罗斯福》中写道：在20分钟里，罗斯福的面部表情呈现出诧异、好奇、焦虑、同情、坚定、幽默和无比的魅力等不同的变化，而在这一段时间里他几乎没有说一句话。人类的面部表情还具有一致性。1957年，美国心理学家艾斯曼做了一个心理学实验。在这个试验中，他从美国、日本、巴西、阿根廷、智利五个国家选择了受试者，让这些受试者辨认分别表现喜悦、厌恶、惊奇、悲哀、愤怒和恐惧六种情绪的照片。结果，绝大多数的辨认趋向一致。实验结果证明，人类的面部表情有较为一致的表达方式，面部表情可以说是一种"世界语"。下面我们从眼神、微笑、眉与嘴来分析：

①眼神。在人类的面部表情中，眼神无疑是最具交流能量的。有研究证明，在信息交流中，人们用30%～60%的时间与他人眉目传情。因此，在语言中有"眼睛是心灵的窗口""目成心许""一见钟情"等说法。

王建民教授在其《管理沟通理论与实务》（中国人民大学出版社，2005年）一书中对眼神的功能有如下归纳：

一是专注功能，反映一个人的注意程度和感兴趣程度。因此进行商务交流时，要特别注意交流对象的眼神的变化，当我们在向交流对象介绍某项业务或产品时，对方眼神无光，可能说明对方对我们的业务、产品没兴趣，或者对我们的介绍方式不感兴趣。此时就要及时地进行调整，重新激发对方的兴趣。

二是说服功能。在劝说过程中，为了使被劝说者感到真诚可信，必须与对方保持较亲密的视线接触。

三是亲和功能。与尽可能多的人保持友善的视线接触，是一个人建立良好人际关系的必要前提。很多人际关系的建立，正是从眼神交流开始的。屈原《九歌·少司命》中有："满堂兮美人，忽独与余兮目成。"说的就是眼神交流所达到的亲和功能。

四是暗示功能。眼神交流的暗示功能最典型的例子，就是《国语·召公谏厉王弭谤》中的"道路以目"。暴虐的厉王严禁百姓议论朝政，违者处斩。于是"国人莫敢言，道路以目"。老百姓在路上不敢再用语言交流了，而是用眼神来暗示内心的不满。除了在这种特殊时期外，我们在一些特殊场合也会用到这种功能，如谈判、重要会议等。

五是表达情感功能。人的眼神中可以很准确地表现出喜悦、厌恶、愤怒、悲伤、嫉妒等感情。在进行商务交流时，我们一定要高度关注交流对象眼神中的情感表现，并及时调整自己的交流内容和方式。同时，在用语言传递信息时，我们的眼神所表现出的感情内涵一定要与之密切配合。

六是表示地位与能力功能。人的眼神可以表现出它的社会地位、在工作单位的地位，以及其领导能力。地位高的人、自信的人往往目光坚定有力，反之则往往目光暗淡、散乱。街头卜卦算命者之所以常常能令人信服，就是因为他们通过对对方的眼神进行了探究、推测的。

眼神交流的方式主要由视线交流的长度、方向和瞳孔的变化三部分组成。视线交流的长度是指说话时视线接触时间的长短。一般来说，除关系特别密切的以外，视线交流的长度为1~2秒。视线交流的方向表示着不同的含义；视线向下（俯视），表示"爱抚、宽容"，也可以表示"轻视"；视线平行接触（正视），表示"平等"，也可以表示"欣赏"；视线向上（仰视），表示"景仰、期待"；视线侧面接触（斜视），表示"厌恶、轻视"等。要想对视线交流方向做系统的感觉和体会，我们不妨仔细观看电影中镜头的拍摄角度，在平拍、俯拍、仰拍等镜头中，都会或隐或显地表现出拍摄者的隐含之意。在古汉语中，有"青眼""青睐""白眼"等说法，其实说的就是视线交流的方向，"青眼""青睐"就是正眼相看的意思，"白眼"当然就是斜视之意。瞳孔的变化是指视线接触时瞳孔的放大和缩小。交流者在产生共鸣时会兴奋、愉悦，此时瞳孔就会放大，眼睛就会有神采，"神采奕奕""炯炯有神"说的就是这样的眼神。而当痛苦、厌恶时，瞳孔就会缩小，眼神就会黯然无光。

在沟通过程中，与朋友会面或被介绍认识时，可凝视对方稍久一些，这既表示自信，也表示对对方的尊重。双方交谈时，应注视对方的眼鼻之间，表示重视对方及对其发言感兴趣。当双方缄默不语时，就不要再看着对方，以免加剧因无话题而显得冷漠、不安的尴尬局面。当别人说了错话或显拘谨时，务请马上转移视线，以免对方把自己的眼光误认为是对其的嘲笑和讽刺。如果你希望在争辩中获胜，那就千万不要移开目光，直到对方眼神转移为止。送客时，要等客人走出一段路，不再回头张望时，才能转移目送客人的视线，以示尊重。

在谈判中也很讲究眼神的运用。一方让眼镜滑落到鼻尖上，眼睛从眼镜上面的缝隙中窥探，就是对对方鄙视和不敬的情感表露。一方在不停地转眼珠，就要提防其打什么新主意。双目生辉，炯炯有神，是心情愉快、充满信心的反映，在谈判中持这种眼神有助于取得对方的信任。相反，双眉紧锁、目光无神或不敢正视对方，都会被对方认为无能，可能导致对自己的不利结果。

小故事 3-4　　　　　　　　　　　谈判中的对峙

朝鲜战争后期，美国人被迫坐下来谈判。当谈到交换战俘时，美国代表提出无理要求并采取拖延战术，谈判桌前出现对峙，沉默的对峙——李克农将军指示中朝代表坐下去，中朝代表便一个个挺直腰板，稳坐不动，一双双眼中透出冷厉的目光，逼视着对方，沉默了132分钟。最后美国人顶不住了，宣布休会。

资料来源　冰寒. 神秘将军［J］. 领导文萃，2010（21）.

【点评】李克农将军指示中朝代表坐下去，用体态语"沉默""冷厉的目光""挺直腰板""稳坐不动"与美方代表对峙，尤其是"冷厉的目光"的"逼视"，体现出强大的威力，迫使对方顶不住而宣布休会。

眼神还可传递其他信息，已被人注视而将视线移开的人，大多怀着相形见绌之感，有很强的自卑感。无法将视线集中在对方身上或很快收回视线的人，多半属于内向型性格。仰视对方，表示怀有尊敬、信任之意；俯视对方表示有意保持自己的尊严。频繁而急速地转眼，是一种反常的举动，常被用作掩饰的一种手段，或内疚，或恐惧，或撒谎，需据情况作出判断。视线活动多且有规则，表明其在用心思考。听别人讲话，一面点头，一面却不将视线集中在谈话人身上，表明其对此话题不感兴趣。说话时将视线集中在你身上的人，表明他渴望得到你的理解和支持。游离不定的目光传递出来的信息是心神不宁或心不在焉。

眼神表达出异常丰富的信息，但微妙的眼神有时是只可意会而难以言传的，只能靠我们在社会实践中用心体察、积累经验、努力把握，方能在沟通中灵活运用眼神。

小训练 3-2

①向同桌讲一段自身经历的故事，要求恰当运用目光语，训练时长10分钟。

②假设前方的固定物是你喜欢的人，请对着镜子和自己说话，进行目光语的练习。

②微笑。著名画家达·芬奇的杰作《蒙娜丽莎》是文艺复兴时期最出色的肖像作品之一。画中女士的微笑给人以美的享受，使人们充满对真善美的渴望，至今让人回味无穷。

微笑，是一种特殊的语言——"情绪语言"。它可以和有声语言及行动相配合，起"互补"作用，沟通人们的心灵，架起友谊的桥梁，给人以美好的享受。工作、生活中离不开微笑，商务交往中更需要微笑。微笑是世界通用的体态语，它超越了各种民族和文化的差异。微笑是人人都喜爱的体态语，正因为如此，无论是个人还是组织，都充分重视微笑及其作用。美国有一个城市被称为微笑之都，它就是爱达荷州的波卡特洛市，该市通过了一项法令，该法令规定全体市民不得愁眉苦脸或拉长面孔，否则违者将被送到"欢容遣送站"去学习微笑，直到学会微笑为止。波卡特洛市每年都举办一次"微笑节"，可以想象，"微笑之都"的市民的微笑绝不比"蒙娜丽莎"逊色。近年来，日本许多公司员工都在业余时间参加"笑"的培训，他们认为这样可以增强企业内部凝聚力，改善对外服务，提高企业效益。根据日本的传统，无论男人和女人，在高兴、悲伤或愤怒时，都必须学会控制情绪，以保持集体和睦。因为日本人认为藏而不露是一种美德。但自从日本经济进入衰退期后，生意越来越难做，商家竞争日趋激烈。为招揽顾客，日本商家，特别是零售业和服务业，新招迭出。其中之一就是让员工笑脸迎客。在今日的日本，数以百计的"微笑学校"应运而生。日本一些公司的员工一般在下班后去学校接受培训，时间为90分钟，连续受训一个星期。据称，经过微笑培训，日本不少公司的销售额"直线上升"。日本许多公司招工时，都把会不会"自然地微笑"作为一个重要条件。

微笑是有规范的，一般要注意四个结合：一是口眼结合。要口到、眼到、神色到，笑眼传神，微笑才能扣人心弦。二是笑与神、情、气质相结合。这里讲的"神"，就是要笑得有情入神，笑出自己的神情、神色、神态，做到情绪饱满，神采奕奕；"情"，就是要笑出感情，笑得亲切、甜美，反映美好的心灵；"气质"就是要笑出谦逊、稳重、大方、得体的良好气质。三是笑与语言相结合。语言和微笑都是传播信息的重要符号，只有将微笑与美好语言相结合，声情并茂，相得益彰，微笑方能发挥出它应有的特殊功能。四是笑与仪表、举止相结合。以笑助姿、以笑促姿，形成完整、统一、和谐的美。尽管微笑有其独特的魅力和作用，但若不是发自内心的真诚的微笑，那将是对微笑的亵渎。有礼貌的微笑应是自然的、坦诚的，是内心真实情感的表露。否则，强颜欢笑，假意奉承，那样的"微笑"则可能演变为"皮笑肉不笑""苦笑"。比如，拉起嘴角一端的微笑，使人感到虚伪；吸着鼻子冷笑，使人感到阴沉；捂着嘴笑，给人以不自然之感。这些都是失礼之举。

小贴士3-4 **卢舍那大佛**

龙门石窟的卢舍那大佛（如图3-1所示）造像微胖，衣裙简单，璎珞之类的繁饰略去，神采全集于眉宇嘴角。造型兼具庄严与世俗。微微上扬的嘴角，流露出淡淡的笑意。远观时，卢舍那大佛的这种微笑尤为明显。当距离逐渐拉近时，卢舍那大佛的笑意会逐渐消退。近身仰视卢舍那大佛，只见她的庄严。从两侧观，笑意比正面要浓一些。而从左侧看，笑意又比右侧的要多一些。从左侧45度角观看，卢舍那大佛还流露出一丝妩媚。正是她那永恒的微笑，使人看上去总觉得舒服、愉快，这就是经典的微笑魅力的实例。

图3-1 龙门石窟的卢舍那大佛

③眉与嘴。眉毛也可以表现出情绪、情感的变化。人们在表示疑问、兴奋、惊恐、愤怒时，眉毛会出现不同的变化。嘴的动作也能反映人的内心世界。嘴部的表情是通过嘴形变化呈现的。

小训练 3-3

①播放优秀节目或优秀演讲片段，指出在节目或演讲过程中，主持人使用了哪些面部表情，试着解释每个表情所表达的意义。

②请列举出用"眉""眼""目""鼻"表示内心情感的成语，并且试着通过面部表情表现出来。

（2）肢体语言。它是指躯干和四肢语言。在沟通中比较重要的有头部语言、手部语言、腿部语言等，莫文虎先生在其《商务交流》（中国人民大学出版社，2008年）一书中对此进行了专门的阐述。

①头部语言。法国舞蹈教师萨尔特说："作为表现媒介的人体可以分为三个区域：头部和颈部为精神区域，躯干为精神–情感区域，臀部和腹部为物质区域……"这个说法很有见地。头部处于最上端的位置，也是交流时对方比较关注的部位，头部语言是否得体，也对交流的成功与否起着重要作用。头部微微抬起，表示自信、自豪。但抬得太高，则容易让人产生骄傲自负的感觉。头部低垂，往往表示情绪低落、沮丧。头部正对着交流者，表示对对方的关注；在谈话中，忽然将正对对方的头部转向其他方向，可能表示对对方话题的回避。《孟子·梁惠王下》中"王顾左右而言他"说的就是这种情况。点头，既可表示同意，也可表示理解，还可表示礼貌、问候，依据场合不同而各有变化。摇头则多表示拒绝、否定之意。头部作为精神性区域，它比较容易受到理智的控制。我们在沟通中要考虑交流场合、目的，设计合宜的头部语言。

②手部语言。手部是人类肢体中最灵活的部位，手和手臂相互配合，可以产生许多姿态和动作，形成丰富多样的手部语言。

手部语言很重要的表现形式是手势语，不同文化的手势语的种类、含义都有较大差别。美国人面对开过来的车辆，右手竖起大拇指向右肩晃动，表示要求搭便车。在其他时候，竖起大拇指，可表示友好、赞赏。但这一手势在澳大利亚和新西兰，则被认为是淫荡之意。前任美国总统布什由于不了解这一文化差异，结束了对澳大利亚的访问，在机场与澳大利亚欢送者告别时，竖起大拇指，就引起了澳大利亚人的误会。此外不同民族的手势的使用频率也不一样，美国人、北欧人对手势的使用比较节制，而中东、南欧和南美人使用得比较多。西欧有一句谚语："意大利人的双臂如果被截去，他们宁可不说话"，说的就是这种情况。美国心理学家麦克·阿尔基对各国手势语的使用进行了调查，结果发现，在1个小时的说话中，意大利人做手势80次，法国人120次，墨西哥人180次，而芬兰人只有1次。

手部语言种类繁多，在人际沟通中使用最频繁的是握手。握手是现代社会常见的见面礼仪，根据握手的力量、姿势和时间的长短，可以传递出不同的信息。一般来说，主人、身份高者、女性、年长者先伸手，客人、身份低者、男性、年少者后伸手。在握手时，用力过大、软弱无力、用指尖和手背、戴着手套握手都是不礼貌的。手势语言在各国有不同的类型和各自的含义，我们在进行跨文化交流时，要特别注意了解与之交流的国家的手势语知识，以避免误会。1959年，赫鲁晓夫访问美国时，把双手举过头鼓掌。这个手势在俄罗斯表示友谊，可是在美国，通常是在战胜对手后表示骄傲的意思。苏、美在20世纪五六十年代本来就是冷战的对手，赫鲁晓夫这一举动使许多美国人感到十分不快。

小训练 3-4

请根据以下语句的内容给出相应的手势语和表情语：

请大家安静，安静！

什么是爱？爱，不是索取，而是奉献！

他转身朝着黑板，拿起一支粉笔，使出全身的力量，写了两个词语："法兰西万岁！"然后他待在那儿，头靠着墙壁，话也不说，只向我们做了一个手势："散学了——你们先走吧！"

在过去的一年中，在座各位将我们的销售额不可思议地提高了17.17%！这在公司的整个历史上还从来没有过，从来没有！由此我们的利润不只是提高了5%或10%，而是13%，整整13%！

大家不要慌，请大家跟我来！

我现在要明确地告诉对方辩友，你们犯了一个严重的逻辑错误！

现在，请让我们大家在此，心平气和地交换一下对这个问题的看法。

现在，摆在我们面前的有两条道路：一是勇往直前奋战下去，有成功的可能，但也有失败的风险；二是原地踏步，坐以待毙。

这几天，大家晓得，在昆明出现了历史上最卑劣最无耻的事情！李先生究竟犯了什么罪，竟遭此毒手？他只不过用笔写写文章，用嘴说说话，而他所写的、所说的，都无非是一个没有失掉良心的中国人的话！大家都有一支笔，有一张嘴，有什么理由拿出来讲啊！有事实拿出来说啊！

我要感谢我的竞选伙伴。他发自内心地投入竞选，他的声音代表了那些在他成长的斯克兰顿街生活的人们的声音，代表那些和他一道乘火车上下班的特拉华州人民的声音。现在，他将是美国的副总统，他就是乔·拜登！

③腿部语言。腿部语言也能表现出情绪、情感。站立时双腿交叉，给人以自我保护或封闭防御的感觉。相反，说话时双腿和双臂张开，脚尖指向谈话对象，则是友好交谈的姿势。架腿而坐，表示拒绝对方并保护自己的势力范围。不断变换架腿的姿势，脚踝不断地交叠又松开，或者无意识地抖动小腿、脚后跟，是情绪不稳定、焦躁的表现。

在人际沟通中，我们首先要控制好自己的身体语言，使我们身体语言的表现与交流目的相一致。同时要注意观察对方身体语言的表现，"观其言察其行"，由身体语言的表现，探究其内心情绪、性格等，为确定合适的交流策略提供信息基础。

小训练3-5

分析提示

小训练3-5

请思考以下有关身体语言的描述问题并回答：

①你与你的老板谈到加薪的事，当你解释加薪的理由时，你的老板歪着头，两眼注视着你，两手托腮。他在告诉你什么信息？

A.他赞成加薪；

B.他不会给你加薪；

C.他正在左右为难，难做决定。

②你在公司向管理层汇报工作，其中一位委员心不在焉地听着，她的脚不断地打着拍子，眼睛看着她的手表。她正在告诉你什么？

A.她不相信你所说的；

B.她对你所说的内容兴奋不已；

C.她不耐烦了。

③你被安排与一家公司的董事长会面，你希望能在该公司工作。当你进入他的办公室时，他抓住你的手，用双手与你握手，请你坐下，然后拍你的肩膀。这位董事长在告诉你什么？

A.他嘉许你的机敏；

B.他想雇用你；

C.他正在强调他的身份和地位。

7. "空间"语言

空间语言也叫界域语。从生物学的角度看，每一个生命都有自己的空间，人们叫它"生物圈"。一位心理学家曾经做过这样一个实验：在一个刚刚开门的大阅览室里只有一位读者，心理学家进去后直接坐在他的旁边，很快这位读者就起身走到别的地方。这个实验说明了人与人之间需要保持一定的空间距离，当这个距离有人侵入时，就会感到不舒服、不安全，甚至恼怒起来。

美国心理学家罗伯特·索默经过观察与实验认为，人人都具有一个把自己圈住的心理上的个体空间，它像生物的"安全圈"一样，是属于个人的空间。一般情况下每个人都不想侵犯他人空间，但也不愿意他人侵犯自己的空间。双方关系越亲密，人际距离就越短。

美国人类学家和心理学家霍尔将人类的交往空间划分为四个区域，这就是所谓的社交中的空间语音。它包括四个方面：

一是亲密距离（0~45cm），又称亲密空间。其语义为"亲切、热烈"，只有关系亲密的人才可能进入这一空间，如夫妻、父母、子女、恋人、亲友等。亲密距离又可分为两个区间，其中0~15cm为亲密状态距离，常用于爱人、亲友、父母、子女之间的关系；16cm~45cm为亲密疏远状态，身体虽不相接触，但可以用手相互触摸。

小贴士3-5

二是个人距离（46cm~120cm），其语义为"亲切、友好"，其语言特点是语气和语调亲切、温和，谈话内容常为无拘束的、坦诚的。比如个人私事，在社交场合往往适合于简要会晤、促膝谈心或握手。这是个人在远距离接触时所保持的距离，不能直接进行身体接触。个人距离的接近状态为46cm~75cm，可与亲友亲切握手，友好交谈；个人距离的疏远状态为76cm~120cm，在交际场所任何朋友、熟人都可自由进入这一区间。

不一般的亲密距离

三是社交空间（121cm~360cm），其语义为"严肃、庄重"。这个距离已超出了亲友和熟人的范畴，是一种理解性的社交关系距离。社交距离的接近状态为121cm~210cm，其语言特点为声音高低适中、措辞温和。它适用于社交活动和办公环境中处理业务等。社交距离的疏远状态为211cm~360cm，其语言特点为声音较高、措辞客气。它适用于比较正式、庄重、严肃的社交活动，如谈判、会见客人等。

小贴士3-6　　　　　**社交距离在办公室中的应用**

以办公桌为例，一般重要领导的办公桌大小能够使来访者与领导的距离达到社交距离，这可以体现领导的权威，而在有众多员工的大办公室里，办公桌的距离也是社交距离，这样员工可以把精力集中在自己的工作中，并且受其他人干扰的程度小。但是，如果员工要私下讨论某件事情时，会向前后左右移动，这样从社交距离移动到了个人距离内。

四是公共距离（360cm以上），这是人们在较大的公共场所保持的距离，其语义为"自由、开放"。它适用于大型报告会、演讲会、迎接旅客等场合。其语言特点为声音洪亮，措辞规范，讲究风格。

小贴士3-7

在商务谈判场合，最常见和最实用的个体空间距离是个人距离和社交距离，但在谈判间隙进行的沟通多使用亲密距离。此外，谈判中的空间系统，即沟通时的地理环境，如谈判所选的场地，空间内可移动物品的摆设，室温，照明灯光和颜色，与沟通者的位置、角度变化等都可能影响谈判的沟通以及谈判的效果。

打开谈判僵局的场所

在人际沟通中要讲究如下界域规范：

（1）保持距离。距离产生美感，在与人交谈的时候，要注重远近适当，太远了使人感到傲慢，架子大；太近了，又显得不够重视。在行进中不但要保持距离，而且要适当地变换，比如不要以2米左右的距离尾随在陌生人的后面，以免引起误会，骑自行车或开车时，不要与前面的车靠得太近，不要强行超车。看到别人围成一个圈形成封闭式的交谈时，就要绕开行走，不要从中穿越。公园的长椅，如果已经有人坐在上面，就不要再去挤座位。

（2）变换体位。体位是指身体所处的位置，根据交际的目的和场合，我们还要经常改变自己身体所处的位置，如从前往后、从左到右、由坐而站等。

①移动位置。这是我们向对方表示诚意的界域行为。如我国对外国国家元首的迎送仪式中就有这方面的规定："国宾抵达北京首都机场（车站）时，陪同团团长等赴机场（车站）迎接并陪同来访国宾乘车前往宾馆下榻。国宾离京回国，我方出面接待的领导人到宾馆话别，由陪同团团长前往机场（车站）送行。"对一般的来访者也是如此："对应邀前来访问的来访者，无论是官方人士还是专业代表团、民间团体、知名人士，在他们抵离时，均安排相应身份的人前往机场（车站、码头）迎送。"

美国学者莫里斯把这种移动称为"不便的展示"。他说："客人前来和主人去接的距离也是一种不便。不便越大，表示诚意越高。国家元首去机场迎接重要客人，兄弟驾车去机场迎接外国来的姊妹。这种移位的举动，是主人所能表现的最大的不便。由于层次不同相对缩减，要看主人的距离而定，因此，有的去当地车站，有的候在门前，有的等门铃响了再去。有的干脆就在他自己的房内等候，让仆人或小孩去开门……分别时，不便的展示再度重演。"

移位可以表示尊重，也可表示妥协或服从。比如当你开汽车或骑自行车违章被交通警察拦住时，就应马上下车，赶快主动撤到指定地点。然后在警察接近车子之前走近警察，因为警察离他的岗位越远，不信任和敌意就会越强烈。总之，主动迅速地向警察靠近，表示出对他服从的态度，可以避免相应的处罚。

②改变高度。这是变换体位的另一种方式。比如降低身高，表示对对方的尊重，能获得好感。朱利叶斯·法斯特介绍说，我认识一个青年，他足有六英尺高，在做买卖时，他极其走运，原因是他有感化合伙人的本事。观察了一些他成功做买卖的动作后，我发现，他随时随地只要可能就偏向弯腰，或者半坐下来，以便让合伙人得到统治权，感到优越。

降低身高要看场合，有的时候降低了，反而不尊敬。比如晚辈在一起聊天，长辈到场，晚辈需要站起来，如果仍旧保持低位，或坐，或躺，那么就说明他对来者的蔑视。莫里斯是这样分析原因的："弯身表示服从动作，主要作用是要使行礼的人感到不便和不舒服，让居高位的人舒舒服服地坐着，不会因为降低高度就丧失他的威严。"从历史的发展变化来看，古代的皇位设于高处，君主坐在那里当然要比站在下面的臣子还要高。现在不设高位了，大家在一张桌子旁议事，地位低者站立的习惯却仍旧保留下来，或用于高位者到场的一种礼节性动作。

总之，无论是横向的移动，还是纵向的升降，我们都应根据不同的交际目的，以及当时的情景，随时变换我们的界域行为。一个人坐下后就不知起来的人，会给人留下傲慢至少是懒惰的印象，进而影响交际的顺利进行。

（3）尊重他人的领域权。首先，不乱动他人物品。主人不在场时，不要私自动用其领域内的物品。未经许可，一般不要翻动亲友，甚至是子女的抽屉、书包、信件等，因为这种揭人隐私的行为会伤害对方的自尊。

其次，不随意进入他人领域。在进入他人领域之前，一定要征得同意，经过允许。比如到朋友家做客，进门先按门铃或敲门，经主人允许后方可进入。不经主人邀请，或没有获得主人同意，不得要求参观主人卧室。即使是较熟悉的朋友，也不要去触动他的个人物品和室内陈设，对家庭成员也应尊重。在公众场合，要尽量避免侵犯他人的空间。有一些人往往不注重自己的界域行为，在无意之中，伤害了他人，也损害了自己的形象。比如，在公共汽车上，横着站，两手抓两边的把手，使别人无法通过。坐着时跷起二郎腿，让路过的人给他擦皮鞋。在剧场里，或趴在前面的背椅上，或把腿蹬在前排的座椅上。

目光侵入也属于侵犯空间。孔子说："非礼勿视。"我们现在有的地方却无视这个问题，有这样的旅馆，每个客房门上都开着一个玻璃窗口，窗帘安在外边，管理人员可以随时监控，真让客人们哭笑不得。还有些人喜欢在地铁里面看旁边人的报纸。主人看正面，他看反面，主人翻报纸时，他甚至干涉说先别翻。这种界域行为是不可以接受的。

最后，不污染他人的界域。一是空气污染，比如当众抽烟，冲着人打喷嚏，张着嘴出气，在餐桌上端起碗来用嘴吹等。国家之间如核电站泄漏事件，都属于污染别人的界域，因为别人的身体虽然没有侵入，但是空气被污染了。二是噪声污染，比如音乐会时，手机声此起彼伏。又如在楼道里大声喧哗，影响邻居们休息，记得侯宝林大师有这样一个段子：

有一小伙子，下了夜班，上楼的脚步特别重，吵得楼下的老先生神经衰弱，每天夜里都要等小伙子上楼，开门，脱下皮鞋摔在地上的"噔——噔——"两声之后，才能心跳渐趋正常，再慢慢入睡。有一天，老先生给小伙子提了意见，小伙子满口答应，下班后，他已经忘记了这事，又噔噔噔噔上楼。进门之后，脱了一只鞋往地上一摔之后，突然想起来，于是第二只鞋就轻轻地放在了地上。第二天，他问老人："昨天睡得好点吗？"老人说："我昨天一夜都没有睡！""怎么了？""我等你那第二只鞋呢！心一直悬着！"

可见，讲究界域礼貌，不污染他人的界域是非常重要的。

此外，在空间距离的处理上还应注意交往对象生熟、性别、性格等方面的差异。俗话说"熟则远，亲则近"，空间距离与交际对象陌生还是熟悉是有一定区别的。交往的双方，互相认识，又是亲朋好友，可以近些，以至拍肩碰肘、抚摸、拥抱、依偎等都没有什么不好，有时反而能促进关系的密切。相反，交往双方是初次见面，要做上述举动，会引起对方的不快和反感。

交往对象的性别不同，交往时空间距离也是有明显区别的。心理学家做实验发现：男子挤在一间小屋子里，容易引起相互的怀疑，甚至发生斗争；女子在这种环境中，更友善，更亲密，更容易找到共鸣。如果给女子换一个大些的房间，她们会感到不大理想。正由于男女间的这种心理差别，男子与男子交谈的距离不宜太近，近则会有不和谐之感，女子与女子交谈的距离不宜太远，远则会有不投机之嫌。

在交往中，对不同性格的人，在空间距离上应有不同的区别。与内向型的人交往，空间距离可稍远些，因为距离太近，性格内向的人会感到不自在；与性格外向的人交往，距离可近些。若与性格外向的人相遇，可老远打招呼，以表示热情；与内向型的人相遇，若老远打招呼，不一定会得到回应，往往是用微笑或点头来代替回答。

小故事3-5

外交中的空间
距离运用

3.2 能力提升

3.2.1 案例讨论

1.管理沟通与闲聊

星期五下午3：30。

宏达公司经理办公室。

经理助理李明正在起草公司上半年的营销业绩报告。这时公司销售部副经理王德全带着公司销售统计材料走进来。

"经理在不在？"王德全问。

"经理开会去了。"李明起身让座，"请坐。"

"这是经理要的材料，公司上半年的销售统计材料全在这里。"王德全边说边把手里的材料递给李明。

"谢谢，我正等着这份材料哩。"李明拿到材料后仔细地翻阅着。

"老李，最近忙吗？"王德全点燃一支烟，问道。

"忙，忙得团团转！现在正忙着起草这份报告，今晚大概又要开夜车了。"李明指着桌上的文稿回答道。

"老李，我说你啊，应该学学太极拳。"王德全从口中吐出一个烟圈说道，"人过四十，应该多多注意身体。"

李明闻到一股烟味，鼻翼微微翕动着，心里想："老王大概要等抽完了这支烟才离开，可我还得赶紧写这篇报告。"

"最近，我从报上看到一篇短文，说无绳跳动能治颈椎病。像我们这些长期坐办公室的人，多数都患有颈椎病。你知道什么是'无绳跳动'吗？"王德全自问自答地往下说，"其实很简单……"

李明心里有些烦，可是碍于情面不便逐客，他瞥了一眼墙壁上的挂钟，已经下午4：00了，李明把座椅往身后挪了一下，站起来伸了个懒腰说："累死我了。"李明开始动手整理桌上的文稿。

"'无绳跳动'与'有绳跳动'十分相似……"王德全抽着烟，继续着自己的话题……

资料来源　佚名．管理沟通案例分析30［EB/OL］．［2010-12-16］．http：//3y.uu456.com/bp-73daq4ecf8c7sfbfc77db2cc-1.html.

思考与讨论：

（1）王德全的行为是管理沟通还是聊天？为什么？

（2）李明用哪些非语言行为暗示了自己的不耐烦？如果你是王德全，遇到这种情况会怎么办？

（3）你认为李明该怎么做才能更明确地传递信息？

2.如此"高僧"

在明代，佛教中人也并非个个都是得道高僧，而是鱼龙混杂，其中不乏滥竽充数的南郭先生。当时，有一位颇为知名的僧人，法号"不语禅"。虽然名声很大，其实是个毫无学识、毫无见识的庸人。说得直接点，也就是个佛教界的骗子。他的所谓名气，其实都是当时不甚发达的"传媒"（即口耳相闻的人际传说，捕风捉影，见风是雨）炒出来的。知情者都知道，不语禅之所以能在佛学界混事，而且还混得风生水起，成为当时一时的名僧，都是因为他有两个有见识、有学识、能说会道的侍者（相当于今天我们所说的"助理"）代他发言。

有一天，不语禅的两个侍者刚好出外办事，寺里来了个云游的和尚。说是慕名远道而来，想见主持不语禅。不语禅没办法，只得摆出主人的姿态予以接待。因为都是同行，不能失了礼节！宾主寒暄施礼已毕，云游和尚便开口请教道：

"高僧，什么是'佛'？"

这是佛学的一个基本问题，做僧人的应该都明白的，是不需解释的。但是，因为这是佛学的基本问题，所以它也是佛学界谁都回答不好的问题，最能见仁见智。云游和尚是来取经的，当然要问这样的经典问题。

不语禅一听，顿时傻了眼不知如何回答。于是，急得东张西望，希望两位侍者快点回来解围，不然丑就出大了。可是，看了半天，两个侍者连影子也没有。

云游和尚见不语禅东顾西盼，不知何意，但又不便多问，遂又换了一个话题，问道：

"请问高僧，什么是'法'呢？"

不语禅不听则罢，一听这个问题，顿时脑袋"嗡"的一声，真的要昏过去了。因为他压根儿就不懂佛家的什么"法"。大概是觉得实在太惭愧了，不语禅这次不仅没有勇气直视云游和尚，甚至都不好意思左顾右盼了，所以只得仰头看屋顶，低头看脚下，极力避免与云游和尚四目相对。因为"眼睛是心灵的窗户"，他怕从窗户里泄漏他内心的一切。

云游和尚不知就里，遂再向不语禅问了一个问题：

"高僧，不知您是如何看待'僧'的？"

不语禅一听这话，以为云游僧是故意讽刺他枉穿袈裟，枉称僧人，遂更是羞愧难当，既不好意思左右顾盼，也不好意思上看下看，索性闭上眼睛，假装打坐了。

云游僧见此，既怕惊扰了大师，又心有不甘，自己不远千里而来，竟然与高僧未交一言，岂不是莫大的遗憾？想了想，云游僧又向不语禅问了一个问题：

"贫僧还有一个问题请教，敢问高僧，何谓'加持'？"

不语禅听云游僧问到这个问题，更是恨不得寻个地缝钻进去，或是一头撞死算了，因为他从来就不懂这些佛家术语的真正内涵，想到此，不语禅不由自主地伸出手去。

云游僧看到不语禅闭目养神伸手，端坐岿然不动的样子，似乎突然有所顿悟，于是起身而去。

云游僧刚走出寺院，就看到不语禅的两个侍者外出归来。云游僧与二人见过礼，抑制不住喜悦的心情，脱口而出道：

"高僧就是高僧！不语禅果然名不虚传！贫僧问什么是'佛'？高僧东顾西盼，意思是说：'人有东西，佛无南北。'贫僧又问什么是'法'？高僧仍然不语，只是看上看下，意思是说：'法平等，无有高下。'贫僧再问何谓'僧'？高僧只是闭目打坐，意思是说：'白云生处卧，便是一高僧。'贫僧最后又问什么是'加持'？高僧则闭目伸手，意谓：'加持便是接引众生。'这等大禅，真是'明心见性'啊！"

二位侍者回到寺里，不语禅见之，大骂道：

"你们二人都跑到哪里去了？也不帮我。今天来了一个野和尚，他问什么是'佛'，我答不出，就盼着你们赶快回来，但却东看你们不见来，西看你们也不见来；他又问什么是'法'，我哪里答得出，真是尴尬得要命，只好上看下看，可谓是上天无路，入地无门；他又问什么是'僧'，我实在没有办法了，只好闭目假睡；没想到这个野和尚问个没完，又问我什么是'加持'，我自愧一问三不知，还做什么长老，不如伸手沿门去叫化也罢。"

资料来源　吴礼权. 言语交际与人际沟通［M］. 广州：暨南大学出版社，2013.

思考与讨论：

（1）结合本案例谈谈态势语言在交际中有何作用？

（2）本案例对你有何启示？

3. 他为何频频更换律师

2003年，在纽约一家律师行里，一位中国的富豪钱先生穿着优质的登喜路西服，打着考究的法国朗万领带，脚蹬闪亮的英国彻切丝皮鞋，他的全身被昂贵的世界一流名牌包装着。他正与自己的律师商谈对美国的合作伙伴所进行的诉讼。

钱先生用手指着翻译大声嚷着："你让他给我起诉史密斯，限他在半年内给我打赢这场官司，否则我可不养这群废物！"半年之后，他的律师分毫不少地收了昂贵的律师费用，但钱先生的官司进度几乎为零。在更换的另一家律师行里，暴躁的钱先生气急败坏地对翻译说："你给我一字一句地翻译，他们要是还像前面的那个饭桶一样达不到我的要求，我他妈的随时更换律师！"

在双方都出场的听证会上，钱先生时常破口大骂，拍案而起，甚至要跳过桌子与对方搏斗，以至于他的律师和助手必须按压住他，否则正常的程序无法进行下去。几个月之后，钱先生再一次失去了律师。这一次是律师解雇了钱先生，让他另请高明。

钱先生先后换了3个律师，经历了两年的持久战，公司花费了100多万美元的律师费，可官司仍以失败告终。

资料来源　吕书梅. 管理沟通技能［M］. 5版. 大连：东北财经大学出版社，2021.

思考与讨论：

（1）钱先生为何付出了高昂的律师费却最终以失败告终？

（2）钱先生的非语言表现给了你怎样的警示？

3.2.2 实训项目

1.沟通游戏：完成非语言沟通

游戏目的：证明沟通有时完全可以通过肢体动作完成，而且同样行之有效；证明通过手势和其他非语言的方法完全能够实现人与人之间的沟通。

游戏形式：全体学员，2人一组。

游戏时间：10分钟。

游戏要求：

（1）向对方介绍自己。一方先通过非语言的方式介绍自己，3分钟后双方互换。

（2）在向对方进行自我介绍时，双方都不准说话，整个介绍必须全用动作完成，大家可以通过图片、标识、手势、目光、表情等非语言手段进行沟通。

（3）请大家通过口头沟通的方式，说明刚才通过肢体语言所表达的意思，与对方的理解进行对照。

相关讨论：

（1）你用肢体语言介绍自己时，表达是否准确？

（2）你读懂了多少对方用肢体语言表达的内容？

（3）对方给了你哪些很好的线索使你了解他？

（4）我们在运用非语言沟通时存在哪些障碍？

（5）我们怎样才能消除或削弱这些障碍？

资料来源　王建民．管理沟通理论与实务［M］．北京：中国人民大学出版社，2005．

2.非语言动作角色表演

场景：把同学分成两人一组，根据以下提供的非语言动作，其中一名同学表演，另一名同学根据题后的选项进行判断。然后互换角色。

操作：

（1）轻轻一瞥（眼睛停留时间约1秒钟，开合程度中等，瞳孔放大程度中等），眉毛轻扬，微笑（嘴角向上，鼻孔开合程度正常）。

（2）轻轻一瞥（眼睛停留时间不足1秒钟，开合程度与瞳孔放大程度中或小），皱眉（有时鼻部肌肉皱起），嘴角向下或平。

（3）社交的注视方式（视线停留在双目与嘴之间"▽"区域），眉毛平，嘴角平或微笑。

（4）严肃的注视方式（视线停留在对方前额的一个假设"△"区域），眉毛平，嘴角平或微笑向下。

（5）平视方式，眉毛、嘴角与鼻子基本上采取平位。但我们可以从瞳孔的大小、瞳孔闪动的频率以及嘴角、眉毛的角度变化辨认出主体感情活动的倾向性。

（6）平视，微笑，眉毛平。

（7）平视或视角向下，眉毛平，微笑。

（8）眼睁大，下拉型眉（眉毛倒竖），嘴角向两边拉开，其强度决定于瞳孔缩小的程度与嘴、鼻部肌肉紧张的程度。

（9）眼睁大，瞳孔闪动频率加快，嘴张开，眉毛上扬。

（10）眼、眉保持上面的组合方式，嘴角平或微微向上。

（可供选择的答案：a.表示兴奋、幸福、心中暗喜的表情；b.表示快乐、高兴的表情；c.表示发怒、生气或气愤的表情；d.与对方保持距离或冷静观察的表情；e.表示不置可否、无所谓的表情；f.喜怒不形于色的表情；g.表示严肃的表情；h.交际应酬时的常用表情；i.表示对对方感兴趣的表情；j.表示疑虑、批评甚至敌意的表情；k.表示有兴趣的表情）

资料来源　吕书梅.管理沟通技能［M］.5版.大连：东北财经大学出版社，2021.

3.自测：你了解身体语言吗？

（1）当一个人试图撒谎时，他会尽力避免与你的视线接触。（对/错）

（2）眉毛是传达感情状态的关键线索之一。（对/错）

（3）所有的运动和身体行为都有其含义。（对/错）

（4）大多数身体语言交流是无意识行动的结果，因而是个人心理活动最真实的流露。（对/错）

（5）在下面哪种情况下，一个人最可能采用身体语言交流方式？

A.面向15～30个人发表演讲

B.与另外一个人进行面谈

（6）当一位母亲严厉斥责她的孩子，而又面带微笑时，孩子将会：

A.相信语言信息

B.相信身体语言信息

C.同时相信两种信息

D.两种信息都不相信

E.变得迷惑不解

（7）如果你坐在图3-2位置1的时候，另外一个人坐在哪个位置能够最充分地显示出合作的姿态，并最有利于非言语交流？

图3-2　位置图

（8）如果你想表示要离开，那你将采用什么样的动作？请写下来。

（9）别人对你的反应取决于你通过交流留给他们的印象。（对/错）

（10）下面哪些举动能使你给人留下更好的印象？

A.谈话中不使用手势　　B.避免较长的视线接触

C.仅偶然地露出微笑　　D.上述所有动作

E.不包括上述任何动作

身体语言交流相对于口头交流或书面交流有许多优势，你能列举出一些吗？

参考答案见表3-2。

表3-2　　　　　　　　　　　　　　参考答案

题号	答案	说　　明
（1）	错	因为人们已变得更加难以预料。"撒谎者不敢看他人的眼睛"已成为一般常识，所以狡猾的撒谎者常常能够在双目直视你的情况下撒谎，要识别谎言，我们需要捕捉其他更能说明问题的信号
（2）	对	我们的眼睛是最能表达内心活动的面部因素之一，另一个则是嘴唇
（3）	对	我们可能并没有在每一个姿势中都有意地去传达某种信息，但这些动作和姿势却不可避免地落在对方眼里并产生一定的感想
（4）	对	通过身体语言，可以发现别人的心理活动，这一点取得了专家的共识
（5）	A	当面对15～30个人讲话时，你需要对15～30双眼睛和嘴唇做出反应。这将比只与一个人面谈更能刺激你使用身体语言交流
（6）	E	尽管身体语言信号（微笑）比语言信号（责骂的语句）有更强的作用，但两者的混合导致的结果将是迷惑不解
（7）	6	位置1和6之间有桌角相隔，两个人可以随时调整自己与桌角的距离，从而改变两个人之间的距离。因此，在谈判中，坐在位置1和6的两个人会较少地受空间环境的影响，更易于非语言交流
（8）		最好的信号是有意无意地用眼睛扫一下你的手表、站起身来、在慢慢站起来时拍拍大腿、慢慢地挪向门附近或是靠在门框上等
（9）	对	因为我们总是根据别人给我们的整体印象做出反应，其他人对我们的反应也是同样的
（10）	E	当你自然地使用手势、目光接触、微笑等身体语言时，会给别人留下好的印象
身体语言的优势		身体语言给你的印象更深刻，它们有助于取得真诚、信任等语言交流所达不到的效果；它们能够传达更微妙的言外之意；身体语言信息有助于我们洞察他人的真情实感。当然，身体语言信息也存在一些严重的缺陷：它们可能会泄露我们的秘密；它们很容易被误解；它们的含义因不同的文化背景而不同；它们可能需要长时间重复进行才能被人理解

资料来源　张喜春，刘康声，盛署寒. 人际交流艺术［M］. 北京：北京交通大学出版社，2014.

拓展阅读

非语言沟通的改善

课后练习

1.请结合自身的人际沟通实践，谈谈语言沟通与非语言沟通的区别与联系。

2.学生自己选择感兴趣的内容，用5分钟时间做准备，做一次简短的讲话，要求用上得体的态势语。通过录像回放，首先要训练者进行自评，然后教师与学生再给予评价。

3.观摩电影。有目的地观察别人的手势，仔细研究表情，博采众长，并经常对镜练习、矫正。多积累，烂熟于心，形成自己的身体语言。

4.非语言沟通中的动作和表情都传达出人们的某种情绪，请举例说明如何在人际沟通中恰当地表露自己的情绪。

5.搜集身边某些人不正确的非语言表达，设置情景，将它们集中展示出来并作出点评。

6.非语言沟通能力测试：你会察言观色吗？①

请你看看以下几组关于身体动作的描述，并与下列的情绪配对。

A.无聊　　　B.紧张　　　C.生气　　　D.敌意（防御性）　　　E.怀疑

（1）脸部发红、双唇紧闭、手臂或双腿交叉、说话快速、姿势僵硬、握紧拳头。

（2）双唇紧闭、双眉皱起、斜眼看人、翘起一边嘴角、摇头、眼珠子转动。

（3）双臂或双腿交叉、避开对方眼神、呼吸加快、身体面对对方、闭口不语。

（4）眼光游移、身体左倚右靠、胡乱涂鸦、身子往一旁倾斜以避开某人的目光、打呵欠、玩弄纸笔。

（5）眼神乱瞟、姿势僵硬、不停地玩弄或调整纸笔和眼镜、汗流不止、笑得很突兀、抖腿或晃动身体。

随堂测

① 张怡筠. 工作其实很简单 [M]. 桂林：漓江出版社，2012.

任务 4

倾　听

明发成浩歌，谁能少倾听。

——［唐］陆龟蒙《村夜二篇》

■ 课程思政要求

1.一条主线

坚定学生理想信念，爱党、爱国、爱社会主义、爱人民、爱集体。

2.课程思政的立体化构建

（1）遵循育人规律，推进教学理念的同向性和同行力。

（2）加强队伍建设，提高教师教学的专业性和引导力。

（3）完善教材体系，增强教材内容的系统性和说服力。

（4）改进教学方法，提升思政教育的针对性和亲和力。

（5）丰富教学载体，打造学习方式的多样性和吸引力。

（6）关注学生学法，重视学生的主体性和成长力。

■ 训练目标

认识倾听的重要性；明确阻碍倾听的因素并克服之；运用倾听的技巧实现有效倾听。

■ 任务导入

三个金人

曾经有个小国的人到中国来，进贡了三个一模一样的金人，金碧辉煌，把皇帝高兴坏了。可是这位小国的人不厚道，同时出一道题目：这三个金人哪个最有价值？皇帝想了许多的办法，请来珠宝匠检查，称重量，看做工，都是一模一样的。

怎么办？使者还等着回去汇报呢。泱泱大国，不会连这个小事都不懂吧？最后，有一位老臣说他有办法。皇帝将使者请到大殿，老臣胸有成竹地拿着三根稻草，插入第一个金人的耳朵里，这稻草从另一边耳朵出来了。第二个金人的稻草从嘴巴里直接掉出来，而第三个金人，稻草进去后掉进了肚子，什么响动也没有。老臣说："第三个金人最有价值！"使者默默无语，因为老臣的答案是正确的。

资料来源 佚名. 三个金人哲理故事 ［EB/OL］. ［2021-12-02］. https://www.t262.com/sucai/zheligushi/1753271.html.

问题：

1. 为什么第三个金人最有价值？

2. 这个小故事体现了怎样的哲理？

4.1 知识储备

4.1.1 倾听的作用

有人曾向日本的"经营之神"松下幸之助请教经营的诀窍，他说："首先要细心倾听他人的意见。"松下幸之助留给拜访者的深刻印象之一就是他很善于倾听。一位曾经拜访过他的人这样记述道："拜见松下幸之助是一件轻松愉快的事，根本没有感到他就是日本首屈一指的经营大师，反而觉得像是在同中小企业经营者谈话一样随便。他一点也不傲慢，对我提出的问题听得十分仔细，还不时亲切地附和道'啊，是吗'，毫无不屑一顾的神情。见到他如此和蔼可亲，我不由得想探询：松下先生的经营智慧到底蕴藏在哪里呢？调查之后，我终于得出结论：善于倾听。"

微课4-1

倾听的作用

倾听，貌似简单，其实不易。"听"的繁体字为"聽"，它由"耳""王""十""目""一""心"六个字组成，代表着"听"首先是用耳朵接受他人的声音，但仅此却远远不够，还需"十目一心"地仔细观察对方说话的神态、用心揣摩对方话中之话。只有这样，才能真正感受到对方所要传递的信息。倾听是一种本能，也是一门技术，更是一门艺术，它源自本能，修自后天。

倾听虽然以听到声音为前提，但更重要的是我们必须对声音有所反应，必须是主动参与的过程，在这个过程中，人必须思考、接收、理解，并做出必要的反馈。同时，倾听的对象不仅仅局限于声音，还包含理解别人的语言、手势和面部表情等。在此过程中，我们绝不能闭上眼睛只听别人说话的声音，而是要注意别人的眼神及感情表达方式。

由上述定义可见，倾听和听是有着很大区别的，听只是一个生理过程，它是听觉器官对声波的单纯感受，是一种无意识行为。倾听不仅仅是生理意义上的听，更应该是一种积极的、有意识的听觉和心理活动，通过倾听，不仅可获得信息，而且能了解对方情感。听与倾听的区别如图4-1所示[①]。

---

① 杨剑，周天生. 管理沟通 ［M］. 北京：中央广播电视大学出版社，2011.

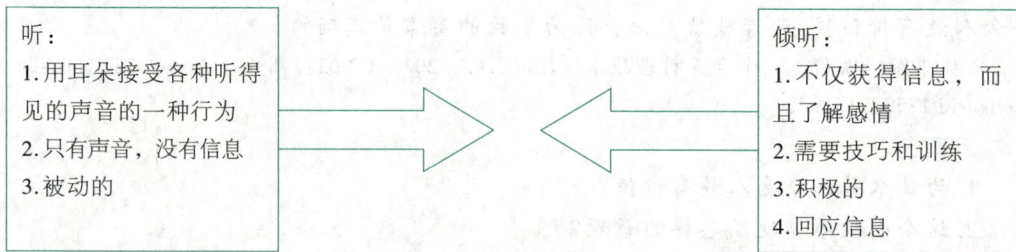

听：
1.用耳朵接受各种听得见的声音的一种行为
2.只有声音，没有信息
3.被动的

倾听：
1.不仅获得信息，而且了解感情
2.需要技巧和训练
3.积极的
4.回应信息

图4-1　听与倾听的区别

小训练4-1

小故事4-1

"听"来的钢盔

为什么沟通过程中倾听占有十分重要的位置？请谈谈你的体会。

倾听的作用概括起来，主要包括如下方面：

1.倾听是获取信息、开阔视野的重要途径

"听君一席话，胜读十年书"，这句俗语说明了倾听是获取信息、开阔视野的重要途径。有数据显示：在我们获取信息的途径（听、说、读、写）中，听所占的时间为53%。现在是网络化时代，面对面沟通被有些人所忽视，由此产生的"宅男""宅女"现象越来越引起人们的担忧。这从另一个角度说明了倾听的缺失对现代人造成的不良影响。与其将自己封闭在一个狭小的空间里，还不如走出家门倾听来自各界的声音，那样对你的未来才更有帮助。

2.倾听是对别人的尊重和鼓励的特殊方式

根据人性特点，人们往往对自己的事更感兴趣，对自己的问题更关注，更喜欢自我表现。一旦有人专心倾听我们的话，就会感到自己被重视。我们真诚投入地倾听他人的倾诉，作出恰到好处的反应，是对他人尊重和鼓励的最好方式。

小案例4-1　　　　　　　　　　　　　　　唯有聆听

一名推销员刚来到上海就去拜访一个说上海话的保险客户。推销员听了半天也不太明白对方在说什么，唯一听明白的是：好像他的子女对他不太好。对方从表情上也看得出推销员听不懂他的方言，但仍然自顾自地说个不停。他只是想满足自己倾诉的欲望。这位推销员刚入行做保险，面对这个客户，他唯一能做的就是聆听。没想到，谈话结束的时候，他签到了他的第一份保单。这就是聆听的作用。

资料来源　韦宏，陈福明. 商务谈判与沟通技巧 ［M］. 2版. 北京：高等教育出版社，2019.

3.倾听是为自己争取主动的关键

在时机未到时选择倾听并保持沉默是一种"大智若愚"的艺术。在商业活动中多听、少说甚至不说，这样做的目的是获得最大的利益。少开口不做无谓的争论，对方就无法了解你的真实想法；反之，你可以探测对方动机，逐步掌握主动权。因此，"雄辩是银，倾听是金"。

小故事4-2　　　　　　　　　　　　　　　　成交

爱迪生发明电报以后，西方联合公司想购买此发明。其妻建议开价2万美元，他觉得太高了，但还是打算照妻子的建议要价。谈判在西方联合公司办公室进行。买方代表问："对你的发明，你打算要多少钱呢？"爱迪生欲言又止陷入思索，现场一片沉默。随着时间的推移，沉默变得难熬，购方代表急躁起来，试探性地问："我们愿意出10万美元买下你的发明，你看怎么样？"结果双方成交。

资料来源　佚名. 采购谈判［EB/OL］.［2012-07-16］. https://www.docin.com/p-442374305.html.

4.倾听可增进彼此的理解与信赖

表露内心的事，可以消除两人之间的误会、隔阂、不信任与敌对，使两人之间的关系更为密切。由此来看，倾听可谓是彼此沟通的桥梁，误解与愤恨都会随着有效的倾听而化为乌有，感情也会伴着彼此的倾听更进一步。

5.倾听可改善周围的气氛，有利于获得身心健康与成功

心理学家们指出，善于倾听的人容易克制冲动，控制愤怒，拥有一个较为平和的人际环境，这对于成功与健康是有百益而无一害的。

4.1.2　倾听的障碍

一般来讲，倾听有五个层次：一是听而不闻。如同耳边风，"左耳进右耳出"，完全没有听进去。二是敷衍了事。"嗯""喔""哎""好好好"，略有反应其实是心不在焉。三是选择地听。只听合自己心意的，与自己意思相左的一概自动过滤掉。四是专注地听。有些沟通技巧的训练会强调"主动式""回应式"的聆听，以复述对方的话表示确实听到，即使每句话或许都进入大脑，但是否都能听出说话者的本意、真意，仍是值得怀疑的。五是同理心的倾听。一般人聆听的目的是做出最贴切的反应，根本不是想了解对方，所以同理心的倾听的出发点是"了解"而非为了"反应"，也就是通过交流去了解别人的观念、感受。在商务沟通中应重视倾听，尽可能做到高层次的倾听，避免低层次的倾听。但事实上并不是所有倾听都能取得理想效果，因为倾听存在着各种各样的障碍，它们会直接或者间接地影响倾听的效果。

1.来自环境的倾听障碍

环境干扰是影响倾听最常见的因素之一，交谈时周围的环境各种各样，时常转移人的注意力，从而影响专心倾听。有学者做过试验，一个人同时听到两个信息时，他会选择其中的一个，放弃另一个。这样的话，就很容易忽略另外一个人的信息。具体来说，环境障碍主要从两方面对倾听效果施加影响：

（1）干扰信息传递过程。环境嘈杂会消减、歪曲信号。如在嘈杂的课堂上，老师的声音几乎被学生的吵闹声淹没了，坐在后排的同学根本就听不到老师在说什么，这跟一个安静的课堂所能达到的效果是迥然不同的。

（2）影响沟通者的心境。也就是说，环境不仅从客观上，还从主观上影响倾听的

效果，这正是人们很注重挑选谈话环境的原因。比如领导在会议厅里向下属征询建议，大家会十分认真地发言，要是换作在餐桌上，下属可能就会更随心所欲地谈谈想法，有些自认为不成熟的念头也在此得以表达。反之亦然，在咖啡厅里上司随口问问你西装的样式，你会轻松地聊上几句，但若上司特地走到你的办公桌前发问，你多半会惊恐地想这套西装是否有违公司仪容规范，这是由于不同场合人们的心理压力、氛围和情绪都有很大不同。

2.倾听者自身的倾听障碍

倾听者本人在整个交流过程中具有举足轻重的作用，倾听者理解信息的能力和态度都直接影响倾听的效果。但由于每个人都有自己的思想和经验，难免在倾听时加上自己的感情色彩，在无形中树立了障碍，无法准确理解别人传递的信息，从而影响了沟通。来自倾听者自身的倾听障碍表现在以下方面：

（1）注意力不集中。倾听者受到内部或外部因素的干扰而无法集中注意力，这是最常见的阻碍倾听的因素。当你疲倦时，胡思乱想时，或是对说话者所传递的信息不感兴趣时，你都很难集中注意力。

（2）打断说话者。倾听者打断说话者也是阻碍倾听的因素之一。在回应说话者之前，应该先让他把话说完。对说话者缺乏耐心甚至粗鲁地打断他们，这是对说话者本人及其信息不尊重的表现。

小案例4-2   4和2

某知名大学法律系教授K博士，教书已20年，每学期在他上第一堂课的时候，总是先在黑板上写下两个数字：4和2。

然后他问学生："结果是多少？"

许多学生都争相作答。

有的说："6"，他摇着头。

有的说："2"，他摇着头。

最后有人得意地说："我知道了，是8"，他也没点头。

学生一阵纳闷，K博士才说："你们根本还没听到这是个什么题目？是加法、减法、乘法或除法？你们不了解问题，又怎么能说出真正的答案呢？"

【点评】我们常常亦是如此。在还没弄清楚问题之前，就急忙下定义，做出似是而非的决定，如此又怎能得到正确无误的答案呢？所以，一定要认真听别人把话讲完。

（3）缺乏自信。倾听者缺乏自信也是阻碍倾听的因素之一，这是因为缺乏自信会令倾听者产生紧张的情绪，而这种情绪一旦占据了他的思维，就会使他无从把握说话者所传递的信息。也正是为了掩饰这种紧张情绪，许多倾听者总是在应当倾听时擅自发言，打断说话者。

（4）过于关注细节。阻碍倾听的另外一个因素是倾听者过于关注细节。如果倾听者尝试记住所有的人名、事件和时间，那么就会觉得倾听"太辛苦"了。这种紧紧抓住信息中的细节而不抓要点的做法非常不可取，这样做可能完全不能明白说话者的观点。

（5）排斥异议。有些人喜欢听和自己意见一致的人讲话，偏心于和自己观点相同的人。这种拒绝倾听不同意见的人，不仅拒绝了许多通过交流获得信息的机会，而且在倾听的过程中注意力就不可能集中在讲逆耳之言的人身上，也不可能和任何人都交谈得愉快。

（6）心存偏见。倾听者心存偏见会在很大程度上阻碍倾听。偏见让倾听者无法对说话者所传递的信息保持开放和接纳的心态。这是因为，偏见使人在倾听之前就已经对说话者或他所传递的信息做出了判断。

（7）太注重说话方式与个人外表。人们倾向于根据一个人的长相或讲话的方式进行判断，因此听不到他真正说了什么。有些人常被说话者的口音和个人外表以及行为习惯扰乱心绪，从而影响了倾听效果。

（8）厌倦。由于大脑思考的速度比说话的速度快很多，前者至少是后者的 3~5 倍（据统计，人们每分钟可说出 125 个词，理解 400~600 个词），很容易在倾听时感到厌倦。因为人们可以接纳一个人说的话，但同时还有很多空余的"大脑时间"，人们很想中断倾听过程，去思考别的一些事情，"寻找"一些事做，占据大脑空闲的空间，这是一种不良的倾听习惯。

小故事4-3

龟兔赛跑

小训练4-2　　　　　　　　　　**一起来做倾听游戏**

用 10 分钟的时间老师带领全体学生做一个小游戏，证明人群中谁是真正的倾听者，并迅速提高学生们的聆听技巧。

游戏要求：

1.老师宣布，接下来将提出一系列问题，每个问题都有一个很简短的答案，学生所需做的就是将答案记在纸上。注意：每道题只念一遍。

2.老师将下面所附的8个题一一念给全体学生听，学生作答，老师检查学生的答案。随后老师再重新读一次问题，并逐一解释各题。学生可参考后面所列的解题关键。

游戏题目：

1.我国法律是否规定成年男子不得娶其遗孀的姐妹为妻？

2.如果你晚上8：00上床睡觉，设定闹钟在9：00将你闹醒，你能睡几个小时？

3.在我国，每年都庆祝10月1日国庆节，在英国是否也有10月1日？

4.如果你只有一根火柴，当你走进一间冰冷的房间时，发现里面有一盏油灯、一个燃油取暖器、一个火炉，你会先点燃哪一个来获取最多的热量？

5.平均一个男子一生可以有几次生日？平均一个女子一生可以有几次生日？

6.根据国际法的规定，如果一架飞机在两个国家的边境坠落失事，那些不明身份的幸存者应当被安葬在他们准备坐飞机去的国家呢，还是出发的国家？

7.一位考古学家声称发现了一枚标有"公元前48年"字样的钱币，这可能吗？

8.有人造了一幢普通的四堵墙的房子，每面墙上都开着一个面向南的窗口，这时有只熊来敲门，猜猜这只熊是什么颜色的。

解题关键：

1.从没有任何一部法规会有如此的规定，因为这个男人若想娶他遗孀的姐妹为妻，首先得让自己的妻子变成遗孀，而他的妻子要变成遗孀，他就得先去世。

2.你只能睡一个小时，因为闹钟不会区分是白天还是晚上。

3.是的，在英国也有10月1日，还有2日、3日直到31日。

4.首先你得先点燃火柴。

5.平均一个男人一生只有一次生日，平均一个女人一生也只有一次生日，其他的都是生日纪念日。

6.无论哪里的法律都绝不允许埋葬不明身份的幸存者，因为他们还活着。

7.那个考古学家在骗人，因为公元前不可能在钱币上刻上"公元前"的字样，那时还没有公元纪年。

8.是只白熊，因为只有在北极才可能建一幢那样的房子，在北极点每个方向都是南方。

相关讨论：

1.你答对了多少，答错了多少？

2.为什么你的成绩不太理想呢？

3.为什么我们说倾听也应当是积极主动的，必须边听边想，不能只是被动地接受？[1]

4.1.3 有效倾听的策略

1.创造良好的倾听环境

（1）选择合适的场所。场所合适与否直接关系到沟通双方的心理感受和外在噪声的干扰。在公众场合下，应避免在噪声比较大的地方交谈，如施工场所、十字路口。应尽量寻找安静、舒适、典雅、有格调的咖啡厅、茶室等，同时力求避免电话和他人的干扰。如果是在家中聚会，有必要将电视音量关小，保证室内空气清新、舒适，假如临近街道，可以将门、窗关紧，同时注意室内家具的摆放、颜色的搭配等细节问题。

表4-1列出了常见的商务活动环境类型及倾听障碍源[2]。掌握不同环境类型的特征和影响倾听的主要障碍源，可以帮助我们选择适当的交谈场所，并有效地防止可能的障碍的影响。

---

① 王建民.管理沟通实务［M］.5版.北京：中国人民大学出版社，2019.
② 胡介埙，王征，唐玮.商务沟通：原理与技巧［M］.4版.大连：东北财经大学出版社，2021.

表 4-1　　　　　　　　　常见的商务活动环境类型及倾听障碍源

环境类型	封闭性	环境氛围	对应关系	主要障碍源
办公室	封闭	严肃，认真	一对一 一对多	不平等造成的心理负担，紧张，他人或电话打扰
会议室	一般	严肃，认真	一对多	对在场其他人的顾忌，时间限制
现场	开放	可松可紧，较认真	一对多 多对一	外界干扰，事前准备不足
谈判室	封闭	紧张，投入	多对多	对抗心理，说服对方的愿望太强烈
讨论会	封闭	轻松，友好，积极投入	多对多 一对多	缺乏从大量散乱信息中发现闪光点的洞察力
非正式场合	开放	轻松，舒适，散漫	一对一 一对多	外界干扰，易跑题

（2）选择恰当的时间。公共场所都有自己的高峰期，像公园、商场、节假日的风景区，人比较多，咖啡厅晚上人流不息，而餐馆则在中午和下午6点以后客人较多。选择场所时还应考虑时间的不同对谈话双方的效果也将不同。

（3）保持一定的距离。说话者跟听话者感情好，私下交谈时则相互挨得紧，恋人更是如此。但如果在正式场合，不论亲疏，都应保持一定的距离。过远，不容易听清；过近，容易使说话者感到紧张。

2.良好的心理准备

倾听，要求倾听者要有良好的精神状态，集中精力，随时提醒自己交谈到底要解决什么问题，听话时应保持与谈话者的眼神接触，但在时间的长短上应适当把握好，如果没有语言上的呼应，只是长时间盯着对方，双方都感到局促不安。另外，要努力维持大脑的警觉，保持身体警觉有助于使大脑处于兴奋状态。

倾听时，应该保持开放的心态，这是提升倾听技巧的指导方针之一。这样做不但使你能考虑到事情的各个方面，还能减少你与说话者之间的防御意识，防御意识会极大地妨碍你们之间的良好沟通。回应说话者时，即使你不同意他的观点，也应对其信息保持积极的态度。

3.正确的态势语言

人的身体姿势会暗示出他对谈话的态度，自然开放性的姿态，代表着接受、兴趣与信任。根据达尔文的观察，交叉双臂是日常生活中最普遍的姿势之一，一般表现出优雅、富有感染力，让人看上去自信心十足，但是常常会自然地转变为防卫姿势，当倾听意见的人采取这种姿势，大多是持保留的态度。向前倾的姿势是集中注意力、愿意倾听的表现。所以说二者是相容的。倾听时交叉双臂、跷起二郎腿也许很舒服，但往往让人感觉这是种封闭性的姿势，容易让人误以为不耐烦或高傲。

4.提升倾听的技巧

（1）对主题或说话者产生兴趣。这样做有助于倾听者以积极的态度进行倾听。倾听时，你的目标应当是从每个说话者那里获取知识，但如果你对他们不感兴趣，就很难集中注意力。因此，应当消除自己对主题或是说话者的偏见，使自己对其产生兴趣。倾听时，应该关注说话者提供的信息，而不是他们的外表、性格或是说话方式，不要因为这些因素而对他们加以定论，应该根据他们提供的论据来判断信息的价值。另外，也不要仅仅因为说话者的出色表达就立即对他们做出肯定的判断。出色的表达并不意味着说话者传递的信息有价值。因此，应该等到说话者完整地传递了信息之后，再做出判断。

（2）积极关注自己不熟悉的信息。要提升自己的倾听技巧，还应该学会积极关注自己不熟悉的信息。如果在倾听时遇到此类信息，就更需要高度集中注意力。因为如果不这样做，就有可能抓不住信息中的重点。当对方传递的是自己不熟悉的信息时，可以采取下列方法来改变自己：①不要因为信息复杂而气馁；②使自己对学习产生兴趣；③提问以确认说话者的观点。

（3）专注于说话者的主要观点。倾听时，一定要专注于说话者的主要观点，为了全面理解讲话者的言辞中包含的内容和情感，倾听者要集中精力努力捕捉信息的精髓。这样做能避免强烈的情感让倾听者感到混乱和沉闷，并且能集中精神理解讲话者所述观点中的重点。

（4）不要过早下结论。要提升自己的倾听技巧，倾听者在倾听时就不要过早下结论。当你不同意说话者的看法时，最自然的反应就是立即不再理会他所传递的信息。尽管你不需要同意说话者的所有观点，但是在下结论之前，还是应该听完他的话。只要听完了全部的信息，就可以彻底地检验并公正地评估说话者的观点、论据和论证过程。

小故事4-4　　　　　　　　　　　　　　　　　**一对老夫妇**

一对老夫妇，女的穿着一套褪色的条纹棉布衣服，她的丈夫穿着布制的便宜西装，也没有事先预约，就直接去拜访哈佛大学的校长。

校长的秘书在片刻间就断定这两个乡下人根本不可能与哈佛有业务来往。

先生轻声地说："我们要见校长。"

秘书很礼貌地说："他整天都很忙！"

女士回答说："没关系，我们可以等。"

过了几个钟头，秘书一直不理他们，希望他们知难而退，自己走开。他们却一直等在那里。

秘书终于决定通知校长："也许他们跟您讲几句话就会走开。"

校长不耐烦地同意了。

校长心不甘情不愿地面对这对夫妇。

女士告诉他："我们有一个儿子曾经在哈佛读过一年，他很喜欢哈佛，他在哈佛的生活很快乐。但是去年，他因意外而去世。我丈夫和我想在校园里为他留一件纪念物。"

校长并没有被感动，反而觉得很可笑，粗声地说："夫人，我们不能为每一位曾读过哈佛而后死亡的人建立雕像的。如果我们这样做，我们的校园看起来就会像墓园一样。"

女士说："不是，我们不是要竖立一座雕像，我们想要捐一栋大楼给哈佛。"

校长仔细地看了一下条纹棉布衣服及粗布便宜的西装，然后吐一口气说："你们知不知道建一栋大楼要花多少钱？我们学校的建筑物超过750万美元。"

这时，这位女士沉默了。校长很高兴，总算可以把他们打发了。

这位女士转向她丈夫说："只要750万美元就可以建一座大楼？那我们为什么不建一座大学来纪念我们的儿子？"

就这样，斯坦福夫妇离开了哈佛，到了加州，建立了斯坦福大学来纪念他们的儿子。

资料来源 佚名. 斯坦福大学由来的励志故事［EB/OL］.［2018-09-13］. http://www.ruiwen.com/wenxue/gushihui/589754.html.

（5）复述说话者所传递的信息。通过复述，倾听者可以确定自己是否完全理解了该信息。复述时，倾听者可以用自己的话向说话者概括信息的主要内容，这样能减少对信息的误解和错误的推测。

（6）不到必要时，不打断他人的谈话。善于倾听别人说话的人不会因为自己想强调一些细枝末节，想修正对方话中一些无关紧要的部分，想突然转变话题，或者想说完一句刚刚没说完的话，就随便打断对方。经常打断别人说话就表示我们不善于倾听，个性激进、不懂礼貌，很难和人沟通，所以除了在不得不说的情况下，是不应打断对方谈话的。

（7）尊重说话者的观点。每个人都有自己的观点，要鼓励别人说出自己的看法，而不能因为自己的主观意愿，否定自己不同意的观点，如果无法接受说话者的观点，那可能会错过很多学习的机会，而且无法和对方建立起融洽的关系。

（8）换位思考。站在对方的角度去考虑他所说的话，以客观的心态去面对说话者，用心去感受说话者的心情，感受他的喜悦或悲伤，这也是最高层次倾听的体现。这样做可以避免因心理定式和偏见等产生的障碍。

（9）倾听者不应该过于拘谨。倾听者在倾听时过于拘谨会使倾听变成一种被动行为，此时，倾听者绝不会表达自己的观点，他们根本不参与交流，常常只是以"很好"和"我明白你的意思"之类的话来回应说话者。倾听者在倾听时过于拘谨可能是因为害羞，也可能仅仅出于不想给说话者带来麻烦，无论是什么原因，他们的行为都会阻碍有效的沟通。要避免在倾听时过于拘谨，应当遵循以下原则：①乐于表达自己的想法；②通过提问参与对话；③回答问题要干脆；④与说话者进行眼神交流。

小故事4-5

因为我最了解他的心

5.善于运用其他形式进行沟通

毕竟只用听，所记住的信息有限，这时候就需要借助一些其他的方式来帮助自己更好地记忆。比如做笔记，这样能更有效地记住对方所说的话，同时通过做笔记也能有选择地记下自己认为更重要的信息，从而避免因为什么都要记而费时费力。

总之，是否经过严格科学的训练，是否能够成为有效的倾听者，在倾听时的表现是截然不同的，表4-2[①]中列出了这两种倾听者在相同情境下的倾听表现。请对照自己的倾听习惯，看看自己做得怎样。

表4-2 不同倾听者在相同情境下的不同反应

差的倾听者	好的倾听者
·寻找自己感兴趣的领域	·寻找对每个人有启迪的内容和信息，照顾到可能感兴趣的新主题
·关注枯燥的主题，兴趣领域很窄，忽略传递错误	·关注内容和含义，忽略传递问题，只对其中的信息敏感
·不记录或记录不完整，主动回应	·倾听过程和细节，用多种方法来记录
·无回应或很少有语言和非语言的回应	·经常以点头和"哦""啊"等来回应，显示主动的身体姿态
·传递质量差就不认真听了；由于沟通对方的个人特征而不接受；快速地做判断	·避免快速地判断，等待，直至完成核心信息的理解
·很容易被干扰；集中精力时间短	·抵制各种干扰；长时间集中精力
·避免困难的资料，不想动脑解决问题	·用较困难的材料来刺激思想，寻求解决方案
·遇慢速说话者时做白日梦，注意力不集中	·利用间隙时间对信息进行总结和梳理，像关注显性的信息一样关注隐含的信息
·打断讲话，并问一些小的问题，做一些使人分心的评述	·澄清一些信息或要求举例，或复述其观点
·把自己的精力放在两个或多个任务中	·一次只做一件事情
·经常打断对方谈话，喜欢以自我为中心，控制着谈话的话语权	·不会打断对方的讲话，一直耐心地听对方陈述完，即使有不同意见也不会打断对方
·容易受感情色彩强烈的话语影响，很难控制自己的情绪	·能承受负面语言或消极语气，能够很好地控制自己的情绪

小案例4-3　　　　　　　　　　　一次倾听达成的交易

在家居装饰卖场的一个店面里，一对父女在挑选地毯，销售人员迎上来，热情地问："您好，两位想要选一款什么样的地毯呢？"

老先生并没有理会销售人员的问话，而是专心地对年轻女士讲着什么。销售人员看两位聊得出神，就暂时停住了接下来要推介产品的话，而是注意听两位讲话的内容。

销售人员从两位的谈话中获得了以下信息。

（1）年轻女士是陪父亲来挑选地毯，这个地毯的使用者和决策者是老先生。

（2）老先生的老伴去世了，女儿为了避免老先生睹物思人，准备对房子进行全新的装修，所以地毯也要换。

---

① 程庆珊，江友农. 商务沟通［M］. 4版. 大连：东北财经大学出版社，2022.

（3）老先生对老伴儿思念甚浓，一直在向女儿讲述她去世的妈妈如何喜欢原来的地毯，如何打理和清洗，而现在只剩他一个人，要不要都没有用了。

（4）老先生家里还有一只小狗，老先生认为不用买地毯是因为怕地毯被狗狗弄脏不好清理。

销售人员了解了这些信息之后，又观察到父女两人意见上出现了分歧，父亲不太热衷挑选，而女儿则分外积极。于是销售人员走上去，先向女儿询问家里新装的家具风格，并推荐了与之配套的地毯材质、色调。然后又以向女儿介绍的方式间接说给老先生听，建议地毯的适用位置并介绍了一些除污方法，以消除老先生的顾虑。

最后销售人员直接夸赞老先生有一位孝顺的女儿，并说老先生身体如此健康，要多享受儿女给予的天伦之乐。一方面暗地里安慰了老先生的丧偶之心，另一方面鼓舞老先生去享受新的生活。

就这样，本来无意购买的老先生终于在女儿的坚持和销售人员的建议下，购买了该家店铺的地毯。

资料来源 佚名．销售技巧，做最好的听者［EB/OL］．［2018-12-01］．https://ishare.iask.sina.com.cn/f/avj92yjW1Do.html.

【思考题】案例中的地毯销售人员运用了哪些沟通技巧？

小训练4-3 　　　　　　　　　　　情景对话分析

某搬家公司通过在报纸上刊登广告来招揽业务，但生意来了之后反倒不愿做了。请分析下面的情景对话：

小训练4-3

分析提示

小王：您好，请问是××搬家公司吗？

搬家公司接线员：是的，请问您是哪里？

小王：我是广州点石成金咨询有限公司。

搬家公司接线员：咨询公司？做什么的？

小王：我公司主要做电话营销技巧培训。今天，我给你打电话是因为……

搬家公司接线员：我们不需要培训。（喔唷！没等小王说完，电话就被粗暴地挂断了。）

4.2 能力提升

4.2.1 案例讨论

1.乔·吉拉德的教训

有一次，一个客人到乔·吉拉德那里去买车，乔·吉拉德向他推荐了一款新型车，一切都进行得非常顺利，眼看就要成交了，突然间这个顾客说："我不要了。"明明这个顾客很中意这部车，为何突然间变卦？乔·吉拉德对此一直懊恼不已，百思不得其解。

当天晚上11点，他实在忍不住拨通了这位顾客的电话："您好，今天我向您推销的那一款车，眼看就要签字了，不晓得您为什么突然间走了？很抱歉，我知道现在已经11点了，但我检讨了一整天，实在想不出错在哪里，因此我特地打电话来向您请教。"

"真的吗？"

"真的。"

"是肺腑之言吗？"

"是肺腑之言。"

"很好，你在用心听我说话吗？"

乔·吉拉德回答："是的，我在用心听您说话。"

于是这个顾客说："可是今天下午你并没有在用心听我说话呀，就在签字之前我提到我的儿子即将进某个大学就读，我还提到我儿子的运动成绩以及他将来的抱负，我以他为荣，但是我发现你没有任何的反应。"

乔·吉拉德记得这个顾客的确曾说过这件事，但当时他根本就没有注意听，也没有在乎。

"你根本就不在乎我说什么，我看得出来，你正在听另外一个推销员讲笑话，这就是你失败的原因。"

从此，乔·吉拉德明白了销售人员要学会倾听，去倾听对方的谈话内容，尊重对方的心绪，这样就成功了一半。他最终成为世界级推销大师。

资料来源　吕玉梅．管理沟通技能［M］．5版．大连：东北财经大学出版社，2021.

思考与讨论：

（1）结合本案例谈谈与人沟通时为什么要注意倾听？倾听有什么作用？

（2）在商务沟通中，怎样才能做到有效地倾听？

（3）本案例对你有哪些启示？

2."我还要回来！"

一天，某知名主持人林先生，在节目中访问一名小朋友，林先生问小朋友："你长大后想要当什么呀？"小朋友天真地回答："嗯……我要当飞机的驾驶员！"林先生接着问："如果有一天，你的飞机飞到太平洋上空，所有引擎都熄火了，你会怎么办？"小朋友想了想："我会先告诉坐在飞机上的人都绑好安全带，然后我挂上降落伞跳出去。"

当现场观众笑得东倒西歪时，林先生继续注视着这孩子，想看他是不是自作聪明的家伙。没想到，接着孩子的两行热泪夺眶而出，这才使得林先生发觉这孩子的悲悯之情远非笔墨所能形容。于是林先生问他说："为什么要这么做？"小孩的答案透露出一个孩子真挚的想法："我要去拿燃料，我还要回来！我还要回来！"

资料来源　佚名．学会倾听［EB/OL］．（2008-07-28）．http://jldhshb.blog.163.com/blog/static/55670890200862894423253/.

思考与讨论：

（1）那些笑得东倒西歪的观众犯了怎样的错误？为什么？

（2）本案例对你有什么启示？

3.用心倾听的邱次雪

连续10年成为中国台湾奔驰车销售前3名的超级业务员邱次雪就是因为懂得听，10年卖出500辆奔驰车。她说："每个顾客都像一本书，你要用心听才能读得懂。"

20年前，她是个蹩脚的业务员。客人上门，3句话后她就句句不离"车"，业绩总是挂零。直到有一次，一位顾客要她先闭嘴，对她当头棒喝。"后来，我都要求自己先不要说话。"她说，让客人先说话，才听得到他的需求与考量点，而不是先径自推销。

不久前，一位阔太太下巴抬得高高地走进店里看车。同事亲切地上前问候："您要看车吗？"女客人不悦地回答道："来这里不看车，还能看什么？"这时，只见邱次雪静静地端上一杯水，不发一语。女客人开口："你们业务员服务态度很差，卖的车又贵。"邱次雪虚心请教："那我们应该如何改善呢？"她挽着对方的手到贵宾室坐下，门一关，30分钟后，一笔60万元的订单就到手了。

"在这个过程里我一直都没说什么，只是听她抱怨了20分钟。"原来，这位顾客早就锁定了一款车型，但逛了几间车行都没有碰到满意的业务员。邱次雪一边用心地听她抱怨，一边响应，同时也在整理自己的思绪。等客户消气后，她开始与对方聊起家庭生活的经验。不过30分钟，交易就完成了。

资料来源 莫林虎. 商务交流［M］. 3版. 北京：中国人民大学出版社，2018.

思考与讨论：

（1）谈谈你对邱次雪"每个顾客都像一本书，你要用心听才能读得懂"这句话的理解。

（2）邱次雪为什么能够取得成功？本案例对你有什么启示？

4.倾听的"珠穆朗玛"层次

（1）最底层：不予理睬

情境一：

妻子：李强，快醒醒，快醒醒，我的自行车不见了。

丈夫：（闭着眼睛，翻个身，继续熟睡）

情境二：

妻子：李强，快醒醒，快醒醒，我的……

丈夫：有什么好大惊小怪的，等我睡醒了再说。

（2）第一层：佯装倾听

妻子：李强，快醒醒，快醒醒，我的自行车不见了。

丈夫：（闭着眼睛）嗯。

妻子：怎么办啊？它可陪伴我8年了呀。

丈夫：（始终闭着眼睛）嗯。

（3）第二层：控制

妻子：李强，快醒醒，快醒醒，我的自行车不见了。

丈夫：（睁开眼睛，抱着头）唉。

妻子：怎么办啊？它可陪伴我8年了呀。

丈夫：现在着急有用吗？没有的话让我先睡觉。

（4）第三层：第一印象

妻子：李强，快醒醒，快醒醒，我的自行车不见了。

丈夫：肯定是被小宝骑去上学了。急什么呀？

妻子：会不会是被偷了啊？

丈夫：等小宝回来问问看就知道了。

（5）第四层：尊重

妻子：李强，快醒醒，快醒醒，我的自行车不见了。

丈夫：（立即起床，望着妻子）怎么回事呀？

妻子：我刚刚进车库，发现自行车不见了。

丈夫：（握着妻子的手）自行车不见了就不见了，没事的。

（6）第五层：换位思考

妻子：李强，快醒醒，快醒醒，我的自行车不见了。

丈夫：（立即起床，望着妻子）别着急，跟我说说这是怎么回事。

妻子：我刚刚进车库，发现自行车不见了。

丈夫：（握着妻子的手）没关系，这辆自行车也用了很久了，重新买一辆吧。

妻子：它可陪伴我8年了呀。

丈夫：（微笑，点头）它陪伴你这么长时间，突然间不见了，肯定很不舍。但是不见了也是没办法的事，咱们重新买一辆自行车吧。

（7）第六层：激励

妻子：李强，快醒醒，快醒醒，我的自行车不见了。

丈夫：（立即起床，望着妻子）别着急，跟我说说这是怎么回事。

妻子：我刚刚进车库，发现自行车不见了。

丈夫：（握着妻子的手）会不会是小宝骑去上学了？

妻子：不知道。

丈夫：（始终握着妻子的手）咱们等小宝回来问问看。要不就是被偷了？

妻子：我就怕被偷了。

丈夫：（微笑）被偷了也不怕，咱们换一辆新的自行车，好吗？

妻子：（难过）它可陪伴我8年了呀。

丈夫：（凝望着妻子，然后拥抱一下她）我能理解。毕竟这么长时间了，突然间不见了，肯定很不舍。咱们还是换一辆新的自行车，好吗？

妻子：（犹豫）我本来骑车的技术就不好，怕换一辆新的用不惯。

丈夫：（鼓励地凝望着妻子，微笑）我相信你一定可以的。

（8）第七层：把握别人的倾听投入程度

妻子：李强，快醒醒，快醒醒，我的自行车不见了。

丈夫：（立即起床，望着妻子）别着急，慢慢说，这是怎么回事呀？

妻子：我刚刚进车库，发现自行车不见了。

丈夫：（握着妻子的手）真的不见了？它陪伴你这么多年，不见了肯定很心疼吧？

妻子：（难过）嗯，我刚刚一看找不到它，心都慌了。

丈夫：（凝望着妻子，然后拥抱一下她）本来自行车不见了，咱们重新买一辆新的就可以了。不过你是念旧的人，心里难受在所难免。

妻子：是啊，可能需要一段时间适应吧。

丈夫：（握着妻子的手，微笑）眼下你每天还要锻炼，咱们一起去买一辆新自行车，好吗？

妻子：（点头）好。可是我怕换一辆新的我会用不惯。

丈夫：（微笑）我们换一辆和原来相似的，或者我陪你慢慢练。相信你很快就会习惯的。

资料来源　杜慕群，朱仁宏．管理沟通［M］．4版．北京：清华大学出版社，2023.

思考与讨论：

（1）假如你是情境中的妻子，你对丈夫的每一种反应可能有什么感受？

（2）不同的倾听层次会带来怎样的沟通效果？

（3）如何才能提高倾听的层次，进行有效的倾听？

5.一则古老的故事

有一回，一位骄傲自满的年轻人找到庙里请老和尚开示。他内心抱着要与老和尚"一辩高低""赢得争辩"的想法，但嘴上还是说：

"大师，今天我特地来这里听你讲道，请大师多多指教。"

老和尚看了看年轻人，便往厨房里走。他从厨房里拿出了一套茶具并泡了一壶茶，随后在年轻人面前径自倒起茶来。当茶杯已倒满时，他并没有停下来。于是茶水便不断地往杯外流。这时年轻人不知所措，慌张地对老和尚说：

"大师，你这是什么意思啊？"

但是，老和尚并不理会他，继续倒着茶。

过了一会儿，老和尚终于停了下来，然后对年轻人说：

"你知道了吗？"

老和尚的这些动作到底想给这个年轻人什么启示呢？只有空的茶杯才能倒进去新茶水，也只有把自己的意见和情感置于一旁，才有可能客观地接受别人的新观点。

资料来源　李岳．倾听弦外之音［M］．北京，中国物资出版社，2006.

思考与讨论：

（1）老和尚的这些动作对年轻人有什么启示？

（2）本案例对你有何启发？

4.2.2　实训项目

1.实训：倾听技能训练

形式：集体参与。

时间：10分钟。

场地：教室。

材料：任何一则包含一些数字或确切事件的新闻。

程序：

（1）事先从报纸或文摘上选取一则200～300字的故事，注意最好是有简单情节的故事，而不是评论性文章。在课上漫不经心地向学员提起，告诉他们你要为他们念一段很有意思的故事。

（2）大声朗读这则故事。

（3）结束后，你会发现学员们对这个故事毫无兴趣，露出厌倦和疲累的表情。

（4）这时拿出一个精致的礼品，说："故事念完了，现在我会就这个故事的内容提几个问题，谁能答对，我就把这个礼物送给他。"

（5）然后问5～7个问题，都是一些关于故事的时间、地点、名字和简单情节的问题。

（6）尽管问题简单，但你会发现几乎没有一个人能全部答对。

分享：

（1）大家都是具有一定素质的人，既然都听了这个故事，为什么却没有人能记得非常清楚？

（2）我们不去认真听的原因是什么呢？我们该怎样改进倾听技巧？

（3）如果事先把奖品拿出来，学员们的倾听效果会不会不一样？这是为什么？在没有物质刺激的情况下，我们应怎样提高自己的倾听效果？

资料来源 谢玉华.管理沟通［M］.4版.大连：东北财经大学出版社，2020.

2.倾听实验：商店打烊时

规则与程序：

教师用平均语速讲述"商店打烊时"的故事，之后让学生对以下信息做判断。可以重复讲述两次，学生做两次判断；也可以第一次由教师讲述故事，之后学生判断，第二次教师将故事放在幻灯片上，让学生读完故事再做第二次判断（以判断耳朵听到的信息与眼睛看到的信息，对各自的接受度进行比较）。故事及答案说明见资料1和资料2。

选择题（做两次）

请不要耽搁时间	正确	错误	不确定
1.店主将店堂内的灯关掉后，一男子到达	T	F	?
2.抢劫者是一男子	T	F	?
3.来的那个男子没有索要钱款	T	F	?
4.打开收银机的那个男子是店主	T	F	?
5.店主倒出收银机中的东西后逃离	T	F	?
6.故事中提到了收银机，但没说里面具体有多少钱	T	F	?
7.抢劫者向店主索要钱款	T	F	?
8.索要钱款的男子倒出收银机中的东西后，急忙	T	F	?

离开

9.抢劫者打开了收银机   T   F   ?

10.店堂灯关掉后，一个男子来了   T   F   ?

11.抢劫者没有把钱随身带走   T   F   ?

12.故事涉及三个人物：店主，一个索要钱款的   T   F   ?
男子，以及一个警察

（1）教师将故事（资料1）念一遍，请学生在5分钟内完成答题纸上的选择题；请学生统计"正确""错误""不确定"的数量。

（2）教师将故事发给学生后，将正确的答案告知学生，并说明判断的理由（资料2）。

资料1：故事

某商人刚关上店里的灯，一男子来到店堂并索要钱款，店主打开收银机，收银机内的东西被倒了出来，而那个男子逃走了，一位警察很快接到了报案。

资料2：答案说明

1.店主将店堂内的灯关掉后，一男子到达。不确定。商人可能是店主，可能不是。

2.抢劫者是一男子。不确定。"一男子"不一定是抢劫者，可能是乞丐。

3.来的那个男子没有索要钱款。错。"到店堂并索要钱款"。

4.打开收银机的那个男子是店主。不确定。店主的性别不确定。

5.店主倒出收银机中的东西后逃离。不确定。不知道是谁倒出来的。

6.故事中提到了收银机，但没说里面具体有多少钱。对。

7.抢劫者向店主索要钱款。不确定。可能是"乞丐"索要钱款。

8.索要钱款的男子倒出收银机中的东西后，急忙离开。不确定。东西被倒了出来，但不知是谁倒的。

9.抢劫者打开了收银机。错。是店主打开了收银机。

10.店堂灯关掉后，一个男子来了。对。

11.抢劫者没有把钱随身带走。不确定。不一定是抢劫。

12.故事涉及三个人物：店主，一个索要钱款的男子，以及一个警察。不确定。也可能是四个人：一个商人、一个索要钱款的男子、店主、警察。

总结：也许你看了答案后，会觉得很奇怪，本来那么多可以确定的事情，为什么答案大多都是不确定的？这是因为，我们在日常生活中大多是靠着直觉来判断世界的，而直觉本身都是带有一定的认知偏差的，它会结合我们的经验、惯例，对外界事物进行想当然的判断，但是这种判断并不完全符合事实，需要我们用心去倾听和分析，发现其中潜在的逻辑关系和事实真相。

资料来源　武洪明，等.职业沟通教程［M］.北京：人民出版社，2014.

3.倾听与反馈实训

（1）实训目的：训练学员的语言沟通和倾听能力；增加学员对反馈重要性的认识；促进团队成员之间的沟通。

（2）项目一。实训程序如下：①由主持人事先准备好两张结构上具有一定复杂性的参考图（如图4-2和图4-3所示）。②选一名语言描述能力比较强的学员，作为讲解员，并让他看事先准备好的图。③告诉其他学员，按照讲解员的描述把图形画出来。④请讲解员背向大家站立，避免与其他人的眼神和表情交流。他只能做出口头描述，不能有任何手势或动作。其他学员也不能提问，一切听从讲解员的指挥。⑤完成后，请讲解员将图展示给大家看，让每位学员对自己所画的图形的正确程度作一个评价。⑥主持人再拿出另一张结构上更复杂的图，请另一位学员做讲解员。重复上述过程。但这次在讲解员每次的描述后，允许大家进行双向交流。等图形完成后，也请讲解员将图展示给大家看，并让每位学员对自己所画的图形的正确程度作一个评价，看看结果怎样。

图4-2　参考图一

图4-3　参考图二

（3）项目二。实训程序如下：①由主持人事先在报纸或文摘上选取一篇300～400字的报道。②选一名学员给全体学员朗读这篇报道。③念完后，请学员总结报告所涉及的内容要素，如人物、时间、地点、过程、结果和启示等。统计通过倾听明确把握上述内容要素的学员的比例，并分析为什么有的学员没有明确把握上述信息的原因。

资料来源　胡介埙，王征，唐玮.商务沟通：原理与技巧［M］.4版.大连：东北财经大学出版社，2021.

4.测试：倾听能力自测

你是一个善于倾听的人吗？

（1）你喜欢听别人说话吗？

a.喜欢，我从别人的谈话中可以得到许多信息

b.我不会花太多的时间听人说话，现在很多人说话都是口是心非

c.我不大关心别人说什么

（2）为了要完整地弄清事情，你是否会广泛地听取各方意见？

a.我可没那么好的耐心

b.我会尽量多地听取意见

c.方便的话，会这样

（3）在有人跟你说话时，你会注视着对方吗？

a.会的，我会一直给对方以应有的尊重

b.如果话题不感兴趣，我会不耐烦地东张西望

c.我根本就不知道讲话时该看着对方

（4）当别人希望通过谈话来缓解压力时，你会：

a.尽量鼓励他说下去

b.忍不住要抢话题

c.不耐烦地打断他的话

（5）无论说话者是不是你喜欢的人，你都会认真地看着对方：

a.会的，我觉得这是对人基本的尊重

b.对不喜欢、不欣赏的人不会这样，我没有那么好的涵养

c.只能保持一会儿这样的状态

（6）当别人的谈话不入你的耳时，你会：

a.由他去，不理他

b.听他讲完后再回敬他

c.不耐烦地打断他

（7）当你觉得对方说话比较幼稚时，你会：

a.毫不客气地打断他

b.不搭理他

c.告诉他比较成熟的观点

（8）当你和比你矮许多的人说话时，你会：

a.尽量地蹲下来，和对方平视

b.仍站着和他居高临下地说话

c.不理睬他，直视前方

（9）当对方说讨你喜欢的话时，你会：

a.理所当然地高兴

b.冷静地思考一下此话的真实性

c.觉得他真会哄人

（10）说话者的话不论中不中听，你都会分析一下吗？

a.能理解就理解，不能理解就算了

b.会的，因为人们经常会说一些言不由衷的话

c.不用，他说他的，我做我的，否则多累

（11）别人正在跟你说话时，你突然想起要打一个电话，于是你：

a.告诉对方，你忽然有一个很急的电话要打，请他待会儿再说

b.把对方晾在一边，只顾自己打电话

c.打断对方，也不解释什么，拿起电话就打

（12）当对方的谈话中有一些是你听不懂的话时，你会：

a.能懂就懂，不懂就算了

b.仔细地询问一下，直到弄明白

c.觉得重要的就问，不重要的就算了

（13）当对方说话有些犹豫时，你会：

a.鼓励他别急，耐心地等待他说完

b.不耐烦地打断他

在线练习

分析提示

c.尽量忍耐

（14）当你有听不明白的话时，你是否会重复说话者说过的话，弄明白了再问问题？

a.干脆什么也不问

b.没弄明白就问问题

c.会的，这样不会造成误会

（15）当你不是很明白对方的意思时，你会不会把你理解的意思说出来，让他证实？

a.多想想就是了

b.按自己的理解方式办事就行

c.一般都会跟对方证实一下

课后练习

拓展阅读

渴望倾听

1.请总结一下你听他人说话时存在哪些不良习惯？

2.两个同学为一组，每个同学准备一篇有一定信息量的约800字的文章，一位同学将文章读给另一位同学听，倾听者要注意运用技巧使自己保持专注。文章宣读完毕，由倾听者陈述自己获得的信息，宣读者检查对方信息是否准确无误。然后，角色互换，再进行一轮。最后双方谈谈自己在倾听中的感受。

3."听"的能力训练。

尽管"听"是我们与生俱来的能力，但是它并不是一件容易的事情。以下练习就是最好的说明。

练习1：教师对学生说："请拿出一支铅笔，一张纸。在纸上画一条约10厘米长的垂直线。把你姓氏的第一和最后一个字母写在直线的上方和下方。"注意不要强调最后一个句子中的两个"和"字。教师会发现大多数人会把第一个字母写在线上方而

最后一个字母写在线下方。

练习2：教师让学生迅速回答下列问题：

"有的月份31天，有的月份30天。那么有多少个月份有28天？"

不少学生会回答："1个"，而事实上所有的月份都有28天。

资料来源 史振洪，朱贵喜. 秘书人际沟通实训［M］. 北京：中国人民大学出版社，2008.

问题：

（1）以上两个小练习分别说明了倾听中的什么问题？

（2）从以上练习中我们应该汲取哪些倾听经验？

4. 学会通过倾听，辨析出材料的言外之意、弦外之音非常重要，请阅读以下材料，然后回答相应问题。

材料1：有一天，阿凡提和皇帝一起洗澡。皇帝问道："阿凡提，凭我这模样到市场上当奴隶卖，能值几个元宝？""最多十个元宝！"阿凡提说。皇帝火了，骂道："胡说！光是我身上的这条绣花围巾就值十个元宝了。""正是啊，高贵的陛下！"阿凡提指着围巾说，"我说值十个元宝的，就是指这个东西啊！"

问题：阿凡提的言外之意是什么？

材料2：世界上第一架飞机的制造者莱特兄弟在试飞成功后前往欧洲旅行。在法国举行的一次欢迎酒会上，各界人士纷纷要莱特兄弟演讲，莱特无奈，只说了一句话："据我所知，鸟类中会说话的只有鹦鹉，而鹦鹉是飞不高的。"

问题：莱特这样说的言外之意是什么？

材料3：丈夫从商店里偷了东西回家，妻子责问丈夫："你干这种事时，为什么不替我和孩子想一想？"丈夫回答："当时我想到了，只是店里没有女人和孩子的衣服。"

问题：这则笑话中丈夫的回答为什么可笑？

材料4：1964年6月，王永志第一次走进戈壁滩，执行中国自行设计的第一枚中近程火箭发射任务。当计算火箭的推力时，发现射程不够，大家考虑是不是多加一点推进剂。但是火箭的燃料贮箱有限，再也"喂"不进去了。

正当大家绞尽脑汁想办法时，一个高个子年轻中尉站起来说："火箭发射时推进剂温度高，密度就要变小，发动机的节流特性也要随之变化。经过计算，要是从火箭体内卸出600公斤燃料，这枚导弹就会命中目标。"大家的目光一下子聚集到年轻的新面孔上。在场的专家们几乎不敢相信自己的耳朵。有人不客气地说："本来火箭能量就不够，你还要往外卸？"于是再也没有人理睬他的建议了。这个年轻人就是王永志。他并不甘心，他想起了坐镇酒泉发射场的技术总指挥、大科学家钱学森。于是在即将发射前，他鼓起勇气走进了钱学森的房间。当时，钱学森还不太熟悉这个"小字辈"，可听完了王永志的意见，钱学森眼睛一亮，高兴地喊道："马上把火箭的总设计师请来。"

问题：请问钱学森先生的弦外之音是什么？①

5. 到养老院做义工，陪老人聊聊天，注意运用有效倾听的技巧，看看效果到底如何。

---

① 赵京立. 演讲与沟通实训［M］. 3版. 北京：高等教育出版社，2021.

任务 5

面　谈

老别堪三载，交谈胜百书。

—— ［宋］陈著《与内侄汪景渊西窗小酌》

课程思政要求

1. 一条主线

坚定学生理想信念，爱党、爱国、爱社会主义、爱人民、爱集体。

2. 课程思政的立体化构建

（1）遵循育人规律，推进教学理念的同向性和同行力。

（2）加强队伍建设，提高教师教学的专业性和引导力。

（3）完善教材体系，增强教材内容的系统性和说服力。

（4）改进教学方法，提升思政教育的针对性和亲和力。

（5）丰富教学载体，打造学习方式的多样性和吸引力。

（6）关注学生学法，重视学生的主体性和成长力。

训练目标

了解面谈的含义、特性、作用以及优势与劣势；熟悉三种类型的面谈；能够制订面谈计划；能够顺利有效地实施面谈。

任务导入

一个有效的绩效面谈

以下是某公司市场部王经理与市场部的品牌运营主管（下属有2人）小陆的绩效面谈。

小陆刚升任部门品牌运营主管满一年，工作热情很高，但工作方法有所欠缺，根据公司一季度的考核标准，市场部王经理对他绩效考核的预评估结果为C，于是决定与小陆通过绩效面谈提前做好心理预期以及绩效辅导工作。

周一早上刚上班，王经理在公司楼道里碰到了到开水间打开水的小陆，小陆主动跟经理打了招呼，几分钟后，王经理预计小陆打完水回到了办公室，于是给小陆拨打了电话。

1. 准备工作

王经理：喂，小陆，公司第一季度的考核马上要开始了，这周我想跟你聊聊你的绩效考核，我看了一下我本周的计划，周四、周五这两天没什么特别的事情，你看你什么时候方便？

小陆：周四吧，我周四下午时间都可以，您看行吗？

王经理：那就周四下午3点，咱们去部门的会客室聊聊，正好你也利用这两天，整理一下你在一季度的工作总结和二季度工作目标。

2. 开场

周四下午，王经理带着整理好的小陆的绩效评估材料，提前10分钟来到了会客室，在茶几上摆好了一个茶壶、两个茶杯，并再一次翻阅了评估材料，在某些地方有针对性地标注了出来。几分钟后，小陆敲门进屋，王经理微笑地示意小陆坐在自己右前方，会客室茶几的侧面，面谈开始。

王经理：小陆，你知道公司马上要进行一季度的考核，而且公司对这方面很重视，我也希望通过今天的交流，能对你第一季度的表现有一个比较客观的评价。当然，更重要的目的是发现问题、总结经验，以便你更好地进行下一季度的工作，今天的面谈的内容会围绕这些方面，你觉得OK吗？

小陆：经理，我明白您的意思，正好我对我下一季度的工作有些想法，也希望借此机会听听您的建议。

王经理：很好，那我们开始。你先按照公司的季度工作总结思路，谈谈自己一季度的工作情况吧。

3. 倾听员工的自我评价

小陆：好的，那我先回顾一下我的工作……（小陆用了5分钟左右汇报完了自己的工作情况）

王经理：非常好，一季度你所负责的品牌运营工作很不错，尤其是在用户前期分析方面，收集了大量的数据并做了很精准的分析，对咱们部门在运营规则和广告精准投放上，起到了非常好的支持作用。你在这方面的努力和付出，大家都是有目共睹的。

假如咱们整体的绩效考核分数满分是100分的话，你能给自己打几分？（公司绩效考核为百分制，根据分数给予相应的等级）

小陆：嗯……60分吧。

王经理：60分？那扣分都扣在哪儿了呢？

小陆：听说下游部门投诉我们部门了，原因是没分出人手来配合他们进行××专场活动，导致客户那边影响也不好……

4. 告知对方评估结果

王经理：很好，你也知道，咱们部门其中一项重要的KPI就是服务好下游部门，这次考核中，下游部门确实投诉了我们部门协作性的问题，他们反馈我们经常以"工作忙"为借口，直接拒绝他们的要求，最后导致××专场活动不仅在客户那里影响不大好，也给公司带来了一定的损失。所以根据公司考核标准，一季度的考核我给你的绩效评估结果是C。对这一点，我也想听听你的看法。

5.讨论员工不同意的地方

小陆：这个问题确实存在，尤其是在公司的一些大型促销活动推进开展的时候，每个指标都非常严格，感觉很多任务突然间就压了下来。但我觉得不公平，我们团队总共就3个人，忙的时候实在是顾不过来，虽然我也知道下游部门负责的专场活动很重要，但确实是抽不出人手，没办法才拒绝他们的，公司规则是死的，但领导评分的时候是不是也得考虑一下我们的难处？

王经理：嗯，确实是，你们团队人手比较少是实情，我也很能理解，之前我也碰到过类似的情况，忙起来的时候确实是挺让人头疼的，有种"巧妇难为无米之炊"的无力感。如果你站在我的角度，因为你有难处，评分的时候就网开一面，那其他团队该怎么想？团队人手少，事实确实如此，但工作总是要做的，那有没有其他办法来解决呢？

小陆：那下次这种事情经理你看能不能帮我借调人员过来，作为临时的补充？

王经理：不错的办法，这个可以有。其实像这种情况，你可以第一时间跟我沟通，我来帮你协商解决，人手不足确实也是实情，但对我们来说，毕竟面向客户的工作才是更重要的。如果说就是因为人手不够而不干活的话，不仅对咱们部门目标达成不利，甚至给公司也会带来一些负面的影响。

小陆：经理，我明白了，下次这种情况，我会先跟您及时沟通。

王经理：对咯，这类问题，一定记得先跟我沟通。此外，你认为除了我们及时沟通，有没有什么更好的办法来处理和解决呢？

小陆：嗯，其实事后我也有想过，团队的任务繁重，有一些工作可以按照事情的轻重缓急重新梳理，这样可以集中精力在更重要的事情上，也好让我们更好地腾出手来支持下游部门。

王经理：（点头）很好，把工作按照优先级排序，再确认重点，这样确实是能够让工作变得更有序一些。除了这一点以外，还有吗？

小陆：嗯，还有就是要多跟团队成员多沟通，协调有限的人手，提升工作效率，团队的工作不是靠我一个人就能完成的。就比如上次的那个专场活动，本来我跟他俩的交流就不是很多，再加上任务数量突增，我也没细想，简单布置了任务之后，就各干各的，也没有顾得上对任务的过程和结果进行追踪，我想这样对我自己和团队的发展都不好。

王经理：（身体前倾，点头、认真倾听）既然你注意到了这一点，那你有什么好的解决办法吗？

小陆：我想我需要在平时跟他俩多交流，可以多把问题拿出来共同讨论，一方面可以提升他们的参与感，另外也要不定期对他们进行一些辅导，对他们多了解，多听听他们的想法，平时结合他们的特长来安排一些具体的工作，更好地体现他们的价值感，多分享，多交流，让团队的氛围更融洽一些，也能让自己和团队共同进步。

6.协助员工制订改进计划

王经理：我也这么想，团队氛围的好坏，是影响团队极大的因素，如果能在团队氛围营造上多花一点时间，对团队和成员的成长都会有很大帮助。

小陆：嗯，这方面也是我给自己在下个季度列出的工作重点，这两天我把思路捋一捋，就开始从这方面着手了。

王经理：能够快速行动，这点很好。

小陆：经理放心，这个季度我自己明白问题出在了哪里，下个季度我会改正的。

王经理：好，我们今天实际上是谈了两个问题，一是工作优先级排序，二是团队沟通和协作，我也做了记录。这两个问题你可以列入到你的绩效改进计划当中，关键是我想看到你在下一季度的改变。如果过程中有什么需要支持的地方，尽管提出来，我会尽可能帮你协调。

小陆：经理您放心，感谢您对我的支持。

7.结束面谈

王经理：好的，如果没有其他问题，我们今天就谈到这里。这份《绩效面谈记录》是刚才咱们谈话的内容，如果没有异议，我们一起签一下。另外，你下一季度的工作规划和关键任务调整，下周一能发给我吗？

小陆：好的，下周一中午之前，我通过邮件发给您。

王经理：小陆，谢谢你的合作，期待你下一季度有所突破。

小陆：好的，有了这些改进方向，我会做得更好的，经理再见。

资料来源　半条虫子. 一个幼小的绩效面谈案例［EB/OL］.［2022-09-14］. https: //zhuanlan. zhihu.com/p/564208829.

问题：

1.这一有效的绩效面谈有哪些值得借鉴之处？

2.如何才能使面谈取得应有的效果？

5.1 知识储备

5.1.1 面谈概述

1.面谈的含义

面谈属于面对面的口头沟通，但不能把任何一种面对面的口头沟通都称为面谈，面对面的口头沟通可以分为面谈和闲聊两种不同的形式。闲聊是指交流对象之间没有明确目的的一种口头交流活动，轻松、愉快、随意、漫无方向是闲聊的主要特征。闲聊本身也并不是没有目的，人们之间闲聊的目的通常是打发时间、娱乐、联络感情。由于不具有说服的性质，闲聊过程中通常不会产生大的分歧和矛盾。由于没有明确的说服目标，在闲聊之后，大部分人都无法准确说出闲聊的内容。

面谈则是指组织中与工作有明确关系的、有目的的和受控制的两个人或多个人参与的面对面的沟通方式，是一种有组织、有计划地交换信息的活动。面谈是面对面的及时沟通，所以它需要比书面沟通更快反应，在信息的组织和表达上也更灵活，对面谈者谈话内容、表情、动作等进行及时分析的技能也要求较高。

2.面谈的特性

（1）目的性。面谈与普通的聊天、谈话是不一样的。举一个简单的例子，当你逛街的时候碰到一个朋友，你们可能就在碰面的那个地方闲聊几句，这种聊天显然不是面谈，因为它是没有任何目的性的见面打招呼。

（2）计划性。在选择与某个人进行面谈前，一般情况下人们都会事先做好准备。例如，了解对方的谈话方式、性别特点，从而选择适当的谈话策略与沟通策略。制订出一套面谈计划，既可以使自己在面谈中游刃有余，同时也能避免面谈中出现无话可说的尴尬局面。

（3）技巧性。面谈是一项极具技巧性的沟通方式。当进行面谈时，人们说话及思考的速度十分快，很多时候既要注意接受理解对方的谈话内容，同时也要在适当时候发表自己的意见与看法，这在很大程度上靠的便是在谈话中的技巧性：快速的反应、灵活的信息组织技巧和及时的分析技能。

3.面谈的作用

面谈的作用主要可以分为以下四个方面：

（1）信息的传播。探寻或传播特定信息是面谈最常见的目的之一。例如，教师向学生教授知识、新闻报刊记者的采访、产品介绍会等就属于这种情况。

（2）寻求信念或行为的改变。说服也是面谈常见的目标之一。例如，推销员与潜在顾客之间的面谈、领导对下属的指导、家长对子女的劝告、申诉等。大部分的商务面谈都具有说服的性质。

（3）进行评估和决策。进行评估和决策类型的面谈，以了解事实的真相、做出决定为特征，一般表现为招聘面试、绩效评估、看病等。

（4）探求与发现新信息。探求与发现新信息的面谈是指采用某种统计方法获得有关某一问题的信息，如某种学术团体和社会团体所做的调查工作、民意测验等。

小训练 5-1

请结合实际，说说面谈在工作和生活中的作用和意义。

4.面谈的优势和劣势

与双方互不见面的电话交流相比，面谈具有一些明显的优势和劣势[1]。

（1）面谈的优势。面谈的优势主要表现在以下几个方面：

第一，在面谈过程中，除了利用语言信息外，还可以利用各种非语言信息。可以说，在面谈过程中双方可以采取任何一种沟通形式。这一点也决定了面谈适合于处理复杂的事情，特别是双方对讨论的问题知之甚少或者分歧比较严重的情况。

第二，面谈有利于双方做出反馈，特别是非语言反馈。

第三，在面谈过程中，可以综合运用各种沟通方式，如口头语言、书面语言、图

---

[1] 王皓白. 商务沟通［M］. 杭州：浙江大学出版社，2011.

片、示意图、手势。大家可以想象，要在电话里说明一幅图画会是多么困难的事情。

第四，在面谈过程中，可以利用各种视觉辅助手段，如白板、投影仪、音像资料、模型等，这可以大大提高沟通的效率和趣味性。

第五，面对面的沟通会给人以亲切自然、比较重视的感觉，会提高沟通成功的可能性。

（2）面谈的劣势。在具有上述优势的同时，面谈也有一些劣势，主要表现在以下几个方面：

第一，面谈通常需要比较多的时间。面谈双方要为见面以及面谈过程花费大量的时间，包括必要的寒暄、可有可无的评论、反复讨价还价等。这也许是因为面谈方式通常不涉及电话那样的计时费用，或者是觉得见一面不容易等。

第二，面谈对于时间和地点的要求比较高。首先，通常双方必须同时拥有一段比较长的时间才可能进行面谈；其次，面谈过程通常需要专门的场所，如谈判室、饭店房间、茶馆、酒吧等。

第三，面谈过程中不利于掩饰。面谈过程中双方可以通过大量的非语言线索来判断对方所说话的真伪，不利于掩饰一些事情。因此，婉拒一类的事情不适合采用面谈的方式。

第四，面谈过程中不容易控制情绪。面谈过程中非语言信号比较多、肢体接触也比较容易，在双方意见分歧和冲突比较大的情况下不容易控制各自的情绪，往往会导致过激反应，甚至闹得不可收拾。

第五，面谈过程容易形成不良印象。面谈过程中各种非语言比较多，可能对对方进行全面的考察。另外，一般人对面对面沟通中的判断结果比电话等形式沟通的判断结果更加自信。

5.面谈的类型

（1）招聘面谈。采取招聘面谈的方式来选取适合岗位的人才，这是如今很多企业单位采取的方法。招聘面谈的过程，是企业与求职人员双向选择的过程，企业必须在招聘面谈过程中取得最高的效率。求职人员在进行工作的挑选时，除了薪酬和工作地点外，还要考虑公司的前景和自己的受重视程度。薪酬和工作地点的变化很少，因此招聘人员要帮助公司在面谈阶段获得人心。由于求职人员对公司的接触不多，也许是第一次接触，更多的是依靠自己在应聘过程中的感受来辨别，所以，从一开始招聘人员就必须本着对公司与应聘人员负责的态度来工作。在招聘过程中，不论何种情况，都应该热情、诚恳和耐心，千万不可采取高高在上的态度。例如，不少企业在参加现场招聘会时，由于环境嘈杂导致心烦意乱，对询问的人员敷衍了事，甚至还有随意遗弃求职者个人简历的，这样便给求职者留下了一个很坏的印象。

在经过初次甄选和二次面谈后，对有希望的人选可开诚布公地介绍更多的情况，包括公司的期望、个人在公司可能的职业发展机会以及今后工作中可能遇到的困难等，还可以安排简单的公司参观，让求职人员更详细地了解公司，免除进入公司之后由于期望和现实的反差，造成新进人员快速离职，浪费双方的时间和精力。在招聘面谈时，不论心情如何恶劣，只要进行招聘面谈就要保持微笑，尽量使气氛和谐轻松，将恶劣的心情抛到九霄云外。如果面谈气氛紧张，将难以使应征者自然地表达，造成认识偏差。在招聘面谈的最后时刻，可以问问求职人员是否还有其他的问题，这样不仅可以加深互相的了解，还可以避免一些疏忽，同时给应征者留下了公司非常诚恳的印象。如果条件允许，还可以为求职人员到公司面谈的来回路费提供一些便利。总而言之，负责招聘的人员一定要记住：求职者就是企业的顾客。

以下是企业招聘面谈问话提纲（见表5-1），供参考。

表5-1

企业招聘面谈问话提纲

面谈项目	评价要点	提问要点
仪表与风度	体格外貌，穿着举止，礼节风度，精神状态	
工作动机与愿望	更换工作与求职原因，对未来的追求与目标，本公司所提供的岗位或工作条件能否满足其工作的需要和期望	（1）谈谈你现在的工作情况，包括待遇、工作性质、工作满意程度 （2）你为什么要选择本公司 （3）你在工作中追求什么？个人有什么打算 （4）你想怎样实现你的期望和目标
工作经验	从事所聘职位的工作经验丰富程度，职位的升迁状况和变化情况，从其所述工作经历中判断其工作责任心、组织领导能力、创新意识	（1）毕业后的第一个职业是什么 （2）在这家企业里，你担任什么职位 （3）你在这家企业中做出了哪些值得骄傲的成绩 （4）你在主管部门中，遇到过什么困难？你是如何处理的 （5）请你谈谈职务的升迁和工资变化情况
经营意识	判断应聘者是否具有商业意识、竞争意识及是否具备基本的商业知识	（1）应聘者是否具有应聘岗位所需要的专业知识和专业技能，或者相关的工作经验 （2）通过经营小案例来判断其是否有这方面的观念和意识 （3）询问一些营销术语和有关专业的问题
精力、活力、兴趣、爱好	应聘者是否精力充沛、充满活力，兴趣和爱好是否符合应聘岗位的要求	（1）喜欢什么样的运动 （2）你怎样安排你的休息日和节假日 （3）你经常参加什么样的交际活动
思维力、分析力、语言表达能力	对主考人员所提问题能否说理透彻、分析全面、条理清晰，是否能合理地说出自己的意见和观点，用流利的言语表达出来	（1）你如何面对成功和失败 （2）如果让你筹建一个新的部门，你将从何入手 （3）对于提出的一些小案例，你会如何解决

面谈项目	评价要点	提问要点
工作态度	工作态度如何，谈吐是否自然流畅，是否诚实，是否热爱工作、奋发向上	（1）你曾经工作的公司要求严格吗？在工作中看到别人违反制度和规定，你是怎么做的 （2）你处理各类问题时经常向领导汇报吗 （3）你在领导与被领导之间喜欢哪种关系
其他	应聘者是否能发现自己的优缺点，同时在遇到批评、挫折以及工作中的压力时，能否克服，理智对待	（1）你认为你的优势在哪儿 （2）你准备如何改正自己的缺点 （3）为何要到本公司来工作 （4）你适合哪些工作 （5）你与同事间相处得如何 （6）你喜欢和哪些人交往

（2）绩效面谈。它是指在绩效管理过程中由管理者与其下属通过面谈的方式就下属绩效表现进行回顾，帮助下属总结经验，找出不足，商讨解决的办法，并就员工发展以及下一考核周期目标设置等方面进行的正式沟通。

面谈是最直接的沟通方式，沟通程度较深，可以对某些不便公开的事情进行交流，使员工容易接受，管理者可以及时对员工提出的问题进行回答和解释，减少沟通障碍，有利于员工绩效与组织绩效的有效结合。因此，绩效面谈不仅可以提高员工工作效率，而且增进了员工和主管之间的沟通。以下是绩效面谈的一般流程：

首先，绩效面谈前的准备。面谈前的准备工作主要有以下三点：第一，明确面谈的目的。双方就被考核者的表现，达成一致的看法；指出被考核者优点之所在；辨明被考核者的不足与努力方向；共同给被考核者制订相应的改进计划。第二，安排合理的面谈时间。让进行面谈的员工有充分的时间做好准备，让他们能够对自己的工作进行审视、分析，以便在之后的面谈中有时间让他们提出自己的意见和看法。同时，面谈时间应该尽量安排在被考核者方便的时候。第三，安排合理的面谈地点。面谈地点的选择是十分重要的，一场轻松愉悦的面谈能够使双方都能将自己的真实想法表现出来，使面谈效果更为显著。面谈场所最好选择相对封闭、方便双方进行沟通、安静且不易被打扰的环境。

其次，绩效面谈的进行。绩效面谈是一门艺术，也是一项技术性很强的工作，它没有专门的固定模式，因交谈对象的不同而呈现出不同的特点，因此，绩效面谈的进行需要掌握以下几个要点：一是谈话内容要具体；二是讲话要直接明了；三是让员工多开口；四是给员工制订工作计划。

小贴士5-1

针对不同类型员工的绩效面谈

（3）收集信息面谈。它是想要获取某一方面的信息资料或想要获得某种帮助时进行的面谈。若想了解某一方面的信息，就可以去该领域找相关人员进行面谈，为了准确有效地获取想要的信息，可以提前做好准备计划，包括目的、人员分析、安排时间和地点、准备预期问题等。在信息收集的面谈过程中请注意以下问题：

第一，面谈应结构化。在面谈前应确定收集信息的内容并制定详细的提问单，把握住所提问题与目的间的关系，并注意挑选参加面谈的人员。

第二，面谈过程中应保持友好、亲善的态度。

第三，进行信息收集。面谈的发起者应和有着较多经验或对该领域较为熟悉的人员进行面谈，从而使所获面谈资料更为准确可信。

第四，信息收集面谈很像闲聊，有些时候在进行信息收集面谈时，谈话的对方可能都没有意识到你正在收集信息，因此，很多时候谈话的内容、主题会背离你的初衷。所以，作为面谈的发起人必须要灵活、有技巧地进行谈话，循序渐进，引导对方向主题靠拢。

5.1.2 面谈计划的制订

为了提高面谈效率，在举行面谈前应对面谈过程进行认真的计划。即使拥有高超面谈技巧的人也并不是天生具有这种能力，它是后天训练出来的。面谈者如果事先对各方面进行过细致的分析，再经过长期的训练，他们表面上会显示出一派自然、轻松的姿态，好像所有一切都是自然流露。

尽管不同性质和目的的面谈过程千差万别，但其准备工作却大同小异，都是要对沟通的基本方面进行全方位的分析。具体包括如下方面[①]：

1.面谈目的分析

目的决定手段和策略。在进行面谈之前首先要分析自己和对方的目的是什么，具体来说，要搞清楚以下几个方面的问题：①面谈的目的是传递信息还是寻求对方信念或态度的改变？②解决问题的性质是什么？③面谈的主要类型是什么？④面谈中的主要信息类型是什么？⑤面谈中的最高目标是什么？面谈中的最低目标是什么？⑥如果面谈失败，会产生什么样的后果？如何进行补救？

2.面谈的对象分析

这里所讲的"面谈的对象"，不仅仅是指对方的名字是什么，更重要的是了解对方的背景和他们对所面谈的问题的可能看法。具体来说，主要包括以下几个方面：①面谈对象的年龄、教育程度、职业、民族、国籍等基本背景资料；②面谈对象的主要性格特点；③面谈对象的主要兴趣点和禁忌；④面谈对象对相关问题的看法。

3.面谈时间和地点的确定

面谈的时间和地点也就是面谈的场合问题，要通过下列问题加以明确：①面谈适合在什么时间进行？办公时间还是业余时间？②地点安排在哪里比较好？③如何保持环境的安静？④面谈时间多长为宜？⑤如何避免可能出现的干扰，包括人、电话铃声等？

4.面谈主题的确立

面谈的主题也就是话题，或者说面谈的切入点，主要包括以下两个方面：①如何

---

① 王皓白. 商务沟通［M］. 杭州：浙江大学出版社，2011.

描述此次面谈的主要议题？②如何描述此次面谈对双方的好处？

5.面谈方式的选择

面谈的方式是面谈计划的核心，涉及我们前面讲到的各个方面，例如：①以什么样的方式开始面谈？②如何切入主题？③如何回应对方的质疑？④是声东击西还是直奔主题？⑤采取轰炸战术（不停地说），还是给予对方充分的时间思考？⑥是从一般性问题谈起还是从具体问题谈起？⑦如何促使对方表态？

表5-2是一份面谈计划清单，可以帮助梳理要做的各项工作。

表5-2

面谈计划清单

计划要素	相关问题
Why	1.面谈的主要类型是什么 2.面谈希望达到的目的是什么 3.你寻求和传递信息吗？如果是，是什么类型的信息 4.会寻求信念和行为改变吗 5.要解决问题的性质是什么
Who	1.他们可能的反应和弱点是什么 2.他们有能力进行你所需要的讨论吗
When/Where	1.面谈在一天的什么时候进行 2.面谈可能会被打断吗 3.面谈在何地进行 4.面谈前可能会发生什么 5.你在这件事情中处于什么地位 6.需要了解事情的全貌，还是只需要提示一下迄今为止的最新情况
How	1.如何实现你的目标 2.你应该如何表现 3.委婉的方式和直接切入主题，哪一种更好 4.你必须小心处理、多听少说吗 5.先一般性问题再具体问题，还是先具体问题再一般性问题 6.你如何准备桌椅 7.如何避免被打扰
What	1.确定包括的主题和提问 2.被问问题的类型

资料来源　丁宁. 管理沟通［M］. 北京：北京交通大学出版社，2011.

6.面谈的问题设计

问题是面谈中获取信息的基本手段，在面谈中极为重要。面谈的问题设计要坚持两个原则：一是坚持依据面谈目的设计问题的原则。问题来源于目的，有什么样的目的就会有什么样的问题，问题的设计是为达到面谈目的服务的。二是坚持依据被面谈者的特点组织语言，使对方能听懂，加强相互之间的有效沟通的原则。面谈的问题设计所应考虑的具体方面如下：

（1）综合运用开放式问题和封闭式问题，获取各具特点的信息。问题来源于你的目的，它是在面谈中获取信息的基本手段。任何访谈者都会提问，只有精心准备的访谈者才能提出有效的问题，从而获取他们所需的信息。在准备问题时，很重要的一点是根据被访问者的特点组织语言，要用对方能懂的语言，加强相互之间的有效沟通，准确传达你的信息。在具体问题的设计上，可采用两种类型的问题：开放式问题和封闭式问题。这两种类型的问题可以达到不同的效果，获取各具特点的信息。

①开放式问题，如"你的工作干得怎样？"或"新的规章对部门士气有怎样的影响？"。一方面，开放式问题可能是引出一般性的信息，而且可能让被访者感到谈话过程无拘无束，因为开放式问题允许被访者自由谈论他们有何感受，他们优先考虑的是哪些问题，以及他们对某一问题了解多少。另一方面，开放式问题有利于发展沟通双方相互之间的关系。但必须记住，开放式问题回答起来往往比较困难，特别是在被访者滔滔不绝时，话题可能会不着要点。开放式问题也很耗时，频繁使用会使访谈者很难控制面谈进程。

②封闭式问题，如"你最后一次在哪里就职？"或"你是愿意在项目A还是项目Z中工作？"，这样的问题有助于引出你需要的特定信息。封闭式问题限定了被访者可能给出的回答。它们适用于当你时间有限或你想要弄清开放式问题的某一个信息的时候。

（2）确定问题的结构或问题的顺序。最常见的顺序有三种。

第一种是从一般到特殊，从大方面问起逐步缩小范围，称为漏斗型。

第二种是从特殊到一般，从小方面问起逐步扩大范围，称为倒漏斗型。

漏斗型：从一般到特殊。如"有关在大楼内吸烟的规章，你认为怎么样？这规章公平吗？这些规章是否限制了员工的抽烟状况，实施状况如何？"

倒漏斗型：从特殊到一般。如"这些规章怎样限制了员工的抽烟状况？这些规章公平吗？对于有关在大楼内吸烟的规章，你认为究竟怎么样？"

这两种顺序是对一系列相关问题进行深入的了解。

第三种是各个不相关问题的平行组合，称为隧道型。它适用于只要求获得对各种问题的最初答案，而不要求作进一步了解的情况。

小案例 5-1　　　　　　　　　　　　　心理咨询师的提问

一位心理咨询师对一个上课不专心听讲、喜欢搞恶作剧的学生做了如下的提问：

问：你这样做，对你有什么好处？答：我可以不用费神听课，不用太累。

问：你这样做，对你有什么坏处？答：大家不喜欢我，学习不好。

问：你这样持续下去最坏的结果会怎么样？答：所有人都讨厌我，成绩差。

问：那这样你是什么感觉呢？答：很不舒服，很痛苦。

问：假如你改变将会怎么样呢？答：大家会喜欢我，成绩会好起来。

问：那你的感觉又会如何呢？答：感觉会很好。

问：那你是愿意很痛苦，还是愿意感觉很好呢？答：当然愿意感觉很好！

问：那你要不要改变呢？答：要改变！

问：你是要改变，还是一定要改变呢？答：一定改变！

问：那你到底是要什么时候改变呢？答：现在就改变！

资料来源　蒋平. 心理咨询师的面谈技巧［J］. 宁夏教育，2004（3）。

【点评】在面谈中，有时提问是最好的手段，一定要掌握提问的技巧，取得面谈的理想效果。

5.1.3　面谈的实施

1.开始面谈

（1）营造融洽氛围。一个有着融洽氛围的开头是所有成功面谈的基础，面谈对象、主题及目的的不同，需要不同的面谈开始方式。面谈开始方式有很多种，但是它们围绕的原则只有两个：一是开诚布公；另一个便是融洽氛围的营造。有资料显示，面谈开始时至少有5%的时间是要用来建立融洽氛围的。简短的题外话有助于迅速拉近彼此间的距离，可以融洽气氛、增进感情。题外话通俗来讲叫闲聊，也就是沟通。闲聊很关键，可以化解下属见上司的紧张情绪。说题外话的时间以一分钟最佳，也可以开一句玩笑。如果能把第一句话说好，那么这个头基本上就开得很好了。

（2）开始面谈的方式。不管面谈的目的如何，精心安排面谈的开始是最重要的，因为每一次面谈的开始阶段，给予对方的初步印象和建立起来的面谈的"潜规则"对于面谈的发展方向具有决定性影响。一般来说，开始面谈的方法有以下几种：

①开门见山法。这种方法就是开门见山讲问题，适用于对方对所讨论的问题都有一定了解或具有良好沟通基础的情况。企业内部的大部分业务沟通都属于这种情况，企业与一些老客户的沟通可以采用这种方式。这种方法的优点是直奔主题，沟通效率高；缺点是不适合双方存在一定分歧或矛盾的情况。因为，如果双方存在一定分歧，而发起沟通一方对此一无所知，那么很容易导致沟通失败。

小案例 5-2

主管：小张，你觉得过去这一年来，你的绩效表现怎么样？

员工：很好。

主管：你觉得自己很好，那你可不可以告诉我，你做得很好的地方在哪里？

员工：每个月规定该完成的例行事务，我都如期完成。

主管：可是我从一个主管的角度来看，其实我非常关心你的工作表现，你要不要听听看我对你的观察？

员工：好。

主管：你的能力非常好，可是我认为作为一个资深且能力好的人，其实你可以扮演更好的角色。因为从你的投入度以及对工作的热诚来看，我觉得你没有达到我的预期。我观察到，上个月有几个客户的询价电话，你拖了一个礼拜才回复；某个客户抱怨产品有瑕疵，你也没有处理。你可不可以告诉我，你这么做的原因是什么？

【点评】这里主管开门见山地告诉下属，对于他的工作态度与投入度，主管是觉得有问题的。但是指出问题的时候，不是用指责的方式来质问员工，而是说："我观察到……"这样比较不易造成彼此的对立。然后，询问部属会有这样的做法，背后的原因是什么。主管要先听部属说，看他怎么反应，目的是让部属讲他自己的想法和感觉，而不是逼迫他听主管的看法。

资料来源　王琼．针对不同员工的绩效面谈艺术［J］．人力资源管理，2014（4）.

②循序渐进法。通过介绍发现问题的过程，双方可以循序渐进地共同"发现"存在的问题。这种方法在形式上比较客观、公正，适用于立场、利益不同的双方的沟通，可以减少可能出现的意见分歧。

③深入挖掘法。这是一种程度非常深的沟通方式。面谈开始时不谈问题本身，而只谈背景和起因。这种方式适用于两种情况：一是问题比较复杂，只有寻根溯源才能够准确提出问题、界定性质并提出解决办法；二是双方存在比较大的分歧或对立情绪，拒绝直接讨论问题的情况。

④换位思考法。它是指向被面谈者举出采用你的建议解决问题的好处，这种方法从表面上看就是"换位思考"。为了避免对方的怀疑心理，这种方法最好用在双方关系比较密切或者对讨论的问题比较了解的情况下。

⑤虚心求教法。这是就特别问题征求意见或寻求帮助的面谈开始方式。由于大多数人都愿意处于强者的地位，采用这种方法比较容易被对方接受。但是这种方法要注意两个问题：一是所寻求的意见或者帮助对对方不应该是很困难或者很麻烦的；二是态度一定要真诚，切不可给人留下因有求于人才甜言蜜语的感觉。

⑥引人注目法。这是以耸人听闻或引人注目的事件、观点开始面谈的方法。这种方法最大的好处是可以迅速地引起对方的注意。用这种方法时容易引起对方的反感，因此，在使用过程中一是要注意技巧，巧妙过渡到正题；二是要迅速切换主题。

⑦强调观点法。这是指在面谈开始时就提及被面谈者对特别问题已提出过的看法。它是一种比较高级的方法，任何人都希望自己的观点、看法得到别人的重视、认同，采用这种方法可以使本来很陌生或存在歧义的双方迅速拉近心理距离。不足之处是，这种方法实施起来难度较大。其原因有二：一是基本素材很难获得；二是不恰当的叙述和评论会引起对方的反感。

2.展开面谈

（1）面谈过程的控制。面谈是否成功一方面取决于是否经历了周密的计划，另一方面取决于对面谈过程的控制程度。不同类型的面谈所需要的控制程度不一样。按照面谈者对面谈过程的控制程度的高低，可以把面谈分为非结构化的面谈、一般结构化的面谈、高度结构化的面谈和标准化的面谈四种①。

一是非结构化的面谈。非结构化的面谈是指面谈过程预先没有准备具体的计划，只是对可能涉及的主题、目的进行简单考虑的面谈。非结构化的面谈也可以成为开放

---

① 王皓白．商务沟通［M］．杭州：浙江大学出版社，2011.

式面谈，在这种面谈中双方都可以根据自己的兴趣、目的对面谈的主题进行调整。非结构化的面谈主要用于对具体事件有一般了解的情况。例如，商务伙伴初次接触，他们对于可能的合作都缺乏具体的认识，希望通过面谈建立初步的了解。之所以采用非结构化的面谈，主要是因为对面谈主题缺乏足够的了解。

二是一般结构化的面谈。一般结构化的面谈是指对面谈目的、主题事先只进行了策略的计划，详细的内容需要在面谈过程中加以确定的面谈。例如，对应聘对象的初试、与销售对象的初步接触等。一般结构化的面谈主要适用于事先无法确定面谈对象具体情况的情形。

三是高度结构化的面谈。高度结构化的面谈是指对面谈目的、主题、问题等内容事先都进行了详细计划的面谈，如考试面谈，特定对象的销售面谈、咨询面谈等一般都采用高度结构化的面谈形式。

四是标准化的面谈。标准化的面谈是指事先不仅对面谈的问题进行了详细的计划，并且预先给出了可能的答案，被面试者只能从限定的答案中选择和决定的面谈，如很多调查数据的采集都采取标准化的面谈形式。

（2）进行提问。这是面谈的主体阶段，在这一阶段中应做到提出和回答问题、寻求问题的答案、努力说服被面谈者接受你的观点或产品。不同问题类型的作用是不一样的，因此在提问时运用的技巧也是不一样的。

①直接提问法。提问者从正面直接提问，开诚布公、干脆利落、直截了当地讲明询问目的，开门见山地提出问题。在运用正面提问法时要注意情感的铺垫，使对方心理上舒缓一些，合作性高一些，同时防止过于直白的提问，以免显得过分生硬，容易造成询问对象的心理排斥，难以获得有价值的信息和材料，而且还会给人一种笨嘴拙舌的感觉。

微课5-1

提问的方法

②限定提问法。人们有一种共同的心理——认为说"不"比说"是"更容易也更安全。所以，一般在沟通过程中，提问者向回答者提问时，应尽量设法不让对方说出"不"字来。提问者在问题中给出两个或多个可供选择的答案，此时可采用限定提问法，即两个或多个答案都是肯定的。

③迂回提问法。它是指从侧面入手，采用攀谈的形式，然后逐步将问答引上正题。这种提问方式一般时间性不太强，谈话也不受特定场合的限制。当沟通对象感到紧张拘束，或者有所顾虑不大愿意交谈，或者虽然愿意谈，却又一时不知该怎么谈时，提问者可以采取侧面迂回的提问方式，逐渐将谈话引上正题。应当明确的是，旁敲侧击只是一种手段而不是目的。因此，攀谈的内容应当是有目的、有选择的，表面上似乎和面谈的主题无关，实质上应该是有关联的。

④诱导提问法。当遇到询问对象了解许多信息，却因谦虚不大愿意说，或者由于性格内向不会说，或者要谈的事情需要一番回忆，或者对方想说又不便自己主动说等情况时，都可以采取诱导提问方法。采用启发诱导的方式，可以引导对方的思路，又可以诱发对方的情感，进一步引导对方明确沟通的范围和内容，渐渐打开对方的"话匣子"，也可以开阔对方的思路，引起对方的联想，从而有针对性地把沟通对象掌握的信息引导出来。

⑤追踪提问法。它是指提问者把握事物的矛盾法则，抓住重点，循着某种思路、某种逻辑，进行连珠炮式的提问。这种提问既要按照事物的内在联系，把基本情况和事实真相了解清楚，又要抓住重点，深入挖掘，达到应有的深度。一般来说，提问者对于触及事物本质的关键性材料，以及对方谈话中的疑点，或者从对方谈话中发现的有价值的新情况、新线索，往往会抓住不放，打破砂锅问到底，直至水落石出。但是追问，既要问得对方开动脑筋，又要让对方越谈越有兴趣，态度、语气都要与谈话的气氛协调一致，不要把追问搞成逼问，更不要变成变相"审问"。

⑥假设提问法。它是指提问者通过假设的方式提出一些假设性的问题，是一种"试探"的提问方法。这种提问方法采用"如果""假如"一类的设问方式，不但可以了解面谈对象的观点、看法和见解，而且能深入了解对方的内心世界。假设提问法往往用来启发沟通对象的思路，引导对方谈出对某个问题、某种事情的真实想法，或者设身处地地为对方着想，积极帮助对方回忆某种情景，或者用来调节对方的情绪，促使对方谈出一些不大想说、不大好说的事情或想法，或者由提问者对人物或事物进行合乎规律的推断、预测，促使对方产生联想和想象，或者提问者已经有了一定的认识，再提出一些假设性问题，同沟通对象开展讨论，促使自己深化认识。

⑦协商提问法。它以征求对方意见的形式提问，诱导对方进行合作性的回答。在协商型提问的时候，一般是针对某个既定的事实进行确认，但是不使用强硬的语气，回答者会比较容易接受。在协商型提问中，即使有不同意见，也能使沟通双方保持融洽关系，双方仍可进一步洽谈下去。

⑧错问提问法。它是指"以误求正法"，即提问者故意提出错误的问题，以考察、试探、激发采访对象，以便了解真实的材料，探求事实真相。需要注意的是，运用错问提问法，可能会造成面谈对象的某些误解。因此，在沟通结束时，提问者应当说明原因，消除误解，以免留下后遗症。

⑨插入提问法。它是在沟通过程中，做必要而适当的插入。比如重复、强调面谈对象说的某个重要问题或某句关键性的话；纠正对方的口误；对方没有讲全，需要及时补充的内容；对方没有谈到，需要及时提醒的内容；尚未听清、听懂的话，等等。在沟通过程中，插入提问法可以使沟通双方有效地抓住有价值的材料。

（3）准确核实。沟通对象在谈话过程中会透露出一定的信息，这些信息有些是无关紧要的，而有些则对整个沟通过程起着至关重要的作用。对于这些重要信息，沟通者应该在倾听的过程中进行准确核实。一方面，可以避免漏洞或误解客户意见，及时有效地找到解决问题的最佳方法；另一方面，客户也会因为找到了热心的听众而增加谈话的兴趣。值得注意的是，准确核实并不是简单的重复，它需要讲究一定的技巧，否则就难以达到鼓励客户谈话的目的。核实的方法有下述三种：

①重述。它指的是复述刚刚所听到的话，这是一种很重要的沟通技巧。我们的反应可以让对方知道我们一直在听他说话，而且也听懂了他所说的话。

②听取关键词。所谓关键词，指的是在谈话时描述具体事实的重要词语，这些词语透露出某些讯息，同时也显示出对方的兴趣和情绪。透过关键词，可以看出对方喜欢的话题，以及说话者对他人的信任程度。另外，找出对方话中的关键词，也可以帮

助我们决定如何回应对方的说法。

③梳理各种暗示。很多人都不敢直接说出自己真正的想法和感觉，他们往往会运用一些叙述或疑问，百般暗示，来表达自己内心的看法和感受。但是这种暗示性的说法有碍沟通，他们话中的用意和内容往往会被人误解，最后可能会导致双方的失言或引发言语上的冲突。所以一旦遇到强烈暗示性的话，就应该鼓励说话的人再把话说得清楚一点。

（4）注意的问题。在面谈过程中要注意避免一些影响有效沟通的问题发生，例如：

①面谈的时间过长。人们的注意力都是有限的，时间是宝贵的，过长的面谈会使人感到疲劳，给人以折磨的感觉。

②把讨论重点放在了枝节问题上。面谈的重点要放在对核心问题的讨论上。事实上，很多时候枝节问题比核心问题更复杂、更难以确定。

③整个面谈过程成为一言堂。谈话中一方说得过多，而不让另一方插嘴，会给人一种强加于人的感觉。

④面谈未取得预期结果时大发雷霆，表达不满。谈话是一个交流的过程，一次谈话不能说服对方接受自己的意见和想法是很正常的，以后可以反复说服。如果在未取得预期结果时立即表达不满，会引起对方的抵触情绪，使得以后的说服变得更加困难。

⑤努力隐瞒面谈目的，让对方摸不着头脑。这种做法会使对方怀疑你有不可告人的目的，拒绝进行有效的沟通。

⑥使面谈陷入一场争论甚至变成攻击。沟通的目的就是求同存异，要从相同的地方入手，寻求共同点。

小贴士 5-2　　　　　　　　　　　**面谈中的原理与原则**

（1）汉堡原理（Hamburger approach）。首先肯定员工的突出表现，再指出需要改进的"特定"行为所表现的不足，最后予以肯定和鼓励，并明确本年目标。让面谈以轻松缓和的气氛开始，并自然切入到中间关键的改进部分，最后以强调形式结束，使员工易于接受，而且印象深刻。"让员工听得进去"，是后续绩效改进的前提。

（2）"刹车"原理。它又叫 BEST 反馈原则，包括以下四个部分：Behavior description（描述行为）、Express consequence（表达后果）、Solicit input（征求意见）和 Talk about positive outcomes（着眼未来）。管理者在指出不足的行为，并描述了问题所带来的不良绩效考核结果之后，随即征询员工个人的改进思路，并用心聆听，让员工充分思考并且放松地表达自己的见解和内心真实的想法，达到积极互动的效果。因为改进的主体是员工个人，因此，"让员工说得出来"，是后续绩效改进的关键。

（3）SMART 原则，即：Specific（明确性）、Measurable（可衡量性）、Attainable（可达成性）、Relevant（相关性）和 Time-bound（时限性）。绩效面谈要做到"对事不对人"，管理者拿工作数量和工作质量两方面可量化的事实依据来说话，才会令员工心服口服，进而可以客观分析员工未能达到绩效目标的原因，共同商议下一年度改进的方向和计划。

（4）PDCA 原则，即：计划（Plan）、实施（Do）、检查（Check）和行动（Action）。"戴明环"（即 PDCA）是有效控制管理过程和工作质量的工具。每一项工作都离不开 PDCA 的循环，都需要经过计划、实施、检查、行动并不断改善的四个阶段。绩效管理就是一个往复不断的循环，本年度的评价和回顾就是下一年度绩效考核的起点，继而结合工作重点，认清下一阶段的目标，对团队的合作模式、所需的资源和帮助、可能存在的困难及解决方法等问题进行探讨并达成共识。

资料来源　黄杰婷. 绩效面谈的艺术［J］. 人力资源，2015（7）.

3.结束面谈

（1）掌握结束面谈的恰当时机。当时间已到，当已得到所需信息，当已设法说服被面谈者接受你的建议或购买你的产品，当问题已经解决，或者当由于需要更多的信息还要与其他人面谈，该面谈再进行下去显然无益时，就应该结束面谈。

（2）简要总结面谈结果。长时间的谈话会使双方头昏脑涨，甚至双方分别做出了哪些让步、取得了哪些共识都记不清楚了。因此，为了有效保证面谈的成果，在面谈结束时应总结面谈的成果或者重复自己的看法。

（3）感谢被面谈者参与。无论结果如何，面谈双方都付出了时间与努力，对这一点要充分理解。因此，在面谈结束时向对方表示感谢，有助于双方在今后建立更加紧密的关系。

（4）商定下一步行动。一次面谈不一定能够解决全部问题，有必要在面谈结束时商定下一次的会面时间和地点。即使面谈有了一定结果，也要考虑实施和评估的问题，这都需要在面谈结束时约定。

4.面谈的跟踪

面谈有很多种类，有些面谈，如绩效考评面谈，往往需要进行事后的跟踪。面谈后的跟踪往往是对面谈的继续，以及对面谈中商议的事项的落实。一般情况下，人们采取的跟踪方式主要有以下几种[①]：

（1）核对面谈后的结果是否符合自己的计划目标。尽管有些时候很好地计划了这次面谈，并将事前准备好的问题、疑问都提出了，并且对方也回答了提问，但是，由于谈话中信息量的庞大，以至于有些时候，忘记对方是怎么回答的了。这种时候，最好是麻烦对方做一次确认，以保证所获信息的准确性。

（2）确保面谈中达成承诺的兑现和落实。在很多情况下，面谈双方的谈话很愉快，签署协议也很迅速，但是当真正到要做时往往需要很长时间才能得到落实。这种时候，进行跟踪是十分有必要的，可以进一步确保面谈的成功。

（3）对面谈后的结果及时做出反馈。面谈中提出的假设，在面谈后取得的实质性的进展，具体进展如何往往需要反馈，及时有效的反馈有利于双方信息的对称，进一步保证了双方面谈的成果。

---

① 丁宁. 管理沟通［M］. 北京：北京交通大学出版社，2011.

（4）查看是否还有新的疑问产生。面谈按照事前准备好的计划和步骤进行，也按照事前准备的问题进行研究，但是往往在面谈进行中会发现更多的问题，这些问题是临时的，也是必须解决的。

（5）对于谈话者提出的难题进行解答和帮助。在很多情况下，发起面谈的面谈者只考虑到了自己的情况，而忽略了对方的情况。在达成协议时，对方也可能有难处，这时，也要尽可能地为对方排忧解难，因为这不仅是为对方解决问题，更是为大家的共同利益着想。

小训练 5-2

请搜集在工作中、生活中、小说中、影视中的成功面谈或失败面谈的范例。结合本任务有关内容分析这些范例，并且与其他同学一起交流体会。

5.2　能力提升

5.2.1　案例讨论

1.如此面谈

2007年年底的一个周三下午，安徽合肥高新区某IT公司销售部员工张三被其主管销售部赵经理请到了二楼会议室。张三进门时，看见赵经理正站在窗户边用手机打电话，脸色不大好看。约五分钟后，赵经理匆匆挂了电话说：

"刚接到公司一个客户的电话……前天人力资源部长找我谈了谈，希望我们销售部能带头实施面谈。我本打算提前通知你，好让你有个思想准备。不过我这几天事情比较多，而且我们平时也常沟通，所以就临时决定今天下午和你聊聊。"

等张三坐下后，赵经理接着说："其实刚才是蚌埠的李总打来电话，说我们的设备出问题了。他给你打过电话，是吧？"张三一听，顿时紧张起来："经理，我接到电话后认为他们自己能够解决这个问题，就没放在心上。"张三心想：这李总肯定向赵经理说我的坏话了！于是变得愈加紧张，脸色也变得很难看。

"不解决客户的问题怎么行呢？现在市场竞争这么激烈，你可不能犯这种低级错误呀！这件事等明天你把它处理好，现在先不谈了。"说着赵经理拿出一张纸，上面有几行手写的字，张三坐在对面没看清楚。赵经理接着说："这次的绩效考评结果我想你也早就猜到了，根据统计的销售业绩，你今年业绩最差。小张呀，做市场是需要头脑的，不是每天都出去跑就能跑到业务的。你看和你一起进公司的小李，那小伙子多能干，你要向他多学着点儿！"张三从赵经理的目光中先是看到了批评与冷漠，接着又看到了他对小李的欣赏，张三心里感到了刺痛。

"经理，我今年的业绩不佳，那是有客观原因的。蚌埠、淮南等城市经济落后，产品市场还不成熟，跟江浙地区不能比。我可费了很多心血才有这些成绩的。再说了，小李业绩好那是因为……"张三似乎有满肚子委屈，他还想往下讲却被赵经理打断了。

"小张，你说的客观原因我也能理解，可是我也无能为力，帮不了你啊！再说，你来得比他们晚，他们在江浙那边已经打下了一片市场，有了良好的基础，我总不能把别人做的市场平白无故地交给你啊。你说呢？"赵经理无奈地看着张三说。

"经理，这么说我今年的奖金倒数了？"张三变得沮丧起来。

正在这时，销售部的小吴匆匆跑来，让赵经理去办公室接一个电话。赵经理匆匆离去，让张三稍等片刻。于是，张三坐在会议室里，心情忐忑地回味着经理刚才讲过的话。大约过了三分钟，赵经理匆匆回到会议室坐下来。

"我们刚才谈到哪儿了？"赵经理显然把话头丢了。张三只得提醒他说到自己今年的奖金了。

"小张，眼光要放长远，不能只盯着一时的利益得失。今年业绩不好，以后会好起来的。你还年轻，很有潜力，好好干会干出成绩来的。"赵经理试图鼓励张三。

"我该怎么才能把销售业绩做得更好呢？希望经理你能多帮帮我呀！"张三流露出恳切的眼神。

"做销售要对自己有信心，还要有耐心，慢慢来。想当年我开辟南京市场时，也是花了近一年的时间才有了些成效。那个时候公司规模小，总经理整天带着我们跑市场。现在我们已经有了一定的市场占有率，公司知名度也有所提高，应该讲现在比我们那时候打市场要容易些了。"

张三正打算就几个具体的问题向赵经理请教一下时，赵经理的手机突然响了，他看了一眼号码，匆忙对张三说："我要下班接儿子去了，今天的面谈就到这里吧，以后好好干！"说罢匆匆地离开了会议室，身后留下了一脸困惑的张三……

资料来源　徐天坤．一次绩效反馈面谈诊断［J］．人力资源管理，2008（12）．

思考与讨论：

（1）为什么销售部赵经理与其下属张三的绩效反馈面谈让张三一脸的困惑呢？

（2）如果你是赵经理，为了让这次面谈更有效，你将怎么做？

2.部门主管与职员的一次面谈

主管：小柳，我一直想找时间与你谈谈关于你在某些工作方面的事。也许我的话并不都是你喜欢听的。

小柳：你是我的领导，既然你找我谈，我也没有太多选择。请说吧。

主管：我不是什么法官，也不可能给你什么判决，我只想要你认真对待这次谈话。

小柳：可是……是你安排了这次会谈。继续发你的牢骚吧。我还记得有一次我们吃午餐时你告诉我你喜欢我那身褐色西服和蓝色衬衫的打扮。我觉得那有些无聊。

主管：我很高兴你提到仪表。我想你给客户留下了一个不合规范的印象。一个技术服务人员看上去应当是精明的。你给人的印象好像是你买不起好衣服，你的裤子是松的，你的领带也不合时宜，并经常沾满油渍。

小柳：公司可以向顾客要价很高，但我的报酬不允许我购买绚丽的衣服。我对把自己装扮得使客户感到眩目这一点几乎没有兴趣。而且，我从来没有听到过来自他们的抱怨。

主管：然而，我想你的仪表应当更加稳重一点。好，让我们再谈谈另一件事。在对你的例行审计中发现的一件事，我认为你做得不对。你连续三周星期三请一个客户吃晚饭，但你填写的出车单表明你每周都是在下午三点回家。这种行为是不符合职业要求的，对于这三次离奇的晚餐费用报销你怎么解释？

小柳：出车单可以说是下午三点，但我出去后可以去约见客户，既然约见客户就不妨请他们吃饭，公司不是有规定如果工作需要可以在500元范围内自己做主请客户吃饭吗？

主管：但你是怎样在下午三点在饭店吃晚饭的呢？

小柳：我认为所有在下午1点以后吃的饭都是晚饭。

资料来源　黄漫宇. 商务沟通［M］. 3版. 北京：清华大学出版社，2023.

思考与讨论：

（1）本案例中，主管与部下小柳的沟通是一次成功的沟通，还是失败的沟通，为什么？

（2）假如你是主管，你会怎样去与小柳沟通？

3. 小陈的离职面谈

小陈是一家公司的文员，最近向人力资源部经理老王提出离职申请。于是老王找到了小陈，与其进行离职面谈，小陈说了三个理由：①做事经常出错，受到公司领导的批评；②公司生活太单调，下班后不知道做什么；③公司领导太多，不知道听谁的，每天的事很杂，没有专门的职责，能力得不到提高。

老王听后，这样解释："小陈，你的心情可以理解。目前公司确实存在许多的问题，也存在着你说的职责并不很明确的问题，再加上文员工作本身就有许多比较杂的事情，这个是公司的问题，我们会逐步规范我们的工作。但是作为一名刚毕业的大学生，你才走入社会，刚开始对公司环境不熟悉，可能公司领导在讲话时没有注意，没有多积极正面地鼓励你，但是每个领导的做事风格不同，有些领导喜欢多鼓励，有的领导喜欢多反映你的不足。也许你听领导毫无保留地说出你的不足不顺耳，也打击了你的信心，但假如你换一个角度考虑的话，你可能会接受。公司领导指出你的不足，其实是对你好，是对你的一种爱护，是想让你提高。面对领导的批评你要多反思为什么会出现差错，下次怎样做才不会出现类似问题，你不能就此认为自己不行。谁在工作中不会让领导说几句呢，老员工都会出错嘛，何况你一个刚走入社会的职场新人，发生错误的频率会高点。你才进入社会，你要训练出你的核心能力，比如说我反复强调你打字速度要达到每分钟80个字，而你一直没达到，有时候成功靠的是反复做简单的事情，做到一定程度会产生质的变化。所以你要多练习，也许你觉得没用，但是这可以提高你的办事效率，可以改变别人对你的看法。越是难受的时候越要能忍，现在就业压力大，机会来之不易，希望你珍惜，同时公司也会注重对你的培养，注重方式和方法，真心希望你能留下来。"

资料来源　武洪明. 职业沟通教程［M］. 北京：人民出版社，2014.

思考与讨论：

（1）在本案例中，老王针对小陈的三个问题是怎样与其进行沟通的？

（2）本案例对你有何启示？

4.怎样面谈更好

凯茜是一个项目团队的设计领导，该团队为一个有迫切需求的客户设计一项庞大而技术复杂的项目。乔是一个分派到她的设计团队里的工程师。

一天上午9时左右，乔走进凯茜的办公室，凯茜正在埋头工作。

"嗨，凯茜，"乔说，"今晚去观看联赛比赛吗？你知道，我今年做志愿教练"。

"噢，乔，我实在太忙了。"

接着，乔便在凯茜的办公室里坐下来，说道："我听说你儿子是个非常出色的球员。"

凯茜将一些文件移动了一下，试图集中精力工作。她答道："啊？我猜是这样的，我工作太忙了。"

乔说："是的，我也一样。我必须抛开工作，休息一会儿。"

凯茜说："既然你在这儿，我想你可以比较一下，数据输入是用条形码呢，还是用可识别技术？可能是……"

乔打断她的话，说："外边乌云密集，我希望今晚的比赛不会被雨浇散了。"

凯茜接着说："这些技术的一些好处是……"她接着说了几分钟，又问："那么，你怎样认为？"

乔回答道："噢，不，它们不适用。相信我，除了客户是一个水平较低的家伙外，这还将增加项目的成本。"

凯茜坚持道："但是，如果我们能向客户展示这种技术能使他省钱并能减少输入错误，他可能会支付实施这些技术所需的额外成本。"

乔惊叫起来："省钱！怎样省钱？通过解雇工人吗？我们这个国家已经大幅度裁员了。而且政府和政治家们对此没有任何反应。你选举谁都没关系，他们都是一路货色。"

"顺便说一下，我仍需要你提供编写进展报告的资料，"凯茜提醒他，"明天我要把它寄给客户。你知道，我需要8页到10页。我们需要一份很厚的报告向客户说明我们有多忙。"

"什么？没人告诉我。"乔说。

"几个星期以前，我给项目团队发了一份电子邮件，告诉大家在下个星期五以前我需要每个人的数据资料。而且，你可能要用到这些你为明天下午的项目情况评审会议准备的材料。"凯茜说。

"我明天必须演讲吗？这对我来说还是个新闻。"乔告诉她。

"这在上周分发的日程表上有。"凯茜说。

"我没有时间与篮球队的所有成员保持联系，"乔自言自语道，"好吧，我不得不看一眼这些东西了。我用我6个月以前用过的幻灯片，没有人知道它们的区别。那些会议只是一种浪费时间的方式，没有人关心它们，人人都认为这只不过是每周浪费2

个小时。"

"不管怎样，你能把编写进展报告的资料在今天下班以前以电子邮件的方式发给我吗？"凯茜问。

"为了这场比赛，我不得不早一点离开。"

"什么比赛？"

"难道你没有听到我说的话吗？联赛。"

"或许你现在该开始做这件事情了。"凯茜建议道。

"我必须先去告诉吉姆今晚的这场比赛，"乔说。"然后我再详细写几段。难道你不能在我明天讲述时做记录吗？那将给你提供编写进度报告所需的一切。"

"不能等到那时，报告必须明天发出，我今晚要很晚才能把它搞出来。"

"那么，你不去观看这场比赛了？"

"一定把你的资料通过电子邮件发给我。"

"我不是被雇来当打字员的，"乔声明道。"我手写更快一些，你可以让别人打印。而且你可能想对它进行编辑，上次给客户的报告好像与我提供的资料数据完全不同，看起来是你又重写了一遍。"

凯茜重新回到办公桌并打算继续工作。

资料来源　谢玉华.管理沟通［M］.4版.大连：东北财经大学出版社，2020.

思考与讨论：

（1）交流中的问题有哪些？

（2）凯茜应该怎么做？

（3）你认为乔要做什么？

（4）凯茜和乔怎样处理这种情况会更好？

5.杨瑞的困惑

杨瑞是一个典型的北方姑娘，在她身上可以明显地感受到北方人的热情和直率，她喜欢坦诚，有什么说什么，总是愿意把自己的想法说出来和大家一起讨论，正是因为这个特点，她在上学期间很受老师和同学的欢迎。今年，杨瑞从西安某大学的人力资源管理专业毕业，她认为，经过四年的学习自己不但掌握了扎实的人力资源管理方面的专业知识，而且具备了较强的人际沟通技能，因此她对自己的未来期望很高。为了实现自己的梦想，她毅然只身去广州求职。

经过将近一个月的反复投简历和面试，在权衡了多种因素的情况下，杨瑞最终选定了东莞市的一家生产食品添加剂的公司。她之所以选择这家公司是因为该公司规模适中、发展速度很快，最重要的是该公司的人力资源管理工作还处于尝试阶段，如果杨瑞加入，她将是人力资源部的第一个人，因此她认为自己施展能力的空间很大。但是到公司实习一个星期后，杨瑞就陷入了困境。

原来该公司是一个典型的小型家族企业，企业中的关键职位基本上都由老板的亲属担任，其中充满了各种裙带关系。尤其是老板安排他的大儿子做杨瑞的临时上级，而这个人主要负责公司的研发工作，根本没有管理理念，更不用说人力资源管理理念，在他的眼里，只有技术最重要，公司只要能赚钱其他的一切都无所谓。但是杨瑞认为越是这样就越有自己发挥能力的空间，因此，在到公司的第五天，杨瑞拿着自己的建议书走进了直接上级的办公室。

"王经理，我到公司已经快一个星期了，我有一些想法想和您谈谈，您有时间吗？"杨瑞走到经理办公桌前说。

"来来来，小杨，本来早就应该和你谈谈了，只是最近一直扎在实验室里就把这件事忘了。"

"王经理，对于一个企业，尤其是处于上升阶段的企业来说，要让企业持续发展必须在管理上狠下功夫。我来公司已经快一个星期了，据我目前对公司的了解，我认为公司主要的问题在于职责界定不清；雇员的自主权利太小致使员工觉得公司对他们缺乏信任；员工薪酬结构和水平的制定较随意，缺乏科学合理的基础，因此薪酬的公平性和激励性都较低。"杨瑞按照自己事先所列的提纲开始逐条向王经理叙述。

王经理微微皱了一下眉头说："你说的这些问题我们公司也确实存在，但是你必须承认一个事实——我们公司在营利，这就说明我们公司目前实行的体制有它的合理性。"

"可是，眼前的发展并不等于将来也可以发展，许多家族企业都是败在管理上。"

"好了，那你有具体方案吗？"

"目前还没有，这些还只是我的一点想法而已，但是如果得到了您的支持，我想拿出方案只是时间问题。"

"那你先回去做方案，把你的材料放这儿，我先看看然后给你答复。"说完王经理的注意力又回到了研究报告上。

杨瑞此时真切地感受到了不被认可的失落，她似乎已经预测到了自己第一次提建议的结局。

果然，杨瑞的建议书石沉大海，王经理好像完全不记得建议书的事。杨瑞陷入了困惑之中，她不知道自己是应该继续和上级沟通还是干脆放弃这份工作，另找一个发展空间。

资料来源　莫林虎. 商务交流［M］. 3版. 北京：中国人民大学出版社，2018.

思考与讨论：

（1）杨瑞和王经理面谈失败的原因是什么？

（2）案例中的沟通双方可以在哪些方面改进？

5.2.2　实训项目

1.实训：怎样与老赵面谈

实训目的：掌握面谈的过程和技巧，有效地开展面谈。

实训学时：2课时。

实训地点：教室。

实训背景：

YY公司在年末审计中发现，销售代表老赵在这一年中未经允许私自打了8 000元的个人电话。老赵是公司的一位老员工，因为他能力突出、人缘极好，在销售人员中威信很高，公司副总老方很器重他，近期还向公司推荐老赵担任公司负责销售的副总监。在任职的6年中，老赵在职员、顾客、社区居民中都交了许多重要的有影响的朋友，许多客户对他评价极好，表示只跟他做生意，更重要的是，他拥有的公司客户最多。

有员工认为以老赵的表现和贡献，这一点点话费算不了什么；也有人认为，不管贡献大小都应该公私分明；也有人不相信，认为老赵不是那种爱占便宜的人，也可能是审计搞错了。

老赵听到消息后，情绪波动很大，工作明显受到了影响，在下达下半年的销售计划时他表现出明显的抵触情绪。

公司董事长要求副总老方用最快和最佳的方式解决老赵的电话费问题，并且要求他尽快和老赵进行一次面谈，既要申明公司的纪律，又不能影响他个人的工作热情和工作效益，方副总立即查找了公司所有的规定，公司过去只颁发了一些原则性的文件规定，对公司员工利用电话打长途的界定也不清晰，针对此类事件的具体条款也不清楚，他感到压力很大，不知道如何开展这场面谈。

实训方法：

（1）两名同学一组，分别扮演老赵和老方进行这次面谈情景演练。

（2）选择有代表性的一组在全班公开表演，师生共同点评。

资料来源 武洪明. 职业沟通教程［M］. 北京：人民出版社，2014.有改动.

2.业务洽谈演练

学生A扮演某交电公司营业部经理，学生B扮演某品牌燃气热水器推销员。两人所在公司原来并无业务往来，两个人也是首次因业务打交道。当此品牌产品在市场上供大于求时，B到A处了解情况并推销B方的产品，而且希望今后建立长期业务往来关系。

要求：运用所学的日常沟通技巧，灵活巧妙地与对方洽谈，并尽可能地寻求最佳的社交效益。

3.测试：你善于与人交谈吗

（1）你是否时常觉得"跟他多讲几句话也没意思"？

A.强烈肯定　　　　B.有时　　　　C.绝对否定

（2）你是否觉得那些太过于表现自己感受的人是肤浅和不诚恳的？

A.强烈肯定　　　　B.有时　　　　C.绝对否定

（3）你与一大群人或朋友在一起时，是否时常觉得孤寂或失落？

A.强烈肯定　　　　B.有时　　　　C.绝对否定

（4）你是否觉得需要时间一个人静静才能清醒一下和整理好思绪？

A.强烈肯定　　　　B.有时　　　　C.绝对否定

（5）你是否只会对一些经过千挑百选的朋友吐露心思？

A.强烈肯定　　　　B.有时　　　　C.绝对否定

（6）在与一群人交谈时，你是否时常发觉自己在东想西想一些与交谈话题无关的事情？

在线练习

分析提示

A.强烈肯定　　　　B.有时　　　　C.绝对否定

（7）你是否时常避免表达自己的感受，因为你认为别人不会理解？

A.强烈肯定　　　　B.有时　　　　C.绝对否定

拓展阅读

面谈的策略

（8）当有人与你交谈或对你讲解一些事情时，你是否时常觉得很难聚精会神地听下去？

A.强烈肯定　　　　B.有时　　　　C.绝对否定

（9）当一些你不太熟悉的人对你倾诉他生平遭遇以求同情时，你是否觉得不自在？

A.强烈肯定　　　　B.有时　　　　C.绝对否定

课后练习

1.面谈的含义和特性是什么？

2.系统阐述一下面谈的过程。

3.两名同学一组，每组同学相互谈谈自己在与他人交谈时，有过哪些沟通的不良体验？造成了什么后果？对自己有什么启发？

4.与你的同伴就如下情景练习面谈。

（1）你的老板突然对你变得很冷淡，却又没有任何解释，你想问问发生了什么事。

（2）你用了很长时间完成的一份报告却被领导贬得一无是处，你想当面解释。

（3）新学期开始，班上一位同学因为家境贫寒，生活拮据，产生自卑感，不愿和大家交往，性格有点孤僻。一次，班级组织大家春游，大家都踊跃报名，只有他一声不吭待在寝室里。班主任让你找他谈谈，动员他参加这次集体活动。你面对他打算从哪里谈起？

任务 6

书面沟通

烽火连三月，家书抵万金。

—— ［唐］杜甫《春望》

课程思政要求

1.一条主线

坚定学生理想信念，爱党、爱国、爱社会主义、爱人民、爱集体。

2.课程思政的立体化构建

（1）遵循育人规律，推进教学理念的同向性和同行力。

（2）加强队伍建设，提高教师教学的专业性和引导力。

（3）完善教材体系，增强教材内容的系统性和说服力。

（4）改进教学方法，提升思政教育的针对性和亲和力。

（5）丰富教学载体，打造学习方式的多样性和吸引力。

（6）关注学生学法，重视学生的主体性和成长力。

训练目标

认识书面沟通的优点和缺点；明确书面沟通的过程和要求；能够撰写商务信函和贺信、感谢信等应用信函；能够制作请柬；能够撰写建议书、调查报告、工作总结、求职信、实习报告。

任务导入

办学广告纠纷

上海曾经发生过这样一起办学广告纠纷：有一个中外合作办学的项目涉及收费标准的问题。以前一直写一学年收费10 000元，由于一部分学生一次性缴费有困难因而校方考虑在新的一学年里将收费改为一学期收费5 000元。但广告登出时却将一学期收费5 000元误写为一年收费5 000元。随即报名者纷纷涌来。这一书写差错造成了很严重的后果。尽管校方做出了解释，但仍然有许多人投诉，使得这一纠纷持续了三年。

资料来源　佚名. 书面沟通［EB/OL］.［2022-04-21］. https://abg.baidu.com/view/1ae02cff910ef12d2af9e761？fr=seoSearch-income-top3page.

问题：

1. 书面沟通与一般的写作有何不同？

2. 本案例对你有何启示？

6.1　知识储备

6.1.1　书面沟通概述

小贴士6-1

书面沟通的新发展

书面沟通是一种传统的沟通方式，一直作为可靠的沟通方式为大家所采用，每一个管理者在工作中都不可避免地要运用文字来沟通信息，"口说无凭，落笔为准"就充分地说明了书面沟通在现实生活中的重要作用。所谓书面沟通，就是利用书面文字作为主要的表达方式，在人们之间进行信息传递与思想交流，如企业在处理日常事务时经常使用的信函、计划书、各类报告等都是重要的书面沟通方式。

1. 书面沟通的优点和缺点

书面沟通在人们的生活和企业管理过程中扮演着重要的角色，具有其他沟通形式所不可替代的作用。概括起来，书面沟通的优点和缺点列举见表6-1。

表6-1　　　　　　　　　　　　　书面沟通的优点和缺点列举

书面沟通的优点	书面沟通的缺点
1. 可供阅读，可长期保存，并可作为法律凭证，失真性相对较小 2. 可使下属直抒胸臆，放开思想，避免由于言辞激烈与上级发生正面冲突 3. 内容易于复制，有利于大规模传播 4. 讲究逻辑性和严密性，说理性更强，信息能够被充分、完整地表达出来，减少了情绪和个人观点等因素对信息传达的影响 5. 可以反复推敲、修改，直到满意为止	1. 耗费时间较长，在同等的时间内进行交流，口头比书面所传达的信息要多得多 2. 发送者无法确保接受者对信息的理解是否符合其本意，容易产生沟通障碍 3. 缺乏内在的反馈机制，不能及时地提供信息反馈，信息反馈速度慢 4. 无法运用情境和非语言要素，对于有些"只可意会，不可言传"的内容，运用书面沟通很难解释清楚

小故事6-1

用纸条沟通的夫妻

2. 书面沟通的一般过程

书面沟通的过程实际上就是写作的过程，通常要经过五个步骤[①]，如图6-1所示。

---

①　MUNTERM. Guide to managerial communication：effective bussiness writing and speaking［M］. 5th ed. Upper Saddle River：Prentic Hall，1999.

1.收集资料
*文件
*文章
*财务报告
*电话采访
*个人间面谈
*网络
*录像片
*网络数据库
*头脑风暴会议
*自由联想
*个人便条
*备忘录

2.组织观点
*观点分组
*提取每组核心概念或标题
*勾画出整体架构（思路框图、概念列表等）

3.提炼材料
*浏览技术
*概括技术
*灌输你的思想
*电梯间谈话技术
*惜字如金技术
*说服对方

4.起草文稿
*进行组织和提炼
*不必按照次序写作
*避免边写边修改
*使用打印件
*安排时间间隔

5.校订文稿
*从宏观上校订
*从微观上校订
*从策略上校订
*从正确性上校订

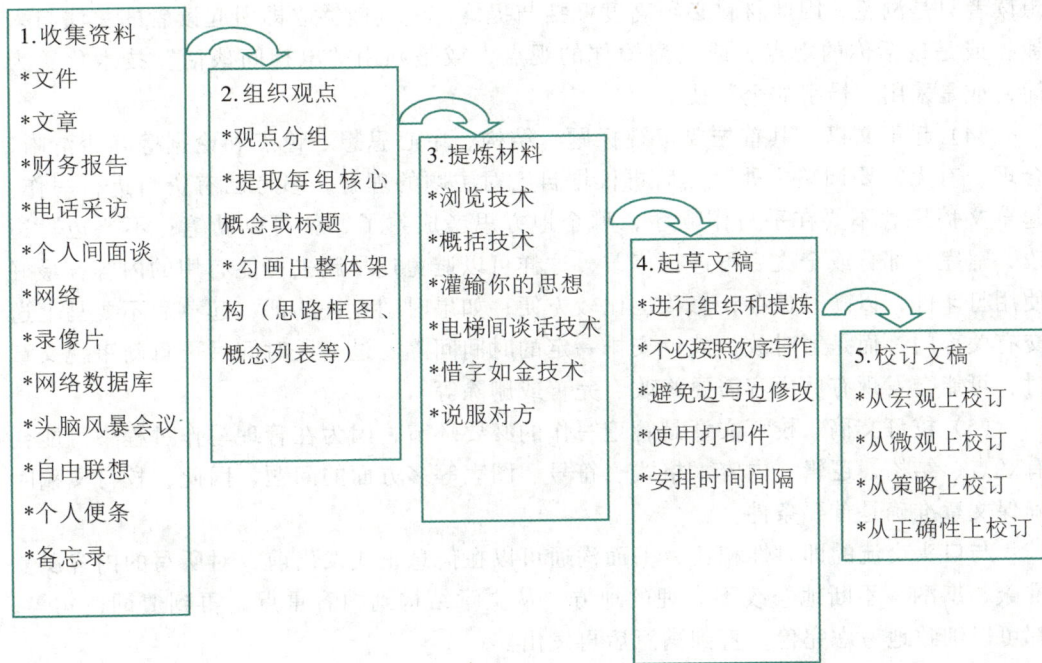

图6-1 书面沟通的过程

（1）收集资料。互联网和计算机技术的飞速发展，为信息资料的收集提供了便利条件，尤其是网络搜索、大型检索数据库的日益增多，使得信息资料的收集快捷而容易。

收集资料的途径有很多，主要有文件、文章、电话采访、互联网检索、网络数据库、头脑风暴会议等。

目前最为快捷的资料收集方法，首先是运用百度等进行检索；其次是到国家、地方和大学、企业的图书馆进行查阅，或通过其购买的数据库进行检索；最后是直接进入政府统计网站、企事业单位网站进行检索。

小训练6-1

请你通过各种渠道，收集有关你所学专业最新发展方面的资料，要求每个人收集的资料不得少于5篇。

（2）组织观点。这一步是将收集的大量零散资料按照其重要程度、逻辑关系、时间或历史的发展过程、核心概念等进行分类或分组，分组之后再进行筛选，归纳出每组内容的关键问题及标题，最后有策略地进行编排，厘清层次结构和逻辑顺序。

组织观点最重要的是提炼出核心观点，也就是中心思想，然后确定标题或主题，再确定子观点、论据、结论等。

（3）提炼材料。它是把已有的信息资料根据确定的子观点进行取舍。取舍的方法有以下几种：一是根据每个子观点的需要进行提炼；二是根据现有资料去提炼新的观点；三是有选择地根据沟通对象的需要提取；四是利用多种方法进行提取。比如，设想读者只是浏览，因此材料必须高度概括与提炼，使其能够立即引起读者的关注与兴趣；或是概括你的观点，或是灌输你的观点，或是利用"电梯间谈话"技术化繁为简，或是采用"惜字如金"技术。

（4）起草文稿。其首先要审视标题、结构、中心思想、论点和论据等是否清晰、合理，有无需要调整之处，然后再根据自己对主题的理解，参考已有资料进行写作。起草文稿注意不要在乎写作顺序，哪个地方思考成熟了，就可以动笔；不要边写边改，写完一部分或全文后再进行修改，这样可以避免过早删去可能有用的内容；最好使用打印件，以随时保存，修改也比较方便；如果时间允许的话，起草后不要马上送交有关部门，而是暂时放一放，安排一定的时间间隔。过一段时间后再重新审视文章时，可能会发现有些内容需要修改、完善或删除等。

（5）校订文稿。校订文章是管理写作的必要环节，因为在管理写作过程中可能会有观点、结构、逻辑、内容、格式、符号、图表等多方面的问题。因此，校订文稿时确保文章准确是首要条件。

与口头交流的即时性相比，书面沟通可以在信息正式发出前，对所写的内容反复推敲、斟酌，不断地修改不合理的地方。从文章结构到内容重点，再到遣词造句等，都可以细致地考虑完善，直到满意后再发出。

校订实际上就是对写作内容进行编辑、修改，具体方法既可以从策略上、宏观上、微观上、正确性上进行修改，也可以就写作内容的正确性与有关部门或领导进行协商后修改，最后定稿。对此，我们可以就以下两个材料进行比较说明①。

材料一：

主题：（空缺）

此信息是针对你们对顾客数据库的要求而作出的回复，你们2月18日的来信说想知道怎样处理数据库问题。可以说，最大的问题是数据库包含了许多过时的信息，比如说有最近5年内或者更长时间内没有购买任何东西的顾客的信息。另一个问题是老的数据库和新的软件不兼容，而且这个新的软件是为了邮件而设置的，增加了归档的困难。我想我可以解决这两个问题，就是启用新的数据库。我们会把许多新顾客的名字输入到里面，并使它与软件兼容，我们可以找出旧数据库里哪些顾客仍然希望收到我们的实时报纸和产品公告，最后也将所有这些顾客的名字重新输入到新的数据库里面。

材料二：

主题：完善我们的顾客数据库

李经理：应您的要求，我先将我对顾客数据库的修改方法阐述一下。数据库存在两个问题：首先，它包含了最近5年内或者更长时间内没有购买任何东西的顾客信息；其次，其形式与我们邮寄服务的软件不兼容。

下列3个流程可以解决这两个问题：

（1）启用新的数据库。我们会把许多新顾客的名字输入到与软件兼容的数据库

---

① 程庆珊，江友农. 商务沟通［M］. 4版. 大连：东北财经大学出版社，2022.

里面。

（2）确定旧数据库里顾客的身份。发出电子信息，询问接收者是否愿意继续接收我们的实时报纸和产品公告。

（3）重新输入或扫描积极的顾客的名字。将所有这些积极的顾客的名字重新输入到新的数据库里面。这些措施可以使邮寄系统只将产品信息发送给积极的顾客。请允许我在2月25日前知道您对这些建议的看法。这样，我便可以做进一步的研究。

这里，很明显材料二更好，它是在材料一的基础上修改的结果。材料二较材料一主题鲜明、接收者明确，对问题的陈述清楚明了，并提出了解决问题的办法。另外，整个内容条理性强，易于读者阅读和理解。

3.良好的书面沟通的要求

良好的书面沟通必须满足下列一些要求[①]：

（1）便于阅读。为了便于阅读，书面沟通必须达到以下两个基本要求：一是要清晰简明。书面沟通要经过书写和阅读，如果表达不够清晰，对方就可能产生误解。在读者有疑惑和误解时，作者不能马上提供帮助。更糟糕的是，人们可能根本就拒绝看那些书写上不合要求的文稿。可见，良好的书面沟通就应该像人和人之间交谈，容易阅读，使读者看起来没有任何障碍。二是要浅显易懂。文稿应当能透彻地表达作者的观点，使读者能迅速地清楚作者的意图，捕捉到作者的观点。为此，尽量要使用最容易理解的词汇，句子的组织也要清晰而容易理解，更多地使用短句而不是长句。为了让读者更能接受作者的观点，在提出观点以后，还需要加以论证。此外，文稿的排版和文章布局也要规范，为阅读提供方便。

（2）要适当个性化。口头沟通的最大优点是讲话的人可以根据对象的不同而调整自己的沟通内容和风格，使沟通具有个性化。良好的书面沟通的内容和风格也应当随读者对象的不同而改变。就同一件事与不同对象进行书面沟通时，其正式的程度和强调的要点可能也应当是各不相同的。例如，就供货商延迟交货一事与上司沟通时，一般是非正式的，发一封电子邮件就足够了，但因要求供货商提供更好的服务而书写的公文就应当正式一些。

（3）要有创造性。任何文稿，哪怕是规范性很强的商务文稿、行政公文等，也应有一定的创造性，否则就会显得教条刻板、冗长乏味，而无人愿意一阅。这里的"创造性"主要是指既要求掌管逻辑思维的左脑提供事实、细节和分析判断，又要求产生创造性的右脑针对某种情景提供创新、全局立场和新颖的见解。

小训练 6-2

书面沟通是一种非常重要的沟通方式，请大家交流一下，在什么情况下适合书面沟通，并请举出相应的例子。

[①] 胡介埙，王征，唐玮. 商务沟通原理与技巧［M］. 4版. 大连：东北财经大学出版社，2021.

6.1.2　常用文体的写作

1.商务信函的写作

在现代商务活动中，商务信函依然是商务通信的基础和重要内容之一。传真件、E-mail等通信文件的书写依然要遵循和借鉴书信礼仪规范，书面商务信函仍然是普遍承认的具有法律效力的经济交往工具。因此，商务信函的地位仍然很重要。商务信函的写作规则包括如下方面：

（1）格式正确。商业信函应使用印有公司抬头的专用纸，质量应尽可能优良。这种纸张一般只能用于公司业务，不书写私人信件，以免收信人在阅读全文之前分不清来函的性质。所有信函的结构大体都分为三部分：开头、正文与结尾。开头是收信者和主题；正文用于说明和讨论问题的细节；结尾则说明发信人将采取何种行动或希望对方采取何种行动以及落款和日期。信函格式应美观大方。不可密密麻麻一大片，令人看而生厌，要留足页边。段落要有长有短，句型要参差有致。重点地方不妨加框，采用列表形式，或使用黑体字、斜体字，给人以美感。

（2）称谓得体。称谓也叫称呼语，信函的称呼语要准确，符合寄信人与收信人的特定关系，要正确表现收信人的身份、性别等。称呼语使用不当，可能会得罪人，也可能使收件人没兴趣往下看信件的具体内容。

要正确使用对方的姓名与头衔，这是一个重要的礼节问题。一般平时对对方称呼什么就写什么。在格式上，称呼语在信的第一行起首的位置单独成行，以示尊重。如果是自己尊敬的领导和长辈要写成"尊敬的某某"，写给非亲属的长辈、业务伙伴一般在姓氏、名字或姓名后加职务、学衔或职称，如张经理、卫国书记、赵志坚博士、王工程师等。中国人习惯被称呼职务，欧美人一般愿意被称呼学衔，如果不知道对方的姓名和学衔，在发函前最好先打电话询问收信人的姓名与学衔。

一般称女性为"小姐"是可接受的称呼，公函上常用。如果对方喜欢被称作"夫人"，那就称呼"夫人"，如果弄不清称呼"夫人"还是"小姐"时，不妨统称"女士"，不是万不得已不写"亲爱的先生/小姐"和"致有关人士"的称呼，这等于告诉对方，你连他是谁，是男是女都尚不清楚。如打听不到收信人的姓名，可以用职务等中性名称代替，比如称对方为经理、代表之类，并在前面加上其公司或部门的名称。如果从姓名上判断不出对方的性别，可称其全名，在前面加上"尊敬的"而略去"先生""小姐"等字样。

（3）内容得当。正文是商务书信的主体，即写信人要说的话，要交代的事情。正文一般从信的第二行前面空两格开始。尽管书信内容与写法各不相同，但是都要表情达意，以具体准确为原则，要字迹工整、言之有物、语句通顺，还要措辞得体，根据收信人的特点和写信人与收信人的关系来进行措辞。应避免写错字或打字错误，否则不仅不礼貌，还会给人粗心的印象。恰当驾驭语言文字能产生影响力，即使是书面联系也能对他人的感受和行动产生久远的影响，并能通过语言文字的魅力给对方留下好印象。有时即使对方不同意你的意见或建议，也会对你流利的书法、通畅的文字和彬彬有礼的态度留下深刻的印象。

　　写信的目的是让人看懂，因此写信时应做到清晰易懂、开门见山、直截了当，以便收信人看过一遍就能完全领会你的意思。信写完后应仔细检查并阅读一遍，如果读起来感觉欠佳，那对方收到后阅读的效果也不会好，应重新进行修改。通信不像打电话或面对面交谈，你的文字和语句没有声调，对方看不见你的表情，听不见你的声音，弄不好就会产生误解。一些无伤大雅的幽默可以使信函更活泼、更亲切，但切记慎用，以防误用而无意中伤害他人，使人产生误解和不快。一般来说，信件还是以简明为宜，不要啰嗦，尽可能不浪费他人的时间。

　　内容要丰富，但应尽量简练，避免重复，重复表述相同的意思容易引起混乱，用词也应尽可能简练。例如，"未解决的问题"可以写成"问题"；"预先提出警告"可以简单地写成"警告"等。为了少用词语，有时可列出所有要点，并在每行之前标以序号，既清楚又醒目。要多用常用词。词汇越丰富，用词就要越准确。但不可使用只有在大辞典中才能找到的生僻、晦涩的词，这样，对方会认为你在故弄玄虚、卖弄学问；也要避免使用对方不懂的行话。各行各业都有其独特的行话，非本行业的人极难明白其中真正含义；同样，一些文绉绉的老式用语，也以不用为宜，免得被人视为"老古董"。如"于兹附上"可写成"内附"，"望予俯允"可写成"请求"，"前举"可写成"上述"，"惠予通告"可写成"请告知"等。

　　（4）语言规范。含有性别歧视或易产生歧义的词语不宜使用。要从收信人的角度突出说明"他为什么要关心此事"、"这事与他有什么关系"以及"这对他有什么好处"，让读信人一开始就进入角色。要开门见山，把最重要的内容写在最前面，对收信人可能提出的问题应尽量先做回答。这样，即使收信人看到一半时中断阅读，也会了解书信的基本内容。书信中使用反面或否定的语言显得粗鲁，极易使人产生受责备的感觉，因此，要尽量使用正面、肯定的词语。用正面而有礼的表达方式可以增加亲切感，使人更容易接受。如有利、得益、慷慨、成功、务请、为您骄傲等都是正面词语，而失误、遗憾、软弱、疏忽、马虎、无能、错误等都是反面词语。比如，要求对方及时送来报告，写成"请按时将报表寄来"比"这份报表不可延误"来得婉转。还要正确使用过渡词语，如"因此""所以""此外""例如""仍然""然而""其结果是""更有甚者"等，可使文字显得流畅，但不宜滥用，以免啰唆。注意使用正确的语法、文字和标点，在这些方面出差错会给人留下不好的印象，虽然这些都是小节，不能据此对一个人作出判断，但让人找出错误说明写稿人工作马虎，也显得对对方不够尊重。自己拿不准的地方不妨查查书本，市场上此类参考书很多。

　　此外，商务信函的语气要亲切、直接、自然，像面对面说话一样。

　　（5）结尾讲究。商务信函的结尾部分一般要有结束语、致敬语、署名或签名，以及日期。结束语如"特此函告""专此说明"等，致敬语如"此致敬礼""顺致发财"等。署名、签名可并用，也可签名单独用，函件一般还需要加盖公章。人们很重视亲笔签名，有人接到信后还要仔细辨认是亲笔签名还是签章。

　　（6）仔细审校。使用电脑写信时最好打印出一份草稿以便审校，因为有些错误在屏幕上看不出来。如能有人代为审校，那效果就更好了。另外，审校时最好能大声念读，要是听起来不顺耳，则接信人阅读时肯定也不会满意。为避免出错，商务信函写好后最好先核查一遍再寄出。信件在寄出之前，在可能的情况下，最好"凉"上一两个钟头，或等到第二天上班或午饭以后再投递，以便能在冷静下来时再看一遍，看看还有没有不妥之处。比如用词是否得体？表达是否清楚？要设身处地替接信人考虑。

小贴士6-2

信函的行款规范

（1）字迹。手写的字迹要清晰、端庄、正确、易认，如果用计算机打印，一定不能有错字、别字，标点符号的使用也要正确无误。另外，注意单字不能成一行，单行不能成一页。

（2）篇幅。信函篇幅的长短要视具体情况和文体而定，但应注意既不能烦琐杂沓，也不能过于简单。要有适度的跨行长句，不宜满纸短句，要注意布局合理。

（3）习惯。如果是手写，不能用红色钢笔或圆珠笔，也不能用铅笔。纸张的选择也应视具体情况有所变化。与境外华语地区通信，还要兼顾当地表达习惯。

（4）折叠。信函折叠一般以简单地横竖对折为宜，不要折叠成各种花式，以免有失严肃。另外折叠要注意文字向内，收信者称呼向外。

（5）信封。要选择使用国家规定的标准信封，按照邮政规范正确书写收信者和寄信人的相关信息及邮政编码，收信者姓名后可以使用"亲启"等用语。

（6）邮资。邮资要付足，以免退回误事。邮票贴法要规范，尤其不能随意倒贴、斜贴、躺贴等，以免让人产生随便之嫌，而且容易产生误解。

2.贺信的写作

贺信是表示祝贺、赞颂的专用礼仪性书信，一般用于对他人表示祝贺。现在贺信已成为表彰、赞扬、庆贺对方在某个方面所作贡献或所取得成就的一种常用形式，它还兼有表示慰问的功能。

（1）贺信的基本格式。贺信一般由标题、称谓、正文、结尾和落款五部分构成。

①标题。标题在第一行居中，字体可稍大，其构成的方式有以下四种：一是由单独文种名构成，即在第一行正中书写"贺信"二字；二是发信主体加文种名，如"××集团公司贺信"；三是接受者加文种名，如"给××公司的贺信"；四是由发信主体、接受者、文种名构成，如"××集团公司给××研究所的贺信"。

②称谓。顶格写明被祝贺单位或个人的名称或姓名。写给个人的，要在姓名后加上相应的礼仪称谓，如"先生""女士"等，称呼之后要用冒号。

③正文。正文部分主要表述三个方面的内容：一是开头，写明祝贺的原因。二是根据需要来确定写作的内容。如果是祝贺对方取得成绩，要分析对方取得成绩的原因和意义；如果是祝贺会议的召开，要说明会议的内容和重要的意义。这部分是贺信的中心部分。三是祝颂词，要由衷地表达自己真诚的祝贺和祝福，也可写些鼓励的话，提出希望或共同理想等心愿。

④结尾。贺信仍用"此致敬礼"等表示敬意的话结尾。格式上也要求占两行，"此致"空两格单独占一行，"敬礼"顶格单独占一行。

⑤落款。空一行写上发文单位的名称或个人姓名，再另起一行署上成文的时间，其位置在贺信的右下方。

以下是贺信范例，供参考。

贺信

尊敬的×××公司×××董事长和全体同仁：

欣闻×××药业公司成功改制为×××公司，这是×××发展历程中具有里程碑意义的大喜事。值此×××公司揭牌之际，×××公司董事长兼总经理×××携全体员工向×××公司×××董事长及全体同仁致以最热烈的祝贺！

×××公司诞生于革命战争年代，发展壮大于改革开放的新时代。具有××年革命光荣历史的×××公司秉承"×××，×××"的企业精神，解放思想，更新观念，抢抓机遇，求真务实，开拓进取，创造了一个又一个药业奇迹，为我国医药工业的发展和现代化建设做出了突出的贡献，成为国内医药界学习、尊敬和推崇的楷模。

×××药业有限公司改制为×××公司掀开了企业发展崭新的一页，也标志着×××公司向着现代化、国际化大公司又迈出了更加坚实的一步。我们坚信，在×××董事长及董事会的正确领导下，通过经营层和全体员工的不懈努力，贵公司必将迎来更加辉煌和灿烂的明天！

最后，借×××公司揭牌之际，衷心希望我们同心携手，进一步增进相互间的友谊，不断加强双方的合作，用智慧和双手创造我们更加美好的未来。衷心祝愿×××公司蒸蒸日上，兴旺发达！衷心祝愿贵公司全体员工身体健康，生活更加美好！

此致

敬礼！

×××公司
×年×月×日

（2）贺信的写作要求。贺信要主题明确，中心突出。在写作上，要求结构完整，层次清楚，语言简练，表达精确，行文流畅，体现其公文庄重大气的特点。情感真挚但不要言过其实，评价要恰当。

3.感谢信的写作

感谢信是商界人士为了表达对对方的邀请、问候、关心、帮助和支持的感谢之情的礼仪专用书信。它适用于任何给予自己关心、帮助的个人和企事业单位、社会团体等。感谢信既要表达出真诚的谢意，又要起到表扬先进、弘扬正气的作用。

（1）感谢信的格式和写法。感谢信通常由标题、称谓、正文、结尾和落款共五部分构成。感谢信的标题写法通常有以下三种形式：①单独由文种名称组成，如"感谢信"；②由感谢对象和文种名称共同组成，如"致×××公司的感谢信"；③由感谢双方和文种名称组成，如"×××公司致×××研究所的感谢信"。

感谢信的称呼要写在开头顶格处，要求写明被感谢的机关、单位、团体或个人的名称，然后加上冒号。

感谢信的正文从称呼下移一行空两格开始写，要求写上感谢的内容和感谢的心情。

感谢信的结尾要写上敬意的话。

感谢信的落款要署上发文单位名称，并署上成文日期。感谢信范例如下：

感谢信

我公司于2023年5月18日在南京举行隆重开业典礼，其间收到全国各地许多同行、用户以及外国公司的贺电、贺函和贺礼。上级机关及全国各地单位的领导、世界各地的贵宾、国内最著名的电缆线路专家等亲临参加庆典，寄予我公司极大的希望，谨此一并致谢，并愿一如既往与各方加强联系，进行更广泛、更友好的合作。

此致

敬礼！

×××通信有限公司

董事长：×××

二〇二三年五月二十日

（2）感谢信的写作规范

第一，内容真实，赞誉恰当。感谢信的内容必须真实，不可夸大溢美；赞誉对方时措辞要恰当，不能过于拔高，以免给人一种失真的印象。

第二，用语适度，叙事精练。感谢信的内容应以重要事迹为主，详略得当，要求语言精练、简洁，不可过分雕饰，否则会给人一种模糊的感觉。

4.请柬的制作

请柬是一种礼貌性的书面通知，在我国古代，人们每遇到重大事件，均以文字请友邀亲，用来表示敬意和隆重的书面邀请就是所谓的请柬或柬帖。如今，人们举行宴会、酒会、茶话会、招待会、舞会、婚礼，以及各种专题性的活动，如博览会、订货会、展销会、联欢会、新闻发布会等，都用柬帖邀请各界宾朋。当然，邀请宾朋的方式很多，如打电话、写信等，但是柬帖这种邀请方式更加正式、礼貌，显示了对所邀宾朋的重视和尊重，是一种比较流行且很受欢迎的社交方式。

请柬的形状、大小可根据各自喜好自行确定，没有统一标准。请柬最好自己设计、制作，极具纪念意义。其基本格式包括以下几个部分：①封面。颜色、图案可自行设计，封面上写明"请柬"二字，如图6-2所示。②称谓。与信函称谓基本相同。③正文内容。主要包括活动性质、规格、活动时间、地点及其他有关事项。④祝颂语。与信函的祝颂语基本相同，但较之于信函要更为简单。最常用的祝颂语是"敬请光临"。⑤署名和日期。与信函相同。

图6-2 请柬

请柬范例如下：

请柬

×××总裁先生:

谨定于2023年4月15日至4月21日,在会展示中心召开××集团机械设备展销会,并于4月15日中午12点30分在××大酒店举行开幕典礼。

恭请届时光临。

××集团公司总经理金××鞠躬

二〇二三年四月八日

请柬是一种比较正规、隆重的文书,是一种具有特殊意义的书信,常被应邀者当作纪念品收藏。因此,发请柬者一定要注意请柬的设计、制作,因为它代表着你对所邀者的真诚、重视,也体现着你自身的形象。请柬上的文字最好由发柬者自己书写。请柬一般应提前4~10天寄出或亲自送达,以便受邀请者及早做出应邀与否的决定。

小案例6-1　　庆典活动发出请柬没人来的原因

某单位为销售额突破百万元举行庆功联谊会,特发送了请柬给相关单位,邀请其参加,并准备了精美的礼品,用来感谢相关单位一直以来的帮助。结果有些单位没有接受邀请,到场的人数不多,气氛不是很热烈,活动没有达到预期的效果。

单位领导感到很困惑。后来,经与有关人士沟通,方知所送请柬有问题。一是落款时间用阿拉伯数字书写,且中间用顿号来代替"年、月、日",给人以活动不正式、主人本身就不够重视的感觉。二是请柬中的事由没有表述清楚,使人误以为是该单位的内部活动,别人可有可无,当然就不肯应邀前来了。

【点评】请柬必须符合礼仪规范要求,这不但体现出商务人员的职业素养,也代表着所在企业的形象;否则,客户是不会买账的,庆典活动发出请柬没人来也就不奇怪了。

小训练6-3

以小组为单位,各自起草一份请柬,邀请有关领导出席相关活动,事由、时间、地点自拟。

5.建议书的写作

建议书一般是向组织或群体推荐某种解决问题的方法或某种思路。一份一般意义上较完备的建议书应该包含对以下几个问题的回答[①]:

(1)建议所要解决的问题是什么?你的建议应有的放矢,说明你对组织所面临的问题的了解。

(2)问题的解决方式是什么?针对具体的问题提出你的解决思路和解决方式,可以从人、财、物等要素方面及内部和外部环境方面证明它是可行的。

(3)这种解决问题的思路和方式将会给组织带来什么样的积极后果(利益)?包括直接利益和间接利益,或者短期利益与长远利益,或者经济效益与社会效益等。

---

① 刘福成,徐红.管理沟通[M].3版.大连:东北财经大学出版社,2017.

（4）解决该问题所需要的成本是什么？包括具体的现金流出及需要的无形成本。

建议书的写作格式一般由标题、称呼、正文、结尾、落款几部分构成。

（1）标题。一般在第一行中间写上"建议书"字样。有的建议书还写上所建议的内容，如"关于员工安全生产的建议书"。

（2）称呼。建议书的称呼要求注明受文单位的名称或个人的姓名，要在标题下隔两行顶格写，后加冒号。

（3）正文。建议书正文由以下三部分构成：

第一，要先阐明提出建议的原因以及自己的目的、想法。这样往往可以使受文单位或个人从实际出发，考虑你的建议的合理性，为采纳你的建议打下基础。

第二，建议的具体内容。一般建议的内容要分条列出，这样会更醒目。建议要具体明白、切实可行。

第三，提出希望建议被采纳的想法，但同时也应谨慎虚心，不说过头的话，不用命令的口气。

（4）结尾。结尾一般是表达敬意或祝愿的话，同一般书信相同。

（5）落款。落款要署上提建议的单位的名称或个人的姓名，并署上成文日期。

6.调查报告的写作

调查报告是指针对某一事件、某个问题或某种情况，通过科学深入的调查研究，对客观存在的现实状况进行描述与分析并形成文字的一种书面报告。调查报告的撰写要注意如下方面[①]：

（1）前提。撰写调查报告是整个调查活动的最后一环，因此要获得一份高水平的调查报告，首先要明确以下几个前提。第一要明确调查目的，即调查是谋求发现何种情况，解决什么问题的。只有目的明确，才能制定出相应的调查方向、调查对象及实施调查的具体方法和内容，否则调查将会是盲目的和无意义的。第二要选择恰当的调查方法。调查方法的选用原则要求能够最大限度地实现调查目的。当前普遍采用的调查方法有普查、抽样调查、典型调查、间接调查等，具体实施的调查方式有实验调查法、文献调查法、询问法等，其中询问法又包括问卷调查、网络调查等多种广为大众熟知和接受的方法。调查方法得当，整个调查活动将事半功倍；反之，获得的材料将毫无用处。在实际操作中，调查者可以根据情况综合使用多种方法，以获得最有效的调查材料。第三要科学有效地分析调查结果。任何缺乏科学分析的材料，都不会引申出令人信服的观点，而缺少鲜明观点的调查报告是毫无参考价值的。切实把握好以上三个前提后，就可以进入调查报告的写作阶段。

（2）结构。在文体结构上，调查报告一般包括标题与正文两大部分。标题主要用来提示内容，表明主题。调查报告的标题形式有三种：第一种为公文式，由调查主体、调查事由及文种名称三部分组成，提示调查的对象、内容、范围等；第二种为文章式，标题能表明主题即可；第三种为双标题，即有正副两个标题，正标题为文章式，副标题为公文式，这种标题对调查报告的主题、调查的内容与范围提示得较为全

---

① 许静涛. 调查报告的写作技巧［J］. 新闻与写作，2008（5）.

面，适用于一些内容复杂的大型重要报告。

（3）正文。调查报告的核心部分是正文，由前言、主体、结语三部分组成。前言是对调查情况的简要说明，一般要交代调查的对象、时间、地点、范围、目的、调查的大致过程等背景信息。正文的中间部分是主体，也是整个调查报告的核心。由于内容图表繁多，主体部分需要选择恰当的结构形式来突出相应的内容与观点。横式结构是目前运用得最为广泛的一种主体结构形式，它根据对调查结果的熟悉与分析，将主体内容分为若干个方面，每个方面都涉及一个主要问题，并用一个小标题加以提示，同时这些方面在关系上是并列的。这种结构层次清楚，方便阅读，较适用于内容庞杂的大型调查报告。纵式结构则是按照事情发展的前后顺序或事物间的因果关系，层层递进地来架构内容，它的特点是思路明晰，逻辑关系强，因此较适用于事项单一的调查报告。综合式结构是将前两种结构综合交错使用，横中有纵或纵中有横，有利于全面、立体、多方位地反映主体内容。结语作为正文的结束，其写法灵活多样。可以提炼出关于事件的典型意义，也可以形成简要明确的结论，或者提出相应的对策与建议，或进一步强调全文的观点等。当然，假如主体部分的表述已经很详尽，结语部分也可以省略。需要说明的是，所有的调查报告都必须署名，其位置可以在标题后，也可以在文末。

（4）特色。一份高质量的调查报告还应该突出以下三个特色：一是材料与观点的和谐统一。大量堆砌材料，没有适当的分析与评价，或者只有观点，而缺少相应的材料支撑，都是调查报告写作的大忌。只有在材料的梳理中提炼观点，用充分的材料去证实观点，让观点统领材料，才能够使调查报告有理有据，令人信服。二是在语言表达上，叙述与议论相辅相成。其中叙述直白，议论精干。三是针对性与时效性的有机结合。调查报告必须围绕主题展开内容，有针对性地提出问题、揭示问题。很多调查报告有一定的期限，一旦滞后于现实情况，就失去了存在的意义，因此必须重视调查报告的时效性。只有具备了以上三个特点，调查报告才能够真正服务于社会。

7.工作总结的写作

总结是对以往一段时间内某项工作、学习或活动，进行系统全面的回顾、检查、分析、研究，从中提炼出带有规律性的东西，以便指导日后工作的一种使用频率颇高的应用文体。

（1）作用。总结的作用是多方面的。首先，有助于形成带有规律性的认识。总结的目的不在于陈述具体的工作过程，而在于总结带有指导性的、参考作用的经验性的认识；其次，有助于吸取经验教训，指导实践；再次，总结具有汇报工作、树立典型的作用；最后，总结具有积累历史资料的作用。

（2）结构形式。从内容上看，工作总结有专题性和综合性两大类型。从结构形式上看，包括以下五种：

①"三大块"式。其是综合性工作总结最常见的形态。通常由三大部分组成，即"基本情况概述""主要做法""问题及今后打算"。在结构安排上"两头小，中间大"，即"凤头，猪肚，豹尾"。

②"因果倒置"式。其是专题性工作总结常见的形态。它将经验、体会置于文章

的中心部位，通常开篇先讲取得的成绩，即"果"；接着表述取得成果的原因，即经验、体会，这是"因"。先"果"后"因"，"因果倒置"。工作中存在的问题，常置于结尾，三言两语，一带而过。

③"条款并列"式。把情况、效果、做法、经验、体会、问题、今后意见等融合在一起，归纳成若干条，逐一加以叙述，不采取大问题套小问题的方法，而是每个问题都有相对的独立性。

④"正反对比"式。把情况（特别是经验与教训）糅在一起，归纳成几大问题，逐一从事实与道理、正面与反面、经验与教训的对比上进行叙述。

⑤"层层递进"式。其是专题总结常用的结构形态。通常先写一个简明的开头，说明开展某一工作或活动的原委、背景，然后在主体部分按照这一工作开展的过程，从初期到后期，从远处到近处，从低级到高级，分作几个层次逐一加以说明，层层递进。

（3）基本结构。工作总结的基本结构一般有：标题、前言、正文、结尾、落款。

标题，一般有单、双标题两种。前言，其目的在于让读者对总结的全貌有个概括了解，为阅读、理解全篇打下基础。正文，包括做法和体会、成绩和缺点、经验和教训。结尾，在总结经验教训的基础上，明确下一步的任务、今后努力的方向或打算。落款，即署名和日期。日期一般置于落款单位之后，如标题已标单位，落款亦可省去。

（4）写作要求。总结写作的一般要求与要领如下[①]：

①把握共性，追求个性。公文写作最忌千篇一律、千文一调。因此，必须深入调查、全面了解，大量占有第一手资料，然后分析研究，选取最典型、最新颖、最有特色的材料，通过归纳、分析，总结出典型的经验，挖掘出深刻新颖的观点，在把握文体共性的基础上，写出特色和个性。

②找出规律，突出重点。总结的目的，在于指导实践。为此，必须找出工作中带有规律性的东西，具有指导性的经验，因此，总结切忌记"流水账"，即不分主次，不讲轻重，事无巨细，面面俱到，胡子眉毛一把抓。而应突出重点及核心，抓住事物的主要矛盾和矛盾的主要方面。把工作中的基本经验、主要做法，贯彻方针政策的成功之处，指导工作开展的得力措施，推动事业顺利进行的关键所在等，都总结提炼出来。

③语言准确、简明、生动。语言要做到语意明确，用词准确。含混的词语，如"比较""一般""大体上"等尽量少用。叙述事例真实、准确、不含糊。简明则要求阐述观点时，概括与具体相结合，要言不烦，不笼统累赘，文字朴实，简洁明了。生动则要求表述活泼，不古板。

④适当运用写作技巧。一要巧用数据和图表。通过当前数据与以往数据的对比，辅之以图示化工具，可更好地说明工作的完成情况和取得的成绩，这比文字叙述更有说服力、更直观。二要掌握材料"一题多用"的技巧。材料具有多面性，在不同场合

---

① 祝兴平. 工作总结的写作方法与要领［J］. 新闻与写作，2008（12）.

均可发掘使用。三要综合、提炼材料。通过归纳、分析，把有用的东西"抽"出来，使其上升到系统、理性的高度，然后列出提纲，做出书面"设计"，再下笔写作。"七分想，三分写"也是快速成文的一条捷径。

小训练6-4

请撰写一篇工作总结。

8.实习报告的写作

根据学习过程、结果以及体会书写出来的材料就是实习报告。实习报告写作要把握如下要求[①]：

（1）实习报告的资料收集。从开始实习的那天起，就要注意广泛收集资料，并以各种形式记录下来（如写工作日记等）。丰富的资料是写好实习报告的基础。主要收集这样一些资料：单位组织学习，内容是什么，什么学习方式，学习后的效果如何，是否有助于自己思想的提高；专业知识在工作中如何灵活运用；观察周围同事如何处理问题、解决矛盾。实习是观察体验社会生活，将学习到的理论转化为实践技能的过程，所以既要体验还要观察。从同事、前辈的言行中去学习，观察别人的成绩和缺点，以此作为自己行为的参照。

（2）实习报告的写作。第一部分是以实习时间、地点、任务作为引子，或把实习过程的感受、结果用高度概括的语言概括出来以引出报告的内容。第二部分是写实习过程（实习内容、环节、做法）。既要写出将学校里学到的理论、方式方法变成实践的行为；又要观察、体验在学校没有接触的东西，它们是以什么样的方式方法，以怎样的形态或面貌出现的，将这些东西写出来。第三部分写实习体会、经验教训、今后努力的方向等。也可以以实习体会、经验为条目来构架全文。例如，在实践中发现自己的优势：团队协作意识强；善于根据自己的知识、能力挑战新工作；事后善于总结等。从实践中看到自己的缺陷：专业知识不够扎实；动手能力差等。用这些体会把自己实践的过程和内容串起来。

（3）实习报告写作要求。报告必须写自己的实习经历，可参考别人的资料，但不能抄袭。如有引用或从别处摘录的内容要标明出处。实习报告开头要有内容摘要和关键词；语言要求简练，符合公务文书的要求。字数要在3 000字以上。

小训练6-5

你最近参加校外实习了吗？请撰写一篇实习报告。

9.思想汇报的写作

思想汇报，就是申请入党的人或党员为了使党组织更好地了解自己的思想情况，自觉地争取党组织的教育和监督，定期用书面形式向党组织汇报自己的思想。这是培养自己的组织观念、提高思想觉悟的有效途径。最好能够根据学习、工作情况经常向党组织汇报思想。党支部提倡写书面思想汇报。在特殊的情况下，可以进行口头汇

---

① 谢红霞. 沟通技巧［M］. 3版. 北京：中国人民大学出版社，2018.

报。思想汇报的写作要从以下方面着手：

（1）思想汇报要内容充实。思想汇报的内容每个时期有一定的范围，应该灵活掌握。写思想汇报，应结合自己的学习、工作和生活情况，向党组织反映自己的真实思想状况。具体内容根据每个人的不同情况而定。如对党的基本知识、马克思主义的基本理论、习近平新时代中国特色社会主义思想的学习有所收获，便将学习体会及存在的认识不清的问题向党组织说明；如参加了重要的活动或学习了某些重要文章，可以把自己受到的教育写给党组织；如在个人利益同集体利益发生矛盾的时候，可以把自己如何对待和处理的情况向党组织汇报；在思想汇报的最后部分，可写上自己对党组织的请求和希望，如希望党组织加强对自己的培养和教育，指出今后的努力方向，等等。

（2）思想汇报要格式规范。思想汇报的基本书写格式通常如下：

①标题。居中写"思想汇报"。

②称谓。即汇报人对党组织的称呼，一般写"敬爱的党组织"。顶格书写在标题的下一行，后面加冒号。

③正文。结合自己的学习、工作和生活情况，向党组织反映自己的真实思想情况。上文已做列举，不再赘述。

④结尾。一般用"恳请党组织给予批评、帮助"或"希望党组织加强对自己的培养和教育"等作为结束语。

⑤在思想汇报的最后，要署名和注明汇报日期。一般居右书写"汇报人×××"，下一行写上"×年×月×日"。

小贴士6-3

思想汇报
"三忌"

（3）思想汇报要做到"三讲究"。一讲究速度快。要结合自己的学习、工作和生活中的新情况、新问题，及时向党组织反映自己的思想情况。二讲究内容专。应根据具体情况，内容明确、集中，努力做到不枝不蔓。三讲究篇幅简短。要适应社会的飞速发展和实际工作的需要，在文字表达上力求简洁，做到短小精悍，以免冗长杂乱，令人生厌。

6.2 能力提升

6.2.1 案例讨论

1.小李的不足

最近，某公司人力资源部的张经理非常苦恼。由于年龄关系，去年该部门的老王退休了。为了解决人手不足的问题，人力资源部从一家比较有名的高校招聘了一位专门学习人力资源管理的毕业生小李接替老王的工作。招聘之时，张经理对小李寄予期望，认为她年轻、有思想，懂得现代人力资源管理的理念，同时沟通能力也很好。可是，张经理渐渐发现，小李的写作能力非常差，不要说对人力资源报告的书写方法一窍不通，就连一般书信和便签也写得很差。张经理几次提醒小李要好好学习一下与书面沟通相关的知识，但是效果并不明显，小李好像对于这些东西并不感兴趣，张经理对此非常苦恼。客观地说，小李在其他方面的能力还是很好的，口头讲解自己观点的时候思路也很清楚，就是写出的东西大家看不懂，或者是不像是一份商业报告。因为这一项不足就辞退小李确实有些可惜，可张经理认为她确实没有做好自己目前的工作。

资料来源　孙健敏，徐世勇．管理沟通［M］．北京：清华大学出版社，2006.

思考与讨论：

（1）结合案例谈谈小李应该掌握哪些书面沟通的知识？

（2）小李应该如何提高自己的写作能力？

2.是欠条还是还款证明

2000年4月，黄先生承建北京某农业发展有限公司养猪舍七栋，承包工程款总计84 000元。双方约定工程开工时，农业公司应首付黄先生总工程款的70%，即58 800元，但农业公司却只给付黄先生30 000元，其余款额一直未付。2002年4月7日，农业公司由其会计乔女士签名为黄先生出具了一张写有"还欠黄某工程款28 800元"的证明，并盖有公司财务专用章。黄先生依此证明将农业公司告上法庭，要求立即给付工程款28 800元。

然而在法庭上，被告农业公司在承认欠黄先生工程款28 800元的同时，提出此欠款已由当时经手人会计乔女士偿还了，并为黄先生出具了还款证明，"还欠黄某工程款28 800元"中的还字应读为huán，故不同意黄先生的诉讼请求。

顺义法院认为：原告为被告承建养猪舍工程，被告应按约定给付工程款。被告为原告出具的证明，应视为欠款证明，法院对原告的请求应予支持；被告辩称此证明为还款证明，未提供相关证据证实，法院不予采信。最终判决被告北京某农业公司给付原告黄先生工程款28 800元；案件受理费1 162元由被告负担。

资料来源　李馨，王斌．一个"还"字惹出合同纷争［EB/OL］．［2004-03-19］．http://news.sina.com.cn/s/2004-03-19/12002090013s.shtml.

思考与讨论：

（1）结合本案例谈谈书面沟通的重要性。

（2）本案例对你还有什么启示？

3.一封回信

感谢你给我们发来应聘管理顾问职位的求职信。正如你所了解的那样，我们的管理咨询部是几家主要会计师事务所中最大、最好的之一。正因为如此，我们总是会仔细审查应聘者的教育背景、工作经验和其他方面的条件。

管理咨询部门有着良好的信誉和完善的培训计划，在我单位占据着重要的地位，所以很多人都在极力应聘这一职位，其中已获得MBA学位的人占了很大比例。应聘者的数量和素质都使我们难以选择。最终，我们决定以工作经验为标准确定参加面试的人选，因而没能满足你应聘的请求，请予谅解。

随着管理咨询部的不断发展，我们还会招聘新员工，而你的经验也会随着时间的推移而不断丰富，希望有一天你能来我们部门工作。再一次向你说明，在这个问题上，我们与你一样感到遗憾。

资料来源　张喜春，刘康声，盛寒暑．人际交流艺术［M］．北京：北京交通大学出版社，2014.

思考与讨论：

（1）这封回信的开头和结尾分别存在什么问题？

（2）请你重新写一封回信。

4.管理工作中的书面沟通

（1）某天，我给新来的总经理助理曹小姐布置了一个任务，要求她向各个部门下发岗位职责空白表格，并要求各个部门在当天下午两点之前上交总经办。我问曹小姐是否明白我的意思？她说完全明白，于是就去执行了。

结果到了下午，出现问题了：到了规定的时间，技术部没有按时上交。我问曹小姐：你是怎样向技术部传达的？曹小姐说，完全按正确的意思传达的。我又问为什么技术部没上交？曹小姐说技术部就是没上交，不知道为什么。

我把曹小姐和技术部负责人都召集到总经办会议室，询问这个事情。技术部负责人回答说，当时他没有听到曹小姐传达关于上交时间的要求。而曹小姐说，自己确实传达了，为什么公司十二个部门就技术部没听清楚？技术部负责人说，确实没有听到。

到底是曹小姐没传达，还是技术部没听到？没有书面的东西，说不清楚。

（2）某日，本公司外派维修的售后服务工程师陈某电话要求工厂售后服务部门为其在安徽芜湖的维修现场发送配件一个，按规定，陈某应当书面传真具体的规格型号然后发货，以保证准确性。结果陈某讲自己干了三年多，对业务很熟练，声称要节省传真费用，且客户很急，要求电话口头报告型号，售后服务部人员鉴于这种情况，就相信了陈某，按陈某说的型号发去了配件，结果发到现场后，型号错误，又要重发，造成出差费用、运输费用等的增加，更重要的是影响客户生产。

事后处理此事，陈某一口咬定自己当初报告的就是第二次发的正确型号；而售后服务人员则坚持陈某当初报告的就是第一次错误的型号。但是没有书面函件，该相信谁？最后因为双方都在明知公司规定的情况下，违反了书面沟通程序规定，造成了损失，都有责任，分别进行了处理。

资料来源　张京宏.从管理实例谈书面沟通函件的必要性和重要性［EB/OL］.［2017-05-25］. http：//www.unjs.com/ziliaoku/gl/142355.html.

思考与讨论：

（1）以上两个案例各给我们什么启示？

（2）请结合实际谈谈管理工作中书面沟通的必要性和重要性。

5.有趣的"数字信函"

据传说，司马相如与卓文君几经周折终成眷属，回到成都。不久，汉武帝下诏来召，相如与文君依依暂别。岁月如流，不觉过了5年，文君朝思暮想，盼望丈夫的家书，万没料到盼来的却是写着"一二三四五六七八九十百千万"13个数字的家书。文君反复看信，明白丈夫的意思。数字中无"亿"，表明已对她无"意"。卓文君既悲痛又愤恨，当即复信叫来人带回。信的内容是这样写的：

一别之后，两地相思，说的是三四月，却谁知是五六年。七弦琴无心弹，八行书无可传，九连环从中折断，十里长亭望眼欲穿。百般想千般念，万般无奈把郎怨。

万语千言道不尽，百无聊赖十凭栏。重九登高看孤雁，八月中秋月圆人不圆。七月半烧香秉烛问苍天，六月伏天人人摇扇我心寒，五月柳花如火偏遇阵阵冷雨浇花端，四月枇杷未黄，我欲对镜心意乱，三月桃花随水流，二月风筝线儿断。噫！郎呀郎，巴不得下一世你为女来我为男。

司马相如把这首用数字连成的诗看了好几遍，越看越感到惭愧，越觉得对不起对自己一片痴情的妻子，于是亲自回乡，把卓文君接往长安。

资料来源 佚名. 数字入诗更风流［EB/OL］.［2014-01-20］. http://www.360doc.com/content/14/0120/06/6956316_346551107.shtml.

思考与讨论：

（1）本案例对你有何启示？

（2）书面沟通中应该如何选择沟通文体？

6.2.2 实训项目

1.实训：商务信函的写作

实训目标：掌握商务信函的写作要求，能够撰写商务信函。

实训学时：1学时。

实训地点：教室。

实训背景：洲际诚信保险公司

2.提出问题

洲际诚信保险公司使用计算机处理来往的账单，收到客户付款与输入公司计算机入账之间总有一段时间差。有时，一方面是客户付款的单据正等着输入电脑；另一方面是公司的计算机自动发出额外的通知单，如逾期付款通知单、催款信以及起诉对方的威胁信等。有的客户收到威胁信，很气愤，致信要求解释。大多数情况下，只要客户稍稍耐心一点，问题自然会得到解决。可是投保人大多害怕保险公司认为他们没有按时缴纳保险金，他们的保险会被取消。

洲际诚信保险公司没有时间逐一确定客户的付款单是否已经寄到了公司，或是否正等待计算机处理等具体情况。因此，公司希望你起草一封信函，说服客户要耐心。公司想让客户了解到，如果出现问题或公司根本没有收到付款，洲际诚信保险公司会在最后一张保险金账单发出日期（通知上会列明具体日期）后30天开始停止客户所享受的保险项目，并通过传票的方式通知客户。通常客户只有在收到账单、逾期付款通知书后才会收到上面提到的通知。

3.分析问题

（1）受众是谁？这封具体的信函有哪些特点？如果受众不止一人，他们之间有什么差异？

汽车保险的投保客户，声称已经缴纳了保险金但仍然收到了逾期付款的通知书，他们很担心享受的保险会因此被取消。由于你所起草的是一封标准格式的信函，不同收件人的情况肯定会各不相同：有的付款的确是在汇款的某个环节被耽搁了，有的付款是公司处理时疏忽了，还有的付款还没完成（寄往公司的付款支票丢失了、支票忘记签名了或被退回了等）。

（2）信函的目的是什么？

向客户承诺：他们的保险待遇至少还会保留30天，只要没有收到第二封通知书，他们大可放心，今后可以不再就该问题反复联络公司了。设法为洲际诚信保险公司树立起好的信誉：①洲际诚信保险公司并非错误百出的机构，我们雇用的员工也不是无能之辈。②我们希望客户仍在我们的公司投保。③若客户要购买新的保险项目，我们衷心地希望他们能选择洲际诚信保险公司。

（3）信函中必须包含哪些信息？

客户仍享受保险，我们不能确认他们寄来的支票是否正在等待公司计算机的处理（因为公司不可能逐一检查每个人的账户）。在收到第二张通知单（传票）后，仍未付款，他们的保险将会被取消。

（4）怎样论证自己的观点？以什么理由或客户收益说服客户？

电脑帮助我们向投保客户提供个人服务。我们的保险项目种类齐全。上述项目在讨论时需要具体展开，使之生动有趣，且具说服力。

（5）读者会持什么样的反对意见，信函中应淡化或取消的负面信息是什么？

计算机有时会出错。我们还不能确认读者寄来的支票是否正在被处理之中。如果付款支票不能按期寄抵公司，享受的保险就会被取消。

（6）哪些因素会影响客户的反应、读者与撰写者的关系或任何特殊情形？

保险行业竞争十分激烈，许多其他公司提供与我们相同的服务。客户很容易花同样的钱，从其他公司得到同样的保险服务。大多数人感到手头很紧，所以希望少花钱。但是，价格平稳或上涨的事实意味着客户拥有的资产在升值——他们比任何时候都需要保险。许多保险公司拒绝为客户续约（汽车险、信誉担保险或海事险等）。这些举措被大肆宣传，人们听到了很多公司或个人在未缴纳某项很小数额的保险金的情况下，保险被中止，之后遇到不测的悲惨故事。客户们往往因此对保险公司没什么好感。

人们需要汽车保险。因为一旦发生交通意外而事主没有购买保险，本人除承担事故损失外，还要向州政府缴纳近5万美元（视各州法律而定）的预付保证金，用以支付今后可能发生的类似事故的损失。所以客户不仅在经济上，而且在法律上也有顾虑。

实训方法：请草拟一份标准格式的商务信函，发送给那些抱怨已经支付汽车保险，但又收到公司发给他们的逾期通知书的投保客户。信中既要给客户一定的承诺，也要设法为洲际诚信保险公司树立良好的信誉。

实训要求：

（1）每位学生独立完成信函的写作，完成后相互交流、讨论；

（2）要求信函格式规范，内容正确，字迹清楚，表述准确；

（3）有条件的学校，可以要求学生利用计算机完成信函的写作任务；

（4）教师结合学生撰写信函的情况，在全班总结讲评。全班评出最佳表现者。

资料来源　王皓白. 商务沟通［M］. 杭州：浙江大学出版社，2011.

4.课堂讨论：5封回复

背景资料：

　　你的苗圃不仅在店里销售植物，也提供邮购业务。今天收到王玉的一封投诉信，声称邮购的鲜花运抵时令人很不满意（价值500元人民币）。信中写道："全都枯萎了。有一株在我从盒子里拿出时，竟然断了。请立即重新发货。"

　　（1）第一种回复

亲爱的顾客：

　　我核查了运输鲜花受损的原因。排除了运输中的失误，发现你订购的鲜花是由一位新工人包装的，该工人不懂得鲜花起运之前要彻底浇透水。我们已经开除了该工人，所以你可以放心这种事下次不会发生了。

　　虽然我公司会为此花费几百元，但我们仍然会重新给你寄送一份鲜花作为补偿。

　　新花抵达后，请通知我方运抵时的状况。我们相信你不会再投诉了。

　　（2）第二种回复

亲爱的王玉：

　　我们搞错了你的订单。全国范围内发送花卉这种货物的风险性是很大的。有的植物无法承受路途的辗转（有时连我自己都受不了这份辛苦）。下周我们会另外发送给你一份新的鲜花，但是会在你的账上计入500元。

　　（3）第三种回复

亲爱的王先生：

　　你不满意收到的鲜花，我感到很遗憾，但的确不是我们的错。包装盒上明确写着：打开后，及时浇水。如果你照办了，鲜花一定不会有事的。另外，所有买花的人都应该知道鲜花需要呵护。你抓着叶子取出当然会断的。由于你不会照顾花卉，特为你寄上小册子一本：怎样养殖花卉。请认真阅读，以免将来发生类似的不快。

　　盼望你再来订购。

　　（4）第四种回复

亲爱的王女士：

　　你5日的来信已经引起了我们的注意。

　　信中称，第47420号订货收到时情况很糟糕。在此需要指明的是，我方政策规定：对货物的任何调整必须按照订货单背面的条件和说明处理。请仔细阅读，上面规定：客户若欲就该订单投诉，应提交书面投诉信和货物发票给承运商，并在收货后30天内，向本公司详细汇报损坏情况。

　　你5日的信中没有涉及损坏的具体情景。另外，送货单上没有任何特别注明。如果你有索赔的打算，请参照我公司相关的条例。请将相关必要文件于本月20日下班前送达公司办公室。

　　（5）第五种回复

亲爱的王玉：

　　你将于下周收到索赔的常青植物。

　　这次，花卉起运前彻底浇透了水，而且采用了特殊包装箱。但是如果天气过热或货车晚点，小的根球可能会枯萎。可能上次的花卉就是这样受损的。但是小根球植物很容易移植，所以到达你家的花卉应该没有任何问题。

你订购的仙人掌等属四季常青植物，它们会四季常青，越来越漂亮。

资料来源 黄漫宇，彭虎锋．商务沟通［M］．2版．北京：清华大学出版社，2019．

针对上述5封回复顾客投诉的信函，就以下问题在全班展开讨论：

（1）在满足读者和企业的要求等方面做得怎样？

（2）信件是否清晰、完整、准确？

（3）能否节省读者的时间？

（4）是否有助于树立良好的企业信誉？

在线练习

（5）如果是你，该如何回复？

3.测试：你的书面表达能力如何

你是否善于运用书面形式表达自己的观点？请根据自己的实际情形回答以下问题。

分析提示

（1）在与他人沟通时，你经常采用书面表达方式吗？

A.从来没有　　　B.很少　　　C.有时　　　D.大多是　　　E.经常是

（2）你是否认为书面表达比其他方式要更容易？

A.从来没有　　　B.很少　　　C.有时　　　D.大多是　　　E.经常是

（3）当你与你的高中同学联系时，经常采用书面表达方式吗？

A.从来没有　　　B.很少　　　C.有时　　　D.大多是　　　E.经常是

（4）你是否因为麻烦，拒绝使用书面表达形式与人沟通？

A.经常是　　　B.大多是　　　C.有时　　　D.很少　　　E.从来没有

（5）通过书面表达观点时你是否非常注意措辞？

A.从来没有　　　B.很少　　　C.有时　　　D.大多是　　　E.经常是

（6）你在使用书面表达时，是否很少注意表达的格式与规范？

A.从来没有　　　B.很少　　　C.有时　　　D.大多是　　　E.经常是

（7）你是否能够熟练地运用各种书面表达方式进行沟通？

A.从来没有　　　B.很少　　　C.有时　　　D.大多是　　　E.经常是

拓展阅读

（8）你是否认为你能够准确地使用书面表达方式达到沟通的目的？

A.从来没有　　　B.很少　　　C.有时

D.大多是　　　E.经常是

计分方式：选A计1分，选B计2分，选C计3分，选D计4分，选E计5分。

书面沟通的基本原则

资料来源 谢红霞．沟通技巧［M］．3版．北京：中国人民大学出版社，2018．

课后练习

1.你认为书面沟通中最重要的原则是什么？

2.如何保证写作简洁？

3.信函写作的一般要求是什么？

4.商务信函的写作规则有哪些？

5.请代海全公司写一份邀请宏达公司总经理参加本公司10周年庆典的请柬。要求格式规范，文字简洁明了，写清楚活动的时间、地点、内容。

6.星光公司经过3年的改革，终于扭亏为盈，企业进入良性发展阶段，为日后的可持续发展打下了良好的基础。在岁末年初之际，海辰公司拟向星光公司的领导和员工发一封贺信，请你代为拟写此贺信。要求：格式正确，内容完整，文字标点规范。

7.新年即将到来，请为某公司设计两款风格鲜明的节日贺卡寄给广大客户，表示公司对其的真挚的节日祝贺并进行企业形象的宣传以及巧妙的业务联络。要求：格式正确，内容新颖，设计精美，文字标点规范。

8.请撰写一份年度个人学习总结或工作总结。字数1000字左右。总结要有标题、正文和落款。正文要有取得的成绩、存在的问题及今后的打算等。

9.利用假期时间去打工，回来后写一份实习报告。字数不少于2000字。

任务 7

网络沟通

相知无远近，万里尚为邻。

——［唐］张九龄《送韦城李少府》

■ 课程思政要求

1. 一条主线

坚定学生理想信念，爱党、爱国、爱社会主义、爱人民、爱集体。

2. 课程思政的立体化构建

（1）遵循育人规律，推进教学理念的同向性和同行力。

（2）加强队伍建设，提高教师教学的专业性和引导力。

（3）完善教材体系，增强教材内容的系统性和说服力。

（4）改进教学方法，提升思政教育的针对性和亲和力。

（5）丰富教学载体，打造学习方式的多样性和吸引力。

（6）关注学生学法，重视学生的主体性和成长力。

■ 训练目标

了解网络沟通的特征；熟悉网络沟通的主要工具；运用网络沟通策略提高沟通效果；明确网络沟通的礼仪规范。

■ 任务导入

消除网络沟通误解

周六班级组织外出参观活动，这与一个学生的兴趣班时间冲突了。这名学生的家长很矛盾，她内心想让孩子去上兴趣班，又拗不过孩子，便征询老师的意见。老师只给出简单的回复："不让她去，难道她会开心吗？"正是这样一个反问句，一下子把双方沟通的路给堵死了。家长马上回复："你们参观的目的是什么？难道非去不可吗？"这里，本来双方思考时就不在同一个频道，老师的反问句更使矛盾一触即发。老师总想用一句话让家长顿悟，想用最强烈的表达方式快速解决问题，但结果往往会适得其反。网络另一端的家长也是一个有个性的人。假如双方之前已有积怨，老师用键盘敲出的反问句便会火上浇油。所以网络沟通中反问句，一定要慎用！发现家长有不满情绪时，很多老师会立刻自我澄清，抑或据理力争，更有甚者会与家长相互指责。这些做法其实是很不高明的，它不仅解决不了问题，还会降低老师的威信，甚至可能陷老师于被围观、被曝光的尴尬境地。正确的做法应该是首先静观其变，以不变应万变，多用同理心，多站在家长的角度考虑问题，积极进行沟通。该家长将其与班主任的聊天截图发给学校年级组长王老师，王老师就很好地通过网络沟通消除了家长的误解，理顺了家长的情绪。以下是双方的网络对话：

学生家长：我也想尊重孩子，但是兴趣班已经坚持很久了，也挺不容易的。你们的活动也没提早通知，我被弄得措手不及。

王老师：您说得很有道理。要不就向班主任请个假，不去参观了吧？

学生家长：可孩子想与同学一起去参观。

王老师：您是一个好妈妈，能替孩子着想，细心周到。那就和孩子再商量商量吧。

学生家长：惭愧！那我和孩子再商量一下，之后给你们答复吧。

王老师：好的（微笑），记得早点儿回复，组织一次活动要做很多准备工作，比如，分小组、安排车辆、中餐，购买保险，进行安全教育、纪律教育、礼仪教育……

学生家长：好的，谢谢王老师。

双方通过网络沟通，聊顺了，问题自然而然也就解决了。

资料来源　朱新光．与家长在网络上沟通产生误解怎么办？［EB/OL］．［2022-04-11］．http：//news.sohu.com/a/536897441_100934.有改动。

问题：

1. 如何提高网络沟通的效果？
2. 本案例对你有何启示？

7.1　知识储备

20世纪90年代以来，随着互联网的快速发展，世界开始进入网络时代。科学技术的迅猛发展，正不断深入地影响着我们的生活方式和沟通方式。网络沟通方式就在科学技术的孕育下应运而生。正如威廉·布里奇斯所说："科学技术的发展，要求人们学会各种全新的做事和与人沟通的方式。"

7.1.1　网络沟通概述

1.网络沟通的概念

网络沟通是指通过基于信息技术（IT）的计算机网络来实现信息沟通活动。网络作为人类沟通的一种新工具，正逐步取代传统书信、电话、会议等沟通方式，成为人们日常生活、学习、工作的主要沟通方式。

对个人而言，网络为人们提供了各式各样沟通的新手段，如网上聊天、博客、电子邮件、网络电话、网络视频会议等。自此，人们可以不受时间和空间的限制尽情享

小贴士7-1

沟通方式的发展

受与外界沟通的便捷。

对企业而言，网络为人们提供了多种多样沟通的新服务，如以电子银行为代表的国际金融网络化，以电子商务为代表的全球商贸网络化已得到了相当广泛的应用。自此，人们可以利用网络的各种服务功能来拓展商务工作。

网络拉近了人们之间的距离，缩短了彼此之间的距离感，真正实现了"天涯若比邻"的预言。在现实生活中，只要拥有一台计算机，就能足不出户，知晓天下事，使相互之间的沟通无所不在。

小贴士7-2　　　　　　　　　　互联网络的"蛙跳"现象

吸引5 000万用户，无线电广播用了30年的时间；电视用了13年时间；有线电视用了10年时间；互联网所用的时间不到有线电视的一半。在过去，网络多少有点"概念"甚至"摆设"之嫌，但是现在网络已进一步融入人们的生活，得到了相当广泛的应用。IBM总裁郭士纳曾认为信息技术正在进入所有划时代的技术都会经历的一个重要阶段：它们开始时为少数专业人员所掌握，而后转变为被大众所接受，最终无处不在。

互联网诞生还不到5年时，全球已有互联网络"蛙跳"现象。这是一个下大赌注的游戏，在这个游戏中，运用互联网技术最为精明的国家和地区，将很快在生产、生产力和盈利水平的增长方面超过其他国家和地区。今天，这项互联网络"蛙跳"游戏正在广阔的天地进行着。

在国内，互联网的网络教学、网络购物、远程医疗等功用在过去一直只作为一个先进的概念，应用范围有限。现如今在教育、商业、医疗领域，互联网所占比重日趋上升。此外，远程医疗、网上纳税、网上炒股、网上银行等也逐步进入人们的生活。

【点评】网络技术已经可以被称为一种新的大众媒体、一种新的沟通媒介。网络沟通的重要性已日趋显著，互联网不仅是用来检索信息的，还是电话和邮政服务的替代者，更是一种个人之间、企业之间有效的交流工具。

2.网络沟通的特征

网络作为继报纸、广播、电视之后出现的第四种具有超强影响力的传播媒介，具有其他媒介无法替代的功能，在信息沟通方面发挥着越来越独特的作用。网络沟通与传统沟通方式相比较，具有以下特点：

（1）沟通形式多样，成本低。随着网络技术的发展，基于网络的沟通方式层出不穷，人们既可以在网上浏览信息、阅读电子图书、进行对话交流、观看电视和电影，也可以玩游戏、作画、健身；既可以一对一交流，也可以群体交流。

人们通过互发电子邮件代替传统信件；通过一些即时通信工具（如QQ、微信等）代替打电话；如果电脑配有摄像头和小话筒，还能达到面对面交流的效果。同时，在互联网上，信息可以实现双向传播。人们不再仅是被动接受信息的群体，通过网络人们可以以极低的成本向全世界发表自己的意见，大大节省了传统的面对面信息交流、沟通所需的时间、空间甚至是交通出行的成本。

（2）沟通迅速快捷，范围广。网络沟通的快速有目共睹，往往一个最新的消息通过网络这一平台瞬间就能传遍全球。"时间就是金钱"，而网络就是在无形之中为我们每个人创造财富。在激烈的市场竞争中，时间性很强，机会稍纵即逝，"时间就是成本"，有时短时间的延缓就有可能导致产品进入市场失败。

基于网络的沟通行为比传统的打电话或写信、发电报具有更加广阔的应用范围，鼠标一点击，可以连接到世界上任何一个拥有互联网的角落，让世界真正成为一个村落。在传统的沟通方式中，你很难想象在同一时刻与不同地域的数百人一起对话，一起欣赏一篇文章或一首歌，还能立即收到其他人的反馈，而这在网络上根本就不是问题。

（3）沟通资源丰富，容量大。网络信息技术的不断进步，加之人们对网络的日益依赖，各种信息通过大型门户网站和搜索引擎等被加入互联网之中，使得互联网成为一个信息和知识的宝库。人们可以轻松地通过搜索引擎查到自己所需要的文字、图像、视听资料。

在以往传统的沟通方式中，无论是人际沟通还是大众沟通都会不同程度地受到时间、空间等各种因素的干扰和影响，而网络沟通空间巨大、容量无限，它不仅可以跨越地域、文化和时空进行沟通，而且可以通过"超链接"功能把信息接到其他相关信息上，使互动式信息容量远远超过现实世界中的静态信息。

（4）沟通相对平等，便利化。网络空间面向每一个人，人人都可以利用网络发表自己的观点与见解，既可以利用网络展示自己的技能，也可以利用网络发表自己的"作品"（如博文）等。空间的开放性、虚拟性，决定了沟通的平等性。人们可以实名或匿名地运用网络进行相对自由的沟通。在网上，人与人之间的地位是平等的，信息和资源是共享的财富。

对那些受工作地域、工作时间限制的员工来讲，网络系统的发达给他们的沟通工作带来了便捷。他们不需要去办公室就可以工作，网络促使了SOHO（Small Office, Home Office）工作方式的诞生。同样，电话会议、网络会议的召开，可以避免不必要的舟车劳顿，为沟通工作带来便利。

3.网络沟通的主要方式

（1）电子邮件。电子邮件（Electronic mail，简称E-mail）是互联网上的重要信息服务方式。通过网络的电子邮件系统，用户可以用极其低廉的价格或是免费把信息发送到世界上任何指定的、同样拥有邮件地址的另一个或多个用户的电子邮箱中。电子邮件内容可以是文字、图表、视听材料等。电子邮件具有使用简易、投递迅速、收费低廉、易于保存、全球畅通无阻等特点，已经成为利用率最高的沟通形式和沟通工具。

小贴士7-3

你知道电子邮件的由来吗？

①电子邮件的书写技巧。电子邮件通常应以纸质信函的格式进行书写。书写电子邮件时，还应当注意以下四个方面：

一是主题明确。添加邮件主题是电子邮件与纸质信函的主要不同之处。商务人员在撰写电子邮件时，一定要在"Subject（主题）"栏设定一个邮件主题。该主题应明确、具体、提纲挈领，但不宜过长（如"关于洽谈会的准备事宜"等），以便收件人通过主题快速判断邮件内容的轻重缓急，减轻查找或阅读邮件的负担。

二是内容规范。与纸质商务信函一样，电子邮件也应当用语规范、内容完整。与此同时，电子邮件的书写还应注意以下两个方面：一是尽量避免使用晦涩难懂的缩略语，且不要使用网络用语和符号表情，以免影响商务信函的专业性和严肃性；二是在英文电子邮件中，切勿使用大写字母书写正文，以免被误解为态度恶劣或强硬。

三是签名恰当。商务人员可在电子邮件的签名档中列入写信人的姓名、公司、电话、传真、地址等信息，还可列入个人的座右铭或公司的宣传口号等信息，但信息行数不宜过多，一般不超过4行。

四是附件合理。商务人员可以通过电子邮件的附件发送整理成文档形式的文件，还可以发送照片、音频、视频等文件。在使用邮件的附件功能时，应在邮件的正文中对附件进行简要说明，并提示收件人查看附件。

若附件为特殊格式的文件，则应在正文中说明其打开方式，以免影响收件人查看。

应为附件设定有意义的文件名。当附件的数目较多（多于2个）时，应将其打包成一个压缩文件。

若附件容量较大（超过25MB），则应事先确认收件人所使用的邮件服务系统有足够的容量收取，否则，应将附件分割成多个小文件分别发送。

②电子邮件的收发细节。在发送和接收电子邮件时，应当注意以下三个细节：

一是及时确认发送状态。发送电子邮件后，一定要及时确认邮件是否已经发送成功。确认邮件发送状态的方法通常有如下两种：第一，检查被发送的邮件是否已显示在"已发送"列表中，若该列表中有显示，则表明发送成功；第二，邮件发送几分钟后，检查邮箱中有无系统退信，若无系统退信则表明发送成功。

二是通知收件人。在发完电子邮件后，一定要打电话通知收件人查收并阅读邮件，以免耽误重要事宜。

三是及时回复。收到重要或紧急的电子邮件后，通常应当在2小时内回复对方，以示尊重。对于一些不紧急的电子邮件，则可暂缓处理，但一般不可超过24小时。回复邮件时，最好将原件中相关的问题抄到回件上，然后附上结构完整的答复内容。若只回复"已知道""对""谢谢""是的"等，则是非常不礼貌的。

小贴士7-4　　　　　　　　　　　　　　令人反感的行为

曾有调查结果显示以下几种行为最受电子邮件接收者反感：①转发伤风败俗的玩笑；②使用大写字母写邮件；③讨论敏感的个人问题；④对工作或老板抱怨不休；⑤就某问题争论不休；⑥不厌其烦地描述自己的不幸；⑦传播不负责任的流言蜚语；⑧随意批评他人；⑨详细谈论自己或者其他人的健康问题。

（2）微信。微信是一个为智能手机提供即时通信服务的免费应用程序，支持跨通信运营商、跨操作系统平台通过网络快速发送免费（需消耗少量网络流量）语音短信、视频、图片和文字，同时，也可以使用通过共享媒体内容的资料和基于位置的

"摇一摇""朋友圈""公众平台""语音记事本"等服务插件。微信的功能服务具体有如下四个方面：

一是聊天：支持发送语音短信、视频、图片（包括表情）和文字，是一种聊天软件，支持多人群聊。

二是添加好友：微信支持查找微信号、查看手机通讯录和分享微信号添加好友、扫描二维码添加好友等方式。

三是实时对讲机功能：用户可以通过语音聊天室和一群人语音对讲，但与在群里不同的是，这个聊天室的消息几乎是实时的，并且不会留下任何记录，在手机屏幕关闭的情况下也仍可进行实时聊天。

四是其他功能：朋友圈、语音提醒、通讯录安全助手、QQ邮箱提醒、私信助手、微信摇一摇、语音记事本、游戏中心等。

微信以其信息发布便捷、传播速度快、影响面广、互动性强等特点，在极短的时间里迅速发展成为目前国内社交用户群体最多的软件。为了正确使用微信，提高人际沟通效果，树立良好的个人形象，我们需要学会以下微信沟通技巧：

①微信设置。这包括微信头像设置、微信命名和微信签名三个方面。

·微信头像设置。在网络时代，微信不仅是和他人联络感情、获取消息的窗口，也是很多商务人士与同事、领导和客户沟通的桥梁。微信头像是一个人工作、生活、性格、心态、审美和爱好的剪影。因此，选择一个得体、适合自己的微信头像至关重要。如果想要向别人表达比较职业化的形象，选择的头像应该专业化，一方面展现自己的职业特点，另一方面向别人传达自己的专业性和可信赖性。微信头像的色彩不要太多，图片的背景图案最好为纯色，以突出重点。在选择了专业化的头像以后，不可频繁更换头像，以免给客户留下不严谨、情绪变化无常的印象。

·微信命名。微信名虽说是网名，但使用时首先应本着利于交往、利于记忆的目的起一个规范、高雅的微信名，而不能随波逐流、标新立异、哗众取宠。有人认为，微信用户名就是网名，起名可以随心所欲。如有些微信用户用党和国家机关名称来命名，很不严肃；有些用外国政要人名来命名，如"特朗普""普京"等，更有甚者采用恐怖分子的名字如"本拉登"；有些把丑当美，视低俗为高尚，如"非洲小白脸""坐在墙头等红杏""你大爷"；有些名称则让人难记难懂，如用一长串英文字母和数字起名，用看不懂的似汉字非汉字的字当名字，等等。当人们看到这些名字时，虽然没见过本人，但内心会做出怪异、另类的判断，难以留下好的印象。

·微信签名。你想告诉对方的有关信息在微信签名里体现，因此要备注一些有价值的信息。

②发微信的注意事项。在与人沟通中，发微信要注意以下方面：

·注意发送时间。发消息时要注意：非工作时间不要发、休息时间不要发（提示消息会打扰别人休息）。如果对方在国外，还要注意时差问题。

·注意直接说事。不用问"在吗"。如果要问"在吗"，在说了"在吗"之后，要把事情顺便说出来，这样可以让对方决定回答在不在。

小贴士7-5

"加微信"的礼仪

· 注意慎打语音或视频电话。不熟悉的人，不要打语音电话或视频通话，如果确实有必要打，打之前要先问问对方是不是方便。

· 注意慎用截图。如果是发送需要编辑的文件信息给别人，最好以文字的方式发给对方，不要发截图或发语音。

· 注意不要不做说明。直接转发帖子给别人或转到微信群里，需要说一下你转发的目的。如果要发文件给对方，先问一下对方想通过微信还是电子邮件接收。因为文件有可能占用对方的手机内存，对方之后再把文件从手机转存到电脑，会比较麻烦。

· 注意优先选择文字，慎发语音。无论是给领导、下属，还是给同事发微信，优先选择文字，因为在职场活动中，很多场合都不适合发出声音，如开会时，大家都选择手机振动或静音，发语音就非常不合时宜，有时甚至会因为发音不标准或不清晰而让人产生歧义或误解。因此原则上不发语音，特别是工作微信和60秒长语音。

· 注意对等地沟通。对方发来的微信采用文字形式，不能为图省事而进行语音回复，这本身就是沟通上的不平等，会使人感觉缺乏修养。

· 注意用表情符号。表情符号作为一种"非语言的表达方式"，在一定情境下比文字更简练、更形象、更传神、更富有表达力，但因为表情符号并未设定明确含义，每个人的用法都可能不同，在不同情境下含义也可能不同，由于文化环境的差异，同一个表情符号会有不同的理解，因此作为下级，在回复上级时仅仅使用表情符号是不妥的。

· 未及时回复微信，注意表明歉意。在沟通过程的对等上，微信和短信不同，发短信只要对方手机开机就能正常收到信息，微信则需要在手机上网的前提下才能正常发挥功能，所以要事先检查微信是否正常运行，以确保及时回复他人信息，因故未及时回复的要表明歉意。

· 工作微信注意排版和说明意图。工作微信内容要有条理，有思路，要编辑好，字数较多时，需要分段并加标点符号。通常一条信息表达一件事情，多件事情就发多条信息。工作微信还要注意说明意图。如果发通知，可以加上"收到请回复"；如果是向领导请示工作，最后可以说"请领导批示"；如果发的只是一个提醒，可以告诉对方"FYI"（即 for your information 的首字母缩写，意思是让他了解一下，并不需要回复）。

③收微信的注意事项。在与人沟通中，收微信要注意以下方面：

· 注意及时回复。如果在收到对方微信后不能马上给出答案，可以告诉别人："我要再想想"或者"有时间再看"。

· 注意重要的人物置顶。通过置顶可以把最重要的群和人永远放在最上面，这样不容易遗漏重要信息。

· 注意语音类微信的处理。如果接收到语音类的工作微信，即使你不方便接听，你可以回复："现在不方便接听语音，如有急事，可以发送文字。"或者你可以选用微信的"语音转文字"功能，先大体了解信息内容。

· 注意工作信息及时回应。如果收到工作信息，但暂时没有时间处理的话，建议可以先回复："已收到，现在手头有其他工作。"或"在外出或者开会中，晚点回复你。"让对方知道你已经收到信息，不用一直焦急等待。

• 注意"提醒"功能的使用。在工作时收到消息，不想立刻处理，又怕以后忘了，或者收到文件只保存却忘了看，都可以用"提醒"功能。

④使用微信群的注意事项。在微信沟通中，要注意使用微信群的以下事项：

• 注意"拉群"的礼仪。"拉群"之前一定要征求被拉对象的意见。同时，如果想邀请某人进群，应事先征得对方同意。群主应向群成员介绍群功能，如果是人数不多的工作群，最好介绍一下群成员。介绍顺序是将晚辈介绍给长辈，将下级介绍给上级，将男士介绍给女士。

• 注意微信群昵称和微信群名称的命名。针对群的主题来修改自己的群昵称。命名一个清晰明了的群名称，以此明确建群目的及沟通内容。

小贴士7-6　　　　　　　　　　　**微信群"七不发"**

（1）个人生活琐碎和烦恼的事不要发。

（2）带有明显政治激进色彩的内容和图片不要发。

（3）不可强制别人转发你的作品。

（4）他人隐私不要发。

（5）未经他人同意、带有个人隐私性质的内容和图片，不能随意发。

（6）对于不确定的新闻，不要随意转发。

（7）太过直白的广告不要发。

• 注意掌握微信群常用礼仪。这包括：群红包不要只抢不发，不要强行要求别人发红包；不是所有群的红包都可以抢，抢之前先看清楚是不是群发红包；能私聊的不群聊，群交流如果是两个人对话较多，不要在群里持续交流，可以加好友私聊，避免扰众；不要乱发表情包。群聊切忌连续发送不雅表情包，注意微信群是交流信息的地方，不是个人情绪的发泄地；公司项目群最好一群一主题，讨论结束后下载文件、备份聊天记录便可解散群。

7.1.2　网络沟通的策略

小贴士7-7

在信息化背景下，网络沟通的应用早已普及，可是如何在日新月异的数字化时代之下真正提高沟通的效率呢？我们应该在网络沟通方面注重以下常用策略：

微信朋友圈礼仪

1.保留传统沟通方式

有时候我们只是相隔一堵墙，推开门就可以畅快地聊天，然而我们的谈话却更多地通过微信并配合着各类表情符号来进行；有时候我们住在同一城市，提起电话就可以畅快地聊天，然而我们更倾向于关注他人的博客、朋友圈，心情好的时候给他们留言，工作空闲的时候跟他们在微信上调侃。久而久之，我们发现彼此的距离已经在无形之中越来越远。网络沟通似乎耗费与面对面沟通相同的时间成本，却难以取得真实人际沟通中的卓越成效。

传统的沟通方式——面对面的沟通仍然是最重要的沟通方式，因为网络沟通并不能替代人与人之间的直接交流。在直接交流中，可以观察别人的表情、神态、语气、肢体语言等非语言信息，并确保沟通的有效性与反馈的及时性，同时能够节约大量的时间。因此，在信息技术普及的今天，人们在越来越依赖这些新技术传递信息的同时，仍然应重视面对面的传统交流方式，把传统沟通方式与网络沟通方式相结合，以确保沟通的有效性与反馈的及时性。

2.发送信息须三思

人们经常会收到各种并不适用的甚至错误的信息。在日常的网络沟通过程中，信息发送者应对其信息进行认真的考虑和筛选，并且有针对性地选择接收者进行发送。在信息传递前，应深思熟虑，切勿盲目地群发，既造成了接收者个人信息的外泄，又造成了信息发送的无效。

3.分辨信息的真伪

在使用网络沟通时，人们无法根据表情、神态、语气等来判断信息的准确含义，文字可以掩盖人们的真实情感，人们无法仅凭文字来判断信息的隐性含义，造成真假难辨的情况出现。所以网络沟通双方要把意思尽量表达清楚，使用正确的网络表情辅助交流，实在不行还是要借助传统的面对面交流。

4.注重信息的保护

我们在体验网络带来便捷沟通的同时，网络也给我们的信息安全造成了很大的安全威胁。网络犯罪率日趋上升，将给人们的生活带来极大的负面影响。人们的隐私在互联网上将一览无余，因此对于银行存款账号、社会保险账号等信息的安全防范应该特别重视。

在进行网络沟通时，不要随便发布内部文件和信息，以免造成泄密。要加强安全自保意识，公用账户、私人密码不要在公众场合使用。还要防范黑客、病毒，不要使用盗版软件，要谨慎对待不明电子邮件。对于有关部门发布的预警信息，要及时采取措施防范。

5.充分尊重他人

一是要充分尊重他人的隐私。不要随意公开他人私人邮件、聊天记录和视频等内容；尊重他人的知识产权，尊重他人的劳动成果，不要剽窃、随意修改和张贴他人的劳动成果，除非他人主观愿意。

二是要充分尊重他人的言论权。网络沟通首要注意的一条就是"记住人的存在"。虽然网络是虚拟的，甚至有种说法叫做"在网上谁也不知道你是一条狗"，但是既然你参与了网络，就应该以在乎和自己一样的态度来在乎对方，尊重对方就等于尊重自己。聊天也好、发 E-mail 也好、跟帖也好，必须以不侵犯他人的言论权为基础，必须言谈举止都恰当才能树立你在网络中的实际形象，这样你在网络中当然是备受别人尊重。

6.讲究网络礼仪

在网络沟通中，为了表示尊重对方，展现自己使用网络的负责态度，同时避免带给对方使用网络的不便及无意间产生的误解，网络礼仪就显得非常重要。网络礼仪，英文名称为"Netiquette"（来自 network etiquette），我们从字面上就可以了解到，网络礼仪是一般所谓的礼仪迁移到网络情境下所产生的新名词。网络礼仪使网络使用者能够遵守网络公约，做一个有礼貌、有规矩，懂得保护自己，避免伤害别人的"网络公民"。

苏怡如总结了各种关于网络礼仪的提法，认为网络礼仪主要包括正确、简洁、清楚、安全与隐私以及友善与尊重五大内容，见表7-1。我们在网络沟通时一定要遵守这些基本的礼仪规范。

表 7-1 　　　　　　　　　　　　**网络礼仪的具体内容**

五大精神	具体内容
正确	（1）留意写作格式，检查文法 （2）使用合宜的格式、用语和称谓 （3）检查文法，注意用词、标点符号
简洁	（1）别做重复的询问 （2）用字宜简单明了，谨慎思考后再发送，要有效率地回复信息 （3）熟悉网络术语的简写 （4）少用斜体字等花招 （5）先停下来浏览先前的文章，看看是否已有相同的回应内容
清楚	（1）写电子邮件时尽量写出清楚、完整的句子，应使用结语和署名 （2）在公开信息中要加入个人邮件地址以方便别人联络 （3）使用电子邮件时，要写信件主题，主题中可以简述邮件内容，让人容易辨识
安全与隐私	（1）不继续使用即时信息软件时，记得退出自己的账号 （2）时时提醒自己：这里是公开场合 （3）意识到网络上有其他观众并应注意保护隐私 （4）别把自己或者别人的密码、住址、电话、身份证号码给网络上的陌生人
友善与尊重	（1）进入聊天室，跟大家打招呼是礼貌的，离开时最好也跟大家道别 （2）版主、主持人或者管理人应该尊重所有成员，不能滥用权力 （3）注意大写英文字母带有吼叫之意 （4）时时保持礼貌，别煽风点火 （5）表情符号等标记可以缓和气氛

资料来源　陈吉利. 网络礼仪：信息技术课程新热点［J］. 中国信息技术教育，2008（3）.

小贴士 7-8 　　　　　　　　　　**文明上网自律公约**

（中国互联网协会 2006 年 4 月 19 日）

自觉遵纪守法，倡导社会公德，促进绿色网络建设；

提倡先进文化，摒弃消极颓废，促进网络文明健康；

提倡自主创新，摒弃盗版剽窃，促进网络应用繁荣；

提倡互相尊重，摒弃造谣诽谤，促进网络和谐共处；

　　　　提倡诚实守信，摒弃弄虚作假，促进网络安全可信；

　　　　提倡社会关爱，摒弃低俗沉迷，促进少年健康成长；

　　　　提倡公平竞争，摒弃尔虞我诈，促进网络百花齐放。

　　该公约提倡人人受益，消除数字鸿沟，促进信息资源共享。

小贴士7-9

无法替代的面
对面交流

　　7.传统方式，不可或缺

　　随着网络沟通工具的普及，人们越来越依赖这些新技术传递信息。然而面对面的沟通仍然是最重要的沟通方式，因为网络沟通并不能替代人与人之间的直接交流，在直接交流中，可以观察到别人的表情等肢体语言，并确保沟通的有效性与反馈的及时性，同时能够节约大量的时间。所以尽管有着快捷、发达、高效的电子沟通介质，组织或个人仍然不应该放弃传统的沟通方式。

7.2　能力提升

7.2.1　案例讨论

　　1.老师的提醒

　　一名学生发了一封电子邮件给他的老师，信件开头就是"Hi"然后直呼老师的名字。老师说，从信件用词看，这名学生的英文水平不低，怎么就不懂基本的通信礼仪呢？

　　为了证实自己的猜测，他回信要求这名学生打印或手写一封信给他。对比两封信，老师感慨不已：这名懂得通信礼仪的学生为什么在虚拟世界里不遵守通信礼仪呢？

　　他再次回信提醒这名学生，传统的通信礼仪完全适用于现代的网络世界。

　　资料来源　张岩松. 社交礼仪与沟通技巧［M］. 北京：清华大学出版社，2020.

　　思考与讨论：

　　（1）请结合案例谈谈你对电子邮件礼仪规范的认识。

　　（2）本案例对你有何启示？

　　2.美国高管的网络沟通错误

　　一位美国公司的高管觉得员工太懒惰了。比如，一上班就冲咖啡，经常待在茶水间里聊天，下午不到5点就有人偷偷下班。因此，他给全体员工发了一封E-mail，邮件中说希望所有人早上7点到公司，8点开会，下午5点前不能离开。这封E-mail被一名员工传到雅虎网站，引起了轩然大波，因为美国人是很反对高压管理的。结果这个公司的股价跌了很多，这名高管也因此辞职。

　　资料来源　梁辉. 有效沟通实务［M］. 北京：中国人民大学出版社，2015.

　　思考与讨论：

　　（1）试分析这位高管在网络沟通中犯了什么错误？

　　（2）如果你是这位高管，你将采取什么样的沟通方式来达到严格要求员工的目的？

3.可口可乐高管的"火炬在线传递"活动

2008年3月24日，可口可乐公司推出了"火炬在线传递"活动。活动的具体内容是：网民在争取到"火炬在线传递"的资格后可获得"火炬大使"的称号，本人的QQ头像处也将出现一枚未点亮的图标。如果在10分钟内该网民成功邀请其他用户参加活动，图标将被成功点亮，同时将获取可口可乐公司"火炬在线传递"活动专属QQ皮肤的使用权。而受邀参加活动的好友就可以继续邀请下一个好友进行火炬在线传递。以此类推。

活动方提供的数据显示：在短短40天内，该活动就"拉拢"了4 000万人参与其中。平均下来，每秒钟就有12人参与。网民们以成为在线火炬传递手为荣，"病毒式"的链式反应一发不可收拾，"犹如滔滔江水，绵延不绝"。

资料来源　佚名. 可口可乐火炬在线传递活动［EB/OL］.［2017-05-26］. http://www.wm23.com/wiki/4095.htm.

思考与讨论：

（1）可口可乐公司采用了哪种网络沟通形式？采用这种形式有什么优点？

（2）结合案例，请你谈谈网络沟通有哪些影响。

7.2.2　实训项目

1.实训：制定网络沟通行为规范

实训目标：明确网络沟通的基本规则和礼仪。

实训学时：2学时。

实训地点：教室。

实训方法：将全班学生分组，4～6人为一组，要求其结合所学网络沟通的知识和自身使用网络的体会，制定出一份网络沟通行为准则。在课堂上分组进行交流，师生共同评价。

2.实训：举办网络沟通讨论会

目的：培养学生的网络沟通能力。

实施：全体学生将参加一场关于"网络沟通与传统沟通关系"的讨论。

全班分成三部分：①左侧的同学将站在"网络沟通将会代替传统沟通"的立场上；②右侧的同学将站在"网络沟通不会代替传统沟通"的立场上；③中间的同学则扮演观察员与评论员的角色。

左侧与右侧的同学各列出一份支持其论点的清单，来自各方的同学组成辩论团队开始辩论，一共三个回合。

首先，每个团队用10分钟来介绍自己的立场及论点，所有团队成员都应参与。由正方先开始，此时，对方只能倾听而不能反驳。

其次，每个团队用5分钟来反驳对方的论点，并且需要建立自己新的论点。由反方先开始。

最后，观察员与评论员发表自己的意见与观点，然后全班同学投票决定自己持什么立场。

资料来源　裴云，崔健农．管理沟通：理念、技能与实践〔M〕．北京：北京大学出版社，2013.

在线练习

分析提示

3.测试：你是网络沟通高手吗？

（1）你在回复朋友的邮件时，会在主题栏里（　　　　）。

A.根据具体内容重新拟定一个标题

B.习惯使用英文标题

C.总是用Re、Re……代替

（2）你认为电子邮件内容的篇幅应该是（　　　　）。

A.越短越好　　　B.越长越好　　　C.不计长短

（3）有一个你认为很重要的邮件，于是你会（　　　　）。

A.给客户发送一份，然后打电话通知对方你已经向他发送了邮件

B.等待两天，如果没有得到回复，再发送一次

C.为了让对方及时收到，一连将相同内容的邮件发送多次

（4）你对自己的电子信箱会做出的处理是（　　　　）。

A.每天打开信箱查看一次，及时处理所有邮件

B.每周打开信箱查看一次，对全部邮件进行处理

C.想起来就查看一次，有些邮件不必回复

（5）你在发送电子邮件前保持的习惯是（　　　　）。

A.发送前再认真检查一遍，确认无误后再发出

B.为了节省时间，提高效率，写完后立即发送出去

C.将收件人地址核对准确，信件内容不必检查

（6）你是否喜欢在邮件里和好朋友开玩笑？（　　　　）

A.是的，因为我们关系很好

B.是的，但在每次开玩笑时都标明"开玩笑"

C.不是，开玩笑容易被误解

（7）你用QQ聊天时，对方夸大事实并且撒谎，你会（　　　　）。

A.讨厌撒谎的人，立即拆穿他的谎言

B.只要不是恶意的欺骗，没必要拆穿谎言，继续正常聊天

C.不必拆穿谎言，但从此不再与他聊天

（8）你与普通网友的QQ聊天方式是（　　　　）。

A.对方问一句，你答一句，很少主动开口

B.主动发问，不放过任何问题，包括对方的年龄、工资等

C.保持主动，但有些个人隐私问题必须回避

（9）遇到想深入交往的网友时，你会（　　　　）。

A.礼貌地请求加其为好友，如被拒绝就不再打扰对方

B.加其为好友，并索要对方照片

C.请求加其为好友，没有得到回复就再三提醒

（10）你与普通网友聊天时，对"真诚相待"的理解是（　　）。

A.网络是一个虚拟世界，不可与任何人实话实说

B.反正谁都不认识谁，说实话也无所谓

C.以真诚为主，但不能什么个人信息都公布于众

得分表（见表7-2）：

表7-2　　　　　　　　　　　　得分表

选项＼题号	（1）	（2）	（3）	（4）	（5）	（6）	（7）	（8）	（9）	（10）
A	3	3	3	3	3	1	1	2	3	1
B	2	1	2	2	1	2	3	1	1	1
C	1	2	1	1	2	3	2	3	1	3

课后练习

1.结合自身感受谈谈网络沟通的特点。

2.日常生活中，你都使用了哪些网络沟通方式？你有何感受？

3.使用电子邮件发送信息。在收件人一栏打上自己的电子信箱地址，给自己发一封公务信件。然后作为信件接收方，感受一下信件格式、所用文字等是否恰当。

4.或许你在网上对人有不礼貌的行为，或许别人对你有不礼貌的行为。请试举一例，并根据所学的知识和技术，提出解决问题的方案。

5.搜集几个你认为办得好的企业网站，并与同学讨论。

拓展阅读

网络宣传信息的技巧

任务 8

日 常 沟 通

君家何处住，妾住在横塘。停船暂借问，或恐是同乡。

——［唐］崔颢《长干行·君家何处住》

■ 课程思政要求

1.一条主线

坚定学生理想信念，爱党、爱国、爱社会主义、爱人民、爱集体。

2.课程思政的立体化构建

（1）遵循育人规律，推进教学理念的同向性和同行力。

（2）加强队伍建设，提高教师教学的专业性和引导力。

（3）完善教材体系，增强教材内容的系统性和说服力。

（4）改进教学方法，提升思政教育的针对性和亲和力。

（5）丰富教学载体，打造学习方式的多样性和吸引力。

（6）关注学生学法，重视学生的主体性和成长力。

■ 训练目标

在日常沟通中能够得体地赞美他人；在日常沟通中能够有效地批评他人；在日常沟通中能够巧妙地说服他人；在日常沟通中能够委婉地拒绝他人。

■ 任务导入

经理室的对话

小王是一家科教设备公司的推销员，他希望通过勤奋的工作来创造良好的业绩。一天他急匆匆地走进一家公司，找到经理室，于是就有了如下的一段对话：

小王：您好，李先生。我叫王乾，是科教设备公司的推销员。

经理：哦，对不起，这里没有李先生。

小王：你是这家公司的经理吧？我找的就是你。

经理：我姓于，不姓李。

小王：对不起，我没听清你的秘书说你是姓李还是姓于，我想向你介绍一下我们公司的彩色复印机……

经理：我们现在还用不着彩色复印机。

小王：噢，是这样。不过，我们还有别的型号的复印机，这是产品目录，请过目。（接着，掏出香烟和打火机）你来一支。

经理：我不吸烟，我讨厌烟味，而且，我们公司是无烟区。

小王：……

问题：

（1）小王与经理的沟通存在哪些问题？

（2）如何才能与人有效地沟通？

8.1　知识储备

8.1.1　赞美

美国管理学家玛丽·凯说："赞美是一种有效而且不可思议的力量。"的确如此，在社会交往中，绝大多数人都期望别人欣赏、赞美自己，希望自身的价值得到社会的肯定。恰当地运用赞美会激发人们的积极性，产生巨大的精神力量。

小故事 8-1

受到赞美的
保洁员

1.赞美的类型

赞美，是社交语言中一种常见的言语交际形式，可从不同角度对赞美进行分类。

（1）从赞美的场合上可以把赞美分为当众赞美和个别赞美。当众赞美是指面对特定的组织、团体、群体等，对某人或某事的赞美，如表彰会、庆功会、总结大会等。这种形式能充分调动全体人员的积极性，鼓动性强，宣传面广，影响面大，能产生一定的轰动效应，营造热烈、向上的气氛，但它受时间、场所限制，运用得不好，容易流于形式和走过场。个别赞美是指在会下与个别人谈话中予以表扬的形式。这种形式使用方便，自如灵活，针对性强，做思想工作比较细致，能解决一些具体问题，效果比较好，时间、地点不受限制。

（2）从赞美的方式上可以把赞美分为直接赞美和间接赞美。直接赞美是指直接对好人或好事予以赞美，以使世人皆知，这是一种常用的表扬方式。在一个社会组织内，出现好人好事，单位领导或管理人员及时予以表扬，或者通过大会等场合，或者通过某种媒介，表扬先进，带动后进，能形成良好的风气。这种形式直截了当，不拐弯抹角，使人们听到后，得到鼓励和产生好感。间接赞美是指通过第三者来赞美某人或某事的形式。使用这种形式，应注意分寸，讲究策略，往往是当面不便直接开口，或者是找不到合适的时机去说，而借用对方传达自己赞美他人的话语。这样，使他人听到后，感到心情舒畅。这种形式通过他人传达佳话，能消除隔阂，增进团结，融洽气氛，创造和维系良好的上下级关系和同志关系。

（3）从赞美的用语上可以把赞美分为直接赞美和反语赞美。直接赞美是指对好人好事用正面言语加以赞美的形式。这种赞美开门见山，直截了当，使用灵活，形式多样，应用范围广泛。反语赞美是指用反语来赞美某人或某事的形式。这种形式在特定的言语环境和背景下使用，幽默含蓄，别致风趣，比一般的赞美有更好的表达效果。例如：某制药厂厂长，赞美一位药剂师大胆实验、大公无私的献身精神，说："为了减少药物的副作用，在正式投产前，你长期泡在实验室里，对新药不择手段，抢吃抢喝，多吃多占，在自己身上反复实验，我这个厂长真是拿你没有办法。"这种反语赞美的形式，新奇巧妙，别有情趣。

小贴士8-1

两个有趣的实验

2. 赞美的作用

赞美是一种学问、一门艺术。主动、恰当地赞美别人，是一种促进关系友好的催化剂。具体来说，赞美有以下作用。

（1）赞美给人向上的力量。赞美是对他人的肯定和赏识，适时恰当的赞美能让对方产生积极的态度，产生一种行动的力量，激励人不断进步。心理学研究表明：爱听赞美是人们出于自尊的需要，是渴求上进，寻求理解、支持与鼓励的表现，是一种正常的心理需求。当一个人具有某些长处或取得某些成就时，他还需要得到社会的认可。如果我们能以诚挚的敬意和赞美的语言满足其心理需求，他就会变得更加通情达理和乐于合作。

一位著名社会活动家曾提出："给人一个好名声，让他去达到它。"事实上，被赞美的人为了不负众望，往往会付出惊人的努力，取得显著的成绩。因此，赞美成为管理者用得最多又最易得到对方认可的一种激励措施。

小故事8-2　　　　　　　　　　　　　**有这样一位妈妈**

一位妈妈第一次参加家长会，幼儿园的老师说："你的儿子有多动症，在板凳上连三分钟都坐不了，你最好带他去医院看一看。"

回家的路上，儿子问她老师都说了些什么，她鼻子一酸，差点流下泪来。因为全班30位小朋友，唯有他表现最差。

然而她还是告诉儿子："老师表扬你了，说宝宝原来在板凳上坐不了一分钟，现在能坐三分钟。其他妈妈都非常羡慕妈妈，因为全班只有宝宝进步了。"那天晚上，她儿子破天荒地吃了两碗米饭，并且没让她喂。

儿子上小学了。家长会上，老师说："这次数学考试，全班50名同学，你儿子排第40名……"

回去的路上，她流下了泪水。然而，当她回到家里，却对坐在桌前的儿子说："老师对你充满信心。他说了，你并不是个笨孩子，只要能再细心些，你就会超过你的同桌，这次你的同桌排在第21名。"

说这话时，她发现儿子黯淡的眼神一下子充满了光，沮丧的脸也一下子舒展开来。她甚至发现，儿子温顺得让她吃惊，好像长大了许多。第二天上学，他去得比平时都要早。

孩子上了初中，有一次家长会，她坐在儿子的座位上，等着老师点她儿子的名字，因为每次家长会，她儿子的名字总是在差生的行列中。然而，这次却出乎她的预料——直到结束，她都没有听到她儿子的名字。

她有些不习惯，临别时去问老师，老师告诉她："按你儿子现在的成绩，考重点高中有点危险。"

她怀着惊喜的心情走出校门，此时她发现儿子在等她。路上她扶着儿子的肩膀，心里有一种说不出的甜蜜，她告诉儿子："班主任对你非常满意，他说了，只要你努力，很有希望考上重点高中。"

高中毕业了。第一批大学录取通知书下达时，学校打电话让她儿子到学校去一趟。她有一种预感，她儿子被清华录取了，因为在报考时，她给儿子说过，她相信他能考取这所大学。

她儿子从学校回来，把一封印有清华大学招生办公室字样的特快专递交到她的手里，突然转身跑到自己的房间里大哭起来，边哭边说："妈妈，我知道我不是个聪明的孩子，可是，这个世界上只有你能欣赏我……"

这时，她悲喜交加，再也按捺不住十几年来凝聚在心中的泪水，任它打在手中的信封上……

资料来源　佚名. 有这样的母亲，何止富三代［EB/OL］.［2023-10-04］. https：//cj.sina.com.cn/articles/view/6898088234/19b28792a0190187uz.

【点评】赞美会让白痴变成天才，别人会朝你赞美的方向走来，赞美才是真正的通灵状态。我们要时刻问问自己：今天你欣赏和赞美自己了吗？今天你欣赏和赞美你的另一半了吗？今天你欣赏和赞美你的父母，你的子女，你的合作伙伴，你的员工与下属了吗？

（2）赞美能使人际关系融洽。赞美能使双方在情感上产生一种"互悦性"，沟通人与人之间的感情，消除人与人之间的怨恨，进而能够有效地使人际关系融洽。精通赞美的艺术，可以"赠人玫瑰，手有余香"。这符合人际交往中的酬赏原则，即"我给你好话，你给我好感"。也正因为如此，有人才把赞美称为"沟通的润滑剂"。

（3）赞美让人感到温暖和振奋。赞美就像照在人们心灵上的阳光，使人感到温暖和振奋。懂得了这个道理，注意运用赞美的技巧，有时我们就会对别人产生极大的影响。

小故事8-3

魏徵还善于赞美

一位学旅游的女学生曾这样谈她当见习服务员的体会：实习第一天，她在广州某酒店端了一整天的盘子，累得精疲力竭，两臂痛，双脚也疼，装满食物的托盘在手中越来越重，她感到疲倦和泄气，真想丢下托盘，躲到一个角落痛快地睡一觉。她好不容易为一位顾客开完一张烦琐的菜单，可是这位顾客的妻子和孩子三番两次要求更换菜单上的品种，她真想把托盘一丢了事。

这时候，这家人的父亲站了起来，郑重地对她说："小姐，谢谢你，给你添了那么多麻烦。你对我们的照顾真是太周到了。"

突然之间，这位女学生的疲倦和烦躁无影无踪了。她的脸上绽出了笑容，脚步也轻盈多了。后来，当经理问她对第一天的工作感觉如何时，她回答说："我感觉非常好！"一句真诚的赞美把一切都改变了。

3.赞美的语言艺术

一般来说，赞美是一种能引起对方好感的交往方式。赞同我们的人与不赞同我们的人相比，我们更喜爱前者，这符合人际交往的酬赏理论。

但令人遗憾的是：不少人把赞美当作取悦他人的简单公式，不分时间、地点、条件地对他人一味地加以赞美，实际上，这一做法是很不可取的。因为我们知道：人借助语言进行交往，语言能够影响对方的心理，进而影响双方人际关系的效能，一种语言材料、语言风格、交往方式对人际关系产生何种影响，常因人、因时、因地而异。赞美这一交往方式也不例外，它的效能也具有相对性和条件性。

美国心理学家阿伦森曾举例说：假设工程师南希出色地设计了一套图纸。上司说："南希，干得好！"毋庸置疑，听了这话，南希一定会增加对上司的好感。但如果南希草率地设计了一套图纸（她自己也知道图纸没设计好），这时，上司走过来用同样的声调说出同一句话，这句话还能使她产生好感吗？南希可能得出上司挖苦人、戏弄人、不诚实、不懂得好坏、勾引异性等结论，其中任何一项都使南希对上司的好感有所减少。

因此，赞美的效果要受各种条件的制约。能引起好感的赞美要借助以下条件：

（1）热情真诚的赞美。每个人都珍视真心诚意，它是人际交往中最重要的尺度，能引起好感的赞美。所以首先赞美必须是发自内心、热情洋溢的，否则那就是恭维。卡耐基说："赞美和恭维到底有什么区别呢？很简单，一个是真诚的，另一个是不真诚的；一个发自内心，另一个出自牙缝；一个为天下人所欣赏，另一个为天下人所不齿。"例如：

大音乐家勃拉姆斯是个农民的儿子，生于汉堡的贫民窟，没有受教育的机会，更无法系统地学习音乐，所以，对自己未来能否在音乐事业上取得成功缺乏信心。然而，在他第一次敲开舒曼家大门的时候，根本没有想到他一生的命运在这一刻被改变了。他取出其最早创作的一首《C大调钢琴奏鸣曲》草稿，手指无比灵巧地在琴键上滑动，在他弹完一曲站起来时，舒曼热情地张开双臂抱了他，兴奋地喊着："天才啊！年轻人，天才……"正是这发自内心的由衷赞美，使勃拉姆斯的自卑消失得无影无踪，也给予了他继续音乐艺术生涯的坚定信心。在那以后，他便如同换了一个人，不断地把心底里的才智和激情流泻到五线谱上，成为音乐史上一位卓越的艺术家。正是这一句真诚的赞美，创造了一位音乐大师。

（2）令人愉悦的赞美。赞美的言语应该是对方喜欢听的言语，能达到使人愉悦的目的，我们称它为愉悦性原则。在交际活动中，遵守愉悦性原则，就是要多说对方喜欢听的话语，不说对方讨厌的言辞。这样，往往能收到较好的表达效果。民间有一个关于朱元璋的笑话：

朱元璋有两个一块儿长大的穷朋友。朱元璋后来做了皇帝，这两位朋友仍过着苦日子。一天，一位朋友从乡下赶到南京拜见朱元璋。他对朱元璋说："我主万岁！当年微臣随驾扫荡芦州府，打破罐州城，汤元帅在逃，拿住豆将军，红孩儿当关，多亏菜将军。"朱元璋听他讲得很动听，十分高兴，也隐约记起他所说的一些事情，立刻封他做了御林军总管。事情一传出，另外一个朋友也赶到南京拜见朱元璋，也说了那件事："我主万岁！从前，你我都替人家看牛，一天我们在芦苇荡里，把偷来的豆子放在瓦罐里煮着，还没煮熟，大家就抢着吃，把罐子打破了，撒了一地豆子，汤都泼在泥地里。你只顾从地上满把地抓豆子吃，却不小心连红草叶也送进嘴去。叶子哽在喉咙口，苦得你哭笑不得。还是我出的主意，叫你用青菜叶子才带下肚子里去了……"朱元璋见他不顾体面，没等他说完，就命令："推出去斩了！"从上例可见，第一位朋友将放牛娃偷吃豆子的趣事，赞美为叱咤疆场的赫赫战绩，巧妙比喻，高雅别致，说得动听，使人愉悦。第二位朋友明话直说，粗俗低劣，有伤皇帝尊严，自然当斩。

（3）具体明确的赞美。空泛、含混的赞美因没有明确的评价原因，常使人觉得不可接受，并怀疑你的辨别力和鉴赏力，甚至怀疑你的动机、意图，所以具体明确的赞美才能引起人们的好感。对他人总以"你工作得很好""你是一个出色的领导"来赞美，只会引起人家的反感。

（4）符合实际的赞美。在赞美别人时，应尽量符合实际，虽然有时可以略微夸张一些，但是应注意不可太过分。如某个人对某领域或某个方面提出了一些很好的意见，或者有了一点成果。你可以说："你在这方面可真有研究"，甚至可以说："你是这方面的专家"；可如果你说"你真不愧是著名的专家""你真是这方面的泰斗"等，对方如果是个正派人就会感到不舒服，旁观者也会觉得你是在阿谀奉承，另有企图。

（5）让听者无意的赞美。赞美者不是有意说给被赞美者听的赞美叫无意的赞美。这种赞美会被人认为是发自内心，不带私人动机的。例如：

《红楼梦》中一次贾宝玉针对薛宝钗劝他要做官为宦、仕途经济的话，对史湘云和袭人赞美黛玉道："林姑娘从未说过这些混账话不曾？要是她说这些混账话，我早和她生分了。"恰巧这时黛玉来到窗外，无意中听见这些话，使她"不觉又惊又喜，又悲又叹"。其结果是宝黛二人推心置腹，感情大增。

（6）不断增加的赞美。阿伦森研究表明：人们喜欢那些不断增加对自己的赞美的人，并且对于自始至终都赞美自己的人与由最初贬低逐渐发展到赞美的人，人们会尤其喜欢后者。因为相对来说，前者容易使人产生他可能是个对谁都说好的"和事佬"的感觉；但人们对开始持否定态度的后者会留下这样一种印象：说我不好，一定是经过考虑、分析的，可能有他一定的道理。从而认为对方可能更有判断力，进而更喜欢他。

（7）出人意料的赞美。若赞美的内容出乎对方的意料，易引起好感。卡耐基在《人性的优点》中讲过他曾经历的一件事：

一天，他去邮局寄挂号信，从事着年复一年的单调工作的邮局办事员显得很不耐烦，服务质量很差。当他给卡耐基的信件称重时，卡耐基对他称赞道："真希望我也有你这样的头发。"闻听此言，办事员惊讶地看着卡耐基，接着脸上泛出微笑，热情周到地为卡耐基服务。显然这是因为他接受了出乎意料的赞美的缘故。

（8）雪中送炭的赞美。最有实效的赞美不是"锦上添花"，而是"雪中送炭"。在他人最需要的时候送上赞美，往往比那些平时说出的赞美更能受到重视。赞美要选好时机。在独特的情景下表达出来的赞美和赏识更让人怦然心动，也能换来对方的倾心

微课8-1

具体明确的赞美

相报。例如：

宋太祖被后人称为"仁义皇帝"，他对士兵从来都不忘赞美和奖赏，经常以恩典来感化他们，让他们为皇帝的赏赐而感动，心甘情愿地为朝廷建功立业。

公元964年，宋朝兵分两路进攻后蜀，战事进行得较为顺利。有一天，京城开封下起了鹅毛大雪，宋太祖在讲武殿处理军事。由于天气寒冷，殿中置设毡帷，宋太祖戴着紫貂裘帽。宋太祖即景生情，对左右侍者说："我穿戴得这样厚实，身体还觉得寒冷，那么西征将帅士卒顶着霜雪，处境一定相当难。"说完，即解一裘帽，派人送到战争前线赐给统帅王全斌。王全斌拜赐感泣，决心率西征将士全力以赴，消灭后蜀以报答皇上的赏赐之恩。

攻打北汉时，宋军将太原城重重围住，无奈太原城十分坚固，以致久攻不下。宋太祖的侍卫亲军看到皇帝为这座孤城整日愁眉不展，自告奋勇要求充当攻城先锋。指挥使李怀忠率众攻城，不想失利而归，且身中流矢，差点丢了性命。宋太祖得知后深表惋惜，于是，当殿前都虞侯赵廷翰率各班卫士再次叩头请战时，宋太祖对这些侍卫们说："你们都是天下兵中的精中之精，无不以一当百，好像是我的爪牙。我宁肯不得太原，也不会让你们冒着生命危险，踏入必死之地。"说罢，下令班师退兵。

宋太祖的这番话令左右侍卫们感激涕零，众人感动得热泪盈眶，叩头齐呼"万岁"。

（9）适可而止的赞美。对学生、下属、晚辈等表示赞美，如过分使用溢美之词则可能会助长对方骄傲、自满、浮躁的情绪，不利于对方学习、工作、做人等的进一步发展。这就要求我们在赞美这一类人时应当把握好分寸，适可而止，以含蓄的语气表示赞扬，少一些华丽的溢美之词，多一些实实在在的引导、肯定和鼓励，既满足对方自我价值实现的心理，又令其感受到肩上的责任和期冀，从而更加懂得上进。

小故事8-4　　　　　　　　　　　　　　　　　　**李叔同赞美丰子恺**

丰子恺考入浙一师后，李叔同教他图画课。在教木炭模型写生时，李叔同先给大家示范，画好后，把画贴在黑板上，多数学生都照着黑板上的范画临摹起来，只有丰子恺和少数几个同学依照李叔同的做法直接从石膏上写生。李叔同注意到了丰子恺的领悟。一次，李叔同以和气的口吻对丰子恺说："你的图画进步很快，我在南京和杭州两处教课，没有见过像你这样进步快速的学生。你以后，可以……"李叔同没有接着说下去，观察了一下丰子恺的反应。此时，丰子恺不只为老师的赞扬感到欢欣鼓舞，更意识到在老师没有说出的话当中包含着对他前程的殷切希望。于是，丰子恺说："谢谢！谢谢先生！我一定不辜负先生的期望！"这天晚上，李叔同对丰子恺的赞扬，激励他走上了艺术生涯。丰子恺后来回忆道："当晚李先生的几句话，决定了我的一生……这一晚，是我一生中的一个重要关口，因为从这晚起，我打定主意，专门学画，把一生献给艺术。几十年一直没有改变。"

资料来源　佚名. 寓鼓励于赞美之中［EB/OL］.［2022-07-25］. https://zhidao.baidu.com/question/464687732726463205.html.

【点评】李叔同尽管注意到了丰子恺在绘画方面的天赋，他自己也为此而颇感激动，但他在赞扬丰子恺时仍然努力保持了平和的心态和语气，只用朴实、含蓄的语句表达了对丰子恺画艺进步的肯定，同时欲言又止，让他自己去领会其中浓浓的期冀之情。这样的赞美方式，既让丰子恺感到满足，同时也给予了他极大的激励。

（10）比较之下的赞美。在众多的赞美方式中，比较总是有着独特的感染力，因为它能通过强烈的对比与反差，给人留下深刻的印象。比较赞美也有很多技巧。据金禹良总结，比较赞美时要注意以下几点。

微课8-2

比较之下的
赞美

①如果拿自己与对方做比较，要适当地抑己扬人。比较可以是他人之间的比较，也可以是自己与他人的比较。如果拿自己与他人做比较，切忌过分夸张和抬高自己，而是要巧妙地将赞美的重心落在他人的身上，自己只是铺垫。

韩信就善于用抑己扬人的方法来赞美他人。

有一次，汉高祖刘邦与韩信谈论诸将才能的高下。

刘邦问道："你看我能指挥多少兵马？"

韩信回答："陛下至多指挥10万兵马。"

刘邦又问："那你能指挥多少兵马？"

韩信自豪地回答："臣多多益善耳。"

刘邦不悦道："既然你带兵的本领比我大，为什么被我控制呢？"

韩信坦率地说："陛下不善于指挥兵，但善于驾驭将，这就是我被陛下控制的原因。"

刘邦听了，不怒反笑，心情也高兴起来。

韩信的比较赞美巧妙地隐藏在话锋中，随着对话的层层深入才表现出来。韩信先是如实地说出自己带兵能力很强的事实，然后以"指挥士兵"和"指挥大将"做比较，突出了刘邦的帅才。对于一个君主来说，帅才当然更为重要。所以，刘邦听后就非常高兴了。

②尽量用自己熟悉的事物做比较。人们总是对自己熟悉的事物更了解，也更容易抓住可以比较的特征。用自己熟悉的事物去类比自己不熟悉的事物，这样的比较会更真实和贴切。

一位农妇对绘画一点儿都不懂，但她却很会夸奖别人的画。

一次，她见到一位画家画的一幅小鸡闹食的画，不由惊叹道："哎哟！瞧这些画出来的鸡，比俺家养的那些鸡还调皮！"一句话把画家逗得哈哈大笑，高兴之余，把这幅作品赠给农妇留念。

如果农妇不是用比较赞美的方法，而是直接从构图、线条、色彩等方面去赞美，那么很有可能贻笑大方。这个聪明的农妇将这些画中的鸡与现实生活中的鸡做比较，既表达了对画家画技的赞美，又自然贴切。

③可以将个人与整体联系起来做比较，通过说明个人在整体中所处的位置，让对方有参照性地做出判断。

王文勇和赵诚两人的成绩一直都不错，但是在一次考试中，两人的数学成绩却都只有60分。因为老师出的试题很难，所以全班的分数都不高。两人回家之后，分别用了不同的方法汇报自己的成绩。

王文勇回到家。

爸爸问："这次数学考试得多少分？"

"60分。"

爸爸怒吼道："说了平时不准玩游戏，你偏不听，以为自己成绩好就骄傲。这下好了吧，才及格！"

赵诚回到家。

爸爸问："这次数学考试得多少分？"

"这次数学考试很难，大部分同学都没有及格，班上最高成绩也只有70分。"

"那你呢？"

"刚好及格，60分。"

"那你还要加油呀，要把基础打扎实，自然成绩就能稳住。"

王文勇和赵诚两个人的数学成绩完全相同。为什么两个人的回答却得到双方父亲的不同对待呢？原因就是赵诚用了"比较"的回答方法。赵诚将自己的成绩与全班同学的成绩做了比较，父亲认为虽然赵诚分数较低，但仍然在班上排名靠前，所以就没有责备他。而王文勇却没有运用比较的方法，直接告诉父亲自己的分数，父亲就直接与他平时的学习成绩和表现联系起来，马上想到了他不努力，于是感到愤怒。

用比较的方式表达，听者的感受会与直接表达不同。

④作比较的时候，要拿两种有很强的可比性的事物做比较。比较的对象之间的相似性越高，听者就越能感受到比较所带来的对比效果。所以，挑选要比较的事物要尽量相似，以形成鲜明的对比效果。

总之，赞美是人的一种心理需要，是对他人尊重的表现，是一剂理想的黏合剂，它给人以舒适感，使我们拥有更多的朋友。但"赞美引起好感"并不是绝对的、无条件的，它要受赞美动机、事实根据、交往环境等因素的制约和影响。因此，我们在与人交谈时，必须记住"一味地赞美不可取"。

小训练 8-1

分析下列实例中赞美的失误点：

（1）小陈去拜见某教授。小陈一见面就说："久闻您老的大名，您老真是才高八斗、学富五车。"教授笑眯眯地反问："你说说看，我有哪八斗才，哪五车学？"小陈闹了个大红脸。

（2）小刘在出席一位青年作家作品研讨会时，出于对作家妻子甘当"贤内助"的由衷佩服，不禁赞美说："你俩真像诸葛亮夫妻，男的才华横溢，女的相夫教子，天生的一对啊！"丈夫听后倒没什么，夫人却是一脸的尴尬。

（3）叶发的女儿叶莉很早的时候就和姚明确立了恋爱关系，那时姚明还籍籍无名。后来姚明加入了NBA，一下子名扬天下。街坊邻居们看到叶发都会赶上来攀谈，羡慕地说道："姚明是你未来的女婿啊！他可是个大明星，你女儿嫁给了他，以后家里就有了一棵'摇钱树'，你们老两口多豪华的生活都可以过得上，真有福气啊！"每次叶发听到这些话，都会感觉很不舒服，仿佛女儿是在攀龙附凤，冲着姚明的名气和钱去的一样。他总是不咸不淡地回应："孩子有孩子的生活，我们有我们的生活，不能什么都指望孩子！"

8.1.2 批评

从字面意思看，批评有两种含义：一是广义的批评，即指出优点和缺点；二是狭义的批评，专指对缺点和错误提出意见。口语中的批评，侧重于后者。

1.批评的基本原则

无论如何，没有人愿意受到批评，所以，批评别人一定要讲究原则。金常德认为批评的基本原则主要表现为以下四个方面：

（1）唯实原则。批评他人的基本前提是事实准确，即必须做到实事求是。如果事先调查不够，事实真相与了解到的情况有差异，那么被批评者会难以接受。如果是根据道听途说、捕风捉影的"小道"消息而批评他人，就更加难以服人。所以批评他人时必须做到事实要准确、责任要分清、原因要查明，这样的批评才能有理有据，既不夸大，又不失察，才会让被批评者信服。

（2）唯事原则。正确的批评应该是对事不对人，因为要解决的是问题，目的是今后把事情办好，只要错误得到了改正，问题得到了解决，批评就是成功的。如果批评直接对人，当事人就可能无法接受。当然澄清了事实也并不等于解决了思想问题，所以批评他人必须力求既解决了问题，又团结了人。唯事原则就是对被批评者在感情上委婉，在问题上直接、直指本质。

（3）因人原则。由于经历、知识、性格等的不同，不同的人对批评的心理承受能力和接受方式也会有很大的区别，在交际中我们应对不同的对象采取不同的批评方式。对于性格比较温和的人，要同他慢慢讲道理，逐步加以引导，态度一定要温和。对于惰性问题较突出的人宜用"触动式批评"，通过语言的强刺激或以"情"来触动他，使其醒悟，但也要防止引起对抗情绪。对于自尊心强、主观见解难以改变的人，适宜用"渐进式批评"，即批评要有层次，逐步深入，不要把所有的问题一下子都说出来。对于反应敏捷、脾气暴躁的人，宜用"商讨式批评"，以商讨的态度，平心静气地把批评信息传递给他。对于疑心较重的人，适宜用"提醒式批评"，主要以暗示的方式，用提醒、启发的语言帮助他认识问题。对于性格内向、善于思考的人，宜用"发问式批评"，即以提问为主，把问题点出来，以达到批评的目的。

（4）适度原则。适度原则主要从质和量两个方面来把握。从质的方面来说，批评大都本着"团结—批评—团结"的原则进行，批评的目的是要把问题谈透，而不是把人批评得抬不起头；但批评毕竟不是褒奖，如果批评的语言没有分量，也就失去了批评的意义。从量的方面来说，同样是犯错误，错误大小可能不同，批评的语言也要随机应变，该轻则轻，该重则重。批评适度就是要力求将质的把握和量的限制有机统一。

2.批评的注意事项

批评是人际交往中不可缺少的重要方法之一。要取得预期的批评效果除了要有良好的出发点外，关键还要注意以下七个方面：

（1）实施批评要慎重。人们在单位中一旦受到批评或指责，对本人的心理影响很大。如果批评合理，教育适宜，方法得当，就能起到教育本人、启发他人的作用。这就需要批评者对被批评者所犯错误的问题实质有清楚的认识，能够做出符合实际的准确判断和分析，而后选择适当的方式、时机，诚恳、坦诚地进行教育引导。例如：

一次期中考试后，校长发现女班主任带的班级普遍比男班主任带的班级考得好，就在总结会上讲道："今天我要表扬咱们学校的女班主任。为什么？因为她们带的班级考得很好，成绩超过了男班主任带的班。这说明，我们学校的女才子特别多。这里呢，我既要为女才子们的胜利而骄傲，也要为男才子们的谦虚而骄傲！""哄"的一声，老师们都笑起来——原来校长是在拐着弯儿批评男班主任群体！

这位校长将批评的语言软化，转着弯儿、变着法儿，笑着让下属心服口服地接受批评，又怎会引起下属的不满和反感呢？校长的批评真是慎之又慎啊！

（2）批评态度要诚恳。批评不如表扬听起来顺耳，虽然"良药苦口利于病，忠言逆耳利于行"，但听到批评总是不那么舒服的，因此，批评人时的态度诚恳与否就显得尤为重要。领导要对批评对象怀着帮助和团结的目的进行批评，要让其感到领导批评自己是出于对自己的关心，而不是与自己过不去。这样，下属才更容易接受。例如：

小丽在一家公司做经理秘书，因为经验不足把一份文件登记错了，经理很气愤，想当众批评一下。经理先把她叫来说："你做错了一件事，一个人不是生来就有不做错事的本领的，你做得比我在你的岁数时好多了。不过，今天这件事可是个低级错误，而且给大家留下了一些不好的印象，所以，需要在大家面前说说这个事，你有思想准备吗？"小丽不但在思想上愉快地接受了批评，而且表示今后一定好好工作，不出差错。后来，小丽成了一位合格的秘书。

这里，经理的说话方式是，先坦诚地说自己曾经的不足，再指出对方的错误，最后诚恳地与之"通气"，需要在大家面前批评。这样做的好处是：下属在接受批评之前，因为有了思想准备，就不会因思想转不过弯而难以接受批评，产生过重的精神压力，以致和领导"顶牛"或产生怨恨情绪；也可以防止其因灰心而破罐子破摔。这样的批评，不会损害感情、削弱关系，也不会影响下属的工作积极性。

（3）批评语言要恰当。要使下属心悦诚服，愉快地接受批评、改正错误，应尽量使良药不苦口、忠言不逆耳。首先，批评要言之有理。就是要摆事实、讲道理，以理服人，不捕风捉影、道听途说，更不能歪曲、夸大事实真相。其次，批评要言之有度。批评的内容、定性要准确适度，不要过了、偏了，让当事人受委屈，不能把一般问题说成严重问题，把偶然的、个别的错误说成一贯错误，不要在小是小非上纠缠不休，也不能用偏激的语言刺激批评对象。

小案例 8-1　　　　　　　　　　　　　　　**车间主任的批评**

包装车间有个新员工写得一手好毛笔字，但是，他在包装产品时却常常粗枝大叶，把产品包错包装纸。有一天，他在空余时间写字，被车间主任看到，主任凑过去，说："字写得不错嘛！"新员工抬头看了主任一眼，抽了抽嘴角，其意味是"您对书法也有研究？"于是，主任说："汉字是方块字，既有美学，也有力学。"接着，便从古代的王羲之、颜真卿、柳公权，说到现当代的郭沫若、沙孟海、李叔同。新员工没想到主任懂这么多，不由得暗暗佩服。主任又说："常言道，字如其人，但遗憾的是，你的字却与你本人不大一样。你看看你包装的产品，常常穿错衣服，'男装'给女的穿上，'女装'又给男的穿上。再看看你的字，方方正正、干净利落，可你包的产品却'窝窝囊囊'。"主任接着说："一个字中，只要有一笔没写好，就会影响整个字的结构，结构散了架，还谈什么书法？同样，一个人也会影响整个集体呀！"新员工听完，红着脸说："主任，我保证，今后不再拖车间的后腿。"

资料来源　孙小杰. 演讲与口才：微课版［M］. 2版. 北京：人民邮电出版社，2023.

【点评】车间主任先用表扬做铺垫，而后才转入正题，以"雷"击顶，让这位新员工顿悟。这样的批评话语含蓄，恰当得体，好像蕴藏着很多"表扬"的成分，而实际蕴含的批评分量却更重，柔中带刚，又不失人情味，既给人留了面子，又让人领悟警醒。

（4）"批""评"并重多引导。批评，"批"之后要有"评"。"批"是指出缺点和错误，"评"是点评，即提出改正的意见。无论什么人，出错后都希望别人能为自己指点迷津，而不是指手画脚、抱怨指责，因此，只有在指错的同时告诉被批评者需要做些什么和应该怎样做，才能取得良好的批评效果。

（5）声势和场合宁小勿大。某位企业家曾说过一句名言："表扬可以形成文件，而批评打个电话就行了。"从这个意义上讲，能个别批评的就不要当众批评，能私下批评的就不要公开点名批评，这么做有利于存在缺点、犯错误的人更好地认识、改正缺点和错误。

小案例8-2　　　　　　　　　　　　**俞敏洪谈批评**

在一次论坛上，俞敏洪在谈到对于批评员工的看法时，说："我曾经有过公开批评员工的经历，结果我发现公开批评有一个重大问题就是彼此在面子上过不去。然而，当你私下把一个员工叫到办公室批评和指出缺点时，一般来说都能够接受，有些人甚至还有感恩心理。因为他感觉到你是在维护他的面子，并且你批评的目的是让他进步，而不是让他下不了台。在批评的具体方式上，有一次俞敏洪在接受采访时说："我们批评人最好有个缓冲，比如小王犯错了，老板劈头盖脸训一顿，小王为了保住工作，只能忍气吞声，但是他不服啊。不如我们这么说，小王啊，做得不错，但是下一次如果你注意这几个方面，这么干的话，相信会做得更好！"

资料来源　佚名. 商界精英如何批评员工［EB/OL］.［2021-01-18］. https://m.sohu.com/a/445572493_100032016/.

【点评】俞敏洪从自己的经历说起，指出了公开批评的负面作用，展示了私下批评的好处。在具体方式上，他赞同先肯定，再指出不足，俞敏洪的观点和做法是大多数管理者所认同和遵循的。

（6）注意采用得体的措辞、语气和表情。在指出下属错误时，尽可能不用"从来""总之""根本"之类的带有偏见的字眼。如老板对秘书说："这封邮件错字满篇，你好像根本不在乎交出去的东西是好是坏。"这种以偏概全的判断只会使下属产生抵触情绪。也不能用威胁或责备的语言，更不可包含讥讽或敌意，切不可做出瞪眼、皱眉等发怒的表情，要避免说"我告诉过你应如何"这种话，它对改变对方毫无作用。在提出修正意见时，应多用请求的语气，尽可能不用要求的语气。当你请求时，你是把他看作你的协作成员的。"请你做一些修改好吗？"比"重做！这一次无论如何要做好！"的效果更好。

（7）批评之后来点小温暖。下属被领导批评后，容易对领导产生畏惧情绪，也容易对领导产生抵触情绪，这些都可能造成下属和领导心理上的疏远。作为领导，要有全局性的眼光，也应该有细致入微的一面，在批评下属之后，来点"小温暖"：如主动通过开玩笑等方式拉近与下属的距离，或缓和紧张的氛围，给予改正错误的下属以赞美和鼓励，或批评之后的一段时间当众主动热情地关注下属、夸奖下属。这样从细节上照顾下属的情绪，会让下属觉得领导充满人情味，也能极大地提高下属的工作积极性。

小案例 8-3　　　　　　　　　　　　　　　　　**领导批评我之后**

网上有人提出一个问题：领导的哪些话语让你觉得很有人情味？回答五花八门，其中网友"弦上春秋"的回答，让人看了觉得十分温暖：

我的领导有一个习惯，就是在批评了一个员工后，下次见面的时候，他一定会主动跟这个员工打招呼，说上几句玩笑话。比如有一次，我被狠狠批评了一顿，第二天早上上班，我心情忐忑，生怕领导见到我，又把我训一顿。谁知领导进了办公室，第一个就跟我说话："小吴，昨晚没睡好吗？这么大的黑眼圈。你是觉得把自己熬成国宝，就可以不干活儿光拿工资了吗？"我笑了起来，对领导的那种畏惧感和紧张感一下子消失不见了。有一次，我和领导谈起了这件事，领导笑着说："做错了事该批评得批评，但是不能让大家有心理负担。我主动找你们说说话，开开玩笑，就是希望你们能尽快缓和心情，精神饱满地投入工作中。"这一个小细节，让我觉得我的领导特别有人情味。

资料来源　苏永利. 批评之后的小温暖［EB/OL］.［2020-11-19］. https://www.sohu.com/a/432863018_160691.

【点评】领导者要有全局性的目光，也应该有细致入微的一面，批评下属时，一定要注意从细节上照顾下属的情绪，这样会让下属觉得你充满人情味。

3. 批评的技巧

在管理学中有个木桶原理，是指一个由很多块木板组成的木桶，决定其容积大小的不是最长的那块木板，而是最短的那块木板。单位或部门也是如此，员工就是那些组成木桶的木板，团队竞争力就是木桶的容积。从这个角度来看，在灵活运用激励制度的同时，管理者更应站在客观的立场上，认真把握批评的尺度和方式，才能提携后进者，保证团队的整体竞争力。

通常，人们总是用"忠言逆耳""良药苦口"告诫被批评者要虚心接受批评意见，不应计较批评的方式。批评者要使自己的批评被对方顺利接受，做到忠言不逆耳，是需要讲究批评技巧的。

（1）欲抑先扬。卡耐基说过："纠正对方错误的第一个方法——批评前先赞美对方。"的确，在批评之前先就对方的长处给予真诚的赞美，就能化解被批评者的对立情绪，使批评在和谐的氛围中进行，从而达到预想的效果。这种方法尤其适用于脾气倔强或敏感、自尊心强的下属。例如：

某知名公司董事长王梅女士的一名女秘书调往别处，接任的是一个刚刚毕业的女大学生。新来的女大学生打字总是不注意标点符号，令王梅很苦恼。有一天，王梅对她说："你今天穿了这样一套漂亮的衣服，更显示了你的美丽大方。"女大学生突然听到老板对她的称赞，受宠若惊。于是，王梅接着说："尤其是你这排纽扣，点缀得恰到好处，所以我要告诉你，文章中的标点符号，就如同衣服上的纽扣，注意了它的使用，文章才会条理清楚并让人易懂。你很聪明，相信你以后一定会更加注意这方面的问题！"

从那以后，那个女孩做事明显变得有条理了。一个月后，她的工作已令王梅满意了。

（2）选择时机。时机的选择和把握，是批评能否收到良好效果的重要一环。一般来说，双方情绪比较稳定，交谈气氛较为融洽，或者没有其他人在场的时候，都是开展批评的恰当时机。要尽量避免在大庭广众之下指名道姓地批评下属，必要时可采用模糊词语，如"最近一段时间，有些员工纪律松懈，上班有迟到、早退现象。个别员工还在上班时间上网聊天等，这些都是公司明令禁止的，希望各位严格执行。"

（3）间接批评。间接提出别人的过失，要比直接说出口来得平和，且不会引起别人的强烈反感。例如，卡耐基讲过这样一件事：

一天，王总在自己的钢铁厂检查时，撞见几个工人正围在一起抽烟。他们显然忘记了工厂禁止吸烟的明文规定。王总应该把这几个工人揪出来狠狠地批评他们吗？或者把那块"禁止吸烟"的牌子指给他们看？这都只会让对方感到难堪。只见王总不动声色地走上前，发给他们每人一支雪茄，并对他们说："我们到外面抽。"这些工人当然不会跟着王总一起出去抽烟，而是对他说："啊，我们忘记禁止吸烟的规定了。请你原谅。"然后赶快回到他们的工作岗位上去了。

（4）就事论事。批评他人通常是一件比较严肃的事情，所以一定要客观具体，就事论事。要始终围绕对方所做的错事，不转移话题，不随意联想。批评的话要简洁明了，适可而止。如果多次批评都不见效，就必须变换批评的思路和方式了。

批评应以员工特定的行为为对象，而不应以员工本身为对象，即不要把工作上的失误归结为人格的缺陷。如果以员工本身为批评对象，构成人身攻击，员工自然会采取充满敌意的防御措施。例如，如果你的秘书工作起来情绪不稳定，你可以告诉他在工作中要如何做，而不要说："你就是因为失恋才心不在焉的。"技巧性的批评强调一个人的功劳及可以改善之处，而不是从问题中挑出个性上的缺陷。从激励的角度来看，一个人如果觉得他的失败是由于本身无法改变的缺陷，必然会因绝望而停止尝试。

（5）不做比较。俗话说："尺有所短，寸有所长。"每个人都有自己的优缺点，我们不能拿一个人的短处与他人的长处相比，也不能将一个人做错的事与别人做对的事相比，否则就会有失公允，得出的结论也无法让人信服。在批评下属的时候，尤其不能拿其他优秀员工做横向比较，以免挫伤被批评者的自尊心。

（6）用故事感染。故事通俗易懂，老少皆宜。用故事来说明某个道理，既形象生动，又富有感染力，能很好地达到批评教育的目的。例如：

某公司为加强干部管理，严肃考核制度，在考勤等方面制定了一系列的规章制度，并实施具体的奖惩手段。这项工作决定由一位曾在企业从事多年管理工作的老同志负责。但这位老同志不太情愿，说过去因为办事认真，得罪人不少，正努力吸取"教训"，克服"缺点"。公司领导听后没有直接批评他的错误认知，而是讲了一个故事：某导演为拍好一部影片，到处寻找合适的演员。后来发现了一个合适人选，便通知他准备试镜。这个人非常高兴，理了发，换了新衣服，对着镜子左照右照，总感到自己的两颗虎牙不好看，于是到医院将牙拔了。等他兴致勃勃地去报到时，导演见到他，失望地说："对不起，你身上最珍贵的东西，被你自己当作缺陷给毁了，影片已经不需要你了。"

故事讲完后，这位老同志懂得了"坚持原则，办事认真"正是他自己最珍贵的东西，于是愉快地接受了工作。

（7）幽默地批评。一般来说，批评对象经常会处于紧张、压抑的心理状态，特别是在受到上级或长辈批评的时候，他们或焦虑、恐惧，或对立、抗拒，或沮丧、泄气。这些负面的心理状态会构成双方交流思想的障碍，从而大幅削弱批评的效果。而幽默的批评能有效缓解批评对象的紧张、压抑情绪，它以轻松不刺激的方式点到批评对象的要害，启发批评对象好好思考，从而增进相互间的情感交流，使批评者在轻松愉快的氛围中达到教育对方的目的。

拿破仑个子不高。有一次一个比他高了一头的军官犯了很严重的错误，他非常气愤地对他说："如果你再犯类似的错误我将取消我们之间的区别。"利用身高的差别，把"砍掉对方的脑袋"说成"取消我们之间的区别"，真是十分幽默。可见，有时最严厉的批评也可以融进幽默的语言中。

（8）友好结束。正面的批评，或多或少都会给对方造成一定压力。如果一次批评不欢而散，对方可能会增加精神负担，产生消极情绪，甚至对抗情绪，会为以后的沟通带来障碍。所以，每次批评都应尽量在友好的气氛中结束。在批评结束时，不以"今后不许再犯"这样的话作为警告，而应以鼓励性的话语提出希望，比如"我想你会做得更好"或"我相信你"，并报以微笑，让下属把这次沟通当作鼓励而不是一次意外的打击。这样有助于对方打消顾虑，增强改正错误、做好工作的信心。

小贴士8-2　　　　　　　　　　　　　　　批评"八忌"

一忌无凭无据，捕风捉影；二忌大发雷霆，恶语伤人；

三忌吹毛求疵，过于挑剔；四忌清算总账，揭人老底；

五忌当面不说，背后乱说；六忌夸大事实，无限升级；

七忌威胁逼迫，以势压人；八忌一批了之，弃之不管。

小训练 8-2

假如你是某电子产品销售分公司的经理，由于下属粗心导致订单出错，你会如何对其进行批评？请两位同学一组，进行模拟练习。

8.1.3　说服

说服就是改变或者强化态度、信念或行为的过程。说服是以求得对方的理解和行为为目的的谈话活动，是使自己的想法变成他人的行动的过程。说服的过程是思想、观点的交锋。说服是以人为对象，进而达到共同的认识。人们常说："人生，就是从不间断的说服。"尤其是在商务领域，那里聚集着各种性格的人，为了达到共同的目标，大家必须同心协力，因此说服的场景更是俯拾皆是。所以说人生就是不间断的说服，也并不过分。只有善于说服的人才能够获得他人的尊重和信赖。

小故事 8-5

诸葛亮的说服技巧

1.说服的基本条件

要想取得良好的说服效果，必须具备如下条件：

（1）说服者具有较高的信誉。说服进行的基础，是取得对方的信任。而信任，来自于说服者的信誉。信誉包括两大因素：可信度与吸引力。可信度高、吸引力强的人，说服效果明显超过可信度低、吸引力弱的人。可信度由说服者的权威性、可靠性以及动机的纯正性决定，是说服者内在品格的体现。吸引力主要指说服者的外在形象。说服者的年龄、职业、文化程度、专业技能、社会资历、社会背景等构成的权力、地位、声望就是权威性。俗话说："人微言轻，人贵言重"，一般来说，一个人的权威性越强，对别人的影响力也就越大。如果说服者在被说服者心目中形成了某种权威性形象，那么他说服别人转变态度的可能性也就越大。要提高说服者的信誉，首先要提高说服者自身各方面的素质，具有高尚的道德修养，具备权威性和可靠性，说服才有分量、有威信，才能赢得听者的尊重和信赖。此外，还需重视外在形象的整饰，一个外貌、气质、穿着、打扮能给人好感的人，才具有吸引力，一个言谈、举止、口音等方面能与对方有共性的人，才具有吸引力。一个恰当的印象，会产生首印效应，帮助说服者成功说服他人。

（2）对说服对象有相当的了解。"知己知彼，百战不殆"。在说服他人之前，必须了解说服对象，捕捉对方思想、态度方面流露出的点滴信息，摸清对方思想问题的症结所在，了解对方的心理需求，根据不同情况区别对待，因人而异，有针对性地打开对方的心扉，才能真正实现感情和心灵的共鸣，避免或减少盲目说服造成的错位反应。

微课 8-3

对说服对象有相当的了解

首先，要了解对方的性格。苏洵在《谏论》中举了一个有趣的例子：

有三个人，一个勇敢，一个胆量中等，一个胆小。将这三个人带到深沟边，对他们说："跳过去便称得上勇敢，否则就是胆小鬼。"那个勇敢的人必定毫不犹豫地一跃而过，另外两个则不会跳，如果你对他们说，跳过去就奖两千两黄金，这时那个胆量中等的人就敢跳了，而那个胆小的人却仍然不能跳。突然来了一头猛虎，咆哮着猛扑过来，这时不待你给他们任何许诺，他们三个人都会先你一步腾身而起，就像跨过平地一样。

从这个例子我们可以看出，不同性格的人，接受他人意见的方式和敏感程度是不一样的，有针对性地采取不同的方法去说服对方，更容易达到我们的目的。

其次，要了解对方的优点或爱好。有经验的推销员，一进入顾客家中，就会立刻找到客户感兴趣的话题进行交谈。例如，看到地毯，马上会说："好漂亮的地毯，我也很喜欢这种样式……"通过各种话题创造进入主题的契机。因为从对方的长处或最感兴趣的事物入手，一方面能让对方比较容易地接受你的观点；另一方面在对方所擅长的领域里更容易说服他。

最后，要了解对方的看法和态度。有一位歌星特别爱摆架子，一次要参加一个大型义演，时间是晚上九点。可是到了七点，这位歌星忽然打电话给唱片公司的总监，说她今天身体不舒服，喉咙很痛，要临时取消当天的演出，唱片公司的总监没有破口大骂，而用惋惜的口吻说："真可惜，最大牌的歌星才有机会亮相这次演出，如果你现在取消，公司里还有很多小牌歌星挤破头在等呢！可是如果换了人，电视台一定会不满。有那么多后起之秀想取而代之，你这样做恐怕不妥吧！"歌星听后小声地说："那好吧！要不你八点来接我，我想那时我身体应该会好一点吧。"这位唱片公司的总监很清楚这位歌星根本就没什么毛病，只是喜欢摆摆架子，找准了对方拒绝的真实原因，进而有针对性地进行说服。

（3）能够把握住说服的最佳时机。说服还要抓住最佳时机。同样一番道理，彼时说可能不如此时说，现在说不如以后说。时机把握得好，对方才会愿意听，才会用心听，才能听得进去；否则，说服过早，会被对方认为神经过敏或无中生有；说服过迟，已时过境迁，对方认为你是"事后诸葛亮"，你即便有再好的口才，再好的意见，都不可能收到预期的效果。掌握时机，要将说服对象与时、境、理联系起来考虑，配合起来运用。可利用特定场合，造成境、理相衬，进行深入说服；可境中道情，情中说理，进行委婉说服；还可借助眼前实物，进行暗示说服等。

（4）必须营造良好的说服氛围。说服，总是在一定的语言环境中进行的。环境制约了语言，因此，说服效果的好坏，在一定程度上也取决于环境。一个宽松、温和、优雅的环境较之肃穆、压抑、逼人的环境，其说服的效果自然会好得多；在一个自己熟悉的环境中进行说服，较之于陌生的环境，自然也会有利得多。营造一个恰当的说服氛围，不仅是必要的，而且是必需的。举例如下：

某啤酒厂得罪了一家餐馆的经理，对方就销售另一品牌的啤酒。在和负责人直接谈判无效的情况下，销售人员天天晚上去这家餐馆帮忙搬运货物，甚至包括竞争对手生产的啤酒。他总是说："你是我的老顾客了，我要为你服务，即使你不销售我们公司生产的啤酒。"他的诚意终于打动了经理，最后使其只销售该品牌的啤酒。可见充分体验对方的感受，会产生融洽的感情，在此基础上再委婉地提出自己的观点，怎么可能不赢得对方的赞许呢？

2.说服的语言艺术

（1）换位思考，晓以利害。要站在对方的立场考虑问题，理解并同情对方的思想感情，从对方的角度说明问题，进而使他改变自己的看法，达到理想的说服效果。

1977年8月，克罗地亚人劫持了美国环球公司从纽约拉瓜迪亚机场到芝加哥奥赫本的一架班机，在劫持者与机组人员僵持不下之时，飞机兜了一个大圈，越过蒙特利尔、纽芬兰、伦敦，最终降落在巴黎市郊的戴高乐机场。在这里，法国警察打瘪了飞机的轮胎。

飞机停了3天，劫机者同警方僵持不下，法国警方向劫机者发出最后通牒：喂，伙计们！你们能够做你们想做的任何事情，但美国警察已到了。如果你们放下武器同他们一块回美国去，你们将会被判处2～4年徒刑。这意味着你们也许在10个月左右后被释放。"

法国警察停顿片刻，其目的是让劫机者将这些话听进去。接着又喊："但是，如果我们不得不逮捕你们的话，按我们的法律，你们将被判处死刑。你们愿意走哪条路呢？"劫机者被迫投降了。

此例中法国警察在劝说中帮助劫机者冷静地分析客观形势，明确地向对方指出了两条道路：投降或者顽抗，投降的结果是10个月左右的徒刑，而顽抗的结果只可能是死刑。面对这两条迥异的道路，早已心慌意乱的劫机者识相地选择了弃械投降，符合自己的利益，从而做出正确的选择。

（2）稳定情绪，再行说服。在生活中，有些人受到种种因素的刺激，往往容易感情用事，不经过慎重周全的考虑就莽撞地采取行动。鉴于这种情况，我们应该先设法让对方的情绪稳定下来，然后提出比贸然行事更合理、更有利的举措，这样就能使对方冷静地斟酌、衡量，并为了更大程度地维护自身利益而抛弃原来的草率决定。

俄国十月革命以后，农民得到了解放，成千上万的农民来到莫斯科。由于他们对沙皇的仇恨很深，坚决要求烧掉沙皇住过的房子。有人将这件事汇报给列宁。列宁指示干部们对农民进行说服教育。第一次劝告，农民不听；第二次、第三次，仍然劝说无效。最后列宁决定亲自和农民谈话。

列宁对农民说："烧房子可以。在烧房子以前，让我讲几句，行不行？"

农民说："请列宁同志讲。"

列宁问道："沙皇的房子是谁用血汗造的？"

农民说："是我们自己造的。"

列宁又问："我们自己造的房子，不让沙皇住，让我们农民代表住，好不好？"

农民说："好！"

列宁再问："那要不要烧掉呀？"

农民觉得列宁讲的道理很对，再也不坚持要烧掉沙皇住过的房子了。

这里，对沙皇的仇恨激发了农民焚烧沙皇住过的房子的强烈意愿。在数次劝说无效的时候，列宁通过与农民对话使他们的情绪稍稍平定，然后提出让农民代表住沙皇的房子的建议，农民认识到这个方案不仅能发泄愤怒，而且可以给自己带来实际的好处，于是很快表示赞同，"烧房子"的决定也因此而"搁置"。

（3）位置互换，改变角色。让对方改变位置，变化角色进行说服是一种十分有效的方法。在美国，频繁的车祸使交通部门很头痛。他们用罚款和其他法律手段来劝肇事者注意安全，但收效甚微。后来，交通部门在专家们的建议下，采用了一个新的办法。他们让那些违章司机换个"位置"——换上护士服，到医院去照料那些因交通事故住院的受害者，体验他们的痛苦，结果收到奇效，那些违章司机从医院出来后判若两人。他们不仅成为遵守驾驶规章的模范，而且成了交通法规的积极宣传者。在进行说服谈话时，利用这种方法也能收到奇效。

（4）讲究方式，引起关注。在说服时，要选择能够引起对方关注和兴趣的方式表达意见，要运用富有吸引力的内容支撑你的观点，从而引导被说服对象关注设定的话题，让对方充分了解说服的内容。

第二次世界大战期间，国际金融家萨克斯想使罗斯福政府批准试制原子弹。第一次他使用了很多罗斯福听不懂的专业术语，全面介绍了原子弹可能产生的影响，但是罗斯福被冗长的谈话弄得很疲倦，他的反应是想推掉这件事。萨克斯第二次面对罗斯福时，改变了说话的方式，他对罗斯福说："我想向您讲一段历史。早在拿破仑当权的时候，法国正准备对英国发动进攻，一个年轻的美国发明家富尔顿来到了这位法国皇帝面前，他建议建立一支由蒸汽机舰艇组成的舰队，无论在什么样的天气情况下，拿破仑都能利用这支舰队在英国登陆。军舰没有帆能航行吗？这对于那个伟大的科西嘉人来说，简直是不可思议的。他把富尔顿赶了出去。根据英国历史学家阿克顿爵士的意见，这是由于敌人缺乏见识而英国得以幸免的一个例子。如果当时拿破仑稍稍多动一些脑筋，再慎重考虑一下，那么19世纪的历史进程也许完全会是另一个样子。"罗斯福听完萨克斯的话后，立即同意采取行动。

由此可见，选择了能引起说服对象关注的内容和方式，就会取得不同的效果。

（5）以情动人，以理服人。在表达某种意见时，用诚挚而令人感动的语气说出来，别人的心更容易被征服。要说服别人，有时激起对方的情感比激起对方的理性思考更为有效。有些孩子做错了事，往往任何斥责都听不入耳，但母亲动人肺腑的痛哭，反而会使其泯灭的良心复苏。如果在说服他人的时候，仅仅着眼于主题突出，例证充足，声音动听，姿态优美，而说出的话冷冰冰，肯定不能奏效。要想感动别人，就得先感动自己。要将真诚通过自己的情感、声音传达到听者的心底。说服还要摆事实、讲道理来使人相信，使人赞同你的观点和主张。

唐太宗为了扩大兵源，想把不在征调之列的中年男子都招入军中。丞相魏徵知道后对他说："把水淘干了，不是得不到鱼，但明年恐怕就不会有鱼了；把森林烧光了，不是猎不到野兽，但明年恐怕就无兽可猎了。如果中年男子都招入军中，生产怎么办？赋税哪里征？兵源不在多，关键在于是否训练有素，指挥有方，何必求多呢？"太宗无言以对，只好收回了成命。

魏徵借用两件与主要事件相类似的事例作比，既形象又深刻地阐明了不能把中年男子都调入军中的道理，入情入理地说服，让太宗心服口服。

（6）巧言点拨法，口服心服。巧言点拨也是一种说服的手段。在白宫一次讨论削减预算经费的会议上，里根总统幽默地对大家说："有人告诉我，紫色的软糖是有毒的。"说着，他随手拾起一粒紫色的软糖塞进嘴里，以此表明不管别人怎样反对，他将要大大削减政府开支的态度和决心。经他这一警告式的点拨暗示之后，本来不同意压缩政府经费开支的官员，便开始动摇了。

在日常生活中，人与人之间常常会因述不清、道不明的原因而产生误解，影响人们之间的正常交往。然而，倘若你能巧言点拨、以理服人、以情动人、能言善辩面对被说服者，误解就会消除，感情便能融洽，则可达到"口服"而且"心服"的效果。

小案例8-4　　　　　　　　　　　巧言点拨二则

一天，有位北方客人来到上海某绣品商店，他是为好友前来购买绣花被面的。一条有一对白头鸟的被面吸引了他，但他又有点犹豫：这鸟的姿态很美，就是嘴巴太尖了，以后夫妻要吵嘴的。营业员察觉了这一点后，笑眯眯地向他介绍道："您看见了吗？这鸟的头上发白，表明夫妻以后白头偕老，它们的嘴巴伸得长，是在说悄悄话，是相亲相爱的表现。"这位北方顾客听了，忙不迭地说："有道理，有道理。"便买了下来。在营销上，营业员抓住了顾客的心理，打消了顾客在消费时的戒备之心，并顺水推舟地以"白头偕老，相亲相爱"的吉利辞言巧妙点拨，从而使其更加产生购物的欲望，达到了销售的目的。

无独有偶。一位顾客来店挑选象征长寿的手绣被面，馈赠侨居国外的长辈。接待他的营业员拿出一条绣有松鹤图案的被面给他看。那人看了觉得意思甚好，想掏钱买，猛地看见松树旁边还有一朵梅花，感到有些不吉利，梅的谐音是"霉"，长辈看了犯忌。营业员了解到这点后，连忙向他解释："这朵梅花也是吉利的象征，您知不知道，有句老话叫'梅开五福'。"那人经这么一点一拨，豁然开朗。顾客很高兴地买下被面。

资料来源　佚名. 商务谈判人员的基本能力实训［EB/OL］.［2012-05-22］. https://www.docin.com/p-406882944.html.

（7）善意威胁，精准用力。威胁似乎不是一个好的字眼，但是有时我们就应该学会用它。相信大家都能体会到用威胁的方法可以增强说服力，而且我们还不时地加以运用。善意的威胁可以使对方产生恐惧感，从而达到说服的目的。例如：

在一次集体活动中，当大家风尘仆仆地赶到事先预订的旅馆时，却被告知当晚因工作失误，原来订好的套房（有单独浴室）中竟没有热水。为了此事，领队约见了旅馆经理。

领队：对不起，这么晚还把您从家里请来。但大家满身是汗，不洗洗澡怎么行呢？何况我们预订时说好供应热水的呀！这事儿只有请您来解决了。

经理：这事我也没有办法。锅炉工回家去了，他忘了放水，我已叫他们开了集体浴室，你们可以去洗。

领队：是的，我们大家可以到集体浴室去洗澡，不过话要讲清，套房一人50元一晚是有单独浴室的。现在到集体浴室洗澡，那就等于降低到统销水平，我们只能照统销标准，一人降到15元付费了。

经理：那不行，那不行的！

领队：那只有供应套房浴室热水。

经理：我没有办法。

领队：您有办法！

经理：你说有什么办法？

领队：您有两个办法：一是把失职的锅炉工召回来；二是您可以给每个房间拎两桶热水。当然我会配合您劝大家耐心等待。

小贴士8-3

《触龙说赵太后》的说服艺术

这次交涉的结果是经理派人找回了锅炉工，40分钟后每间套房的浴室都有了热水。

上例中的领队不是对对方不礼貌，而是有时我们必须这么做，才能维护自己的权益。但是，在具体运用时要注意态度要友善，讲清后果，说明道理；要精准用力，威胁程度要适中不能过分，否则会弄巧成拙。

小训练8-3

请根据你对"说服"的理解分析以下材料：

①我的家里有一个妹妹，她是一个很开朗的女孩子，但是自从她上了高中之后，就不知道为什么变了好多。有一次放暑假，她和我谈心的时候就说，她不想上高中了，她想去上中专，找一个管得比较严的学校，那样学习就能学得进去，现在在这个高中里面上学什么都学不进去，什么都不想学，就只想着玩，一点学习的心思都没有了，问我的意见。

她和我说了她这个事情，我就和她说："如果你的心态真的改变了，只要是你想学，不管在什么样的环境下，你都可以学得进去，其实换个环境只是你想离开这个学校的借口，并不一定说，你换了环境就一定能学得进去，关键在于你的心，你心里真正的想法是什么，不一定就是你和我说的这个想法，如果你真的想明白了，想学习了，再换学校也是可以的。不是说你换一个管得比较严的学校你就一定能学得进去，也不是说那个学校里面就没有和你一样想法的人，所以，关键在于自己的心，况且你现在年龄还很小，一个人出去还不能让家长放心。等你高中毕业了再想这些问题也不晚。"从那之后，知道她是真的认真想过我和她说的话了，让她明白自己是怎么想的了，我感觉我是成功了。

②当王晶在一所大学里做兼职的银行出纳员时，一个漂亮的小伙子几乎每天都到她的窗口来。小伙子不是存款就是取钱。直到小伙子把一张纸条连同银行存折一起交给她时，她才明白小伙子是为了她才这样做的："亲爱的王晶：我一直在储蓄这个想法，期望能得到利息。如果星期五有空，你能把自己存在电影院里我边上的那个座位上吗？我把你可能另有约会的猜测记在账上了。如果真是这样，我将取出我的要求，把它安排在星期六。不论贴现率如何，做你的伴侣都将是十分愉快的。我想你不会认为这个要求太过分吧？以后再同你核对。真诚的石磊。"她无法抵抗这诱人、新颖的接近方法。

8.1.4　拒绝

拒绝，是对他人意愿、行为的一种直接或间接的否定。实际上拒绝就是不接受，包括不接受对方希望你接受的观点（意见）、礼物和要（请）求等。在工作和生活中，人们总是互有所求，而且要求方往往是被要求方的亲朋好友，甚至是恩人、领导。俗话说："上山擒虎易，开口求人难"，设身处地，应当尽量地接受别人提出的各种要求。但是，也有许多要求是不能接受的。如果不能拒绝那些不能接受的要求，就一定会给自己（也终将给对方）带来无尽的烦恼。生活反复地证明，"当断不断，必受其乱"，我们必须学会拒绝。面对对方提出的问题，如果很直接地说："这种事情恕难照办""我实在没有钱借给你""我们每天都一样地工作，凭什么要我来帮你的忙"……可以想象对方一定会恼羞成怒。因此，我们必须学会根据不同情况运用不同的拒绝艺术。

小案例8-5　　　　　　　　　　　　　　我站在那里

意大利的一位音乐家——罗西尼，出生于1792年2月29日，由于每4年才有一个闰年，所以，当他过第18个生日时，已经72岁了。他认为这种过生日的方法很好，至少可以省去很多麻烦。这一次，朋友们筹集了两万法郎，准备为他过生日，在生日的前一天，朋友们对他说："我们准备花两万法郎为你修建一座纪念碑，以此作为生日礼物送给你。"他听了以后说："浪费钱财！把这笔钱送给我，我自己站在那里好了！"

资料来源　佚名．1792年的今天［EB/OL］．［2016-02-29］．http://www.musiceol.com/news/html /2016-2/2016229102227384113063.html.

【点评】罗西尼并没有直接拒绝别人，而是提出了一个不切实际的想法，使大家在觉得可笑的同时，接受了他的观点，这是多么巧妙的拒绝啊！

1.拒绝的基本要求

（1）认真听。认真倾听对方的请求，并简短地复述对方的要求，以表示确实了解了对方的需求。拒绝的话不要脱口而出，即使当对方说了一半，我们已明白此事非拒绝不可，也必须凝神听完他的话，这样可以让对方了解到我们的拒绝不是草率做出的，是在认真考虑之后才不得已而为之的。尤其要避免在对方刚开口时就断然拒绝，不容分辨的拒绝最易引起对方的反感。

（2）看情势。拒绝同其他交际一样，要审时度势，要看是否有拒绝的必要和可能。从必要的角度来看，自己的道德准则不能接受的、没有能力接受的、接受后会给自己带来不愿承受或无法承受的损失的、接受后可能给对方带来麻烦或损失的，应当拒绝；如不至于如此，或对对方有利而自己受一些能够承受的损失，则应当接受。从可能的角度来看，要考虑自己拒绝的能力，如无理由拒绝，或拒绝后会带来更严重的后果，则只好接受。

（3）下决心。如情势需要拒绝又可以拒绝，就应当下定拒绝的决心，着力克服三大心理障碍：一是磨不开情面，碍于对方的面子，总觉得不好意思拒绝。二是怕对方怪罪，怕因为对方怪罪而影响双方今后的交往，甚至影响自己的利益（如不能得到对方的帮助等）。三是怕旁人议论，怕别人说自己不够朋友、不够意思等。如果必须拒绝的话，这些考虑都是不必要的和有害的。

（4）态度好。不要在他人刚开口时就断然地拒绝，不要对他人的请求流露出不快的神色，更不要蔑视和忽略对方，这些都会让对方觉得你的拒绝是对他没有诚意的表现，从而对你的拒绝产生逆反心理。无论是听对方陈述要求和理由，还是拒绝对方并说明缘由，都要始终保持和蔼亲切的态度，让对方了解自己的拒绝实在是认真考虑后不得已而为之。

（5）措辞柔。感谢对方在需要帮助时想到你，并略表歉意。对于他人的请求，表现出无能为力，或迫于情势而不得不拒绝时，一定要记得加上"真对不起""实在抱歉""不好意思""请多包涵""请您原谅"等致歉语，这样一来，便能不同程度地减轻对方因遭拒绝而受的打击，并舒缓对方的挫折感和对立情绪。但是不要过分地表达歉意，这样会造成不诚实的印象，因为如果你真的感到非常抱歉的话，就应该接受对方的请求。

（6）直言"不"。对于明显不能办到的事，应该明白、直接地说出"不"字。"说得多不如说得少"，言简意赅、要言不烦是最有效的方法，模棱两可的说法易使对方抱有幻想，引发误解，当最终无法实现时，对方会觉得被欺骗了，由此引起的不满和对立情绪往往更加强烈。"当断不断"，其结果只能是害人又害己。

小案例 8-6   **老师的拒绝**

中秋节前夕，张超的父母买了贵重的礼物到于老师家："于老师，我们俩平时做买卖忙，没时间管孩子，就拜托您对张超多费心，多照顾。"于老师笑着说："你们这么重视孩子的学习，我工作的动力更足了。我明白你们想表达对老师的感谢，这份心意我心领了，但用礼品换重视的做法可是不妥的啊，这会误导我把注意力放在家长是否送礼、送多少上面，会让我的教育丧失公平公正。长此以往，你们家长费了钱，我丧失了师德，最终害了孩子。所以，这些礼品不能收。在学校，学生就是老师的孩子，张超到了我班里，就是我的孩子，我会尽心竭力地教好他。难道，父母对孩子负责，还需要他给父母送礼吗？"

资料来源　根据身边事例整理。

（7）理由明。不要只用一个"不"就让对方"打道回府"，而应给"不"加上合情合理的注解，让对方明白，自己的拒绝不是毫无来由的，更不是找借口搪塞，而是确有无可奈何的原因或难以诉说的苦衷，讲明自己的处境，最好具体说出理由及原委，那么，在将心比心中，对方自然就能体谅你的言行了。说明理由是为了让对方明白我们的拒绝是确有苦衷。当你说明理由后，对方试图反驳，你千万不可与之争辩，只要重申拒绝就行了。不过，如果你觉得拒绝的理由不充分，也可以直接拒绝不说明理由，或者只用一些"哎呀，这咋办呢？""真伤脑筋"之类的话回答，但是千万不可编造理由，因为谎言终究会被揭穿。

小案例8-7　　　　　　　　　　　　　　　拒绝下属的加薪要求

宗严是一家公司的老板，有个员工来找他，提出了涨工资的要求，并说："人家别的同类企业同样的岗位，工资都比我高。"宗严说道："你想涨工资，我也特别想给你涨工资。在我们这样的公司，一个员工的薪水，是由他为公司创造的效益决定的。你的薪水越高，说明你为公司创造的效益越大，公司赚到的钱也越多。所以，我希望我们每一个员工都能拿到同行业最高的薪水，那样我们公司也就是同行业最顶尖的公司了！我问你，咱们公司在同类企业中算是顶尖的吗？"那个员工沉默了，宗严又问道："你的工作业绩，比那些优秀的同行业公司中同样岗位的员工高吗？"那个员工再次沉默，不再提加薪的要求。

资料来源　佚名．领导怎么跟员工谈钱［EB/OL］．［2019-02-10］．https://m.sohu.com/a/293891189_160690/.

【点评】当下属来提涨工资的要求时，宗严首先表达了希望给员工涨工资的心愿，而且一番话有理有据，符合逻辑，有很强的说服力。接着他再通过反问，指出员工能力上的缺陷，拒绝了涨工资的要求。员工就会明白，不是领导不给自己涨，而是自己能力不够，没资格涨，他心里就不会有怨气。

（8）择他途。在拒绝对方某一方面要求的同时，如果能够尽量满足其他方面的合理要求来作为补偿，或是积极地替他出谋划策，建议他选择或寻求更好的途径和办法，可减少对方因我们的拒绝而产生的瞬时不快情绪，缓解对方的被动局面，也可以表明我们的诚意，让对方体会到你的火热心肠、殷切期待，则更易得到他人的谅解、友谊与好感。例如："要是明天的话，我大概可以去一趟""真对不起，这件事我实在爱莫能助，不过我可以帮你做另一件事""我只能借给你1 000元，但我知道小李有一笔不少的活动奖金，也许你可以去找他"等。

2.拒绝的语言艺术

在社交场合中，同样表达一个拒绝的意思，有不同的说法。拒绝的语言艺术体现在以下方面：

（1）直接拒绝。直接拒绝就是将拒绝之意当场明讲。采取此法时，重要的是应当避免态度生硬，并需要把拒绝的原因讲明白，有时还可以向对方致歉。例如，"对不起，这样做对我不合适""对不起，这次我真的无法帮忙"。

直接拒绝有时可能逆耳，不能取得预期的效果。在这种情况下，要拒绝、制止或反对对方的某些要求、行为时，把拒绝的责任转嫁给对方所尊敬的或具有权威的人、组织以及某种制度等，直言非个人的原因（利用第三者说"不"），即使对方明知是借口，也较为容易接受，起码面子上能过得去。

小案例8-8　　　　　　　　　《三国演义》中巧妙至极的拒绝

《三国演义》中，刘备借东吴荆州不还，东吴派诸葛瑾（诸葛亮的哥哥）来游说讨地。诸葛亮主动假意哭请刘备还荆州，刘备决意不肯听从，而又不肯背言而无信的名声，于是假意把关羽所辖的"三郡"还给东吴。当诸葛瑾向关羽讨地时，关羽道："荆州本大汉疆土，岂得妄以尺寸与人？"断然加以拒绝。这里，诸葛亮巧借刘备拒绝，刘备又巧借关羽来说"不"，真是巧妙之极。

（2）婉言拒绝。它就是运用委婉的语言，暗示无法完成其请求。

有一位朋友不请自到，而此时你正忙于工作无法接待，可以在见面之初，一面真诚地对其表示欢迎，一面婉言相告："我本来要去参加公司的例会，可您这位稀客驾到，我岂敢怠慢，所以专门告假5分钟，特来跟您叙一叙。"这句话的"话外音"就是暗示对方"只能谈5分钟"。

（3）幽默拒绝。在对方提出问题后，机智地以诙谐幽默的语言作遮掩，避开实质性问题的回答，从而传达出自己否定拒绝的态度，这就是幽默拒绝。例如：

有一个人爱占小便宜。一天，他到一个同事家做客，看到茶几上一个精巧的小烟缸，说："这小烟缸精巧是精巧，但颜色不太适合，不如给我配我家的茶几。"主人道："你不如连茶几一块儿扛走，因为是为了放这小烟缸我才买的这个小茶几。"他听了后，只好作罢。

这里，主人没说"不给"，却扩大原话题，请对方连茶几也扛走，对方不可能要茶几，自然也就不好再要小烟缸。又如：

在联欢会上，大家热情地请王某当众演唱，王某说："大家看，我的嗓子比我的腰还粗9毫米，让我唱歌不是赶鸭子上架吗？为防止震坏大家的耳膜，保护大家的身体健康，我还是念一首抒情诗吧！"大家在笑声中同意了王某的要求。

（4）回避拒绝。它就是答非所问，就是表面上看在回答问题，但实际上说的都是空话，没有任何实质信息，当遇上他人过分的要求或难答的问题时，可使用这种方法。举例如下：

有人问你，在×××问题上，你支持老王还是老李？你回答："谁正确我就支持谁。"对方又问，"那谁是正确的一方？"答："谁坚持真理谁就是正确的一方。"到底支持谁？你并没有进行正面的回答。

（5）模糊拒绝。它就是不直接拒绝，而是通过与对方请求相关的话题表明自己的态度。举例如下：

钱钟书先生是我国著名的作家，他的作品《围城》享誉海内外。有一位英国女士特别喜欢钱钟书。当这位英国女士来到中国时，给钱钟书先生打电话，说想拜见他。钱钟书先生在电话中说："假如你吃了一个鸡蛋觉得不错，又何必要亲自去看那只下蛋的母鸡呢？"钱钟书用生动的比喻做了模糊的回答，委婉地拒绝了英国女士见面的要求。

（6）附加条件拒绝。它就是先顺承对方的意思，然后附加一个事实上不可能的或主观无法达到的条件。

有一次，意大利音乐家帕格尼尼为了赶到一家大剧院演出，急急忙忙地跨上一辆马车，他一边催车夫快点，一边向车夫问价。"先生，你要付我10法郎。"马车夫知道他是大名鼎鼎的音乐家，便有意讹诈他。"你这是开玩笑吧？"帕格尼尼吃惊地问道。"我想不是。今天人们去听你演奏，你可是每人收10法郎啊！我这个价格不算多。""那好吧，我付你10法郎，不过你得用一个轮子把我送到剧院。"音乐家帕格尼尼要求车夫用一个轮子把他送到剧院，这是根本不可能做到的，因此在客观上便起到了拒绝勒索的作用。

（7）沉默拒绝。它就是在面对难以回答的问题时，暂时中止"发言"，一言不发，或者运用摆手、摇头、耸肩、皱眉、转身等身体语言来表达自己拒绝的态度。礼貌地拒绝对方的方法还有很多很多，如让步拒绝法、预言拒绝法、提问拒绝法等，其实不论选择什么拒绝方法，关键要表明态度，同时做到不伤害对方的感情、保护自身形象就可以了。

（8）拖延拒绝。当对方提出请求后，为避免当场直接拒绝可能带来的尴尬或不快，所以不当场拒绝，而是采取拖延的方法来达到拒绝的目的。

某单位一名职工找到车间主任要求调换工种，车间主任心里明白调不了，但他没有马上说"不可能"，而是说："这个问题涉及好几个人，我个人决定不了。我把你的要求带上去，让厂部讨论一下，过几天答复你，好吗？"

这样回答的目的，就是让对方明白：调工种不是件简单的事，存在着两种可能，使对方思想有所准备，这比当场回绝效果要好得多。又如：

有一次庄子向监河侯借贷，监河侯敷衍他，说道："好！再过一段时间，等我去收租，收齐了，就借你三百两金子。"

监河侯不说不借，也不说马上就借，而是说过一段收租后再借。这话含有多层意思：一是目前没有，现在不能借；二是我也不富有；三是过一段时间不是确指，到时借不借再说。庄子听后已经很明白了，但他不怨恨什么，因为监河侯并没有说不借给他，只是过一段时间再说而已，给了他希望。

（9）自嘲拒绝。当对方提出一些自己不能或不想答应的要求时，通过自我解嘲的方式，即自己贬低自己来达到拒绝的目的，这样不仅拒绝对方的请求，还可以避免回答"为什么不行"的难题。例如：

有一次，中央电视台《东方之子》栏目想采访启功先生，与先生联系时说："我们采访的都是知名的专家、学者、社会精英，故名东方之子。"启功先生听了说："我不够你们的档次，我最多是个'东方之孙'。"以此拒绝了这次采访约请。

小训练8-4

小品《有事您说话》中，郭冬临扮演的郭子为人热心，但他有个毛病，就是他办不了的事也不好意思说"不"，只得打肿脸充胖子，答应下来。为了替老刘买卧铺票，他连夜卷着铺盖去火车站排队，排不上甚至自己搭钱买高价票。最后，随着答应的事情越来越多，也越来越难办，最终造成了家庭的不和谐。

讨论：假如你是小品中的郭子，你怎样拒绝？

8.2 能力提升

8.2.1 案例讨论

1.赞美如良药

在南部非洲的巴贝姆巴族中，至今依然保持着许多优秀的生活礼仪和处事方式。譬如当族里的某个人行为有失检点或是犯了错误的时候，族人便会让犯错误的人站在村落的中央，公开亮相，以示惩戒。每当这个时候，整个部落的人都会不由自主地放下手中的工作，从四面八方赶来。

围上来的人们会自动分出长幼，然后从最年长的人开始发言，依次告诫这个犯错误的人，他曾经为整个部落做过哪些善事、哪些好事。每个族人都必须将犯错误的人的优点和善行，用真诚的语言叙述一遍。叙述时既不能夸大事实，也不允许出言不逊。对前面已经有人提及的优点和善行，后面的人不能再重复叙说。总之，每个人在叙说时，都要有新的褒扬。整个"赞美"的仪式，要持续到所有的族人都将正面的评语说完为止。

"赞美"的仪式结束以后，他们要紧接着要举行一场盛大的庆典。庆典在老族长的主持下进行，部族中的男女老少都要参加。人们要载歌载舞，用一种隆重而热烈的仪式，庆贺犯错误的人脱胎换骨，改过自新，重新开始一种新的生活。

资料来源 佚名．用赞美温暖心灵［EB/OL］．［2022-10-26］．https://www.wenmi.com/article/pzzmbs018x1q.html.

思考与讨论：

（1）为什么说"赞美如良药"？

（2）本案例对你有何启发？

2.批评的艺术

我们领导有一个习惯，那就是如果你因为工作没做好被批评了，你只要努力去改正，下次再去跟他汇报工作的时候，他一定会鼓励你一番。有一次，我的一篇设计稿没做好，领导把我狠狠批评了一顿。我回去后很受打击，加班到很晚把设计稿修改完，第二天拿去给领导看。他笑着说："我要的就是这种感觉。我早就说过，你是一个特别有天赋的人，只要给你一点提示，你就能做出让人满意的设计。我们这个行业里优秀的设计师，必须具备越挫越勇的品质。我在你身上就能感受到这种闪光的品质，这让我觉得你是个可造之才。保持下去，好好干，你将来一定能做出一些成绩来！"我受到了很大的鼓舞，回去后工作更加积极努力了。

我也算是一个小领导，管着部门里的十五六个人。有人犯了错误，肯定要批评，有的时候甚至会批评得很严厉。但是我严厉批评了谁，心里都会记个小账本，在之后的一段时间里，我会对他更热情，也会给他更多鼓励，尤其是在人多的场合。比如我头一天严厉批评了员工小张，第二天开会的时候，如果有什么事涉及小张，我就会尽量表扬、鼓励一下他："小张今天这个报表做得很不错，有进步。"然后对大家说道：

"这个小伙子，来公司时间不长，但是特别积极主动。咱们公司就是需要这样有朝气的人！"我仔细观察，这样的表扬，会迅速消除小张因为被批评而积蓄的负面情绪。

资料来源　苏永利．批评之后的小温暖［EB/OL］．［2020-11-19］．https：//www.sohu.com/a/432863018_160691．

思考与讨论：

（1）怎样批评下属才能取得成效？

（2）本案例对你有何启示？

3.老班长如何说服心浮气躁的新兵

在电视剧《号手就位》中，夏拙是新入伍的火箭军新兵，他们到长老村接受军事训练，但是那里条件很简陋，连基本的床也没有，训练方式也很古怪。夏拙对几位老班长的训练方式很不满意，表现出心浮气躁，对此，老班长的一番话，让夏拙心服口服。

班长侯继东问："哪来的床啊？"夏拙生气地说："我把'导弹'改了。我对训练营不满意。班长，我可以很负责任地代表广大学员告诉你们，我们不喜欢这种方式，你们应该明确告诉我们每天的训练任务，让我们知道需要做哪些准备。"

班长侯继东严肃地说："你是吃了熊心豹子胆了吗？陈班长明天就要教你们导弹基础水平检测，你现在却把做好的'导弹'改成了床，还公然抬到宿舍里，你是想挑衅我们吗？"

夏拙解释说："班长，我没有要挑衅的意思。我只是觉得，有木头就应该有床，没有床也没关系，至少我们应该知道，没有床的理由是什么？现在我们不光不知道没有床的理由，更不知道为什么每天吃鸡蛋，不能磕，只能剥，还不能把蛋白弄破！还有，堂堂一个'王牌号手选拔营'，作训的导弹和发射平台的模型都得自己做，这不搞笑吗？"

班长陈浩峰生气地说："夏拙，我告诉你，我有我的打法，你有你的活法，你在不在训练营继续待着，我不管。我还是那几句话，明天早上八点钟我要上课，我上的第一堂课是导弹基础水平检测专业概论，我需要模型，这个事我交给你了。你今天把模型变成了床，没关系，如果明天早上八点钟以前，这个模型不出现在我课堂上，我跟你没完！"夏拙赌气说："班长，您不用跟我没完，我可以很明确地告诉你，这个导弹我做不了，你想怎么惩罚我，随便。"

班长侯继东耐心地说："看你这个活儿做得还真是挺精细，你小子要是把这点聪明劲儿用在训练上，很快就会超过我俩。你们这些熊孩子啊，干什么事，都喜欢问个'为什么'，哪那么多'为什么'呢？军人的天职就是：服从命令，听从指挥。我们这些老兵，能让你做无用之功吗？让你们做模型，就是让你们了解导弹内部各元器件的尺寸和位置，剥鸡蛋是为了让你们练习手指的灵活度。我们做导弹维修和检测，经常会拆卸一些非常细小的零部件，我们大老爷们儿的手这么粗糙，一不小心很容易造成零部件的丢失和损伤。你们不会真的以为，导弹发射就是摁个按钮，这么简单吧？那就让我告诉你们，那需要强劲的体魄，顽强的意志，灵巧的双手和烂熟于心的数据、参数，这几天你们接受的训练就是这些。"

夏拙疑惑地问:"班长,那养鹅也算吗?"班长陈浩峰说:"养鹅怎么了?我告诉你们,在这儿没有一件没用的东西,你以为养鹅是为了玩吗?为了吃肉吗?看见鹅棚搭在哪儿了吗?山坡的正下方,路口的正上方,鹅是天然的报警器,见到生人就叫唤,隔一百米就是咱们的哨兵,岗哨和路口之间正好有一个死角,你知道什么呀?"

班长侯继东补充道:"还有,一到夏天山上的蛇就往下面爬,之前就有士兵被咬过的经历,你们有没有发现我们的营区周围都撒满了雄黄?可是一到下雨天,雄黄就被冲走了,恰恰大鹅的粪便就能阻挡蛇的前进。"夏拙有些悔过,说:"班长,你们说得都有道理,可是这些事情你们应该提前告诉我们,这样我们就心中有数了呀。"

班长陈浩峰耐心地说:"我们当年跟师傅学手艺的时候,从来不问为什么,也不需要问。你们在这儿学习的所有科目,都是精心安排的,火箭军所有的号位,都是个细致活,都需要磨炼性格。夏拙,你太着急了。"夏拙知道自己错怪了班长,之前的怨气烟消云散了,从此端正了态度,全身心地投入到训练中了。

资料来源 兰花.《号手就位》:老班长如何说服心浮气躁的新兵 [J]. 演讲与口才,2021(15):38-39.

思考与讨论:

(1)老班长运用了哪些说服技巧说服了心浮气躁的新兵?

(2)本案例对你有何启示?

4.小芹的拒绝之道

一天,小芹的好友小芳打电话来求助——

小芳:小芹,有个事儿要拜托你。

小芹:什么事啊?

小芳:哎,我男朋友要给日本客户做批东西,但说明书全是日文,正巧你是学日文的,你帮他看看呀。

小芹:小芳,你想让我给你男朋友翻译日文说明书,是吗?

小芳:嗯,小芹,你能帮帮他吗?

小芹很清楚,专业说明书的翻译不是个简单的活儿,更何况这阵子手头工作很多,于是考虑了一会,非常客气地说:并不是我不愿意帮忙,你知道,产品说明书这种东西很专业,我在大学学的不是专业翻译,这些年又没接触过,那点知识早还给老师了,凭现在这水平恐难胜任啊。

小芳:别谦虚了,你在大学的时候可是我们班最优秀的,我对你很有信心。

小芹:可我对自己没信心啊,要是搁平时还好点儿,这段时间公司经常加班,为了做一个策划书,我可是奋战了三天三夜啦,忙得一塌糊涂,现在一看文件就头疼。我想你男朋友的文件一定非常重要吧,为了不耽搁事儿,建议他还是找翻译公司比较合适。

小芳想了想说:嗯,也是,专业翻译的确是件棘手的事,那就让他交给翻译公司做好了。你啊,别太累了,要注意休息,保重身体!

资料来源 佚名.巧言相拒说"不"的技巧 [EB/OL]. [2020-03-25]. https://www.diyifanwen.com/yanjianggao/yanjiangyukoucai/4246564.html.

思考与讨论：

（1）小芹是怎样一步步拒绝小芳的？

（2）本案例对你有何启示？

8.2.2 实训项目

1.赞美情境演练

请分角色模拟演练以下赞美情境：

（1）你的一位同学参加某项大学生竞赛活动获得了好成绩，你如何赞美他？

（2）你的口才训练老师的课程非常受学生们的欢迎，你将如何赞美他？

（3）你的同学穿了一套新衣服，你如何赞美他？

2.批评情境演练

请分角色模拟演练下列的批评情境：

（1）假设你同寝室的一位室友总是不经过人家的允许而乱动他人的东西。你要如何对他提出批评？

（2）假设你是上司，你的一名员工上班迟到了，理由是堵车了。你如何对他提出批评？

（3）假设你是某宾馆服务员，恰巧看到一位客人用枕巾擦皮鞋。你如何对他提出批评？

（4）在公交车上，你看见一位抱小孩儿的妇女上车后，主动给她让座，她却连谢一声都不说，就心安理得地坐下了。你有点儿生气，但怎么"批评"才能达到最佳效果呢？

3.说服与拒绝训练

任务目标：

（1）能够了解说服与拒绝在沟通中的重要性。

（2）能够在沟通中准确地把握说服与拒绝，提高人际沟通能力。

（3）能够正确运用说服与拒绝的技巧。

（4）能够形成良好的说服与拒绝素养，提高人际沟通能力。

建议学时：3学时。

任务实施过程：

（1）说服技巧训练。

①热身准备。分析以下案例中主人公运用了怎样的说服技巧：

【案例】：卡耐基是美国著名演说家、教育家。他常租用某家大旅馆的礼堂，定期举办社交培训班。

一次，卡耐基突然接到这家旅馆增加租金的通知。更改日期和地点已经不可能了，他决定亲自出面与旅馆经理交涉。下面是二人对话的内容：

卡耐基：我接到你们的通知时有点震惊。不过，这不怪你，假如我处在你的位置，或许也会做出同样的决定。作为这家旅馆的经理，你的责任是让你的旅馆尽可能多地盈利。你不这么做的话，你的经理职位就难以保住，对吗？

经理：是的。

卡耐基：假如你坚持要增加租金，那么让我们来合计合计，看这样对你有利还是不利。先讲有利的一面。大礼堂不租给我们讲课，而出租给别人办舞会、晚会，那么你的获利可能更多，因为举行这类活动的时间不会太长。他们能一次付出很高的租金，当然比我们的租金要高很多，租给我们你显然感到吃亏了。现在我们再分析一下不利的一面，你增加我的租金从长远看，你其实降低了收入，因为你实际上是把我撵跑了，我付不起你要的租金，势必再找别的地方办训练班。还有，这个训练班将要吸引成千的中上层管理人员到你的旅馆来听课，对你来说，这难道不是起到了不花钱的活广告作用吗？事实上，你花5 000美元在报纸上做广告，也不可能邀请来这么多人到你旅馆参观，可我的训练课却给你邀请来了，这难道不划算吗？

经理：的确如此，不过……

卡耐基：请仔细考虑后再回答我好吗？

结果经理最终同意不加租金。

②实地大演练。将全班同学分成若干组，每组10人左右。教师出示情景材料，学生根据教师所提供的情景分组进行说服技巧演练。各组在全班进行表演，其他同学进行点评，教师做出小结，针对学生表演的优缺点给予指导。

（2）拒绝技巧训练。

①热身准备。每人讲一件印象深刻的关于拒绝的典型事例，成功的或失败的均可，然后互相点评。

拓展阅读

②实地大演练。将全班分成若干组，每组10人左右，教师出示情景模拟材料，学生根据教师所提供的情景分组进行拒绝技巧演练。各组在全班进行表演，其他同学进行点评，教师做出小结，针对学生的优缺点给予指导。

当代社会人际沟通方式的显著变化

任务完成：

1.评出最佳说服者、最佳拒绝者各一名。

2.针对某些同学上网成瘾的现象进行说服。

资料来源　赵京立. 演讲与沟通实训［M］. 3版. 北京：高等教育出版社，2021.

课后练习

1.赞美口才练习

（1）设想你到了一个新的环境，面对初次见面的同事，请找出同事的三个不同优点加以赞美。

（2）你能说出多少赞美的语言。训练自己或者分组比赛，在规定的时间内，说出赞美他人的语言。赞美的内容包括容貌、发式、衣着、形体、品德、待人处世等等。

2.批评口才练习

阅读以下材料，根据你对"批评"的理解，谈谈你的看法。

（1）一位餐厅服务员利索地完成了上菜的工作，客人很满意，最后上西瓜时，脚下一滑，连人带盘摔在地上，偌大的餐厅霎时鸦雀无声。此时，值班经理走过来，扶起这位吓坏了的服务员，关切地说："今天客人多，你累坏了。前面的菜上得很顺利，快去休息一会儿吧。"转身向客人们道歉，然后从容地给客人补上西瓜，将西瓜盘子的碎片清扫干净。服务员感动得流下了眼泪，客人们也为之鼓掌喝彩。

（2）育才小学校长陶行知在校园看到学生王友用泥块砸自己班上的同学，陶行知当即喝止了他，并令他放学后到校长室去。无疑，陶行知是要好好教育一下这个"顽皮"的学生。那么他是如何教育的呢？

放学后，陶行知来到校长室，王友已经等在门口准备挨训了。可一见面，陶行知却掏出一块糖果送给王友，并说："这是奖给你的，因为你按时来到这里，而我却迟到了。"王友惊疑地接过糖果。

随后，陶行知又掏出一块糖果放到他手里，说："这第二块糖果也是奖给你的，因为当我不让你再打人时，你立即就住手了，这说明你很尊重我，我应该奖你。"王友更惊疑了，他眼睛睁得大大的。

陶行知又掏出第三块糖果塞到王友手里，说："我调查过了，你用泥块砸那些男生，是因为他们不守游戏规则，欺负女生。你砸他们，说明你很正直善良，且有批评不良行为的勇气，应该奖励你啊！"王友感动极了，他流着眼泪后悔地喊道："陶……陶校长你打我两下吧！我砸的不是坏人，而是自己的同学啊……"

陶行知满意地笑了，他随即掏出第四块糖果递给王友，说："为你正确地认识错误，我再奖给你一块糖果，只可惜我只有这一块糖果了。我的糖果没有了，我看我们的谈话也该结束了吧！"说完，就走出了校长室。

3.说服口才练习

（1）与你的同桌（2人一组），自拟情境进行说服训练。

（2）如果你的班级有一名同学考入大学后，完全放松自己，整天上网打游戏、吃喝玩乐不学习，你作为他的好朋友，如何说服他抓紧时间好好学习呢？

4.拒绝口才练习

（1）面对以下情景，应该怎样拒绝？

吴经理与王经理是大学的同窗好友，有着十几年的友情，关系非常亲密，经常在一起打球，生意上也有合作。一天，王经理来到吴经理办公室，兴致勃勃地说要好好聊聊，但吴经理已约好要陪同台商汪先生去打保龄球，这使吴经理很为难。请模拟吴经理拒绝王经理的情景。

（2）与你的同桌（2人一组），自拟情境进行拒绝训练。

（3）试比较分析以下三份不录用通知书：①此次本公司招聘职员，承蒙应征，非常感谢！经慎重审议，结果非常遗憾，决定无法录用，特此通知。②此次本公司招聘考试，你成绩不及格。特此通知。③此次本公司招聘职员，您立即前往应征，非常感谢！您的考试成绩相当好，不过本次暂不予录用，觉得很可惜，他日可能还有机会，务请谅解。

任务 9

面试沟通

天下谁人不识君。

——［唐］高适《别董大》

课程思政要求

1.一条主线

坚定学生理想信念，爱党、爱国、爱社会主义、爱人民、爱集体。

2.课程思政的立体化构建

（1）遵循育人规律，推进教学理念的同向性和同行力。

（2）加强队伍建设，提高教师教学的专业性和引导力。

（3）完善教材体系，增强教材内容的系统性和说服力。

（4）改进教学方法，提升思政教育的针对性和亲和力。

（5）丰富教学载体，打造学习方式的多样性和吸引力。

（6）关注学生学法，重视学生的主体性和成长力。

训练目标

了解组织面试的过程；掌握面试的技巧；应聘面试之前做好充分的准备；运用应聘面试的沟通技巧。

任务导入

小林成功应聘

应届毕业生小林到一家外资公司应聘，他顺利地通过了笔试和前两轮面试，这一天是最后一轮面试了。小林前面已经有5名面试者，他们先后沮丧地走出面试室，从他们的面部表情可以得知，面试情况不大理想。

小林进入面试室前敲了敲门，得到允许后，进门后坐在人事经理老邓对面。老邓不动声色地问了几个问题，突然，他将小林的简历递过来说："你的专业与所申请的职位不对口。"

小林一愣，招聘启事上明明写了"专业不限"，而且自己的简历也通过了筛选。

他接过简历，认真地望着老邓的眼睛，回答说："公司有很多专业人员，如果进入公司，我会学得很快。同时，21世纪最抢手的就是复合型人才，而外行的灵感也许能超过内行，因为他们没有思维定式，没有条条框框。"

老邓的眉头拧紧了，紧接着他一连指出小林身上好几个不足，如工作经验不够丰富、性格内向、不善于与人沟通。老邓的说法相当准确，他几乎一眼看穿了小林。面对老邓表示面试就此结束的冷漠表情，小林不卑不亢地说："您说得很对，我身上有很多缺点，但也有很多优点。我相信，即便不能得到这份工作，在以后的日子里，我也会在发扬自己优点的同时，努力去弥补自己的不足！当然，我还是非常期待能在贵公司谋得一个职位的。"

说完，小林准备起身离开，不料老邓却热情地伸出了手："恭喜你，年轻人，你用你的自信通过了我们最关键的一次面试。"原来老邓的步步紧逼是他面试的一种方式。前面5名应聘者就是因为禁不住接二连三的否定，情绪陷入低落沮丧而被淘汰。

资料来源 佚名. 演讲与口才实用教程［EB/OL］.［2018-03-17］. https://www.doc88.com/p-1744884450330.html.

问题：

（1）老邓为什么要采用这样咄咄逼人的面试方式？他的目的是什么？

（2）小林为什么能应聘成功？他成功的关键因素是什么？

（3）本案例给你哪些启示？

9.1 知识储备

面试是在特定场景下，经过组织者精心设计，通过面试官与面试者面对面地观察、交谈等双向沟通方式，由表及里考察面试者的知识、能力、经验等能力特征和个性品质的一种人事测评手段。面试，问的是问题，听的是底气，察的是神态举止，析的是心理，判的是综合素质。通过面试，用人单位重点了解面试者的语言表达能力、思维能力、处事能力、仪容仪表，以及对一些问题的看法和其他不能通过笔试反映出来的综合素质，以弥补笔试的不足，有利于全面、公正地考查面试者。为了成功敲开职场大门，应聘面试者必须重视面试沟通。

9.1.1 面试沟通的原则

在求职面试过程中，沟通要遵循以下原则：

1.尊重对方

求职面谈时，首先，要尊重对方，不能因为招聘者的学历、职称、年龄或资历不如你优越，你就轻视对方。尊重对方、赏识对方，可以增加招聘者对你的好感。其次，要善解人意，无论对方提出什么问题，你都应该从积极的角度去理解，而不是一味地产生对立情绪，认为是在故意刁难你。

某科学院一名博士生毕业时向北京一所高校发出了求职信，并接到了面试的通知书。这位博士生读博士前就已被评为讲师，只是家属的工作单位在外地。面谈前，高校的人事干部做了大量的工作，疏通了各种渠道，初步办好了接收工作。可是见面交谈时，这位博士发现坐在自己面前的是一位不足30岁的年轻小伙子，于是他不仅流露出了不尊重对方的神情，而且还刨根问底地询问对方，处处显示出优于对方、待价而沽的情绪，引起了对方的反感，结果毁了一桩好事。这位博士抱着"此处不留爷，自有留爷处"的自信转了十几个单位，可是，不是因为名额已满，就是因不能解决夫妻两地分居的问题而告吹。当他再次找到这所高校时，对方已录用了另外一名硕士毕业生，他只好打包行李回到老家。其实那位和他面谈的年轻人正是录用他的关键人物。虽然看上去年轻，却是留美博士生，并且是某个国家重点项目的负责人。人事部门有意安排他来负责招聘，主要是从将来开展博士后研究的角度着想的。事后，这位年轻人说："这位求职者不仅仅是外语水平不符合要求，关键是妄自尊大，目空一切，好像不是他在求职，反倒是我在求职，这种人即使在国外也不会找到合适的工作。而我们现在录用的这个研究生，家也在外地，不但专业水平和外语水平较高，关键是人很谦虚，很有发展前途。"

2.充满自信

求职时既要自知，更要自信。求职过程中的自信表现，是在自大与自卑之间选择合适的一个度，既不过分张扬，也不过分卑下，是指围绕着求职、面试的主题，进行自我介绍并回答面试考官的问题，也是指在适当的时候，"借题发挥"，进一步展示自己本身的能力与才华。在自信的基础上，加以训练，能够使求职者在真正的面试舞台上，超水平发挥。

3.双向交流

富兰克林在其自传中讲道："说话和事业的发展有很大的关系，你出言不慎，将不可能获得别人的同情、别人的合作、别人的帮助。"在求职过程中，正确地使用语言进行表达，无论是描述自己的情况、成绩或意向，还是回答面试考官的问题，都是非常重要的。同样，求职交流也会使求职者获得招聘公司的相关信息，只会答、不会问的求职者正在慢慢地被淘汰。因为无法发问就无法进行双向的交流，这就意味着一名求职者因为没有自我思考的能力而无法达到面试考官的要求。

小案例9-1　　　　　　　　　　　　　　　　　**李小姐的求职兵法**

在一次面试过程中，总经理对已打算淘汰掉的求职者李小姐说："李小姐，你的各方面素质都不错，只是你已成家有孩子，这点公司还要考虑一下。"

李小姐："我认为总经理的意见有一定的道理。如果我是总经理，可能也会这样想。"

总经理听了这句不卑不亢的回答，有点意外，也心生些许好感，微笑着点点头。

李小姐立即顺水推舟地说："公司的任务重，工作忙，谁都希望职工能够轻松上阵，而不是拖儿带女，东牵西挂地来上班。"总经理听到这开始哈哈大笑，有一种被理解和被认同的好感，又有一种心底里的想法被识破的尴尬。他本来想照顾求职者的面子，找一个托词委婉地拒绝求职者，没想到对方不但没有半点怨言，反而理解认同，多了一份体谅之情。

李小姐看到考官的表情，赶紧乘胜追击话锋一转，说道："但是，我想事情还有另外一方面，也许我的想法不一定对，不过，我还是想说出来请总经理指正。对公司来说，最重要的是职工有责任心。但是，不当家不知柴米贵，不养儿不知父母恩，在生活中没有经过责任心训练的人，工作能有很强的责任心吗？我想，一个母亲与一位未婚女子对生活、工作责任心的理解是不会相同的。况且，我家里有老人照料家务，我决不会因家庭琐事而影响工作，这一点我想请总经理放心。"听到这里，总经理不禁为之动容，连连微笑领首。

这微笑中，既有被折服的愉悦，也有对求职者才思敏捷、口齿伶俐的赞赏。于是便当即拍板，决定录用。

资料来源　董丽萍. 人际沟通与语言艺术［M］. 北京：清华大学出版社，2017.

【点评】在这次面试过程中，求职者就是通过她精彩的求职口才化被动为主动，由一个淘汰候选人一跃成为求职成功者。在这一案例中，良好的求职口才是这位李小姐应聘成功的重要法宝。

小贴士9-1

面试沟通法则

9.1.2　面试沟通的技巧

求职面试过程中，可以运用如下面试沟通的技巧：

1.仔细聆听

在面试过程中，要仔细聆听。为了表示你在耐心倾听，要伴随适当的肢体动作（如微微点头）或简单的附和语（如"噢""嗯"）。回答问题前必须确认已经听清、听准对方的提问，如果对讲话重点不是十分有把握的话，建议用复述性提问加以确认，比如，"您的意思是不是说……""如果我没猜错的话，您是想问我……"

微课9-1

仔细聆听

小贴士9-2

应聘者怎样观察主试者

首先，应密切注意主试者的面部表情。如对方听了你的介绍，双眉上扬，双目上张，则是惊奇、惊讶的表现。可能表明，你就是他们理想的人选，有相识恨晚的感觉。这时你可能成功一半，一定要锲而不舍。如果对方听了你的介绍后，皱眉，则表示不高兴或遇到麻烦无能为力等等；也可能表明你不是他们的意中人，你则可以采取其他途径进一步努力。

其次，要注意观察主试者的眼睛。对方听你自我介绍时，双目直视前方，旁若无人，则他的眼睛无声地告诉你：他是一个高傲的人、"了不起的人"，那么你说话时就要力争满足他的自尊心理。如果对方的眼睛眨个不停，则他的眼睛告诉你：他在表示怀疑，那么你就要力争把问题解释清楚。如果对方眯着眼看你，则表示他比较高兴，那么你的介绍可能打动了对方，再继续下去，就可能成功。如果对方白了你一眼，则表示他对你或你的某句话反感，这时你就要特别注意。总之，只要你认真观察，就会透过心灵的窗户——眼睛，把握对方的内心世界，力争主动权。

最后，注意主试者的反应所传达出的信息。如果听者心不在焉，可能表示他对自己这段话没有兴趣，你得设法转移话题；侧耳倾听，可能说明自己音量过小，使对方难以听清；摆头可能表示自己言语有不当之处。根据对方的这些反应，就要适时地调整自己的语言、语调、语气、音量、修辞，包括陈述内容。这样才能取得很好的面试效果。

2.谦虚诚恳

在面谈中，应聘者如果能谦虚诚恳，则可立于不败之地，从而成功地叩开就业之门。因此，在求职过程中，求职者的真实与诚恳是成功应聘的首要条件，在真实和诚恳的基础上，还要力求使自己的就业意向与应聘行业的职业要求相一致，在面谈中尽量回避对自己不利的话题。

某设计院是国家甲级设计院，任务多，待遇好，不少应聘者前来竞聘，企求获得一个职位。其中，一名毕业于该市三流大学的毕业生前来应聘。他先自报所学的是机械制造专业，然后非常认真地询问对方有什么样的要求。设计院的一位老工程师告诉他主要是绘图工作。这位青年马上说："这是我最拿手的，我课余时间就帮人家绘图，三天一份，您可以当场试我。"老工程师露出了笑容。因为绘图虽然容易但也并非易事，这种工作单调、枯燥、乏味，这年轻人肯干，看来不是个眼高手低者。老工程师又问："你搞过设计吗？"

"搞过四个设计，都获得了不错的评价，还有一个被实习工厂看中了。"他拿出了证书和获奖图纸。

老工程师饶有兴趣地边看边聊："搞设计要下现场，有时'连轴转'，你行吗？"小伙子拍着厚实的胸脯说："没问题，让干什么就干什么，只是希望有机会再读个研究生。"

"没问题！"这回是老工程师拍着胸脯了。

这位非名牌大学的毕业生之所以能顺利进入名牌设计院，关键在于他语言朴实但又不过分谦虚，表现出诚实稳重的品质。他知道自己应聘的职业要求的是擅长绘图、吃苦耐劳时，就将自己在绘图方面的经验、成果以及身体强壮、不怕辛苦等优势加以强调，至于自己是来自三流院校甚至专业并不对口的事实就避而不谈了。

3.毛遂自荐

在求职过程中，如何在众多的竞争对手中脱颖而出很重要，哪怕只是引起招聘者的注意。当我们在运用求职语言艺术时，"单刀直入、毛遂自荐"也不失为一种方式。我们可以开门见山，对招聘者直截了当地表明自己的选择意向。当对方针对你的能力或学历提出任何异议的时候，别担心，这恰恰是给了你一个说明和展示的机会。

在某市的大学生供需见面会上，市公安局某研究所的招聘桌前，围满了前来求职的大学生，大部分是男学生。一位年轻的女学生硬是挤到招聘桌前，向招聘人员表示自己渴望从事刑事检验分析研究的工作。

招聘人员面露难色，因为这个研究所从来没有女工作人员，都是清一色的男性工作人员。可是，面对姑娘恳求的目光，招聘人员决定破例给这位姑娘一个机会。他说："工作人员需要下案件现场，遇到的尽是血淋淋的场面，姑娘家哪敢去呢？！"

"我就敢去！"这个姑娘直言直陈，毫不含糊。"让我抬死人，我也不怕。"

"你可别说大话，干这行没黑夜没白天，得随叫随到。"

"嘿，我假期打工就是给人家开车，跑起路来没点胆儿行吗？"说着她掏出了驾驶证。人事干部与研究所的干部当场拍板，并与之签订了聘用合同。

这个例子中的女大学生就是借用对方的"发难"，适时地用行动或语言展示了自己的优点和长处，如愿以偿！

小案例9-2　　　　　　　　　　　　　　　　　**自我推销**

文秘专业毕业的大学生聂品，去应聘某电器公司销售经理助理一职。专业不对口，用人单位不满意，但她的"自我推销"很有新意。

"我叫聂品，三只耳朵三张口，就是没有三个头。"主持招聘的副总一听，饶有兴致地点点头，示意她继续讲下去。她接着说："从事营销工作，重要的是具备收集信息的能力和沟通能力。假如贵公司要是有机会让我发挥销售能力的话，我虽然做起工作来没有三头六臂，但我一定会有'三只耳朵'——倾听、收集八方市场信息；一定会有'三张嘴巴'——用伶牙俐齿说服客户，巧舌如簧地与客户谈判……"

副总经理见她自报家门的方式独具创意，便断定她是一个思维敏捷，有良好口语表达能力的人，而这正是他们公司渴求的人才，便破格录用了她。

资料来源　席晓丽. 面试中的自我介绍技巧例析［J］. 文学教育，2013（8）.

4.巧用反问

在面试过程中，有些招聘者会针对你的薄弱环节发问，其目的有二：一是确实发现你有不足之处，想得到你的解释；二是想看看你的应变能力和回答技巧。这时，应聘者一定要沉着冷静，迎难而上，用反问的形式巧妙地回答问题。

已婚的刘女士到一家中外合资企业面试，公司经理对她很满意，只是担心她已婚且孩子还小会影响工作，下面节选了这次成功面谈的片段。

总经理说："刘女士，你的各方面素质都不错，只是……你孩子还小，这一点公司方面还得考虑一下。"（实际上总经理已经准备淘汰她了）

刘女士说："我认为总经理的意见有一定的道理。如果我是总经理，可能也会这么想。"（总经理听到这里，有点意外，微微点头）"公司的任务重、工作忙，谁也不愿意员工上班时受家庭琐事的干扰。"（总经理听到这里哈哈大笑）

"但是，"刘女士话锋一转，"我想，事情还有另外一面，虽然我的想法不一定对，不过，还是想说出来请总经理指正。对公司来说，最重要的是要求职工有责任心。但是不当家不知柴米油盐贵，不养儿不知父母恩，在生活中都没有经过责任心训练的人，在工作中能有很强的责任心吗？我想，这就是一个母亲与一个未婚女子的最大区别，她们对生活、工作和责任心的理解是不同的。"（总经理听到这里开始沉思）

"况且，"刘女士趁热打铁，"我家里还有退休的老人照料家务，我绝不会因家庭琐事而影响工作的，这一点总经理还有什么不放心的？"

总经理最终拍板录用了刘女士。当然，要想达到预期的求职目的，光有迎难而上的勇气是不够的，还要善于"打太极拳"。当对方猛然向你发来一个快球，大有一击就中要害之势，不要回避，顺势接下，如同上述例子中的主人公，先肯定招聘者的判断，承认自己的"软肋"，进而将球轻柔而有力地推回给对方——不卑不亢地分析现状，表明自己的特长和优势，以消除对方的顾虑，最后用反问的形式促使招聘者做出回答。

5.少用"我"字

面试的过程是一个对"我"进行考察的过程，因此，无论是在自我介绍还是在面试谈话过程中，求职者的语言和意识往往会以"我"为中心。例如，"我"的学历、"我"的理想、"我"的才华以及"我"的要求……殊不知，这样做会使对方认为你"以自我为中心""自我标榜""自以为是""自我推销"……尽管事实并非如此。

袁女士，35岁，应聘某公司的机械检验员，招聘者问她："这个工作要经常出差，到湖南、湖北、四川等地，条件会比较艰苦，你行吗？"袁女士答道："我看上去是不是比较娇气了一点？我以前在矿山做机械工的时候，可是常在管道里面爬上爬下的，而且我还在装配车间做过检查工作，我想工作再苦都没问题。别看我是女的，我在装配车间干过一年，在铆焊车间干过半年，我在试验场还做过现场施工。当时我在甘肃，现在想起来我真的不想回去，因为机械管道里的味儿很难闻，100米长的管道，我就在里面爬上爬下……"

要不是被招聘者及时打断，袁女士还不知要说出多少个"我"字来。在这个案例中，袁女士的回答本来就不够简洁，再加上"我"字不离口，有强迫性的自我推销之嫌，使得招聘者顿生反感，面试结果可想而知。

6.灵活应变

这条原则，就是"没规则"，不要有那么多的条条框框，记住：在任何情况下，招聘单位都会垂青那些有较强角色意识和应变能力的人。而这种能力多半是书上没有的，要在实践中不断地锻炼，这就是为何有些招聘单位很看重工作经验的原因。

国外一家旅馆老板测试三名应聘侍者的男子。

问："假如你无意中推开房门，看见女房客正在淋浴，而她也看见你了，这时你该怎么办？"

甲答："说声'对不起'，然后关门退出。"

乙答："说声'对不起，小姐'，然后关门退出。"

丙答："说声'对不起，先生'，然后关门退出。"

结果，丙被录用了。

为什么呢？因为他这种故意说错的说法，维护了女房客的尊严，他用非常得体的语言表现出一名侍者应该具备的职业素质。

小案例9-3　　　　　　　　　　冯玉祥的"面试题"

有一位大学生到冯玉祥那里应聘秘书。他满怀信心地走进冯玉祥的办公室，准备把自己的论文及证件交给冯玉祥，并回答冯玉祥各种有关秘书方面的提问。可他万万没有想到冯玉祥提出了一个他始料未及的问题。

"你刚才所上的楼梯共有多少台阶?"冯玉祥问。

大学生一时瞠目结舌。可他情急生智,果断地反问道:"您能一准说出'冯玉祥'三个字的笔画吗?"

冯玉祥高兴得哈哈大笑,决定聘用这位大学生为他的秘书。

冯玉祥看中的正是这位大学生富于挑战性的勇气和随机应变的超常反应能力。

资料来源 佚名. 2016秘书资格考试综合练习题 [EB/OL]. [2017-05-21]. http://www.oh100.com/peixun/mishuzige/57388.html.

7.另辟蹊径

求职中遭到拒绝是常有的事,但如果找到新的突破口,也许柳暗花明又一村。当然这里最重要的条件是:你能在与对方的交谈中,得到潜在的人才需求信息。也就是把求职的过程同时作为收集信息的过程,看看对方还有哪些岗位有空缺,这样就可以此路不通,另辟蹊径。如果还有另外的岗位适合你,你就把自己再推销一次,如果理由充足,对方重新考虑,录用你是完全可能的。善于应变、有勇气、有胆量,就可能找到新的机会。

师大政治系毕业的小叶,去一所重点中学求职。教务主任翻开他的简历:大学里担任学生会主席,成绩很不错,多次获得奖学金。教务主任告诉他:"你的条件很优秀,但我们学校现在不缺政治老师,以后有机会一定重点考虑你。"虽然肯定了他的优秀,但因专业不对口被拒绝了。

小叶并不气馁,他灵机一动,便巧妙地向教务主任询问师资配置情况。交谈中得知现在学校正缺历史老师,于是提出自己在历史方面也有所专长,愿意改教历史。教务主任让他找主管人事的副校长谈谈。

小叶又找到人事副校长,副校长明确地告诉他专业不对口。小叶说:"政史不分家,我自幼偏爱历史,虽然不是历史系毕业的,但自学和选修了许多历史专业的课程,而且还有一定的研究,在校报上还发表过历史专业的论文。我相信我能胜任贵校的历史老师,需要的话我还可以兼任政治老师。您只聘一名老师,却能教两门课,不是很划算吗?"

于是副校长答应让他试讲,结果顺利通过。

8.将错就错

面试时难免出现差错、疏漏,造成尴尬、遗憾,这时要想方设法打圆场,引出相关的对自己有利的话题,使失误得到有效的补偿,化劣势为优势。

一位刚毕业的大学生去某合资公司求职,负责接待的先生递给他名片。大学生神情紧张,匆匆一瞥,赞扬道:"滕野木石先生,您身为日本人,抛家别舍,来华创业,令人佩服。"那人微微一笑:"我姓滕,名野柘,地道的中国人。"大学生面红耳赤,无地自容。

片刻后,他诚恳地说道:"对不起,您的名字使我想起了鲁迅先生的日本老师——藤野先生。他教给鲁迅许多治学的道理,让鲁迅受益终身。

小案例9-4

善于反驳的求职者

微课9-2

将错就错

今天我在这里也学到了难忘的一课，那就是'凡事认真'，希望滕先生日后也能时常指导我。"滕先生面带惊奇，点头微笑，最终录用了他。

这位大学生将错就错，即兴发挥，不但扭转了一时大意给招聘者留下的不良印象，而且打造了虚心好学的形象。

9.成功地进行自我介绍

求职者自我介绍的根本目的，是使面试考官对自己有个初步的、大概的了解，并且尽可能地留下好的印象以便使面试能够深入地进行下去，最终赢得面试的成功。求职面试的自我介绍必须讲究技巧，成功的自我介绍往往会给面试考官留下深刻的印象，求职就成功了一半。在人的思想意识中，往往存在这样的误区，认为最了解自己的人一定是自己，把介绍自己当成一件很容易的事。其实不然，说人易，说己难。在求职面试中，介绍自己是最难的部分，要成功地进行自我介绍，要从以下四个方面着手：

（1）礼貌地问候。在进行自我介绍之前，求职者首先要跟主面试考官打个招呼，道声谢，这是最起码的礼貌。比如"经理，您好，谢谢您给我这个机会，现在，我向您作个简单的自我介绍……"。介绍完毕以后，要注意向主面试考官致谢，并且还要向在场的其他面试人员致谢。

（2）主题要鲜明。求职面试中的自我介绍一般包括一些基本要素：姓名、年龄、籍贯、学历、学业情况、性格、特长、爱好、工作能力和工作经验等。因此，不必面面俱到，而是要做到主题鲜明，直截了当，切入正题，不要拖泥带水，对于材料的组织要合理，做到详略得当，重点突出。一般来说应按招聘方的要求来组织介绍材料，围绕中心说话。假如招聘单位对应聘人的工作能力和工作经验很重视，那么，求职者就得从自己的工作能力及经验出发做详细的叙述，而且整个介绍都是以其为中心。

下面是某家工艺品总公司招聘业务员的一则对话：

面试考官说："我公司主要经营有地方特色或民族特色的工艺品，如北京的景泰蓝、景德镇的陶瓷和湖州的抽纱等。这次招聘的对象主要是能开拓海内外湖州抽纱业务的业务员。现在，请你介绍一下自己的情况。"

求职者答："我叫李伟，今年24岁，是湖州人。今年毕业于当地一所商业学校，读市场营销专业。我一直生活在湖州，小时候就经常帮妈妈和奶奶做抽纱的活，对于传统的抽纱工艺可以说是比较了解的。在商校学习的两年中，我掌握了营销方面的专业知识，这是我将来搞好业务的资本。我的口才较好，曾参加省属中专学校的求职口才竞赛，得了二等奖，并且还具备一定的英语口语能力。我这个人的特点是头脑灵活、反应快，平时喜欢看时事，对国内外的经济发展动态很感兴趣，喜欢从事具有挑战性的工作。"

应聘的求职者一般应从最高学历讲起，只要面试考官不问，完全没有必要谈及小学、中学甚至是大学。谈所学的专业、课程，不必要说明成绩。谈求职的经历，不要漫无边际，东拉西扯，最好在1~3分钟完成自我介绍，做到简洁、明快、干脆、有力。

（3）让事实说话。在面试时，有的人为了能给面试考官留下深刻的印象，往往喜欢对自己进行过度的夸张，动辄就"我的业务水平是很高的""我的成绩是全年级最好的"。其实，这样反倒会给面试考官留下不好的印象。现在的用人单位往往更注重应聘者的真本事。"事实胜于雄辩"，虽然面试的时间很有限，不可能完全展示出求职者的才能，但是，求职者可以通过实际的事例来证明你的能力，把你的才华展示给面试考官。

某大学中文系学生小刘，毕业后到报社应聘记者，面对着上百个新闻专业出身的应聘者，可以说小刘并没有什么优势。但小刘对此早有准备，她对面试考官介绍自己时是这样说的："我叫刘晓明，山西人，毕业于××大学中文系。虽然我不是新闻专业的，但我对记者这个职业十分感兴趣。在大学期间我是学校校报的记者。在4年间，我进行了多次较为重大的校内外采访，积累了一定的采访经验，再加上我的中文功底，我相信我可以胜任贵报的工作。这是我在大学期间发表过的报道稿，请各位编辑领导批评指正。"

面试考官们看过小刘的报道材料后，觉得眼光独到、语言深刻，都很满意。结果小刘击败了众多的竞争者，不久就收到了录用通知。

（4）给自己留条退路。面试中的自我介绍既要坦诚，又要有所保留；既要介绍自己的能力，也不要把自己搞成事事皆能，使自己进退维谷。在自我介绍中，求职者要尽可能客观地显示自己的实力，但同时应尽可能地避免使用保证式或绝对式的语言，如"我非常熟悉这项业务""我保证让部门改变面貌！"这些话往往没有具体内容，反倒会引起面试考官的反感，如果遇到较为平和、内敛的面试考官，也许不会为难你。但是如果遇到个性较强的面试考官进行追问，求职者会因无法回答而张口结舌，尴尬万分。

小赵去应聘一家国际旅行社的导游。他自我介绍说："我这个人喜欢旅游，熟悉各处的名胜古迹，全国的风景名胜几乎都去过。"面试考官很感兴趣，就问："那你去过云南大理吗？"因为面试考官就是大理人，对自己的家乡再熟悉不过了。可惜小赵根本就没去过大理，心想若说没去过这么有名的地方，刚才的话，不就成吹牛了吗？于是硬着头皮说："去过。"面试考官又问："你住的是哪家宾馆？"小张回答不上来，只好说："那时我住在一个朋友家。"面试考官又问："你的这位朋友家在大理的什么地方啊？"小赵这下没词儿了，东拉西扯答非所问，结果自然可想而知。

10.得体的回答

在面试过程中，要注意以答为基础、以问为辅助的沟通技巧。尽管不同的公司面试的程序和模式有所不同，面试考官的风格各异，但是有些问题是面试考官们比较喜欢问的。应聘者一定要对这些问题有所准备，知己知彼才能百战不殆。

微课9-3

薪酬类问题的
回答技巧

一般来说，招聘方提出的问题可分为两类：一类是规定性提问，也就是招聘方事先准备好的，对每一位应聘者都要发问的问题；另一类是自由性提问，即招聘方随意穿插的问题，这些问题往往千变万化，涵盖宽泛，招聘方可以从应聘者不经意的对答中发现其闪光点或缺点。无论是哪类问题，应聘者在回答时都应当掌握以下基本技巧：①不要遗漏表现自己才能的重要资料；②保持高度敏锐和技巧灵活的思维状态；③既要表现自己的个性气质，又要表现出对招聘方的尊重与服从；④认真倾听对方的提问，并注意对方的反应，以便及时调整自己的不恰当的回答；⑤避免提到"倒霉""晦气""不幸""疾病"之类对方可能忌讳的字眼。

小案例9-5　　　　　　　　　　　　　　　　**面试问题回答三例**

①面试官问题：请简单介绍一下你自己。

模糊性回答：我是一个积极乐观、勤奋努力的人，在学校老师和同学们都很喜欢我。

具体性回答：我觉得我最大的特点就是凡事追求完美，什么事如果下定决心要做，就一定要做好。比如我大二开始在外面做家教，第一次给孩子辅导前，我总觉得自己备课不理想，头一天晚上一直熬夜到凌晨三点才做出自己觉得满意的教案。我教了那个学生一年多，他最终考上了省重点中学！我还是我们学校的演讲大赛冠军，在比赛之前，我的稿子至少修改了七遍，因为我总是觉得每多修改一次，就能更好一点！虽然有时候会有点累，但我喜欢自己努力的状态！

②面试官问题：为什么你希望来我们公司工作？

模糊性回答：贵公司规模很大，是行业中的佼佼者。这个职业也很适合我的专业，我非常喜欢！

具体性回答：我很早之前就开始关注贵公司，知道它是行业内的佼佼者。而且，我通过一些渠道了解到，贵公司非常关注人才，有完善的培训机制。同时，我在贵公司的招聘网站上看到，这个岗位主要从事财经类新媒体的运营，我是经济系毕业，从小就热爱写作，经常在各种报刊上发表文章。我觉得，这个工作正是将我的专业和我的特长完美地结合在了一起，非常适合我。同时，网站上还强调从事这个工作要能承受巨大的压力，我觉得这对我是一种挑战，能促使我尽快成长，所以我很希望加入贵公司。

③面试官问题：如果你被录取，你打算如何做好你的新工作？

模糊性回答：我会认真努力，尽全力做好自己的工作。

小贴士9-3

求职面试中的语言禁忌

具体性回答：我了解到，这是一个需要高度团结协作才能取得成绩的工作。如果我被录取，首先我会做三件事：第一，尽力联系上一位从事这项工作的同事，并虚心地向他请教，尽快了解工作的具体情况，并请他给我一些指导。第二，在了解工作情况后，我会制订一个短期计划，并一步一步地去完成；如果这个短期计划有效果，我会依据这个制订长期计划；如果效果不佳，我会尽快调整自己的策略，制订新的计划。第三，我会尽快和同事们搞好关系，建立起信任。因为我觉得这份工作，必须相互信任，相互协作，才能做得更好。①

小贴士9-4　　　　　　　　　　　　　　　　**薪酬典型问题及其辅导**

1.典型问题：在我们公司工作，你希望得到什么样的薪金待遇？

---

①　文桃．把话说具体，助你赢得面试官青睐［J］．演讲与口才，2018（13）．

辅导：面试前要早做准备，在心里确定好自己希望的薪金范围。先了解该公司所在地区、所属行业、公司规模，然后尽量了解本行业目前平均的工资水平。在告知对方自己希望的薪金待遇时，尽可能给出一个你希望的薪水范围，避免说出具体的数字，除非对方有这样的要求。

参考答案：工资并不是我决定是否加盟的唯一因素，如果您一定要我回答，那我当然希望自己的薪水符合我的学历水平和实践经验，我希望自己的工资不低于年薪××万元。

2.典型问题：你觉得自己每年加薪的幅度是多少？

辅导：通常情况下，面试官可以接受的答案是"收入的增长和生活水平提高保持一致"。除此之外，你还应该提到，自己工作业绩的提高是加薪的决定性因素。

参考答案：我想，自己薪水的提高取决于所在公司的经营业绩和盈利状况，但我也希望自己收入的增长至少和我生活水平的提高保持一致。

3.典型问题：你愿意降低自己的薪水标准吗？

辅导：如果确实非常想得到眼前的这份工作，那开始工作时降低自己的薪水标准可以考虑。面对面试官，你要首先强调自己可以把工作做好，并且设法了解公司什么时候能够给你调整工资待遇。此外，对自己能够承受的工资底线要心中有数，但是不要把这个底线告诉你的面试官。

参考答案：我对这个职位非常感兴趣，所以我可以考虑降低自己的薪水标准，但我也希望公司能给我时间让我证明自己的能力。我相信自己可以让公司满意我的工作，如果我出色地完成了自己的任务，您是否会考虑对我的薪水做一些调整呢？

4.典型问题：从现在开始的三年内，你的薪金目标是什么？

辅导：在面试前最好能了解一下同行业从业人员工资的增长情况，如果你能通过朋友打听到这家公司的薪金增长幅度更好。可以对面试官说出一个大概的数字范围或者百分比。

参考答案：我相信通过一段时间的实践，自己将成为这个行业中的佼佼者，我也希望自己以后的收入能和我的能力相符合。我希望自己的年收入为××元到××元。

11.讲究无声语言艺术

无声语言能体现出一个人的教养、身份、风度、内在气质和人格。在求职面试中，招聘人员常常通过求职者的举手投足、坐姿站态、一动一静、一颦一笑去判断其心理素质、文化修养甚至性格特征。"第一印象"在面试中非常重要，有时甚至决定了求职是否成功。优美的体态风度能帮助求职者建立良好的第一印象，从而起到事半功倍的作用；假如求职者不修边幅、大大咧咧，或者拘谨胆怯、体态不自然，必然会有损求职者在招聘人员心目中的印象，而影响面试成绩。无声语言艺术在求职面谈中的具体运用体现在如下方面：

（1）表情语。在面试中尤其要注意微笑和眼神的运用。微笑是求职面谈中最不可缺的表情，微笑可以使求职者显得友善、有亲和力，可以迅速拉近与面试官的距离，使对方更容易接受自己。如果求职者在面试中表情淡如清水，不苟言笑，那么传递给对方的是不尊重、不友好、不自信、不大方的信息，气氛沉闷压抑，就难以获得满意的面谈结果。

在求职面谈中，求职者要敢于和善于同面试官进行视线接触，这既是一种礼貌，又能帮助维持一种联系，使谈话在频频的视线接触中持续下去。一般情况下，视线接触的范围是双眼与嘴部之间的三角形区域，这样既保持了接触又避免了因直直地盯着而引起对方的不快。正确地运用眼神目视对方，体现了自身的礼貌，说明对话题有兴趣而且不怕挑战。有的求职者总习惯于低着头看地板，几乎不看招聘方，或者左顾右盼，还有的总是窥探面试官的桌子、稿纸或笔记本，这些行为会传递出求职者性格不稳定、不诚实、怯懦、缺乏自信心等信息，很不利于面谈。

（2）手势语。在运用手势语时要注意紧密配合有声语言，做到协调一致"该出手时就出手"，不要"想出不敢出"，反倒给人胆小拘谨之感。手势还要大方自然，幅度适中。手势过大让人觉得性格不稳定，无节制地挥手或无规律地乱摆都会让人觉得说话者轻浮或狂妄；手势过小显得呆板，缺少风度。此外，一些下意识的举动，如搔首弄姿、拉耳掰手、扯衣挠发、腿的无意识抖动等，这些都可能反映出求职者内心的不安、慌张、窘迫。

（3）体姿语。求职者如果是站着回答问题，应该保持正确的站姿，如头要端正，腰要直，肩要平，挺胸收腹，重心放在脚底中央稍偏外侧的位置，双手自然下垂，拿文件夹等物品时放在身前，这样才能显得精神振奋、充满信心。

坐的姿势要求文雅端庄，给人以沉稳、可信任感。面试官请你入座前不要随便坐下，入座要稳要轻，不可猛起猛坐，以免发出声响，一般坐在椅子的前半部分。入座后，手可平放在腿上或扶手上，上身端正挺直，"二郎腿"不要跷得太高，更不可抖动。女士可以采取双膝并拢或小腿交叉的姿态，但不可向前直伸，面谈中，两眼平视和你交谈的招聘人员，身体稍向前倾，以显对谈话的兴趣和对对方的尊重，身体不要过分前倾，会给人一种阿谀奉承的感觉。

步姿是在站姿的基础上展示人的动态美的极好方式。对于求职面谈而言，展现步姿主要是指从进入面谈室到入座或站定和面谈结束后离开房间的两个过程。求职者要注意，步入面谈室前先轻轻敲门，听见"请进"后，再轻轻推开门，并主动向屋内的人打招呼，然后神态自然、步履稳健、面带微笑地走进房间。面谈结束后，不管自己对面谈的预感是怎样的，步履仍然应该自信从容，到门口时再轻轻把门带一下，切记不可失去常态，慌慌张张地快步走出，也不能漫不经心，一步三晃地下去，这样可能会使面试官对你的整个面谈失去好感。

（4）服饰语。求职面谈是一种正式场合，求职者的服饰穿戴关系到招聘人员对其的第一印象，因而应当认真对待。一般来说，求职者的服饰要同自己的身材、身份、年龄等相符合，做到大方得体、整洁明快。在着装时，一要关注细节，比如衣服不必太贵，但要烫得平整，色彩要协调，扣子要扣对，皮鞋要擦亮，不要佩戴款式夸张的首饰。二要注意求职者的装扮须与希望的职业身份相协调，比如你面试的职业是教师、会计、工程师等，打扮就不能过分时髦，而应该选择庄重、素雅的着装，以显示出稳重、文雅的职业特性。另外，服装不一定要选最漂亮的，而是要选能衬托你内在气质的、穿感舒服的，这样就不会因为服饰而产生潜意识的拘束和不自然。头发要梳理整齐、干净，头饰不宜多。男士的胡须一般都要求刮净。女士可着淡妆。总之，在求职交际中，求职者要力求把内心的美和外表修饰的美都展现出来。

小训练 9-1　　　　　从《当幸福来敲门》中学面试技巧

　　《当幸福来敲门》是由加布里尔·穆奇诺执导、威尔·史密斯等主演的美国电影。影片取材真实故事，主角是美国黑人投资专家克里斯·加德纳。克里斯经过重重考验、种种艰辛，赢得了面试机会。

　　在面试对话中，克里斯处处体现了对一切事物透过表面的一种深刻思考，并完全驾驭了事物的本质，他最终获得了实习的机会，为他成为投资家迈出了坚实的一步。

　　请观看电影《当幸福来敲门》，然后谈谈你从中学习了哪些求职面试技巧？

9.2　能力提升

9.2.1　案例讨论

　　1.两次面试

　　一个年轻人在一家小信息公司颇有成就，因此想进入一家位列世界 500 强的大公司工作。在第一次面试时，面试官问他："你认为自己最显著的成就是什么？为什么？"

　　他自信地说："我从小到大的求学是非常艰难的，在工作中也遇到了很多困难，但我一一努力克服了。"出乎意料的是，他落选了。

　　经过一番反思，他发现了其中的问题：努力学习在今天是很普通的，而且回答里强调了一个过程而不是某一具体活动，没有突出独特性。

　　当他第二次面试时，他说："我在信息科技公司工作的那段时间是我最骄傲的经历，当时我被聘用为营销部经理助理，帮助开发新型电脑并投放市场。在我任职两星期后，经理突然心脏病发作，管理层决定把这个项目拖延六个月。我认真思考了公司上层的这个决定，认为在飞速发展的市场中，拖延就代表着失败。于是，我找到了主管我们这个部门的副总裁谈了自己的看法，并拿出了一个基本完善的计划。我承认，的确有一些新东西需要学习，但这些困难我可以克服。他勉强同意我为代理经理，这之后的六个月，我学到了很多东西并夜以继日地工作，最后我们的产品取得了成功。"

　　可想而知，最后，他如愿以偿地进入了那家大企业。

　　资料来源　豪佛.世界500强选人标准［M］.汤永辉，次向明，译.北京：高等教育出版社，2004.

　　思考与讨论：

　　（1）案例中的这位年轻人两次面试的表现有何不同？

　　（2）他第二次为什么能如愿以偿地被那家大公司录用？

　　2.糟糕的应聘者

　　以下是某企业人力资源经理对求职者的忠告：

面试从你接到电话通知的那一刻就已经开始了。也许是等待就业的心情比较迫切吧，我在通知有资格参加下一轮面试的面试者时，一般从电话另一头听到的都是一些浮躁的声音，这里摘取了一点我们的对话，供大家参考：

"喂！"

"喂，您好，请问是×××先生吗？"

"你是谁啊？"（当时，我的心里已经不高兴了，但是不会表露出来）

"我是××公司的，请问您参加了我们公司的招聘吗？"

"哪个公司？"（肯定是撒大网了）

"我们把您的面试时间安排在了明天的×××，地点在×××。"

"我记一下，你们是什么公司？"（噢，我的天）……

这样我就会把我的看法写在他的简历上，供明天面试的时候参考，影响可想而知！

资料来源　佚名. 面试从你接到电话通知时就已开始　细节决定成败［EB/OL］.［2009-04-14］. http：//tieba.baidu.com/f？kz=564626502.

思考与讨论：

（1）应该怎样接通知你参加面试的电话？

（2）你认为面试是从什么时候开始的？为什么？

3.诚实赢得好职位

某大公司招聘总经理助理，由总经理亲自面试。应聘者小张来到总经理办公室。总经理一见到小张就说："咱们好像在一次研讨会上见过，我还读过你发表的文章，很赞赏你所提出的关于拓展市场的观点。"小张一愣，知道总经理认错人了。但转念一想，既然总经理对那人那么有好感，不如将错就错，对我肯定有好处。于是就接着总经理的话说："对，对。我对那次研讨会也记忆犹新，我提出的观点能对贵公司有帮助，我感到很高兴。"

第二个来应聘的是小高，总经理对他说了同样的话。小高想：真是天助我也，他认错人了。于是说："我对您也非常敬佩，您在那次研讨会上是最受关注的对象。"

第三个来应聘的是小孙。总经理再次说了同样的话。但小孙一听就站起来说："总经理先生，对不起，您认错人了。我从来没有参加过那样的研讨会，也没提出过拓展市场的观点。"总经理一听就笑了，说："小伙子，请坐下。我要招聘的就是你这样的人。你被录用了。"

资料来源　佚名. EMBA交际礼仪学七求职礼仪（三）求职礼仪故事［EB/OL］.［2014-04-03］. http：//www.hbrc.com/rczx/shownews-5186858-19.html.

思考与讨论：

（1）为什么小孙会应聘成功？

（2）求职为什么要遵循做人诚实的基本道理？

4.求职面试问答

在一次求职面试中，一家企业的招聘者问一位女大学生："国外一家企业的代理人携巨款来我市寻找适宜的投资对象，你作为我市某中型企业的法人代表，请问你将采用哪些步骤赢得这笔投资？"这位女大学生略作思考，然后答道："首先，我需要了解对方详细的背景材料，例如，该公司的经营方针、项目、实力、已有业绩，当然也包括这位代表的个人材料，最重要的是其此次来中国的计划；其次，代表来后，我应当与对方预约见面时间和地点，比如说可以通过电话、有关机构等方式进行联系；再次，与代表商谈时我应当使用他的母语，以增加熟识感和亲切感；最后，这次合作不一定会成功，但是我要尽我所能给对方留下深刻而良好的印象，以期为下次合作打下基础。"虽然这位女大学生的回答不尽圆满，但招聘单位录取了她。

资料来源　佚名. 求职口才面面观（3）［EB/OL］.（2012-09-01）. http://klofx.blog.163.com/blog/static/177643034201281519448780/.

思考与讨论：

（1）请分析这位女大学生求职成功的语言技巧。

（2）本案例对你有哪些启示？

5.面试巧答

临近毕业，一家地市级日报招聘采编人员。在入围面试的10个人中，无论是从学历还是从所学专业来看，我都处于下风，唯一的一点优势就是我有从业经验——在学校主办过校报。

接到面试通知后，我把收集到的该日报社的厚厚一摞报纸重新翻了一遍，琢磨它办报的风格、特色、定位及其主要的专栏等，做到心中有数。我记下了一串常在报纸上出现的编辑、记者的名字。

参加面试时，评委竟然有8个。第一个问题是常规性的自我介绍。第二个问题是"你经常看我们的报纸吗？你对我们的报纸有多少了解"。我于是把自己对这个报社的认识，包括其办报的风格、特色、定位等全部都说了出来。最后我说："我还了解咱们报社许多编辑、记者的行文风格。例如某某老师写得简洁明了，某某老师文风清新自然。虽然我与他们并不相识，但文如其人，我经常读他们的文章，也算是与他们相识了。"我当时注意到，许多评委露出了会心的微笑。后来我才了解到，我提到的许多老师就是当时现场的评委。

第三个问题是"谈谈你应聘的优势与不足"。我说："我的优势是有两年办校报经验，并且深爱着报业这一行。我的缺点是拿起一张报纸，总是情不自禁地给人家挑错，甚至有时上厕所，也忍不住捡起地上的烂报纸看。"听到这里，评委们不约而同地笑了。

面试结束的时候，我把自己主办的校报挑出了几份分给各位评委，请他们翻一翻，提出宝贵意见，并说："权当给我们学校做个广告。"评委们又笑了。

最终，我幸运地被录用了。

资料来源　佚名. 采编人员面试要注意什么［EB/OL］.［2013-06-26］. https://zhidao.baidu.com/question/562192492.html.

思考与讨论：

（1）实例中的"我"回答面试问题的语言艺术如何？请予以分析。

（2）本实例还对你有何启发？

6.老总的故事

一家公司的老总要招聘一名副手，这一天老总亲自来面试。但奇怪的是，老总并不是对应聘者逐个地进行面试，而是把所有人都集中到大会议室，讲起了故事："唐朝有个大将军，名叫张飞。有一天，张飞带领军队追击敌人。那天是一年中最热的一天，士兵们带的水早就喝干了，沿途中没有水可以饮用，士兵们又累又渴，连前进的力气都没有了。张飞焦急万分，后来灵机一动，指着前面对士兵说，转过这个山口前面就是一片梅林，梅子已经成熟了，大家加把儿劲，很快就能吃到可口的梅子了。士兵们在条件反射的作用下，顿时口舌生津，又有力气前进了。"

讲完之后，老总望着大家仿佛有所期待，应聘者则莫名其妙。终于有个人鼓足勇气站起来说："老总，您今天的故事讲得很好，但我们是来参加面试的，不是来听您讲故事的。请问老总，面试什么时候开始？"老总没有回答。过了几分钟，他不易被察觉地笑了一下，转身要离开。这时一个人站起来："老总，请等一等！我想指出您的错误。您刚才所讲的故事中，至少犯了两个错误。第一，那个将军不是张飞，是曹操；第二，故事发生的时代也不是唐朝，而是三国。尽管我不明白您讲这个故事跟今天的面试有何关系，但我还是要指出来，希望您别介意。"老总听完，脸上露出了微笑。

在这个故事中，老总就是通过讲一个家喻户晓的故事，并故意犯了两个错误，把他的真实意图隐藏起来——他想寻求一个善于发现他的错误并有勇气大胆指出来的副总。

资料来源 赵凡禹.副职易犯的88个错误［EB/OL］.［2023-04-21］. https：//baijiahao.baidu. com/s？id=1763793422150368757&wfr=spider&for=pc.

思考与讨论：

（1）请结合本例谈谈面试中如何准确判断对方的意图？

（2）本实例对你有何启发？

9.2.2　实训项目

1.实训：模拟面试

请阅读下面的短文，然后组织几个同学，3人一组模拟松下幸之助的面试场景。

松下幸之助的求职经历

松下幸之助被称为"经营之神"，当他还只是一名9岁的小学四年级学生时，因为家里贫穷，不得不告别母亲，和父亲一起到大阪去打工，过着自己养活自己的生活。十四五岁的时候，他到大阪的一家电器公司去应聘，当公司的总经理看到站在他面前的是一个衣着破烂又有些瘦弱的孩子时，总经理打心里不想要他，但又不好意思让这个少年太伤心，就随口说了一句："我们现在不缺人手，你过两个月再来吧。"

过了两个月，松下果然来了，总经理又推辞说："我们需要的是一个懂电器知识的人，你懂吗？"松下老实地告诉他说自己不懂。

回到家里，松下买了几本有关电器知识的书，看了两个月后，又来到了这家公司，并告诉那位总经理说："我已经学会了许多电器知识，并且以后我一边工作还可以一边学习。"谁知听了这话，那位经理反而皱了皱眉头说："小伙子，出入我们这家公司的都是有绅士派头的人物，你看你这身脏兮兮的衣服，我们怎么要你呢？"松下听后，笑了笑说："这好办！"

回家后，他就让爸爸拿出所有的积蓄，给他买了一身漂亮的制服，然后又一次来到了这家电器公司，这一下那位总经理可算真服了松下，他一边用欣赏的目光看着松下，一边笑着说："像你这样有韧劲的求职者，我可是第一次遇到啊，就凭你的这股韧劲，我也不能不要你了啊！"

从不向失败低头，这正是松下幸之助最后走向成功的秘诀！

资料来源　佚名．心灵的韧度－励志人生必读文章［EB/OL］．（2008-12-2）．http：//www.jj59.com/35/2882/.

2.实训：举行模拟招聘会

实训目标：锻炼学生的自我推销能力，积累应聘经验，掌握应聘礼仪，增强自信心，全面认识自我。

实训学时：4学时。

实训地点：实训室。

实训准备：模拟招聘企业情况、需求岗位、面试问题、面试桌椅等。

实训方法：

（1）选3～4名学生担任某企业面试考官，其他同学担任求职者。

（2）面试考官先介绍单位及岗位需求情况，然后求职者依次进行1分钟自我介绍，面试考官提问，求职者回答问题。

（3）最后教师总结、点评。

课后练习

1.请分析下面几句面试应答语中的错误：

（1）"我原来那个单位的人际环境太差了，小人太多，没法与他们相处。"

（2）"现在已有多家公司表示要我，所以请你们务必于这个月底之前答复我。"

拓展阅读

面试常见问题
及回答思路

（3）"我毕业于名牌大学，学的又是热门专业，我是一个杰出的人才，我想实现我远大的理想和宏伟的抱负。"

（4）"我很想知道我如果到你们公司，每个月能挣多少钱？"

2.面试沟通应遵守哪些原则？

3.以下是一则面试对话，请分析应聘者面试失败的原因：

面试官说："从你的简历得知，你的英语已过了国家六级水平，真是不简单呀。"

面试者答："你过奖了。其实我周围很多同学都达到了这个水平，我也是一般而已。况且，我还有很多不足，比如，我的电脑水平老是跟不上，很多同学都过了二级，我还是停留在初级水平上；还有一些专业课也掌握得很不好，让我头痛得很。有时，我也觉得自己很没用。"

面试官说："原来你对自己很没信心。"

4.如果用人单位通知你明天去面试，你需要做哪些准备？

5.面试官问："关于工资，你的期望值是多少？"求职者反问："你们打算出多少？"如果是你，会这样反问面试官吗？为什么？

6.一位男性应聘者听到面试席上两个人窃窃私语，好像是说自己个子太矮、形象不佳，不适合到该公司求职。假如你是这位求职者，你会怎样扭转对自己明显不利的局面？

7.你和几位同学打算一起到一家公司实习，在公司的接待处，该公司前台工作人员说："我们公司一向不接受实习生。我不能帮你们请我们的经理来，如果我请他来，过后他一定会责罚我！"假如这时同学们让你做代表跟她交涉，你该怎么办？

8.日本的一些大公司在招聘人才进行面试时，专门就说话能力规定了若干不予录用的条文。其中有：①应聘者声若蚊子者，不予录用；②说话没有抑扬顿挫者，不予录用；③交谈时，不得要领者，不予录用；④交谈时，不能干脆利落回答问题者，不予录用；⑤说话无生气者，不予录用；⑥说话颠三倒四、不知所云者，不予录用。对于日本大公司招聘人才的以上规定，你有何看法？

9.根据面试者的提问，分析哪一种应答更能获得赞许。

（1）没有工作经验，你认为自己适合我们的要求吗？

应聘者1：可是你们就是来招聘应届大学生的啊。

应聘者2：如果有一只幼虎因为没有狩猎经验，而被拒绝在狩猎圈之外，你认为它还有成长的可能吗？

（2）为什么你读哲学，却来申请做审计？

应聘者1：你们已经说明"不限专业"，所以我想来试试。

应聘者2：据说外行的灵感往往超过内行，因为他们没有思维定式，没有条条框框。

应聘者3：我之所以跨专业谋职，是为了给自己提供这样一种动力，终身学习才不会被社会淘汰。

（3）你穿的西装好像质地不怎么样啊！

应聘者1：穿着并不影响我的表现，何况我还没工作，买不起更好的。

应聘者2：昨天我怀揣买西装的钱路过书店，发现两套对我来说至关重要的书，可能会为今天的面试提供帮助，我于是花掉了凑来买西装的钱。

（4）假如明天你就要死了，你希望自己的墓碑上刻上一句什么话？

（考官实际是想问，这一生你希望自己能达到怎样的成就。）

应聘者1：找了份好工作、找了个好老公等"老婆孩子热炕头"式的"人生理想"，或者请安息吧、我是个好人之类不着边际的空话。

应聘者2：我这一生在很多行业工作过，这让我很满足。

（5）你不认为你做这项工作太年轻了吗？

应聘者1：我虽然年轻，但我有干劲，敢于接受挑战，相信我一定能做得很好。

应聘者2：事实上下个月我就满23周岁了，尽管我没有相关的工作经历，但我有整整两年学校学生会工作的经验。您可以想象，负责管理全校3 000多名学生并非易事，没有一定的管理才能和领导艺术，是无法胜任的。所以，我认为，年龄固然能说明一定的问题，但个人素质和能力更为重要，因为这是一个部门经理所不可缺少的。

任务 10

会议沟通

群贤毕至，少长咸集。

——［晋］王羲之《兰亭集序》

课程思政要求

1. 一条主线

坚定学生理想信念，爱党、爱国、爱社会主义、爱人民、爱集体。

2. 课程思政的立体化构建

（1）遵循育人规律，推进教学理念的同向性和同行力。

（2）加强队伍建设，提高教师教学的专业性和引导力。

（3）完善教材体系，增强教材内容的系统性和说服力。

（4）改进教学方法，提升思政教育的针对性和亲和力。

（5）丰富教学载体，打造学习方式的多样性和吸引力。

（6）关注学生学法，重视学生的主体性和成长力。

训练目标

能够组织商务会议；能够主持会议；参加会议讲究礼仪。

任务导入

小江的马虎

小江应聘到一家公司，担任办公室秘书。有一次，公司为了联络各经销商的感情，准备召开一次重要的商务会议，于是让小江负责选择会议的地点。小江马马虎虎，没有认真地考察会议室的许多细节，没有认真地准备与会议相关的事宜。结果开会那天，因为会议室太小，椅子不够，有些人只能站着开会，这样就挡住了别人的视线，致使他们不能看到主持人正在翻动的图表，空调也启动不了，窗户也打不开，所以室内闷热。有的人生气地走了，业务经理非常不满意，小江也觉得很没面子。

问题：

1.小江组织会议有哪些不妥？

2.本案例对你有何启示？

10.1　知识储备

10.1.1　组织商务会议

商务会议是商务活动中最重要、最频繁的内容之一。筹办、主持或者参加一次有效的商务会议，遵守商务会议的礼仪规范，对商务人员来说是十分重要的。在筹办会议时，各方面都要考虑周全。主持会议要体现出会议主持人员对整个会议的良好的控制能力；出席会议时，仪态、精神都要与会议的内容、主题吻合。一个重要会议的举行往往是商务人员显现才华的机会，又是其礼仪修养和礼仪业务水平的表演舞台，所以应特别留心。

1.商务会议的安排

（1）会场选择。大型会议的会场选择与会议主题的深化有密切关系，对与会者参会的情绪也有很大影响。举办会议首先要选准会场会址。要选择交通便利、设施齐全、环境安静、停车方便、大小适中、费用合理的场地，使与会者能够方便地到会，安心地开会。

小案例10-1　　　　　　　　　　　　经验尚浅的小李

小李刚毕业没多久便应聘到某公司做行政工作。这天，经理让她负责公司下个星期的产品说明会的筹备工作。可是，由于经验尚浅，第一次独自承担工作的小李就闹出了笑话。

原来，由于不知道会议安排的相关规范，她把公司主要领导安排在了离门口最近的座位，而且还面对着投影仪。等到公司企划人员用投影仪进行产品说明时，领导只有从投影仪闪烁的灯光中寻找产品的影子。不仅如此，小李事先没有确认好会议出席人数，结果会议现场座位没有安排够，使会议现场一度出现混乱。后来的结果也是可想而知，小李被炒了"鱿鱼"。

资料来源　金宝.会议礼仪讲究多［J］.东北之窗，2006（2）.

【点评】会议就是要传达一定的信息给与会者，不仅会议内容要有新意，值得大家关注，而且会场的环境应该舒适宜人，会议组织应该严谨有序，它是企业精神和企业形象的重要宣传途径。

（2）会场布置。对于一般的小型会议，会议室只要清洁、明亮，有足够的桌椅让与会者方便地看文件、做记录、讨论发言就行了。而大型会议的会场布置则比较复杂，需要体现会议的主题，应注意会场内座位的布局、主席台的布置以及其他可以渲染和烘托气氛的装饰等，一定要讲究科学性、合理性和艺术性。

①会标。会标即会议全称的标题化。应将会议全称用大字书写后挂在主席台的正上方，一般用红底白字，也可以用红底金字。这是会议礼仪十分重要的一点，也是点睛的一点。它能增强会议的庄重性，揭示会议的主题与性质，使与会者一进会场就被会标引导，容易进入会议状态。

②会徽。会徽是体现或象征会议精神的图案性标志。要选择具有强烈感染和激励作用的图案，重大会议的会徽可向社会征集，也可在单位组织内部征集。会徽图案要简练、易懂、寓意丰富。

③标语。标语当然是会议主题的体现，会场上的气氛往往就是被恰到好处的标语、旗帜等渲染起来的。标语在准备会议文件时就应拟就并报请领导批准。会议标语要集中体现会议精神，使其简洁、上口、易记，具有宣传性和号召力。

④旗帜。会议的旗帜包括主席台上悬挂的旗帜和会场内外悬挂的旗帜。主席台上的旗帜应围挂在会徽两边，显得庄严隆重；主席台的两侧插上对应的红旗或彩旗，又可增添喜庆气氛。而会场门口和与会者入场的路旁插上红旗或彩旗，使会议的热烈气氛洋溢在会场内外，以衬托会议的隆重。

⑤花卉。花卉是不可缺少的重要道具，在会场上，花卉还能起到缓解与会者疲劳的作用。选用的花卉应突出中华民族的文化特色，以梅花、牡丹、菊花、兰花、月季、杜鹃、山茶、荷花、桂花、水仙十大名花为代表的中国原产花卉，早已被赋予浓重的文化色彩，以这些花为主构成的花卉艺术品（如插花、盆景等）都能以无声的语言向人们传播中华民族的文化，表现民族精神。因此，越是重大的会议，越应选取有代表性的中国原产花卉作为摆放的主体花卉，并将中国传统艺术花卉的插放造型作为会议花卉的礼仪形式。

⑥灯光。会议场所的灯光应该明亮、柔和，既给人适宜的照明，也可缓解因会议时间过长而带来的身体或精神上的疲劳。大型会议的会场灯光应设计几套，以便满足会议颁奖、照相、演出等多种需要。

⑦座位①。会场内座位的布局要根据会议的不同规模、主题，选择合适的摆放形式。而字形的布局格式比较正规，有一个绝对的中心，因此容易形成严肃的会议气氛，如图10-1所示。一些小型的、日常的办公会议以及座谈会等通常在会议室、会议厅进行，可以根据需要将座位摆放成椭圆形、T字形、回字形和马蹄形等，这些形式可以使参加会议的人坐得比较紧凑，彼此面对面，容易消除拘束感，如图10-2所示。座谈会、小型茶话会、联谊会等多选六角形、八角形或者半圆形等布局形式。

（3）主席台布置。主席台是会议的中心，也是会场礼仪的主要表现位置。主席台布置应与整个会场布置相协调，并作强调突出。

① 座位。主席台座位要满座安排，不可空缺。倘若原定出席的人因故不能来，要撤掉座位，而不能在台上留空。主席台座位若有多排，则以第一排为尊贵。第一排的座位以中间为贵，依我国传统一般由中间按左高右低顺序往两边排开，即第二领导坐在最高领导左侧，第三领导坐在最高领导右侧，以此类推。如果人数正好成双，则

---

① 杨海清. 现代商务礼仪［M］. 北京：科学出版社，2006.

图10-1 而字形会议室布局

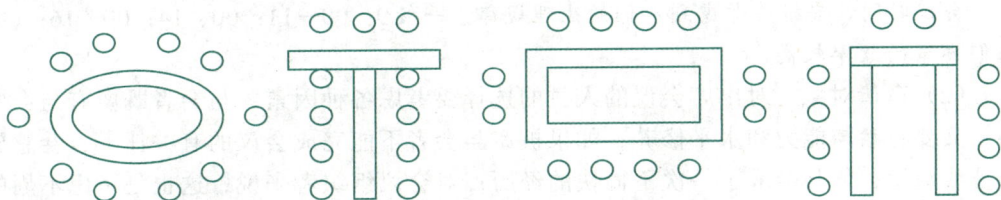

图10-2 椭圆形、T字形、回字形、马蹄形会议室布局

最高领导在中间左侧，第二领导在中间右侧，以此类推。但目前国际上流行右高左低，因此安排涉外会议时，也要依据有关规矩灵活变通。时下一般的处理方式为：开会以左为尊，宴请以右为尊。每个座位的桌前左侧要安放好姓名牌，既方便入座，也便于台下与会者和新闻采访人员辨认有关人士。主席台座位不要排得太挤，桌上也不要摆放鲜花之类的物品，以免阻碍视线，还要便于主席团成员打开文件、做记录、翻阅讲话稿，并放置笔、茶杯、眼镜等物。

②讲台。主席台的讲台应设于主席台前排右侧台口，讲台不能放在台中央，以免妨碍主席团成员的视线。讲台上主要放话筒，也可适当地放上一盆平铺的花卉。讲台桌面要便于发言者打开讲话稿或摆放相关材料。整个主席台的台口可围放一圈花卉，但要选低矮些的绿色品种。

③话筒。发言席和主席台前排座位都应设有话筒，以便发言者演讲和会议主持人或领导讲话。一般发言席和主持人话筒专用，其他主席台前排就座者合用两三个话筒，并且一般放置于主要领导面前。

④后台。一般在主席台的台侧或台后，应设有在主席台就座领导和与会者的休息室，以便于安排他们候会，并尽可能在后台排好上台入座次序，以免造成混乱。有时会议会发生一些小意外，后台还可以供有关人员作商量对策、排除困难

之用。主席团成员开会也可利用后台休息室。所以，秘书人员切不可忽视后台的作用。

（4）会议用品。为方便会议的进行，秘书人员应为会议准备各种工作文具用品，如纸、笔、投影仪、指示棒、黑白板、复印机、电脑以及投票箱等。不同会议有各种不同的需求，满足与会者的需求是有关人员在安排会议、布置会场时必须考虑的。

会议用品准备

2.会议准备阶段的工作

（1）时间选择。开会时间的选择要合适。大型会议尽可能避开公众节假日。同时注意会期不能安排得太长，否则会影响与会者的日常工作，当发生某些紧急事件时，可以取消或延期举行会议。

小贴士10-2　　　　　　　　　　　　会议时间安排

据心理学家测定，成年人能集中精力的平均时间为45～60分钟。超过45分钟，人就容易精神分散，超过90分钟，普遍感到疲倦。因此，每次会议时间最好不超过一小时，如果需要更长的时间，应该安排中间休息。

会议时间的安排要考虑到人们的生理规律。一般9：00—11：00、14：00—16：00，人们办事的效率较高。

（2）邀请对象。对出席会议的人员的选择要考虑各种因素，与会者既要有与会资格，又要有参与能力和水平修养。如果被邀与会者不能完成会议的有关任务，会感到痛苦或尴尬，使与会成了一次不愉快的经历；对会议组织者来说，这也是考虑不周的表现。

小训练10-1

如果今天要举行一个新产品发布会，你认为参加会议的人有哪些？

（3）详尽通知。会议通知的发送要做到：发得早——既便于与会者安排手头工作，又便于与会者为会议内容做准备；内容细——会议名称、届次、主要议题议程、出席范围、与会者应递交什么材料或做哪些准备、会期、会址等都应明明白白地告知，便于与会者有备而来，从而提高会议效率；交代明——食宿如何安排、费用多少、交通线路怎样，都要交代清楚，以免造成麻烦。对特邀贵宾的通知，应派专人登门呈送，以示郑重。

小案例10-2　　　　　　　　　　　　秘书工作失误

某公司定于某月某日在单位礼堂召开总结表彰大会，发了请柬邀请有关部门的领导光临，在请柬上把开会的时间、地点写得一清二楚。

接到请柬的几位部门领导很积极，提前来到礼堂开会。一看会场布置不像是开表彰会的样子，经询问礼堂负责人才知道，今天上午礼堂开报告会，某公司的总结表彰会改换地点了。几位领导同志感到莫名其妙，个个都很生气，改地点了为什么不重新通知？一气之下，都回家去了。

事后，会议主办公司的领导才解释说，因秘书人员工作粗心，在发请柬之前还没有与礼堂负责人取得联系，一厢情愿地认为不会有问题，便把会议地点写在请柬上，等开会的前一天下午去联系，才得知礼堂早已租给别的单位用了，只好临时改换会议地点。

但邀请单位和人员较多，来不及一一通知，结果造成了上述失误。尽管领导登门道歉，但造成的不良影响也难以消除。

资料来源　佚名. 秘书办会知识［EB/OL］.［2020-04-08］. https://wenku.baidu.com/view/e95047fd5af5f61fb7360b4c2e3f5727a5e924a4.html.

3.会议召开阶段的工作

（1）接站。一般会议都规定了报到日期。在报到日期有时要安排好接站。在车站、码头、机场等主要交通站点，用醒目的牌子标明"××会议接站"，使与会者一下飞机（车、船）就看见接站牌而安心。对所接到的与会者要表示欢迎，并慰问其旅途劳顿。

（2）登记。对到达报到地点的与会者，首先要做好签到、登记、收费、预订返程票、发放会议资料、发放会议身份证件等工作。这一过程应尽量在登记处一揽子解决，并应迅速办理，让与会者早点到客房休息。登记时，对与会者的合理要求应尽量予以满足。大型会议的东道主应在会议召开前一天的晚上，到会议各住宿地看望与会者，尤其是特邀贵宾和与会领导。

（3）联络。会议进行期间要注意与各小组联络，不要使与会者有被冷落的感觉。会议简报要对各小组相对均衡地报道，不要只将视点聚焦于大人物、有热点的小组，使其他小组产生不愉快情绪。

小贴士10-3

会议常用的
签到方式

（4）安全。要确保每一位与会者的安全，包括其人身安全、财物安全以及食品卫生安全。涉密会议还必须强调文件安全。秘书人员要尊重每一位与会者，但涉及机密时，必须按章办事。

（5）娱乐。若会期较长，在会议期间可安排一些影视放映和文艺演出，以放松精神。也应鼓励与会者主动参与文体活动。可组织一些自娱自乐的卡拉OK演唱或球类、棋牌活动等，活跃会议气氛，调节与会者情绪。还可适当地组织与会者参观游览，使会议节奏张弛得当。

4.会议结束阶段的工作

（1）照相。如果会议有照相这一项应早作安排，免得个别与会者提前离开而不能参与。早安排也可使与会者在离会前拿到照片。

（2）材料。发给与会者的材料要有口袋，以便于集中携带。如需收回的材料要早打招呼，发现有人未交，应尽早查问。不一致的意见不要写到会议的决议或纪要中去。要乐于为与会者提供复印材料、邮寄材料或其他物品等有关服务。

（3）送客。将与会者所订返程票交给其本人时，要仔细核对车次、航班或船期，并仔细向与会者交代。若有不对或不周处，应主动承担责任。如果有人需要照顾而影响到了其他人，应向其他人解释，以争取大家的谅解。在每一个与会者离开时，都要热情相送，对集中离开的与会者，要尽可能准备车辆送他们去车站、机场或码头，对贵宾则必须送至机场登机（进站、检票）处。

会议不同阶段工作人员与成员的职责见表10-1[①]。

表10-1 　　　　　　　　　　会议不同阶段工作人员与成员的职责

	会议之前	会议期间	会议之后
主席	提出和理解计划处理的业务项目 批准议程草案 确保与会者得知会议目标、时间和地点，以及会议议程 保证房间的合理布置，如座位安排、文件、饮水、烟灰缸等	准时开始 清楚地介绍主题 有力的发言 维持秩序 有效的决策	核实秘书或记录员准备的备忘录草稿 监控进展
秘书或记录员	从以前的记录或新的信息源收集资料 起草会议议程，有逻辑性的主次顺序安排 得到主席的批准 发送会议通知和议程	提前抵达 准备好房间 提供所有必要的文件 记录进程 避免不明确的讨论或通过含糊不清的决策 协助主席	起草备忘录 交主席批准 两天内发给与会者 必要时根据备忘录和监督者的要求发布告示
会议成员	通知秘书、主席列入议程的事项 阅读所有文件 如果合适，准备自己的支持性文件 向秘书说明需要纠正的论点	准时出席 按照会议要求发言 记录会议决定及需要采取的行动	阅读、审核备忘录 执行行动计划，必要时汇报情况

小训练 10-2

你负责组织过会议或者参与过会议的组织吗？请谈谈你的感受。

10.1.2 　主持会议的技巧

会议开得效果如何，会议主持人如何主持会议是关键。主持会议要注意做好以下工作：

1. 做个精彩的开场白

精彩的开场白往往能像磁铁一样紧紧地吸引住听众，增强与会者对会议的兴趣。就像人们看一部电影一样，如果开始就兴味盎然，引人入胜，那么人们自然急于了解接下来的情节。所以，有经验的主持人，都非常注意会议的开场白，他们多是经过反复推敲、认真琢磨，力求给与会者一个好的印象。开场白要陈述的内容，包括会议的背景、主题、目的、意义、议程等，会议主持人要根据这些内容和要求设计开场白。

首先要欢迎并介绍与会者。应该用洪亮的声音对每个到来的人表示热烈的欢迎，

---

① 刘福成，徐红. 管理沟通［M］. 大连：东北财经大学出版社，2013.

并且介绍与会者。然后说明会议的目的和议程。说明会议的目的时要注意使用团队口吻，而非领导或者上级的口吻，要拉近与大家的距离，让人们尽快地进入到会议的状态中去。还要说明一下会议的规则，如"请所有的人把手机关机，不准吸烟，不要随便走动，每人发言时间不能超过5分钟"等。

总之，会议开场白要以"能安定公众情绪、恰当介绍会议内容、形式新颖"为原则，因地制宜，精心构思，尽量避免陈旧死板、千篇一律。

2.让与会人员广泛参与

作为会议主持人，除了要注意会前沟通，使大家明白开会的用意外，还要注意在主持中尽量少说话，把说话的机会让给大家。主持人少说话，与会者才能多说话。对说废话的人要有办法加以控制和制止；对有宝贵意见而未发言的人要请他发言，以提升会议的品质；听到相同或不同的意见不能喜形于色，更不可以立即加以批判，以免影响大家的发言。主持人不要亲自提出议案，免得大家碍于情面，做出不合理的决定。主持人也不要以裁决者自居，应该隐藏自己的意见，让其他人有机会表达相同或不同的看法，集思广益。

遇到无人发言或一部分人毫无反应的现象，会议主持人应分别对待，针对不习惯或害怕在人数众多的会议上发言的与会者，要鼓励他们发言，可以进行主动提问，并告诉他们说错也没关系；针对阅历较深，处事比较严谨的与会者，主持人要善于点拨，多给他们一些尊重。在对某个问题进行讨论时，与会者往往各持己见，据理力争。但在观点已趋向集中、明确时，主持人就应及时终止论辩。如果争议双方都已偏离议题，主持人就应伺机加以阻止，或说时间有限，暂不深入讨论或先谈到这里而间接地加以制止。

3.善于控制发言时间

当有人发言超出规定时间，越谈越离谱，可能影响别人的有效发言时，主持人可以直接告诉他"我们的时间有限"或者"我们还有其他的事有待解决"。有时为了避免尴尬也可以采取委婉的方式，如当长谈者略作停顿时，可以向另一个人提起话题，"老王，我觉得这个问题与你有关，你怎样看？"这样，不但保全了对方的面子，而且把发言权交给了另一个人，推动了会议进程。

4.机智地处理会场的意外情况

任何会议在进行的过程中，都有可能出现一些意想不到的情况。对于这些情况，主持人一定要沉着冷静，靠自己的应变能力恰当地加以处理。

（1）如何应对会议开始时的冷场。冷场是会议活动中一种常见而又使会议主持人颇感难办的问题。冷场的原因有很多，我们应针对不同的原因，采取不同的措施。

① 与会者无思想准备，一时难以发言。事先没有打招呼、临时召开的会议就很容易出现冷场，这时会议主持人可以鼓励大家先谈不成熟的意见，在讨论中再补充完善。也可以让大家先做短暂的准备，然后发言。

② 与会者对所讨论的议题不理解、不明白而感到无从开口，会议主持人应详细、明确地交代议题，对与会者进行耐心启发。

③ 会议议题直接涉及多数与会者的利益，因为顾虑太多而造成冷场。会议主持

人应先启发与其利益关系不太大的或者是大家公认的比较正直、公道的人发言，然后再逐步深入。只要有人开了头，冷场的情况就会好转。

④ 会议议题有一定的难度和复杂性，一时不易提出明确意见而出现冷场。这时会议主持人可以由浅入深，启发大家开动脑筋，逐步接触问题的实质，也可以选择分析能力强、比较敏锐的与会者率先发言，打开突破口后，再引导大家讨论发言。

（2）巧妙地打破部分人的沉默。当一部分人在会议上沉默时，主持人应当考虑沉默的原因，有针对性地采取一些措施。会议中的沉默通常有以下几种情况：

① 顾虑、害羞的沉默。对此，会议主持人要寻找机会鼓励这些人发言，表示出对他们的发言很感兴趣，促使他们大胆发言。

② 持少数意见者的沉默。当会上多数人同意某种意见，出现了一边倒的情况，持少数意见的人知道自己的意见已经被孤立，也就不讲了。在这种情况下，主持人不应急于表态同意多数人的意见，应当耐心地、热情地鼓励有异议的人讲出自己的见解，以便比较。

③ 无所谓的沉默。当会议议题与部分人关系不大时，有人会认为议题与己无关，抱着无所谓的态度而不愿意开动脑筋。会议主持人应采取恰当的方法把他们引导到会议议题上来，促使其思考问题。

④ 对立沉默。有的人可能对会议主持人或会议议题有对立情绪，会出现不予理睬的态度。如果他们的意见确实有必要公开表达出来，会议主持人应主动、热情地引导他们发言，即便是对立的意见也应给予鼓励与支持。

当然，会议中还有一些出于其他原因的沉默现象。如有的人不吭声可能是表示同意，有的人暂时不表态可能是想听别人的意见后再说，有的人不表态是没有新的意见等，这些情况均属正常，不必在意。

（3）善于控制离题发言。在会议发言中还常出现跑题的现象。这种现象与冷场恰恰相反，可以算是会议"热烈"得过了火。离题时不可强扭，也不能不扭。强扭会挫伤积极性，不扭就可能开成无效的会议。

出现离题发言主要有两种情况：一是闲话式的离题。会议讨论中谈论传闻、轶事及与议题无关的闲话，而且喜欢海阔天空地谈论，越扯离议题越远。这种现象通常是因为与会者认为议题与自己无关，不感兴趣而出现的；也有的人认为议题不好发言，而沉湎于题外话。这时主持人应该采取措施：一是接过讨论的某句话，顺势巧妙、自然地引回到正题上来；二是联系议论的某一层意思，提出新的话题引回到正题中；三是用一句礼貌的话或风趣的话截住闲谈，而引入正题。

另一种是发挥式的离题。发言者为展示自己的才能，或显示自己的见解，自觉或不自觉地讲与议题无关的内容。对这种离题现象的处理也不能简单粗暴，而应尽可能采用不影响情绪和气氛的方式，用礼貌的形式提醒发言者。

（4）理智应对影响会议的人。会议上都有可能存在口若悬河的与会者或一言不发的与会者。对于事事都要争论不休的与会者或一开口就跑题的与会者，会议主持人应理智地应对。

① 应对口若悬河的人。有的人话太多，他总喜欢自己说话，似乎要利用每次会议

来垄断讨论。如果会议主持人事先知道这类人，应安排他坐在自己的左右。如果他发言了，可以给他适当的时间然后说："你提出的这几点很好，现在让我们听听其他人的。"以此打断他。如果这一招不灵，就限定时间，比如每人只准发言两分钟。

②应对胆小的人。有的人胆小，当他想在众人面前讲话时，舌头就发紧。会议主持人可以问一些他能够回答的问题，比如他的工作、家庭或他如何处理某一特殊情况等。有机会就表扬他，拍拍他的肩膀，帮助他克服发言时的不安心理。

③应对窃窃私语的人。当一个人开始与周围的人交谈，干扰了会议时，最好的办法是尽可能用眼神制止他。但总有些人毫不体谅他人的感受，会议主持人不得不提醒他们。可以通过直接提问来试着打断交谈者，或者停止发言，等着他们安静下来。

④应对争论不休的人。事事都要争论的与会者会把一个挺好的会议弄糟，会议主持人要尽量搞清楚他们为什么对每件事都纠结不止，一旦找到了原因，事情就好办了。

5.做好会议总结

会议达成决议之后，主持人还要在散会前做出总结，这才算是圆满地主持了一个会议。主持人要提纲挈领地将会议中提及的重点加以强调，提醒与会者不要忘记这些重点，并且要明确下一步的行动内容、时间、负责人、时限和检查方法等。最后要感谢与会者对会议的贡献。

小贴士10-4　　　　　　　　　　　　　　**会议主持人的形象**

各种会议的主持人，一般都由具有一定职位的人来担任，其礼仪水平对会议能否圆满成功起着重要的作用。会议主持人应注意以下几个方面：

（1）主持人应衣着整洁，大方、庄重，精神饱满，切忌不修边幅，邋邋遢遢。

（2）走上主席台时，步伐应稳健有力，行走的速度可因会议的性质而定，一般来说，愉快而热烈的会议上的步频应较慢。

（3）入席后，如果是站立主持，应双腿并拢，腰背挺直。单手持稿时，右手持稿的底部或中部，左手五指并拢并自然下垂。双手持稿时，稿应与胸齐高。坐着主持时，应将身体挺直，双臂前伸，两手轻按于桌沿。主持过程中，切忌出现搔头、揉眼等不雅动作。

（4）主持人应口齿清楚，讲话思维敏捷并简明扼要。

（5）主持人应根据会议性质调节会议气氛，或庄重，或幽默，或沉稳，或活泼。

（6）主持人不能跟会场上的熟人打招呼，更不能与其寒暄或闲谈。会议开始前或会议休息时间，可对其点头并微笑致意。

10.1.3　参加会议的礼仪

作为会议代表出现在同行面前的时候，你不仅代表的是你自己，更是你背后的整个集团或者企业。所以，以下会议礼仪是参会人员应当了解的。

1.注重仪表

每一位与会人员都应该注意自己的仪表举止，做到穿着得体、举止优雅。一般要求是：穿着打扮要端庄大方、美观得体，最好穿职业套装，以显成熟、精干；仪容要整洁，举止文雅大方、风度潇洒、气质高雅，不要缩手缩脚、扭扭捏捏、矫揉造作。

出席正式会议和宴请，要穿正装，男士是深色西服，女士穿中长裙或长裤均可。男士要贴身穿衬衣，打领带，穿深色袜子，并把衬裤裤脚包在袜子里。女士的衣服最好每天更换一套。除会议主持人和发言人须遵循这些基本要求外，其他与会人员相对可以自由一些，比如可以穿休闲装、运动鞋，可以不带资料，简单进场。

但需注意的是：不能太随便，忌穿拖鞋、衣衫不整；忌大声喧哗，遇到熟人热聊，不能旁若无人；无论在主席台上还是在台下，坐姿都要端正，切忌抖腿或跷二郎腿。

2.遵守会议纪律

正式的会议，一般都会提前宣布会议纪律，即使有些会议没有明文规定，但事实上会议纪律已客观存在于人们的意识中。一般情况下，参会人员应该准时到会、保持安静、不得逃会。一般而言，与会人员在出席会议时应当严格遵守的会议纪律主要有以下三项：

（1）按时到会。严守会议时间，是保证会议顺利进行的基本条件之一。这一要求要落到实处，不但要靠主持人、组织者的积极努力和得力措施，而且要靠全体与会人员的自觉和认真配合。接到会议通知后，应当按照通知上规定的具体时间准时出席会议。参加在本地举行的会议，应至少提前5分钟进入会场，以便有充足的时间做好会前准备，如签到、寻位、领取材料等。参加在外地举行的会议，则最好提前一天报到，以便事先熟悉情况。如果迟到无法避免，应尽量提前通知会议组织者，且迟到后悄然进入会场，不要扰乱会议秩序。

（2）保持安静。全体与会者都应自觉维护会场秩序，保持会场安静，不影响发言人的讲话与听众的听讲。

在发言人或主持人讲话时，不允许起哄或是制造噪声。比如，不应在会场使用手机，不应当玩弄游戏机，不准吃东西等。与讲话者意见相左时，可以通过适当的渠道表达，不应当粗暴地打断对方的发言，或是大声予以斥责、议论，狂吹口哨，拍打桌椅，跺脚乱踢等。在会场上鼓掌，主要是对讲话者表示欢迎和支持，不允许"鼓倒掌"。

在开会时，不应随意走动，或者与周围的人交头接耳，更不应大声喧哗，或在会场里大声接听电话。一般情况下，最好不要带外人（与会议无关的）、家人（特别是小孩）参加会议。

（3）不得逃会。参加会议，必须善始善终。如果有特殊原因需要中途离会，应当事先请假。必要时，还须向主持人说明原因，并表示歉意，不允许在会议中途不辞而别。在他人讲话期间当众退场，不仅是自己失礼，也是失敬于对方的。

3.认真倾听发言

对每一位听众而言，在会议进行期间认真倾听他人的发言，是尊重对方的具体表现，也是掌握会议精神的主要途径。要真正做好这一点，需要注意以下三点：

（1）会前准备。参加会议前，应做好必要的准备工作。其一，要充分休息，养精蓄锐，否则在开会时疲劳困乏，大打瞌睡，必定影响听讲。其二，要处理好其他工作，免得在开会时神不守舍、三心二意。其三，要预备好必要的辅助工具，如纸、笔、录音笔等。其四，要认真阅读会议材料，以便全面了解会议情况，掌握会议主旨。

（2）聚精会神。在会议进行时，每位听众都要聚精会神地聆听他人的讲话、发言。唯有聚精会神、全神贯注，方能汲取他人发言的精华，抓住要点，发现问题。在聆听他人发言时，切勿心神不定，"魂游"于会场之外。自己在讲话、发言后，更要注意专心聆听别人的讲话、发言。

（3）笔录要点。"好记性不如烂笔头"，参加会议时，要尽可能地对他人的讲话、发言择其要点，予以笔录，这对于深入领会和准确传达会议精神有很大帮助。

4.正确就座

会议座位安排主要有两种方法：一是按指定区域统一就座，二是自由就座。进入会场后，在没有会务工作人员引导的情况下，选择座位时应注意以下几点：

（1）弄清楚哪个是上座，哪个是下座，按自己的身份、地位合理就座。一般情况下，面对正门的位置为上座，靠门边的、远离领导的座位为下座。不管是圆会议桌还是方会议桌，与上座领导面对面的位置属于次上座。

（2）有一定级别的领导，应坐到与自己级别相适应的座位上。

（3）抢坐前排或退居后排，在会场中间留出空白，这是与会人员就座的大忌。

（4）应勇于坐前排。座位的远近在心理学上反映了自信心的大小和地位权力的微妙差距。爱坐后排者，往往是缺乏自信心的表现。我们应善于表现自己，养成坐在会场前排的习惯。

（5）注意主宾的区别。如果以客人的身份参加会议，要注意主客的区别，做到客随主便。不需要起身为领导添茶，不要主动分发会议材料；不要评价会议准备工作的好坏，不要随意改变座位；不需要接洽会议安排等事宜，应尽可能服从安排（为本单位领导安排行程除外）。

小贴士10-5

会上应如何
发言

小贴士10-6　　　　　　　　提高会议效率十大要领

1.会议目的要明确。一个单位或者部门召开会议，无论其规模大小、类型如何，第一步就是设定会议目的，明确会议到底要解决什么问题，而且表述要尽可能具体，让每一位与会人员清楚明白，以便提前做好相关准备。

2.参会人数要适当。参加会议的人员一般包括会议的组织者、参与者和记录人员等。参会人员的数量要适当，人员太多易七嘴八舌、偏离主题，导致会期延长，最后草草收场；人员太少则不能有效征集意见和建议，不利于民主决策、科学决策。同时，参会人员的层级不能相差太远。

3.会前准备要充分。会前准备工作包括发出会议通知，告知会期、时间、地点等；印制会议日程，编排会议议程；做好会场布置，如悬挂会标、徽记、旗帜等，安排座次，摆放席签、话筒、资料、茶杯等，保证照明、通风、空调设备齐全有效；做好会议食宿、集体照相等方面的准备。

4.会议规则要清晰。坚持"四不"原则：不跑题，紧紧围绕会议主题发言；不打断，尊重发言人；不超时，无论谁发言都有时间限制；不攻击，不指责、批判他人，更不能进行人身攻击。

5.主持协调要到位。会议主持人要加强协调，保证会议按照预定议程进行。要不断向与会人员明示或暗示会议的目标和主题，有人偏离主题时应及时制止。保证与会人员在发言时不受他人攻击，在会议过程中始终保持中立，以取得与会者的信任。

6.会议气氛要和谐。氛围良好，与会人员才会畅所欲言，会议才能取得预期效果。会议前，环境布置有讲究，不能太压抑，要让与会人员有一种轻松舒适的感觉；会议中，要发扬民主精神，鼓励与会人员积极发言，允许有不同声音和不同意见，注意集思广益。

7.会议服务要周到。会场上提供话筒、茶水、应急处理等服务看似小事，但对会议效率的影响也很明显。有的会议发言的人较多，话筒数量不够，就要做好话筒传递服务，确保有序衔接；有的会议需要使用展板、投影等设施，要提前准备好；会议需要临时增加与会人员，应及时通知到位。

8.形成纪要要尽快。会后，要根据会议主持人的要求，遵照会议精神，迅速撰写会议纪要，呈送主持人批阅，尽快形成准确完整的会议纪要，尽快分发至相关单位和部门，以免影响决议的落实。

9.传达精神要及时。会议结束后，应通过专题会、新闻报道、内部简报等形式，尽快将会议精神传达给相关人员。传达时要忠于会议，科学严谨，准确无误，防止片面性；同时要注意保密，不向无关人员透露会议内容。

10.决议跟踪要闭环。开会是为了统一思想，研究措施，解决问题。对会议形成的决议，要坚持一抓到底，建立追踪制度，按照PDCA闭环管理要求，对议定事项进行跟踪，重点对会议安排的工作是否落实、会议提出的问题是否解决等进行检查、考核，确保各项决议能够按时按要求完成。

资料来源　陈樟文．提高会议效率十大要领［J］．秘书，2013（3）：17–18.

10.2 能力提升

10.2.1 案例讨论

1.就座

某分公司要举办一次重要会议，请来了总公司总经理和董事会的部分董事，并邀请当地政府要员和同行业知名人士出席。由于出席的重要人物多，领导决定用U字形的桌子来布置会议桌。分公司领导坐在位于U字横头处的下首，其他参加会议者坐在U字的两侧。在开会当天，贵宾们都进入了会场，按事先安排好的座签找到自己的座位就座，当会议正式开始时，坐在横头处下首桌子上的分公司领导宣布会议开始，这时发现会议气氛有些不对劲，有贵宾相互低语后借口有事站起来要走，分公司领导不知道发生了什么事或出了什么差错，非常尴尬。

资料来源　佚名．职场白领交际礼仪案例教材［EB/OL］．［2011-04-10］．http：//www.doc88.com/p-79521972366.html.

思考与讨论：

（1）请指出此案例中的失礼之处。

（2）本案例对你有何启示？

2.会场的"明星"

小刘的公司应邀参加一个研讨会，该研讨会邀请了很多商界知名人士以及新闻界人士参加。老总特别安排小刘和他一同参加，同时也让小刘见识见识大场面。

开会这一天，小刘早上睡过了头，等他赶到时，会议已经进行了20分钟。他急急忙忙地推开了会议室的门，"吱"的一声脆响，他一下子成了会场上的焦点。刚坐下不到5分钟，肃静的会场上响起了摇篮曲，是谁放的音乐？原来是小刘的手机响了！这下子，小刘可成了全会场的"明星"……

没多久，就听说小刘离开了该公司。

资料来源　佚名．会议礼仪大全［EB/OL］．［2012-07-08］．http：//www.doc88.com/p-786759927601.html.

思考与讨论：

（1）小刘失礼的地方表现在哪里？

（2）参加各种会议应该注意什么？

3.周凯与他的周三例会

周凯是一家公司的高级主管，管理着几个下属经理。他每周三都要参加一个由高级主管人员组成的例会，会后把得到的信息在自己的部门会议中传达给员工。周凯常常向他的员工抱怨周三例会。他说这些会议常常不按时开始，并且它们占用了很多宝贵的时间。会议的一项议程是每个高级主管简述自己分管地区工作的进展。周凯感到这项议程最浪费时间。"没人在乎其他部门的进展状况，但人人都装作很在乎的样子。与会者点点头，发出'嗯嗯''噢''有意思'等词，但没有人真正用心听。如果要求某个人重复会议中提及的一些事情，他们或是保持沉默，或是说些无意义的废话。一些主管自以为是地对部门业绩做出了长篇累牍的报告。第一，我不相信他们的话；第二，更糟糕的是，我也不在乎他们的话是真是假。他们在装腔作势地隐瞒真相。预算部门的家伙还会用上幻灯片和图表，这时候非得再来一杯咖啡才能保持清醒。"

周凯发现的另一个问题是主管们有时并不参加会议，他们会派一个人代他们列席。会议开始的时候，主持者会说，某某主管通过电子邮件告知，由于出现一些紧急状况而无法参加会议，特指派一个临时代表来参加会议。如果发生这种情况，在下次开会的时候，就要花时间让缺席的主管熟悉上次会议内容。很明显，临时代表并没有把上次会议的内容传达给缺席的主管。通常每周二有一个上周会议的备忘录分发下来。周三开会前，主管们会把这些备忘录先浏览一遍。

周凯觉得所有会议信息都可以用电子邮件或是打印件进行简洁的传达而没有必要每次会议都参加。因此，他也经常缺席一些会议，但不得不通过电子邮件表示抱歉。

在主持自己的员工会议时，周凯有一个清晰的议程，按照这个议程，不大会有离题的事情发生，并且能够保证会议按时结束。

然而，有时他无法向下属传达一些关于新规程的重要信息，因为他既没参加周三的例会，也没读备忘录。结果下属由于没按新规章做事而被高层管理者批评。他们不得不花更多的时间返工。然而周凯并没有因此名声受损，可能是因为下属人员和高层管理者的沟通不畅或是因为害怕打击报复而不愿指责自己的上司。对于自己信息传递不畅的错误，周凯也不愿意主动承担责任。他说："从长远看，这不会影响我们部门的发展。"

周凯对他自己的员工表示道歉，但并不容易被下属接受。"是，我很抱歉，"他说，"但我也不能一直不停地开会呀！"

资料来源　查伦巴．组织沟通：商务与管理的基石［M］．魏江，朱纪平，译．北京：电子工业出版社，2004．

思考与讨论：

（1）周三的例会是成功的例会吗？该公司的周三例会存在哪些问题？

（2）如果你是会议主持人，该怎样主持这个例会？

4．一言堂

李平，作为兰花机械制造有限公司的总裁，十分清楚不断让员工了解公司发展状况的重要性。最近，由于竞争激烈，公司产品价格持续下跌，他意识到公司正步入一个严峻的时期。为了保持市场份额，他很清楚必须采取降价策略。

他相信自己每月一封寄给每个员工的"来自总裁办公室的信"是一条很好的充分传递信息的途径。然而，现在重大危机爆发了，他召集了所有的部门经理在公司装饰简朴却不失威仪的董事会议室开会。选择董事会议室本身就向部门经理发出了一个信息——他们是管理层的一员，他们正参与重大决策。关于参加此类会议大家都达成了默契，所有与会者必须在预定的时间前就座，当总裁步入会议室时，全体起立，直到总裁让他们坐下。这一次，当李平进入会议室时，他点头示意起立的各位坐下。

"我之所以召集各位出席这次会议，是想说明一下我们目前所面临的严峻的经济形势。我们正与那些市场对手狭路相逢，他们迫使我们不断降价，不断缩短发货时间，已经让我们感到喘不过气来。如果我们伟大的公司——一座自由企业的堡垒——想继续生存下去，我们必须团结一致。"

讲完开场白后，李平注视着每一位正襟危坐的与会者，知道他们不敢随便发言。的确，没有人说话，每一个人都知道在这种场合，开口发言就意味着与李平唱对台戏。

"让我进一步解释我的意思。首先，我们需要发挥想象力。我们需要积极思维，我们必须优化生产，要绞尽脑汁，削减成本，为了实施这一项削减成本的计划，我已经在外面物色了一位高级生产经理来协助我们完成。"

"其次，我们要提高质量。在本公司，质量意味着一切。每一台机器、设备都要由生产主管负责定期检修。在质量上没有可以被视为是芝麻大小的事，微不足道，可以轻视。"

"再次，要加强我们的销售队伍。客户是我们的生命线，尽管他们不一定总是对的，但我们仍然要像安抚绵羊一样温和地对待他们。我们的销售代表都要学会'推销自己'，要使每一次拜访都有建树。我们对销售代表的补偿是非常公平的，即使如此，我们仍将做到锦上添花——对那些困难重重、进展缓慢的项目提高销售代表的佣金。我们将在董事会上讨论具体事宜，当然，我们不会超出成本。"

"最后一件事是团队精神，这是我们刻不容缓要加强的。除非我们抱成团，否则别想成功。领导风范就是团队精神，团队精神就是为实现共同的目标拧成一股绳。你们是管理层的代表，非常清楚我们的目标。现在就让我们上下同心，齐心协力，去度过这一场危机。记住，我们是快乐的大家庭。"

当李平结束其掷地有声的总结时，各位部门经理马上起立，恭敬地站在椅子旁，注视着总裁收拾文件，离开董事会议室，通过小门走到他的办公室。

资料来源　吕书梅. 管理沟通技能［M］. 4版. 大连：东北财经大学出版社，2018.

思考与讨论：

（1）你将如何评价该会议的有效性？

（2）这个貌似紧凑、高效的会议沟通最终能实现其预期的目的吗？

（3）分析是什么因素阻碍了沟通的有效性？

（4）你将如何主持上述会议，使之成为高效的双向沟通形式？

5. 李峰的烦恼

李峰是一位部门领导，他所领导的部门中有14位聪明能干的员工。李峰只是名义上的领导，因为十几位员工都非常负责。在大多数情况下，部门成员之间都非常配合，大家相互协作与支持。然而唯一让李峰头疼的问题就是开会。在李峰领导的部门里没有固定的时间开会。只有有人感觉需要对某个问题进行讨论时，才召开会议。会议的主持者并不总是李峰，而是那个需要开会的人。在至少7人到场后主持人才开始会议。因为总是有人迟到，会议总是在预定时间的5～10分钟后才开始。开始后的前10分钟总是讨论一些与会议无关的话题。当会议正式开始后，主持人口头说明一下开会的原因。这些说明就成为会议的议程，然后组织对议题展开无目的的讨论。发言很零散，也很容易偏离主题。对议题不感兴趣的人往往会进行脱离主题的发言，还有人会大声打断别人的谈话，观点不同的人会争论不休，受到攻击的人往往不愿意再表露自己的观点。

在会议结束的时候，经常陷入以下的局面：会议没有达成任何共识；发现了额外的任务，并分配成员，继续解决；任务确定下来了，但是没有人去具体负责解决；会议达成了一定的共识，但是却不能清楚地表达共识是什么。

以上局面带来的后果是：再开一次会议意味着浪费大家的时间；额外任务通常不会被重视，往往会被更重要的事情挤掉；由于无人负责，任务无法完成；共识由于没有被成员理解而变得不合理。

资料来源　王皓白. 商务沟通［M］. 杭州：浙江大学出版社，2011.

思考与讨论：

（1）你对李峰有什么建议？

（2）你认为李峰应该怎样把他的建议传达给下属？是通过会议还是备忘录？

（3）如果你是李峰，你会限制开会的人数吗？

（4）电子会议对于解决这个问题有效吗？

（5）如何避免这个组织开会时遇到的问题？

10.2.2　实训项目

1.实训：举行外经贸会议

实训目的：熟悉会议的流程，能够按照礼仪规范组织会议，会场服务符合规范。

实训学时：2学时。

实训地点：标准会议室。

实训准备：设置好签到台，设定上级领导或院方领导、来宾若干人；安排签到人员、礼仪服务行业从业人员、会议记录员若干人。

实训步骤：全班学生分成2组，以小组为单位进行。步骤如下：

（1）会前布置。签到表、座位牌的制作；签到台、座位牌的放置；会场环境布置等。

（2）签到、引导会议座次。确定签到人员、礼仪服务人员，准确地引导签到和座次，要求语言表达符合礼仪规范；与会人员进入会场在引导下签到、就座。

（3）统计到会人数。签到人员统计到会人数，并报告主席。

（4）会议组织控制。确定会议主持人，要求语言表达流畅、应变协调等；小组发言人角色扮演（自由发言）。

（5）会务服务与材料整理。资料发放规范训练：方位、顺序、姿势、用语等；茶水服务，礼仪训练；会议记录（除会务服务组人员和主持人外，原则上每位学生均做记录）；摄影等。

在线练习

分析提示

（6）实训考核。包括学生结果性材料与成绩考核：交会议签到表一份，占30%；交会议人数统计表一份，占10%；交会议记录一份，占10%；过程表现，占50%。

2.一次未开完的会议

问题情景：

最近，A公司的客户对产品质量提出了许多批评意见，有的甚至要求退货，形势很严峻。这样的事以前从未发生过，这不仅影响到企业的声誉，而且涉及全厂的生产计划。目前A公司正面临着上半年的工作总结，如果这一环节处理不好，不仅企业经济效益要受影响，而且会使全厂上半年的成绩前功尽弃。

问题是从销售部开始的。客户的意见反映到销售部，销售部找到质量控制部，质量控制部的人认为是生产车间的责任，而生产车间认为事情并不是那么简单，各部门之间有扯皮的倾向。为了尽快解决这个问题，厂领导经过商量，决定由销售副厂长主持、生产副厂长辅助，召开由销售部长、生产车间主任、质量控制部副主任、技术开发部部长、该产品的设计小组负责人等参加的联席会议，会议主题为如何解决这次产品销售中出现的问题。会议通知在两天前经过厂办电话或口头传达到各部门和车间。

参加会议人员的基本情况如下：

销售副厂长，男，49岁，15年厂龄，从销售员工到销售科长，两年前被提拔为分管销售的副厂长，此人工作经验丰富，善于和人打交道，属于八面玲珑式的人物。

生产车间主任，男，39岁，机械制造专业大学本科毕业，7年厂龄，此人技术过硬，责任心强，工作认真踏实，群众威信很高，性格直爽，快言快语。

技术开发部部长，42岁，20年厂龄，多年从事设计和工艺工作，对全厂的技术状况十分熟悉，工作经验丰富，为人诚实，遇事三思而后行。

质量控制部副部长，女，43岁，夜大毕业，20年厂龄，工作经验丰富，不多管闲事，平时说话不多，对领导唯命是从。

请分组模拟扮演相应角色，组织完成此次会议。

资料来源　佚名. 一次未开完的会议［EB/OL］.［2022-06-18］. https://wenku.baidu.com/view/20ec293d5b1b6bd97f192279168884868762b86a.html.

3.测试：你的会议沟通能力如何

你在会议沟通中是否属于以下情况：

（1）总是在会议开始前3天就已经安排好了会议的日程，并将该日程通知到每位与会者。

（2）当与会者询问日程安排时总是回答："还没定呢，等通知吧。"

（3）对于会议将要进行的每项日程都胸有成竹。

（4）会议开始前半个小时还在为是否进行某几个议题而犹豫不决。

（5）提前将每一项会议任务安排给相关的工作人员去落实，并在会议开始前加以确认。

（6）临到会议开始前才发现还有一些会议设备没有安排好。

（7）预先拟定邀请与会的人员名单，并在开会前两天确认关键人士是否会出席会议。

（8）自己记不清邀请了哪些人出席会议，会议开始前才发现忘了邀请主管领导参加会议。

（9）会议时间安排恰当，能够完成所有的议题。

（10）会议总是被一些跑题、话多者干扰，难以顺利进行。

（11）会议室布置恰当，令与会者感觉舒适又便于沟通。

（12）会议室拥挤不堪，令与会者感觉不快，大家都盼望着早点结束会议。

计分方法：以上12个问题，可能是你在会议沟通活动中常见的表现，如果你对单数题号的题选择了"是"，请给自己加上一分；如果你对双数题号的题选择了"是"，请给自己减去一分。最后看看自己的总分吧！

资料来源　谢红霞. 沟通技巧［M］. 北京：中国人民大学出版社，2015.

课后练习

1.某职业技术学院为推荐毕业生就业，专门邀请了10家企业的领导进行座谈。请模拟演示这次座谈的程序，最后安排企业领导与师生合影。

2.五湖四海公司为了答谢新老顾客对公司的厚爱，决定在公司会议室举办一次座谈会。如果让你来组织，你将怎样做？

3.请你借参加一个座谈会的机会，选定一位与会者，观察其在会议沟通时的语言和姿态，运用所学的知识进行分析，并指出其优缺点。

4.假如你是一次会议的主持人，在会议遇到以下问题时，你会怎样处理：

（1）小王拖拖拉拉，开会总是迟到。

（2）小张在会上默不作声。

（3）小刘和老赵在会上就一个观点发生了争执。

（4）几个与会者在开小会。

（5）在讨论中，与会者缺乏参与意识。

（6）有人打断会议中的某项讨论。

（7）大家讨论得很热烈，但在会议结束时，五个议题只完成了两个。

5.回忆本学期以来你参加的学生会和班级或学生社团的几次会议，分析有哪些值得肯定的优点和经验。

任务 11

工作沟通

> 与君共事梁夫子，感遇何殊六一翁。
>
> ——［清］陈曾寿《赠别元初》

课程思政要求

1. 一条主线

坚定学生理想信念，爱党、爱国、爱社会主义、爱人民、爱集体。

2. 课程思政的立体化构建

(1) 遵循育人规律，推进教学理念的同向性和同行力。

(2) 加强队伍建设，提高教师教学的专业性和引导力。

(3) 完善教材体系，增强教材内容的系统性和说服力。

(4) 改进教学方法，提升思政教育的针对性和亲和力。

(5) 丰富教学载体，打造学习方式的多样性和吸引力。

(6) 关注学生学法，重视学生的主体性和成长力。

训练目标

能够与上司沟通；能够与同事沟通；能够与下级沟通。

任务导入

唐骏的职场沟通

(1) 与上司的沟通。唐骏在一次演讲中安排了一个细节，在舞台上画好了一排脚印，比尔·盖茨上台时只要沿着脚印就可以准确无误地走到台前离观众更近、显得更亲切的某个位置。发布会结束后比尔·盖茨问这是谁的想法，唐骏说这是自己的主意，因为之前他曾多次在加利福尼亚州看过老布什参加总统竞选的演讲，他的随行都是按照这种方式对演讲进行非常细致的安排的。比尔·盖茨听后说："这种方式的确很好，定好位置可以取得最佳效果。你这件事做得很专业。"这次发布会，唐骏给比尔·盖茨留下了极深的印象。

1995年，在做出 Windows 操作系统的开发模式方案，并获得实验模块的测试成功之后，唐骏非常兴奋，他带着一鸣惊人的念头，给比尔·盖茨写了一封电子邮件。

比尔·盖茨给唐骏回了一封短信。他说："我没有时间看你写的具体的东西，我建议你和你的直接领导沟通一下。如果能证明这是一个很好的想法，我相信你的主管会很感兴趣。"这是唐骏第一次用邮件和比尔·盖茨沟通。唐骏后来回忆说："坦白地说，当时我有点心高气傲的感觉，以至于想得到比尔·盖茨直接的认可。但我这样越级报告的行为，从管理的角度来看是非常错误的。这种动不动就找最高老板，并认为这是职场制胜法宝的心理，在中国不少企业的员工里并不罕见。"

比尔·盖茨当时的回信其实是很有技巧的。他没有表扬唐骏，也没有批评唐骏，也没有把信转发给唐骏的顶头上司。比尔·盖茨通过这种方式教育了唐骏正确和规范地与上级沟通的方法。

（2）与同事的沟通。劳丽·罗娜特是总部的一位部门经理，唐骏和她级别相同，不过她的团队有100多人，唐骏的团队只有20人。有一段时间，唐骏和劳丽·罗娜特两人的团队在工作上有很多合作，劳丽·罗娜特给予唐骏的部门相当大的人力支持。唐骏发现劳丽·罗娜特工作十分努力，也十分能干，于是唐骏向公司上级提交了一封表扬信，使劳丽·罗娜特得到了应有的提升。而且，每过一段时间，唐骏都会给劳丽·罗娜特发邮件进行问候："我的部门之所以会有今天的成就，要感谢你对我们的帮助……"

（3）与下属的沟通。上司和下属之间的距离本身就是一种艺术。过于亲近或过于疏远，在中国这样的社会环境中都有可能造成不必要的误会，甚至对管理产生严重的负面影响。唐骏把这种距离的艺术总结为一套"圆心理论"："如果公司是一个圆，CEO是圆心，那么所有下属都必须站在圆心周围。唯有如此，CEO方能和所有下属保持等距。"

唐骏认为，CEO要成为公司这个家的家长。家长在圆的中心，用关爱温暖下属，用智慧领导下属，用激情感染下属，用榜样的力量成为下属的模范，下属才能充分感受到"圆心"的万有引力。唐骏非常注意和下属进行沟通。在微软公司，任何人都可以随时给唐骏发邮件，他的承诺是对每封邮件20分钟内必回，除非他在飞机上。当上海微软处于初创期，公司还没有发展到后来的规模时，每个下属都定期有15分钟的机会和唐骏作一对一的交流。随着公司规模的扩大，唐骏便把这种交流方式改成了"总经理圆桌会议"。

资料来源　张永生. 唐骏凭什么成功［M］. 北京：五洲传播出版社，2009.

问题：

1.唐骏凭什么取得成功？

2.唐骏的沟通对你有哪些启发？

11.1 知识储备

人在职场，我们每天至少有1/3的时间是在工作中度过的，营造一个愉快的工作环境，从工作中获得快乐与满足，是每个职场人所刻意追求的，因为只有这样，才有助于事业的成功。因此，现代人在工作中必须讲究与上司、同事、下级等的交往艺术，讲究办公室礼仪。

11.1.1　与上司沟通的艺术

在一个工作单位里，最重要的人际关系非与上司的交往莫属，因为他可以提拔自己，也可以处分自己。为了使自己的事业有良好的发展空间，员工一定要学会与上司交往的艺术。

1.日常交际注重礼仪

员工在日常工作中，见到上司要主动打招呼。如果距离较远，不方便打招呼，目光相遇，点头示意即可。近距离时，则用礼貌用语问候上司，如"王经理，您好"。进上司办公室时，应先敲门，通报姓名，得到上司允许方可入内。与上司在一起时，言谈举止都要表现出应有的尊重和礼节。与上司谈话时，如果自己是坐着的，而上司是站着的，就应该站起来，请上司就座，而不应该毫不在乎地坐在那里。

微课 11-1

与上司沟通的
原则

2.工作方面讲究礼仪

工作中与上司的交往礼仪主要表现在汇报工作与执行工作上。在汇报工作时，要注意自己的仪态，表情应该自然，彬彬有礼，语速、音量都要适中，要让领导轻松而又清楚地听到自己的汇报内容，汇报的语气中要充分表现出对上司的尊重。在上司发表意见时，不要插嘴，不要显得不屑一顾。

在听上司布置工作时，一定要专心致志，不能目无上司。当工作无法完成或出现比较棘手的任务时，要及时通报，并说明缘由。工作中做错了事，要学会自我检讨，不要找借口，推卸责任。

小案例 11-1　　　　　　　　　　尊重领导的决定

阿成的工作很简单，就是每天收发文件。领导脾气很好，同事之间相处也很融洽，阿成很希望自己能长期在这里工作。

可是好景不长，一天领导突然找阿成谈话，他说："因为你是外地人，'三金'不好交，以我们公司目前的情况不可能给你转户口，而如果不给你交'三金'，我们就违反了国家的规定。所以……"

阿成听了也不知道该如何是好，他难过地说："我尊重您的决定，虽然我很喜欢这里。"阿成没有再说什么，出门前给领导鞠了个躬，并轻轻地把门带上。

第二天，领导找阿成谈话，他说："我专门跑到相关部门打听了，你还可以留在我们这里上班，但是你要到派出所办理居住证！"阿成会心地笑了。

资料来源　高琳. 人际沟通与礼仪［M］. 北京：人民邮电出版社，2017.

【点评】阿成面对领导的"为难"，却非常理智，他的表态体现了对领导的尊重、理解与服从，表明不愿给领导添麻烦，愿意接受领导的决定，这使领导的权威得到了完全体现。果然，他让领导也大受感动，还专门为其排忧解难。这就是服从至上的好处。

3.把握与上司沟通的技巧

首先要让上司认可。上司最信得过的下级是爱岗敬业、忠于职守、勤勤恳恳的人，所以，作为一个下级，要乐于"鞠躬尽瘁，死而后已"，要尽职尽责、积极主动、出色地做好本职工作，不可故作姿态、光说不练。要以自己的精明实干和出色的工作能力奠定和上司交往的基础。

微课 11-2

与上司沟通的方法

其次要虚心接受上司的批评，巧妙地指出上司的错误。谁都可能出错，面对上司的批评，一定要调整好心态，虚心接受批评。要有一定的组织观念，上司可能并不是在找茬，他是在履行他的职责。要尊重上司的意见，上司的意见与自己的想法不一致时，如果他的意见没有失误，应按上司的安排去做；如果上司的意见确实不妥，也不要当面顶撞，这时应该巧妙地指正上司。

小贴士 11-1

与不同类型的上司相处之道

最后要注意不要到处表现自己。在上司面前，下级应表现得谦虚、朴实。正如一位西方教授所说，人们最迫切的愿望就是希望自己受到重视，尊重上司就会赢得上司。同时，不要忘记赞扬的作用，真心的赞扬是对他人的一种尊重和肯定，不但可以满足上司的自尊心，还能赢得上司的好感与信任。还要记住，当自己在工作中有了功劳时，不要去到处宣扬，以免让上司觉得你是个居功自傲的人。遇到棘手的问题时，也要谦虚地去向上司请教，不要越级去请其他上司。

小贴士 11-2　　　　　　　　**在面对上司的指示时应询问下面几个问题**

上司希望做的是什么？

这项任务的具体目标是什么？

完成这项任务的最佳做法是什么？

公司在这一项目上准备投入多少资源？

怎样进行工作报告？报告中包括哪些内容？什么时候需要报告？应该向谁报告？信息要求以什么形式呈报？

11.1.2　与同事沟通的艺术

小故事 11-1

荀攸的智慧

人在一天的工作中，大部分时间是和同事在一起的。同事之间相处得如何，直接关系到自己的工作、事业的进步和发展。同事之间关系融洽、和谐，人们就会感到心情愉快，有利于工作的顺利进行。而同事之间既有合作又有竞争的特点，使得同事关系微妙复杂，学会同事间的交往艺术，对自己的工作和生活都有很大的帮助。

微课 11-3

与同事沟通的禁忌

1.互相尊重

孟子有云："爱人者，人恒爱之；敬人者，人恒敬之。"要处理好复杂的同事关系，必须要懂得尊重同事。尊重同事，就要尊重同事的隐私。隐私是关系到个人名誉的问题。背后议论人的隐私，会损害其名誉，可能造成同事间关系的紧张。当同事在写东西、阅读书信或打电话时，应避开，做到目不斜视、耳不旁听。尊重同事，还在于不轻易翻动同事的东西。如果要找同事的东西，要请同事代找，如果他本人不在，要先征得同事的同意。例如：

小陈是毕业于北京某重点大学的研究生，在单位工作几年后，由于业务能力突出被提拔为车间主任。这对他来说是一个施展才华的大舞台。但他在与别的车间主任交流时，总是流露出对这些工人出身的主任的不屑，开口闭口总是我们研究生如何、你们工人怎样，很快就把自己陷入与其他车间主任格格不入的境地，成为一个不受欢迎的人，最终不得不调换工作岗位。

因此，真诚地对待同事、尊重同事，是非常重要的。

2.真诚待人

办公室是一个小社会，也是一个小集体。同事间要真诚相待、相互帮助、相互理解，相互宽容。这样的集体才能成为一个团结战斗的集体，才能成为一个有凝聚力、使人心情舒畅的大家庭。同事有困难时，应主动询问，伸出援助之手，给他以人力、物力的帮助；当某位同事受挫时，应给予诚恳的安慰，要热情地鼓励他，帮助他走出困境；当同事间发生误会时，要有度量，应主动道歉，说明情况，征得对方的谅解，这样会增进双方的感情，使彼此的关系更加融洽。要能容纳同事的错误和误解，"宰相肚里能撑船"，不可"小肚鸡肠"、耿耿于怀。

微课11-4

劝慰同事的技巧

小案例11-2 　　　　　　　　　　**真诚赢得同事心**

伍兰兰大学毕业后进入一家企业从事销售工作。她是一个勤劳善良的女孩，每天都提前到达公司，把同事的桌椅收拾整齐，把办公室打扫干净。还帮同事江龙收拾好桌椅，由于江龙常常加班，桌上堆满书本，显得十分凌乱。江龙对此非常感激，主动要求带伍兰兰出去洽谈业务。在"师傅"的指引下，伍兰兰的能力提高很快。半年后，伍兰兰自认为已经能够胜任业务工作，私自决定替江龙撰写一份策划方案，并交给了客户。

没想到由于疏忽大意，一组数据弄错了，客户因此否决了伍兰兰的方案，并且拒绝与他们合作。江龙得知后非常生气。伍兰兰诚恳地承认了错误，并在以后的工作中更加努力，将洽谈好的业务都算在江龙的头上，以此弥补自己的过失。

后来有一天，江龙生病住进医院，伍兰兰主动去医院精心照顾，而且没有放松本职工作，甚至连江龙的工作也一起处理了。

伍兰兰的一言一行都被同事们看在眼里，渐渐地，她的人缘越来越好，有什么事情大家都愿意真诚地帮助她。

资料来源　李元授.人际沟通训练［M］.武汉：华中科技大学出版社，2014.

【点评】伍兰兰之所以受到同事欢迎，其实是因为她在用一颗真诚的心去沟通而已。真诚是做人的基石，也是与人相处的根本。

3.透明竞争

同事之间既有合作也有竞争。与同事共处，应遵循尊重、配合的原则，明确权责，尽量施展自己的才华，绝不轻率地侵犯同事的业务领域。应在透明、公平的竞争中，各自施展自己的才华并求得发展。不要过分表现自己，免得落得孤芳自赏的名声，最后成为孤家寡人。但是也不可组建自己的小团伙，制造流言蜚语中伤某位竞争对手。同时做事要尽力而为，量力而行，踏踏实实地做好自己的本职工作，不给别人诋毁自己的机会，努力创造更多的与同事沟通的机会，增进同事间的感情，消除彼此间的隔阂，在合作中良性竞争。

4.分享成绩

同在职场中，成绩的取得与分享、利益的分配，都是大家十分关注的焦点。对于成绩，如果你在工作上有特别的表现，受到嘉奖时，千万别独享成功的荣耀。因为成绩的取得，不是哪一个人能够独自完成的，需要同事直接或间接的协助，所谓"一个篱笆三个桩，一个好汉三个帮"，这是大家共同努力的结果。无论是否有人与你争功，你都要抱着分享、感恩的心态，这样才能赢得同事的好感与支持。

小案例 11-3 **功劳是大家的**

在某单位的一次公开竞聘中，左某战胜了其他几位竞争对手，当上了经理。许多同事对他表示祝贺，更有人当众夸他能力非凡。左某却坦诚地说："其实几位候选人各有长处。论管理我不如老刘，论经营我不如老叶，论公关我不如小王。"后来左某不但以诚意挽留了这几位竞争者，而且根据他们各自的特长做出了相应的工作安排。宽厚的气度使他赢得了大家的尊重，也使他在工作中取得了显著成就。他上任没多久，单位就取得了很大的业绩提升。

资料来源　李元授. 人际沟通训练［M］. 武汉：华中科技大学出版社，2014.

【点评】左某之所以能得到同事的支持，妙诀就是不把功劳揽在自己一个人怀里，一句"功劳是大家的"，温暖的是人心，赢得的是尊重。

5.交谈得体

与同事交谈时，一定要注意语言要有分寸、要得体。工作场合中要保持高昂的情绪，即使在遇到挫折、饱受委屈、得不到上级的信任时，与同事交谈也不要牢骚满腹、怨气冲天。不要把痛苦的经历当作谈资一谈再谈，这样会让人退避三舍。谈论自己和他人时，不要滔滔不绝，要观察对方的反应来决定谈话应不应该继续进行。在工作场合中，不要说悄悄话，耳语就像噪声，影响人们的工作情绪，也会引起同事的反感。在与同事相处中，不要得理不饶人。有些人总喜欢嘴巴上占便宜，争上风。他们喜欢争辩，有理要争，没理更要争三分，这样会使同事们感到烦闷，不利于同事之间的交往。要知道，一个好的倾听者，就是一个好的谈话者。善于倾听别人，能表现出自己对对方的关心与尊重，使对方获得满足感，从而愿意与自己交流。同事之间，善于倾听的人能拥有更多的朋友。

6.往来清楚

同事之间可能有相互借钱、借物、馈赠礼品或请客吃饭的往来，但不能大意忘记。每一项都要清楚明白，即使是小款项也应记在备忘录上，以提醒自己及时归还。向同事借东西如不能及时归还，应每隔一段时间向对方说明一下情况。总之，同事间的经济往来要弄得清楚明白，无论是有意还是无意地占人便宜都会令对方感到不快，也会影响同事之间的关系。

小训练11-1

请与同学讨论如下问题：

（1）在一个新的工作环境中应如何与同事相处？

（2）怎样与令人讨厌的同事相处？

小贴士11-3

与不同类型的
同事相处

11.1.3　与下级沟通的艺术

小贴士11-4　　　　　　　　　上司喜欢下属的品质

爱岗敬业，忠诚可靠。独当一面，开拓创新。自觉主动，服从第一。乐观向上，勇担责任。善于沟通，乐于合作。

孔子认为"君使臣以礼"，领导对下属应以礼相待。中国古代的点将台、拜将台，都是礼遇下属的体现。作为领导者，应该以礼对待员工，积极地与员工进行有效的沟通。

1.待人要公平、公正

《孙子兵法》中所言"上下同欲者胜"。只有上下同心，企业才会有发展。要做到这一点，领导者必须尽力做到公平、公正。上级应该客观、公正地对待下级，不要受情绪的影响。要学会做一个好的倾听者，站在下属的角度去考虑问题。身为领导者，要能听出下属的弦外之音、言外之意，对下属的情绪和处境要多加理解，抛开自己的情绪。

作为领导，不能受偏见的影响，应该平等待人。有些人对某人向来印象不好，无论那个人有多么好都视而不见、听而不闻。领导者不应该被各种各样的偏见蒙蔽了心灵。同时，领导者也不应该太偏激独断，能够听取别人意见才能与员工建立融洽的关系。

"经营之神"松下幸之助就是一位善于倾听、待人公正的企业家。他经常问他的下属，"说说看你对这件事是如何考虑的？""如果是你的话，你会怎么办？"他一有时间就到工厂里转转，以便于听取工人的意见和建议。

2.尊重和理解下属

一个成功的领导者应该尊重和理解他的下属，为工作营造一个良好的氛围。上级要尊重下属的人格，尊重他们的意见和建议，让每个人都感受到自己是团队的一员。当下属的工作没有按预定目标完成时，要学会换位思考，理解他们的难处，不能把责任都推到他们头上。领导者要有宽容的度量，在与下属沟通时，不可分亲疏远近，也不能因顾及面子而冷落了才智之士奋发向上的心，还要以开阔的心胸容纳他人，原谅他人的过错。一个优秀的上司，要在尊重和理解下属的同时，宽以待人，严于律己。遇事先从自身找原因，这样才能赢得下属的爱戴和敬重。

3.批评下属讲究技巧

俗话说："金无足赤，人无完人。"发现下属的缺点和错误，及时地对其教育指正和批评是很有必要的。

批评是需要理由的，而很多领导会不知不觉地把批评下属当作发泄情绪或证明自己权威的一种手段。一个优秀的领导者应该在工作中建立明确的奖惩制度，并且贯彻落实，奖罚有度，才能树立自己的威信。

批评下属时可以先表扬后批评。因为想让别人顺从地听取批评的意见不是一件容易的事，所以在进行批评时，可以先从正面肯定开始，这样才不会被看成是在针对个人，会让人更好地接受。同时，可以提出一些好的建议和忠告来帮助他们改进自己的工作。

批评下属的时候要就事论事。在对员工进行批评的时候，要尽量避免使用一些会使问题扩大化的词语，注意就事论事。如男性主管不可以对女职员说"你们女人就是这样"。

批评下属的时候也要选对场合。一般情况下，不要在众人面前批评员工，这样虽然会起到警告的作用，但会伤害到被批评者的自尊，同时对领导者的形象和涵养也会有不好的影响。尤其值得注意的是，不能当着某部门员工的面批评该部门的领导，这样会让这位受批评的领导尴尬，也会给他以后的工作带来不好的影响。

批评的态度要宽容。批评是帮助员工发现自己的缺点并加以改正和完善的一种手段，而不是彻底毁灭一个人的自信心。所以领导者在批评下属的时候，语气要温和，不能大动干戈，咄咄逼人。

4.善于调节下属间的矛盾

只要有人的地方，就必然会有矛盾与冲突发生，而矛盾与冲突的结果，不仅会破坏人与人之间的和谐关系，而且会削弱一个集体的凝聚力和战斗力，降低整个团队的声誉和绩效。因此，领导者的日常管理活动之一，就是处理下属之间的矛盾冲突。

小案例 11-4　　　　　　　　　　　　　　　　　　　　　握手言欢

张某、刘某二人同是某单位一科室的副科长。起初，二人关系融洽，工作上配合十分默契。但在一次中层领导干部竞聘中，张某经过竞聘被提拔为科长，此后张、刘二人的关系就急剧恶化，身为副职的刘某非但不配合张某的工作，反而经常拆台搞内讧。不仅如此，他还不时背后诋毁张科长，说"张某任科长一职是花钱买来的"之类的话。张科长知道后也暗恨刘某，后来发展到见面不打招呼、二人无话可说的地步。

局领导对此十分重视，局长亲自召集全局领导班子开会研究调停冲突方案。会上，决定先由分管该科的林副局长出面做调停工作。林副局长接到任务后，便分别找张、刘二人单独谈话。谈话内容各有侧重，对刘某主要是让他说说对组织提拔张某有什么看法，如果组织上真有违反干部任用条例之处也希望他提出来，如属实，组织坚决公正决断，但不能无根据地瞎编乱谈。此外，还向他指出班子闹不团结的危害性，不但影响工作，而且影响个人前途，通过谈话使之认识到自己的错误。对于张科长则要求他作为一科之长要以大局为重，要有宽大的胸怀，善于求同存异，虚心听取各种不同的意见和建议，以宽容对待冲突，以礼貌谦让对待冷嘲热讽，不要总是对一些细枝末节斤斤计较，更不能对一些陈年旧账念念不忘。在大是大非面前要冷静头脑，要善于团结下属，共同把工作搞好。

经过第一次谈话后，局领导又按计划安排对张、刘的第二次谈话。这次谈话由局主要领导出面，以邀请张、刘二位科长共进晚餐的方式进行，谈话地点选在原先两位科长关系好时常去的某饭店进行。大家都按时到位后，先由局长讲话。局长说："两位科长能不计前嫌，迈过门槛，走在一起共进晚餐不容易，局领导感到很高兴，这是科长们以大局为重的一种表现。"局长对他们的诚意表示感谢。然后，由两位科长先后发言，谈话间，各表衷心、互赔不是，以求得对方谅解，场面甚是感人。最后便是大家端起团结的酒杯，握手言欢，共祝工作如意！

资料来源　佚名. 调节下属矛盾的技巧［EB/OL］.［2021-03-24］. https://wenku.baidu.com/view/2703758f332b3169a45177232f60ddccdb38e6f7.html?_wkts_=1696563543558.

【点评】解决矛盾是一项需要技巧和智慧的工作，需要领导有很强的沟通和谈判能力，同时还需要领导能够找到一个既适合下属又能解决问题的解决方案。

那么，怎样正确处理下级之间的矛盾，营造和谐、积极的工作氛围呢？

（1）事前有预案。识别冲突，调解争执，是管理者最重要的能力之一。当发现下属间发生冲突时，如果盲目调和，往往收效甚微，搞不好还会火上浇油，弄巧成拙。因此，要对冲突的原因、过程及程度等做详尽的了解后，研究制定出可行的调和方案，并按方案进行调和。

（2）大局为重。现代社会的一个重要特点就是分工严密，这样可以提高工作效率，但同时也带来了一个不可避免的缺陷，这就是彼此之间缺乏相互了解。在诸多的矛盾冲突中，虽然双方在各自的利益上产生纷争，但共同的目标还是一致的，因此管理者应让冲突双方清醒地意识到，单纯的指责对方是无济于事的，只有相互配合、密切协助才能解决纷争，才能实现团队的共同目标。事实上，当双方均以单位的整体利益为重时，心中的怒气就会化为乌有。

（3）换位思考。在局部利益冲突中，双方所犯的错误多半是只考虑自己，以自己为中心，而不能体谅对方。让他们互相了解、体谅对方的最好办法，莫过于让他们各自站在对方的立场上去考虑问题。当双方确实做到这一点后，可能就会握手言和、心平气和地协商一种积极的解决冲突的方法。孔子说："己所不欲，勿施于人。"这正是其设身处地、从对方角度看问题而得出的结论。

（4）折中调和。领导是下属之间矛盾的最终仲裁者。仲裁者要保持权威，就必须坚持公平、公正的原则。如果偏袒一方，就会使另一方产生不满和对立情绪，进而加剧矛盾，甚至将矛盾转化为上下级之间的矛盾，使矛盾性质发生变化。所以，冷静公允，不偏不倚，是处理下属矛盾时最起码的原则，尤其是在调节利益冲突时。此外，很多情况下冲突双方均各有道理，但又各执一词，很难判断谁是谁非。这时候，折中协调、息事宁人是最好的解决办法。

（5）创造轻松气氛。发生冲突双方均抱有成见和敌意，所以在进行调解时缓和气氛很重要。调解不一定在会议上、办公室里进行，有时在餐桌上、咖啡厅、领导家里效果反而会更好。

总之，下属之间的矛盾冲突是多样的，调和的办法不能千篇一律，要在实际工作中根据不同的冲突对象、起因及程度采用灵活的技巧来加以调解。

小训练11-2

假如你是一位主管，你的一名下属最近工作态度不是很积极，而且经常发表一些消极的言论，你打算如何批评这名员工？

11.1.4 讲究办公室礼仪

办公室礼仪最能体现一个人是否具备良好的素质和个人修养，因为办公室是日常工作的地方，同事们在这里朝夕相处，很多礼仪需要我们去注意。良好的礼仪不仅能树立个人和组织的良好形象，也关系到一个人的前程和事业发展。

1.办公室内的一般礼仪规范

（1）要守时，不迟到、早退。上班要按时到岗，遵守午休、上班、下班时间，不迟到、早退，否则会给领导留下一个懒散、没有时间观念的印象。另外，一般不能在上班时间随便出去办私事。

（2）不要随便打私人电话。有些企业规定办公时间不要随便接听私人电话，一般在外国公司里长时间地、经常性地打私人电话是不允许的。

（3）做错了事要勇于承认。如果有些小的事情办错了，当上司询问起来时，即使别的同事有一部分责任，也要直接替大家解释或道歉；如果完全是自己做错了事，更要勇于承担责任，绝不可以推诿给他人。

（4）乐于助人。看到同事有需要帮忙的事情，一定要热心地帮助解决。在任何一个工作单位，热心助人的人都会有好人缘。

（5）不要随便打扰别人。当手头的活儿干完时，一定不要打扰别人，不要与没有干完活的人交谈，这样做是不礼貌的。

（6）爱惜办公室的公用物品。办公室的公用物品是大家在办公的时候用的，不要随便把它拿回家去，也不要浪费公用物品。

2.办公室环境礼仪

当人们走进办公区时的情绪是积极的、稳定的，就会很快进入工作角色，不仅工作效率高，而且质量好；反之，情绪低落，则工作效率低，质量差。如果办公区内是整洁、明亮、舒适的工作环境，容易使员工产生积极的情绪，充满活力，工作卓有成效。随着现代化进程的加快，人们的办公硬件水平逐渐提高，办公环境也在不断改善，人们的工作效率也应该相应地提高。

（1）办公室桌面环境。办公室内的桌椅及其他办公设施，都需要保持干净、整洁、井井有条。正如鲁迅先生所说，"几案精严见性情"，心理状态的好坏，必然在几案或其他方面体现出来。

从办公桌的周边环境可以看到当事人的状态，会整理自己桌面的人，做起事来肯定也是干净爽快。他们为了更有效地完成工作，桌面上只摆放目前正在使用的工作文件；在休息前应做好下一项工作的准备；因为用餐或去洗手间暂时离开座位时，应将文件覆盖起来；下班后的桌面上只能摆放计算机，而文件或是资料应该收放在抽屉或文件柜中。

（2）办公室心理环境。硬件环境的加强仅仅是提高工作效率的一个方面，更为重要的往往是"软件"条件，即办公室工作人员的综合素质和心理素质。这个观点正在被越来越多的"白领"们所接受。

办公室内的软件建设是需要在心理卫生方面下一番功夫的。因为"精神污染"从某种意义上说要比大气、水质、噪声的污染更为严重。它会涣散人们工作的积极性，乃至影响工作效率、工作质量。为此，在办公室内需要不断提高心理卫生水平。

领导要学会选择适当的心理调节方式，使工作人员不被"精神污染"。领导应主动关心员工，了解员工的情绪周期的变化规律，员工根据工作情况采取放"情绪假"的办法。工作之余多组织一些文、体、娱活动，既丰富文化生活，又使其宣泄了不良情绪。有条件的可以建立员工心理档案，并定期组织"心理检查"，这样可以"防微杜渐"，避免严重心理问题的产生。企业还要经常组织一些"健心活动"，使工作人员能够经常保持积极向上、稳定的情绪，掌握协调与控制情绪的技巧与方式。

3.办公室里谈话的注意事项

（1）一般不要谈工资等问题。在很多公司里，每个人的工作不一样，得到的报酬也是不一样的。如果你说出你的工资比别人高，容易引起一些麻烦事。

（2）不要谈私人话题。在办公室谈论私人话题，特别是遇到的不好的事情和不好的心情，会影响别人的情绪，或者引起别人对自己不好的看法，如果不注意，不但会影响自身形象，也会影响前途。

（3）不要评论别人的是是非非。俗话说"当面多说好话，背后莫议人非"。当有人在评论别人时，不要插嘴，也不要充当谣言的传播者。

小贴士11-5

从《杜拉拉升职记》学职场沟通

11.2　能力提升

11.2.1　案例讨论

1.谁更有说服力

甲主管说："关于在天津地区设分厂的方案，我们已经详细论证了可行性，大概3～5年就可以收回成本，然后就可以盈利了。请董事长一定要考虑我们的方案。"

乙主管说："关于在北京地区设立分厂的方案，我们已经会同财务、销售、后勤部门详细论证了它的可行性。财务评价报告显示，该方案在投资后的第28个月财务净现金流量由负值转为正值，这预示着该项投资将从第3年开始盈利，经测算，该方案的投资回收期是4年。社会经济评价报告显示，该方案还可以拉动与我们相关的下游产业的发展。这有可能为我们将来的企业前向、后向一体化方案提供有益的借鉴。

如果在北京的××区设立分厂，当地政府还有相关的税收优惠和土地政策优惠措施。与该方案有关的可行性分析报告我已经带来了，请董事长审阅。"

资料来源　武洪明. 职业沟通教程［M］.北京：人民出版社，2014.

思考与讨论：

（1）以上两位主管的报告谁更有说服力？为什么？

（2）本案例对你有何启示？

2.消除上司的误解

凯丽是某销售公司的文员，春节前经理交给她一大堆名片和一些精心挑选的明信片，要她按照名片逐一打印寄出。凯丽曾提醒经理将联系方式已经发生改变或业务上已没有往来的客户挑出来，但经理不耐烦地说："你别管，按所有名片都寄出去就是了！"

两天后，当凯丽把打印好的明信片交给经理过目时，经理却大声指责她将一些已经不在中国的客户错误地打印在"最精美"的明信片上。凯丽觉得很委屈，想说出来又担心被经理安个"顶撞上司"的罪名被开除，便认了下来。回去后她大哭一场，可心里还是觉得别扭，以致影响了工作。后来凯丽利用休息时间去拜访经理，坦诚地说出内心的想法。结果出乎意料，高高在上的经理竟然向她承认了错误。从此，他们二人在工作上配合得相当默契，为公司创造了显著的业绩。

资料来源　迟双明. 七步到总裁［EB/OL］.［2017-06-14］. http：//lz.book.sohu.com/book-763.html.

思考与讨论：

请问凯丽是如何对待和消除上司的误解的？

3.小王的被动局面

小王是一个参加工作不久的新人，她做事认真细致，和同事的关系都很融洽，可是她不愿意主动和上司交流。她说其实自己挺欣赏自己的上司的，认为他敬业、有才华、对下属负责，但她不知为什么一见上司就底气不足，对于和上司进行沟通能躲就躲。

有一次，因为没有听清楚上司的意思，导致上司交给她的工作被耽搁了，上司事后问她："为什么你不过来再问我一声？"她说："怕您太忙。"上司很生气地说："我忙我的，你怕什么？"时间长了，小王一和上司沟通就紧张，会出现脸红、心跳、说话不利索的状态。大家都认为小王怕上司，她自己也这么认为。上司看见她这样，也就很少和她单独沟通。一次，晋升的机会来了，小王很想把握住这个机会，但她又犹豫了，因为升职后的工作会面临比较复杂的关系，需要经常和上司保持沟通。她觉得自己天生怕领导，因此错失良机。

资料来源　王兴权. 职业适应（一）从学生向职业人转变［EB/OL］.［2010-03-21］. http：//blog.sina.com.cn/s/blog_417609190100h40w.html.

思考与讨论：

（1）假定你是小王，会采取怎样的措施改变这种被动的局面？

（2）初入职场的新人在与上司沟通时应该注意什么？

4.怎样汇报更好

"领导，感觉最近员工的士气总是不高，您能不能给我些建议？"

"领导，我感觉最近员工的士气不高，业绩也受到了影响。这两天，我跟大家沟通了一下，感觉主要是临近春节，很多客户都忙着拜年和要账，没有精力跟我们谈广告业务，而我们的业务员也都想着回家过年，所以整个团队士气不高。我感觉春节前这段时间还是很宝贵的，我们必须提高团队的士气，我有两个方案，您看怎样，一是我们在团队内部组织个竞赛，业绩排名前六的，公司帮助解决回家的火车票；二是组织个激励活动，对表现良好的，公司准备一个春节大礼包。这两个方案，花费都不会超过 6 000 元，而增加的收入可能是 60 万元，您看选择哪个比较好？"

资料来源　谢红霞．沟通技巧［M］．北京：中国人民大学出版社，2015．

思考与讨论：

（1）以上两种请示汇报方式哪种比较好？为什么？

（2）在向上级请示汇报时应掌握哪些技巧？

5.这样开始职业生涯

陈晓峰大学毕业后，在一家较大的 IT 企业做研发人员。他刚到单位的时候，关系比较好的几个同事，和他一样都是新来的，由于大家被分配到不同的办公室，平时也不容易看到，陈晓峰开始感到有点不适应了，到了办公室都不知道和谁说话；他感觉别人是一群人聚集在一起，讨论他们彼此熟悉的人和事，而自己作为新人，感觉不合群。

但是，陈晓峰下定决心要打破这种被动的局面，一天，一个同事的行为启发了他，那是早上，一个同事见他进办公室就说了一句："晓峰，早啊！"正是这句温暖的话语让他觉得无比亲切。

他受到了启发：作为一名新人，很多同事在路上见到自己都和自己打招呼，但是他却叫不出其他同事的名字，甚至连他们的姓或者他们做什么工作都不知道，这样很不礼貌，更不利于同事之间的交往。办公室里有一张名单，上面有每个同事的名字、所在部门，于是陈晓峰按照名单开始用心记住他们的名字和部门。每当他看到一个不认识的同事时，他就问已认识的同事，知道他们的名字后，就了解他们的相关信息。

每当认识了一个新的同事时，陈晓峰就在纸上做记号。过了大约一个星期，他终于把这一间大办公室的五六十人都对上号了，路上碰到这些同事他都能自如地打招呼了。

很多同事都佩服他，短短时间，好像认识了全公司的人。其实他们不知道他是刻意去记住他们的。因为陈晓峰知道，在路上碰到一个同事，单单说一句"你好"和问候一句"某某，你好"是有本质区别的。

资料来源　武洪明．职业沟通教程［M］．北京：人民出版社，2014．

思考与讨论：

（1）你准备怎样开始自己的职业生涯？

（2）陈晓峰的做法对你有何启示？

6.怎样与同事沟通

小张本是个心直口快的人，说话向来不会含蓄婉转，所以经常得罪同事。一次，饮水机没水了，他对同事小刘说："帮个忙换桶水吧，就你闲着。"小刘一听不高兴了："什么就我闲着？我在考虑我的策划方案呢。"小张碰了一鼻子灰。

小张跑到销售部："吴经理，你给我把这个月的市场调查小结写一下吧。"吴经理头也没抬，冷冷地说："刚当上管理员，说话就是不一样。"显然吴经理生气了。小张想，我也没说什么呀。他顺手拿起打印机旁的一份客户拜访表问："这是谁制的表？"吴经理的助理夺过表格："你什么意思？"

当天，几个同事在一起谈话，让小张说说对公司管理的看法，小张竹筒倒豆子一吐为快："我认为目前我们公司的管理非常混乱，有令不行，有禁不止，简直一个乡下企业。"大家不爱听了，认为他话里有话。

一会儿，同事小王问小张，某某事情可不可以拖一天，因为手头有更重要的事情在做。"有这么做事情的吗？你别找理由了，这可是你分内的事，反正又不是给我做，你看着办！"小张声色俱厉地说。小王也不甘示弱，说："喂，请注意你的言辞。你以为你是谁呀？我就是没时间。"小张气得发抖："我怎么了？我不过是实话实说。"

资料来源　黄琳．有效沟通：王牌沟通大师的制胜秘诀［M］．北京：中国华侨出版社，2008.

思考与讨论：

（1）请问小张的同事关系何以如此紧张？

（2）你若是小张，你将怎样改善同事关系？

7.学会先说是我的错

某公司财务处小李一时粗心，错误地给一位请病假的员工发了全薪。在他发现这个错误之后，首先想到的是最好想办法蒙混过去，千万别让老板知道，否则肯定会对他的办事能力有所怀疑。于是他匆匆找到那位员工，说必须纠正这项错误，求他悄悄退回多发的薪金。但遭到拒绝，理由是公司发多少就领多少，是你们愿意给，又不是我要的，白给谁不要？小李很气愤，他明白这位员工是故意拿他一把，因为他肯定不敢声张，否则老板必然知道，真是乘人之危。但小李平静地对那位员工说："那好，既然这样，我只能请老板帮忙了。我知道这样做一定会使老板大为不满，但这都是我的错，我必须在老板面前承认错误。"

就在那位员工还站在那里发呆的时候，小李已大步走进了老板的办公室，告诉他自己犯了一个错误，然后把前因后果都告诉了他，并请他原谅和处罚。老板听后大发脾气地说这应该是人事部门的错误，但小李重复地说这是他自己的错误，老板于是又大声地指责会计部门的疏忽，小李又解释说不怪他们，实在是他自己的错；但老板又责怪起与小李同办公室的另外两个同事来，可小李还是固执地一再说是他自己的错，并请求处罚。最后老板看着他说："好吧，这是你的错，可×××（那位错领全薪的员工）那小子也太差劲了！"这个错误于是很轻易地被纠正了，并没给任何人带来麻烦。

自那以后，老板更加看重小李了，因为他能够知错认错，并且有勇气不找借口推脱责任。

资料来源　谢红霞．沟通技巧［M］．3版．北京：中国人民大学出版社，2018.

思考与讨论：

（1）小李是如何处理与同事的关系的，对你有何启示？

（2）如果遇到这种情况，你认为怎样处理比较妥当？

8.彬彬有礼人不怪

镜头一：在8小时之内，知书达理的人会这样向上司、同事打招呼：

在楼道里超过上司往前走时，会点头示意，并说："对不起。"打照面时会点头，略停顿以示礼让；昨日倘若缺勤，早上见到上司时主动道歉、解释，即便上司并未注意到，也不要就此不了了之；昨晚被某同事请去吃了晚饭，一早见面再次道谢；尽可能地向见到的同事打招呼，道早安；在众多同事在场的情况下如欲先走，定会当众打声招呼，再行告退。

镜头二：在8小时之外，知书达理的人会这样与上司、同事讲"礼"：

星期日在街上遇到上司，绝不会佯装看不见而避开，而是一边用手指着上司，一边将上司介绍给同伴；应邀去上司家做客定会准时，按门铃或敲门时绝不会连续不断。

镜头三：上下楼梯或乘电梯的时候，知书达理的人会这样遵守礼仪：

与上司同行，斜后一两步；楼梯上遇到上司或同事，点头致意；乘电梯时，手按开门键，或让上司、女性同事、前辈、其他同事先入，然后进入电梯，听人报几层楼，代按之。

镜头四：知书达理的人在迟到或缺勤时，往往会这样处理：

频频迟到，必然会给上司留下该人很不负责、不称职的印象。所以在估计会迟到时，这样的人通常会先打招呼，以示有责任心，并将需办的急事提前交代给同事。实在没条件提前报告，如因意外塞车、交通小事故等，事后也会尽快汇报解释。

资料来源　许尚林.同事间的应酬艺术［EB/OL］.（2012-03-14）.http://www.360doc.com/content/12/0314/06/6330997_194165293.shtml.

思考与讨论：

（1）你在工作和生活中有没有遇到过以上情景？你是如何处理的？

（2）工作和生活是不是必须分开？除工作沟通外，有没有必要与同事在工作之外进行沟通？

9.巧妙的拒绝

有一天，一位下属在公司办公室的走廊里与主管不期而遇，下属忙停下脚步："哎呀，老板，好不容易碰上你了。有一个问题，我一直想向你请示该怎么办。"接下来，他如此这般将问题汇报一番……

这位主管一直在认真倾听，并不时点头，几分钟后，主管对下属说这是一个非常不错的问题，很想先听听他的意见，并问："你觉得该怎么办？"

"老板，我就是因为想不出办法，才不得不向你求援的呀。"

"不会吧，你一定能找到更好的方法，"主管看了看手表，"这样吧，这件事我一时半会儿也拿不出更好的主意，我现在正好有急事，不如这样，明天下午四点后我有一点时间，到时你先拿出几个解决方案来一起讨论讨论。"

告别前，主管还没有忘记补充一句："你不是刚刚受过'头脑风暴'训练吗？实在想不出，找几个搭档来一次'头脑风暴'，明天我等你们的解决方案。"

第二天，下属如约前来。从他的表情看得出，他似乎胸有成竹："主管，按照你的指点，我们已有了五个觉得都还可以的方案，只是不知道哪一个更好，现在就请您拍板了。"

资料来源　谢红霞. 沟通技巧［M］. 3版. 北京：中国人民大学出版社，2018.

思考与讨论：

（1）这位主管是如何巧妙地拒绝下属的？

（2）如果遇到这种情况，你会如何处理？

10.职场生存——除了沟通还是沟通

小芸已在公司做了三年秘书，敬业精神有口皆碑。最近她新换了上司，是负责研发的公司副总经理。这位上司让小芸心烦不已，不是因为他不苟言笑、难以"伺候"，而是因为他特别喜欢加班，即使没有应酬，也不会在晚上七点半之前离开办公室。

小芸的家离公司比较远，每天下班回家要倒两次公交车和一次地铁，路上至少得花两个小时。另外，每周要上一次夜校，还要与男朋友约会。最初一个月，小芸还能坚持在上司离开办公室之后再下班，慢慢地就感到坚持不下去了。

作为职业秘书，小芸一开始就严格要求自己，三年来都是在上司下班后自己才下班，现在这位新上司的工作习惯却让她犯了难。经过一个多月的观察她发现，新上司也不是每天都有什么重要的事，有一次竟然是在网上玩游戏。

小芸希望上司能了解自己的苦衷，却不知道怎么开口。直接告诉上司自己家离公司很远，不能每天都加班到七点半？那就是说自己要比上司先下班，这有违她对自己的职业要求，她不能这么做。即使这么说了，上司也不一定会同意，那今后两人就更难相处了。要么"提醒"上司没事就早点下班？这更不行，这种"提醒"是变相的指责，更有违秘书的道德准则。

怎么办？思来想去，小芸最后决定辞职，尽管她舍不得这份轻车熟路的工作还有办公室里的同事。在小芸办完所有离职手续最后与上司告别时，上司问她为什么干得好好的要辞职，是不是他这个上司有什么地方做得不好，这时小芸才把心里的苦水倒了出来。

上司这才恍然大悟，但他告诉小芸，自己之所以每天七点半以后才离开办公室，是因为回家的路上有一段在建立交桥，每天上下班时都堵车，所以他总是等到车流高峰过后才开车回家。

"原来是这么大的误会！这种事你怎么不早说？"上司问小芸。

小芸无言以对……

资料来源　谭一平. 职场生存——除了沟通还是沟通［J］. 秘书，2012（4）：20-21.

思考与讨论：

（1）你是否有过因沟通不畅而与上司发生误会的经历？

（2）怎样实现与上司的沟通？

11.2.2　实训项目

1.模拟职场沟通训练

实训目标：使学生了解沟通的过程，培养其沟通的基本技能；培养学生的语言表达能力和沟通能力；通过活动，提高学生的团队协作意识等。

实训学时：2学时。

实训地点：教室或实训室。

实训准备：

（1）分组，每组4～6人，设1人为组长。

（2）以小组为单位，自主选择一种职场沟通形式。

（3）根据要求各组分配人员角色，讨论设计故事情节，并认真准备。

实训方法：

（1）按小组顺序进行模拟演练。演练之前，每组派1人说明本组模拟的职场沟通形式及所要表达的主题。

（2）在模拟过程中，各组成员要认真严肃，尽力扮演好自己的角色，言谈举止符合角色要求。

（3）每组演练后，指导教师与学生共同点评。

2.游戏——走出地雷阵

此游戏主要让学生体会与同事进行积极沟通的重要性，并练习与同事进行沟通所需要的技巧。训练人数为20～30人，以8～10人为一组。训练道具：每组一块蒙眼布；两根10米长的绳子；一些报纸。

（1）游戏过程：①选择一块宽阔平整的游戏场地。②2人搭档，其中1个做监护员，1个闯地雷阵（人数多是一个有利因素，场地会变得喧闹，增加游戏难度）。③给每对搭档发1块蒙眼布，闯地雷阵的人蒙好眼睛，由监护员领到游戏场地。④眼睛蒙好之后就开始过地雷阵。两条绳子平行放置在地上，绳距10～15米，标志着地雷阵的起点和终点。⑤在两条绳子之间，尽量多放些报纸作为地雷。⑥被蒙上眼的同学在同伴的带领下，来到起点，同伴只能站在地雷阵外面指挥他闯过地雷阵，一旦踩到报纸，则宣告"阵亡"。⑦几组可同时进行，到达对面，同组另1对搭档接力，看看哪一组率先完成任务，且"阵亡"人数最少。

（2）小组讨论：①在游戏过程中会遇到哪些问题？②在沟通时会遇到哪些障碍？③指挥者能够清晰地指挥吗？④如何理解良好的沟通是保证任务完成的先决条件。

在线练习

分析提示

资料来源　武洪明.职业沟通教程［M］.北京：人民出版社，2014.

3.职场沟通能力测试

你的职场沟通能力如何？请回答下列问题测试一下自己的沟通能力。

（1）在说明自己的重要观点时，别人不想听你说，你会（　　　）。

①马上气愤地走开

②不说了，但你可能会很生气

③等等看还有没有说的机会

④仔细分析对方不听的原因，找机会换一个方式去说

（2）要与一个重要的客人见面，你会（　　）。

①像平时一样随便穿着　②只要穿得不太糟就可以了

③换一件自己认为很合适的衣服　④精心打扮一下

（3）与不同身份的人讲话，你会（　　）。

①对身份低的人，你总是漫不经心地说

②与身份高的人说话，你总是有点紧张

③在不同的场合，你会用不同的态度与之讲话

④不管什么场合，你都是以同样的态度与之讲话

（4）在与人沟通前，你认为了解对方的（　　）比较重要。

①经济状况、社会地位　②个人修养、能力水平

③个人习惯、家庭背景　④价值观念、心理特征

（5）参加完老同学的婚礼，你很高兴，而你的朋友对婚礼的情况很感兴趣，这时你会（　　）。

①详细述说从你进门到离开过程中所看到和感觉到的以及相关细节

②说些自己认为重要的　③朋友问什么就答什么

④感觉很累了，没什么好说的

（6）你正在主持一个重要会议，而你的一个下属却在玩弄他的手机并有声音干扰会议现场，这时你会（　　）。

①幽默地劝告下属不要玩手机　②严厉地叫下属不要玩手机

③装着没看见，任其发展　④给那位下属难堪，让其下不了台

（7）你正在跟老板汇报工作，你的助理急匆匆地跑过来说你有一个重要客户的长途电话，这时你会（　　）。

①说你在开会，稍后再回电话过去　②向老板请示后，去接电话

③说你不在，叫助理问对方有什么事　④不向老板请示，直接跑去接电话

（8）你的一位下属已经连续两天下午请了事假，第三天上午快下班的时候，他又拿着请假条过来说下午要请事假，这时你会（　　）。

①详细询问对方因何要请假，视原因而定

②告诉他今天下午有一个重要的会议，不能请假

③你很生气，什么都没说就批准了他的请假

④你很生气，不理会他，不批假

（9）你刚应聘到一家公司任部门经理，上班不久，你了解到本来公司中就有几个同事想就任你的职位，老板不同意，才招了你。对这几位同事你会（　　）。

①主动认识他们，了解他们的长处，争取成为朋友

②不理会这个问题，努力做好自己的工作

③暗中打听他们，了解他们是否具有与你竞争的实力

④暗中打听他们，并找机会为难他们

（10）你在听别人讲话时，你总是会（　　　）。

①对别人的讲话表示有兴趣，记住所讲的要点

②请对方说出问题的重点

③对方老是讲些没必要的话时，你会立即打断他

④对方不知所云时，你就很烦躁，就去想或做别的事

资料来源　佚名．沟通小测试：测测你的人际沟通能力［EB/OL］．［2017-06-14］．http：//blog.renren.com/share/251165006/8910742866.

课后练习

1.作为大学生，应为走向社会做好准备。从你的暑期打工经历或周围朋友那里收获一些工作中与上级、下属和同事之间进行沟通的经验，在课堂上讲给同学们听。

2.从老师与学生、同事、领导的沟通中体会：①领导如何与下属沟通；②同事之间如何沟通；③下属如何与上级沟通。

3.设想自己实习或大学毕业来到一个新的工作环境，面对初次见面的领导和同事，应如何说话？说话时应注意哪些技巧？

4.假如你是某公司的员工，上级把一项临时性工作安排给你，而你又不愿意干这项工作。在这种情况下，你怎样与上级沟通，才能说服上级把这项工作安排给别人，又不会对你产生不好的印象？

5.假如你是一位主管，你的一名下属最近工作态度不是很积极，而且经常发表一些负面的言论，你打算怎么批评这名员工？

拓展阅读

职场必知的十五条人际沟通技巧

任务 12

商务沟通

洛阳路上相逢著，尽是经商买卖人。

—— ［宋］释智愚《颂古一百首》

■ 课程思政要求

1. 一条主线

坚定学生理想信念，爱党、爱国、爱社会主义、爱人民、爱集体。

2. 课程思政的立体化构建

（1）遵循育人规律，推进教学理念的同向性和同行力。

（2）加强队伍建设，提高教师教学的专业性和引导力。

（3）完善教材体系，增强教材内容的系统性和说服力。

（4）改进教学方法，提升思政教育的针对性和亲和力。

（5）丰富教学载体，打造学习方式的多样性和吸引力。

（6）关注学生学法，重视学生的主体性和成长力。

■ 训练目标

掌握与客户沟通的原则和语言要求；运用客户沟通技巧提高沟通效果；妥善处理顾客投诉；开展商务谈判，与客户实现合作。

■ 任务导入

与众不同的商务沟通

有个人十年来始终开着一辆车，未曾换过。许多汽车推销员跟他接触后，都劝他换辆新车。甲推销员说："开这种老爷车很容易发生车祸。"乙推销员说："像这种老爷车，修理费相当可观。"这些话触怒了他，他固执地一一拒绝了。有一天，一个中年推销员到他家拜访，对他说："我看你那辆车还可以用半年；现在若要换辆新的，真有点可惜！"事实上，他心中早就想换辆新车，经推销员这么一说，遂决定实现这个心愿，次日他就向这位与众不同的推销员购买了一辆崭新的汽车。

问题：

1. 这个案例说明了什么道理？
2. 你认为商务沟通重要吗？为什么？

12.1　知识储备

12.1.1　客户沟通的原则

视客户为朋友、为熟人，想方设法让服务用语做到贴心、自然，令人愉悦，这是客户沟通的基本出发点。

1. 客户中心原则

设身处地为对方着想，急客户之所需，主动说明顾客购买某种东西所带来的好处，对这些好处做详细、生动、准确的描述，才是引导客户购买商品的关键。"如果是我，为什么要买这个东西呢？"这样换位思考，就能深入了解客户期望达到的目标，也就能抓住所要说明的要点。最好用客户的语言和思维来介绍产品，安排说话顺序，不要一股脑说下去，要注意客户的表情，灵活地调整销售语言，并力求通俗易懂。

2. 倾听原则

"三分说，七分听"，这是人际交谈的基本原理——倾听原则在营销中的运用。在向客户推销商品时，要"观其色，听其言"。除了要观察客户的表情和态度外，还要虚心倾听对方的观点，洞察对方的真正意图和打算。要找出双方的共同点，表示理解对方的观点，并要扮演比较恰当的角色，向客户推销商品。

3. 禁忌语原则

在保持积极的态度的同时，沟通用语也要尽量选择体现正面意思的词。要保持商量的口吻，不要用命令或乞求的语气，尽量避免负面的说法。例如：

"很抱歉让您久等了。"（负面的说法）→"谢谢您的耐心等待。"（积极的说法）

"问题是那种产品都卖完了。"（负面的说法）→"由于需求很多，下一批货暂时没到。"（积极的说法）

"我不能给你他的手机号码！"（负面的说法）→"您最好能向他本人询问他的手机号码。"（积极的说法）

"我不想给你错误的建议。"（负面的说法）→"我想给你正确的建议。"（积极的说法）

"你叫什么名字？"（负面的说法）→"请问，我可以知道你的名字吗？"（积极的说法）

"如果你需要我们的帮助，你必须……"（负面的说法）→"我愿意帮助你，但首先我需要……"（积极的说法）

"你没有弄明白，这次听好了。"（负面的说法）→"也许我说得不够清楚，请允许我再解释一下。"（积极的说法）

4."低褒微谢"原则

"低",就是态度谦恭,谦逊平易。"褒"是褒扬赞美。"微"是微笑。营销人员要面带微笑,给客户带来好的心情。"谢"是感谢,由衷地感谢客户的照顾,如"谢谢您,这是我们公司的发票,请收好。""谢谢您,我马上就通知公司。""谢谢您,正好是××元。"

12.1.2 客户沟通的语言要求

1.发音清晰、标准

只有发音清晰、标准,对方才能听清推销员说的是什么,不至于只看见推销员唾沫横飞,却根本不知道其说了些什么。现在大多数人在公共场合交际,运用的都是普通话。在很大程度上,一口流利的普通话已经成为基本要求,因此一般来说应用普通话交流;如果了解对方老家是某地,对方又以家乡为荣,而自己恰巧又会当地的方言,适当地运用方言跟对方交流也不错。

2.语调低沉、自然、明朗

低沉和抑扬顿挫的语调最吸引人。语调偏高的人,让人感觉叽叽喳喳,听起来不舒服,而且有一种凌驾于客户之上的感觉。一般而言,领导跟下属、长辈跟晚辈谈话时,前者语调较高,后者语调较低,所以客户更喜欢稍低沉的语调;语调要自然,谁都不喜欢做作,尤其是女推销员不要嗲声嗲气的,自然、大方才受大家的欢迎;语调要讲究抑扬顿挫,否则一个调子下来,客户听不出重点,也容易厌烦。

3.说话的语速要恰当

有些推销员说话语速快,在客户面前又有些紧张,因此还没等客户有所反应,自顾自地已讲了十几分钟,一则不尊重对方;二则自己讲得快了,思维跟不上。当然,语速也不应太慢,太慢了会让客户着急、不耐烦。一般来说,正常聊天的语速就可以。同时,语速要根据所说的内容而改变,一成不变的语速容易让人产生厌烦情绪,讲到重点的时候可以适当放慢语速,加强语气,以示强调。

4.懂得停顿的运用

在讲话过程中,恰当的停顿有多个好处:一则可以顾及客户的反应,是喜欢还是厌恶?对哪一部分感兴趣?以便有针对性地调整说话的内容和语速。二则是让自己有思考的时间,选择更合适的语言来表达,不至于太紧张而出错;停顿的时间不要太短,要根据对方的反应进行灵活的调整。一般来说,停顿会引起对方的好奇,有时能逼对方早做决定。

5.要注意控制音量

有的人音量本来就大,很多时候像在喊,就要控制一下。音量太大,往往容易给对方造成压迫感,使人反感。音量太小,一则对方听不清楚说的内容,容易不耐烦;二则显得自己信心不足,犹犹豫豫,自己都没有信心,还怎样影响客户,因此说服力不强。

6.在说话时配合恰当的表情

在说话时配合恰当的表情往往会比单纯的语言起到更明显的作用。比如,说到高兴处，可以微笑，或者配合一定的手势动作；说到伤心处，神情表现得悲伤，让情绪感染客户，让客户进入所创设的情境中，容易诱导客户。

此外，推销人员的表达要注意逻辑清晰、重点突出。在介绍时，要思路清晰，表达流畅，不能前言不搭后语，让听者不知所云。为了突出重点，可以适当地使用一些词语，如"首先，其次，再次，最后"或者"第一，第二，第三"等，以便客户能抓住重点，一般要把最突出的优点放在第一位，吸引住客户，稍弱的优点依次往后。

推销员可以把自己的声音录下来，找家人、朋友或者同事从内容、形式等方面提建议和意见，以便提高说话水平。

7.避免以"我"为中心，诱导顾客自己品味销售的主题

最能使人信服的是自我醒悟的道理，而非他人的说教，可以通过提问的方式给顾客一定程度的自尊心理的满足，诱导和激发顾客做出购买行为。比如，"我认为……"可改为"您是否认为……"，"您的想法对吗"可改成"您是怎么想的"，"我想您肯定会买的"可改成"您很内行，可不要错过机会"等。这些提问能使顾客顺着推销员的引导进行思考，品味推销员没有说出的销售主题。一旦悟出道理，大多数顾客就会陶醉在自己体会出的快乐心情之中，很少会产生是由推销员诱导出来的怀疑感觉。在顾客自己品味出销售的主题以后，推销员还可以用赞美的语气强化诱导结果。"您讲得很有道理""我完全同意您的想法""您真会核算，比我们还精通"等赞美语句会使顾客产生一种兴奋的心情，这种情感体验能够升华为坚定不移的购买信念，带来顺利成交的良好结果。

8.注意语言的精确性，提高对顾客说理的感染力

在推销过程中，推销人员的语言是一种极其复杂的心理活动的表达，推销员凭借某种语言来传递自己心理活动的信息，表达自己的思想、情感、愿望和要求，而顾客也是通过语言交流，接受推销员传递的商品信息，引起思想、感情的共鸣，做出积极的购买行为。因此，推销员要加强语言修养，提高语言的精确性，增强语言的感染力，给顾客以身临其境的感觉，强化说理的效果。为此，推销员应注意以下三点：

（1）多用肯定语言。这里所说的肯定是指对顾客态度的肯定，对商品质量和价格的肯定，对售后服务的肯定，以坚定顾客的购买信念。对顾客态度的肯定："您现在这样看问题是很自然的事""过去我也是这样想的"。对商品质量的肯定：对服装可用质地优良、做工考究、款式新颖、老少皆宜等肯定语言；对水果可用果大、皮薄、肉厚、香甜、可口等质量可靠的语言。对价格的肯定："这个价值五十元""这个报价是最低价格""您不能再还价了"。其目的是使顾客消除还价的打算，觉得在价格上别无退路，只能按定价成交。对售后服务的肯定："本公司推销的商品一律实行三包，即包退、包换、包修""本厂的产品一律送货上门"。这里的"三包"和"送"都是肯定语言，能使顾客感到称心、方便，解除其后顾之忧，促使顾客下决心购买。

（2）多用请求式的语句，尽量避免用命令式的语句同顾客交谈。请求式语句是以协商的态度征求顾客的意见，由于推销员态度谦虚，说话和气，所以公众总是乐意接受的。若采用命令式语句，推销员居高临下，态度生硬，强制性地要求顾客做出购买行为，一般是不受顾客欢迎的。比如，客户问推销员："××是否有货？"推销员回答：

"没有货，下个月再联系。"这是一个用命令式回答客户问题的语句。它不仅要求客户等到下个月，而且命令客户主动联系。这样就使推销员与客户的关系错位，变成客户求推销员。这种方式除了在商品供应紧张时能有短期效应外，对多数客户来讲，是不可取的。

（3）商务沟通中，刺激的语句、过于客套的语句都是不恰当的。这些语句容易引起公众的反感。

总之，在与客户的沟通中正确地使用语言，通过礼貌语言的魅力，影响、感染、引导客户，触发其购买行为，这是有效地开展商务沟通所必需的。

12.1.3　与客户沟通的技巧

微课 12-1

引起注意

1.引起注意

无数的事实证明：在面对面的推销中，能否真的吸引客户的注意力，第一句话是十分重要的，它的重要性并不亚于宣传广告。客户在听我们第一句话的时候比听第二句话乃至以下的话要认真得多，当听完我们第一句话时，很多客户，不论是有心还是无意，都会马上决定是尽快地把我们打发走，还是准备继续谈下去，如果第一句话不能有效地引起客户的兴趣，那么之后即使谈下去，结果也不会太乐观。

（1）急人所需。抓住对方的急需提出问题是引起注意的常用方法。有一位食品搅拌器推销员，在一住户的男主人为其开门后，第一句话就问道："家里有高级搅拌器吗？"男主人被这突如其来的发问给难住了，他转过脸询问妻子，妻子有点窘迫又有点好奇地说："搅拌器我家里倒有一个，但不是高级的。"推销员马上说："我这里有一个高级的。"说着，从提袋中拿出搅拌器，一边讲解，一边演示。

假如第一句不这样说，而是换一种方式，一开口就说："我想问一下，你们是否愿意购买一个新型的食品搅拌器？"或者"你需要一个高级食品搅拌器吗？"会有什么结果呢？举例中的问法要对方回答的是"有"还是"没有"，差不多是明知故问，但这个问题提得有两个好处：一是没有使客户立刻觉得你是向他们推销东西的。我们已经说过，人们讨厌别人卖给他们什么，而喜欢自己去买什么。二是推销员只说自己有一台高级搅拌器，并没有问客户买不买，因此客户会产生兴趣：看看高级的与我们家里的有什么不同，演示说明就成为顺理成章的事情了。至于最后的购买，不是乞求的结果，也不是高压的结果，而是客户的一种满意的选择。

（2）设身处地。如果一开口便说出一句设身处地替客户着想的话，同样也能赢得对方的注意。因为人们对与自己有关的事特别注意，而对那些与自己无关或关系不大的事，往往不太关心。有一个推销家庭用品的推销员，总能够成功地运用第一句话来吸引顾客的注意。"我能向您介绍一下怎样才能减轻家务劳动吗？"这句话一下子抓住了对方的心理，被烦琐家务劳动搞得十分疲惫，而且又无计可施，这时听说有方法可减轻家务劳动，当然会引起注意了。请想想，如果这位推销员一开口就问人家："我能向你们推销一台洗衣机吗？"或者"我能给你们介绍一下我厂新上市的吸尘器吗？"效果就不会有第一种说法好，因为后面的说法没有把产品对客户的效用一下子明确地提出来，而且没有设身处地地为对方着想，强调的是"我"而不是"你"。

（3）正话反说。有的时候推销人员为了引起对方的注意，故意正话反说，这也是一种出其不意的妙法。一个高压锅厂的推销员找到一个批发部经理进行访问推销，他一开始就说了这么一句："你愿意卖1 000只高压锅吗？"推销员在推销的时候，往往不说"买"而说"卖"，一听这话，经理感到这个人很有意思，便请他讲下去，推销员抓住机会向经理详细地介绍了他们工厂正在准备通过宣传广告大量推销高压锅的计划，并说明这样做的目的是使零售商提高销售量，这位经理便愉快地向他订下一批货。说话这件事真奇怪，同样一个意思，不同的说法，效果竟相差甚远，真是值得我们研究一辈子。

（4）形象演示。关于产品的戏剧性形象演示，效果明显，可以极好地引起公众的注意。一个纺织品推销员脸朝着太阳的方向，双手举起一件真丝产品，这时，从挂在墙上的玻璃镜中，可以看到这件真丝产品，他对顾客说："你从来没有见过这样有光泽的图案，这样清晰的丝织品吧？"实践表明：人们对于戏剧性的情节会产生很大的注意力和好奇心。假如不是这样，而是直截了当地问对方"你要丝织品吗"，效果就肯定差得远。

（5）顺水推舟。"在上个月的展销会上，我看到你们生产的橱窗很漂亮，那是你们的产品吗？"这句话马上引起了对方的注意，并使对方十分高兴，然后推销员紧接着对这位客户说："我想，如果在你们生产的橱窗上再配上我厂的这种新产品，那就是锦上添花了。"顺手递上了自己所要推销的产品，这个推销员顺着他人产品之水，推动自己产品之舟，可谓巧妙。这种借向客户提出新的构想来推销自己的产品的方法，也是一种吸引对方注意的有效途径。

（6）从众效应。从众，是一种有趣的社会心理现象，它指的是人们往往不自觉地以周围人的行为为自己的行动指导，特别是当自己难以选择的时候，更会以他人的行动作为自己行动的借鉴。例如，如果你的亲朋好友、邻居同事都购买了"飞鸽牌"自行车，当你打算买自行车的时候，就很可能也买"飞鸽牌"。将这个原理运用到推销中，就要求推销员在说明产品时，同时举出已购买本产品的公司、知名人士或顾客的熟人。

"这种车很受欢迎，深圳、广州、珠海几家旅游公司各订了10台。"

"李先生，你是否注意到红光印刷厂王经理使用了我们的印刷机后，营业状况大为改善？"

"这种综合电疗器特别受知识分子的欢迎，工学院的老师一买就是几十台，你们师范学院的教师也买了不少。例如，你们都认识的中文系王天教授、数学系刘明教授，都使用这种电疗器，效果不错。喏，这是他们写来的信。"

（7）主动发问。营销人员在与人交谈时，常常会遇到对方因先入为主的成见或不了解情况而产生抵触或刁难情绪。这时，用常规的说服技巧一般很难打动对方，不妨先用主动发问的方式来吸引对方的注意，继而用有深度的问话来打动对方，最终达到说服的目的。和别人沟通的时候，注意适当地加入疑问句，用主动发问掌控话语权，谈话更容易取得良好的效果，推销也会事半功倍。

小案例 12-1　　　　　　　　　　　　　　装修的陷阱

前段时间小李帮朋友选择装修公司，开始找的几家装修公司的态度都是这样的：它们强调自己的服务好，如何认真、负责，如何具备高超的专业能力，等等，基本上都是在千篇一律地强调优势。最后有家装修公司让小李心动了。

刚一交谈，接待人员就问："装修可是件大事，你们知道装修的陷阱是什么吗？"

小李也想听听他说的"装修陷阱"是什么。

接待人员接着说："装修的陷阱是，很多装修公司都会采用的方法——给客户一个很低的报价，让客户非常满意，感觉预算非常合理，可是，后期操作就完全不是这么回事了。他们会在施工中，以种种借口抬高价格、增加项目。而此时，已经签约的客户就骑虎难下了。"

他这么说，小李觉得很有道理，接待人员接着说："我们是一家品牌家装公司，不会发生这样的情况。也许您问过很多家，会发现我们的报价相对来说算是高的。这看似使我们缺乏竞争力，实际上我们觉得这样做，是对客户负责。我们公司就是要求材料有品质，有长期的售后保障，让客户没有后顾之忧，而且，我们的施工非常规范，每个阶段的施工，客户都要到场检查，还要签字确认。"一番话下来，小李他们很满意，大家一致决定选择这家公司。

资料来源　孙小杰. 演讲与口才：微课版［M］. 北京：人民邮电出版社，2023.

【点评】在这里，客户似乎看不到刻意，感觉接待人员是靠坦诚赢得了客户。其实，这其中的话术很精妙，接待人员一句问话引发了客户的好奇，以保证沟通进行，而后彻底地展现了他们公司的优势。并且，没有指责其他任何一家竞争对手，靠着对客观现象的批判，把自己的利益和客户的利益连接起来，让客户感觉踏实、放心。

当然，推销时所碰到的场面何止千种，所谓运用之妙，存乎一心。以上的几种方法，仅供借鉴，到底要怎样说才能最有效地吸引客户的注意，引起客户的兴趣，还要我们在实践中不断积累经验。

微课 12-2

介绍商品

2. 介绍商品

介绍商品是营销过程中的一个重要环节，营销就是通过对商品的介绍，达到满足客户真正需求和销售商品的双重目的。介绍商品时应注意以下几点：

（1）突出重点。通常，一种商品或服务本身具有众多的优点和特征，如果我们不看对象，一股脑儿地将这些优点和特征加以罗列，一一介绍，不但会白白浪费许多时间，顾客也会由于我们的"狂轰滥炸"而头昏眼花，不得要领。在介绍时，我们应将商品或服务的特点转换成对顾客的益处，依客户的不同而进行重点不同的说明。以电冰箱为例，同样一台电冰箱，也随时间、地点、人物的不同而具有不同的效用，营销人员在介绍的时候，只要抓住这一条，就会事半功倍。

一位推销员曾经向住在冰天雪地的北极圈内的因纽特人推销电冰箱，他是这样来介绍他所推销的产品的："这种电冰箱最大的效用是'保温'，防止食物的结构被冻坏而丧失它的营养价值。"（注：电冰箱里的温度是零下5度，而因纽特人居住地的气温终年都在零下三四十度）对因纽特人而言，这位聪明的推销员以温度对食物营养价值的影响作为说明的重点，是非常恰当的。试想，如果对因纽特人说冰箱里的温度低，可使食物保鲜，对方听了可能认为你在开玩笑。因为这里根本不存在食物腐败的问题。

商品虽然成千上万，不胜枚举，但是说明的重点不外乎以下方面：适合性——是否适合对方的需要；通融性——是否也可用于其他的目的；耐久性——是否能长期使用；安全性——是否具有某种潜在的危险；舒适性——是否能给人们带来愉快的感觉；简便性——是否能很快地掌握它的使用方法，不需要反复钻研说明书；流行性——是否是新产品，而不是过时货；身价性——是否能使顾客提高身价；美观性——外观是否美观；便宜性——价格是否合理，是否可以为对方所接受。这些方面因人而异、因物而异、因时而异，要求我们在作说明的时候，能对症下药。

（2）因情制宜。它是指介绍商品时应根据商品的特点和推销对象的具体情况加以介绍，做到有的放矢。比如，对高档商品要强调其质优物美的一面；对廉价商品则要偏重其价廉的特点；对试销商品要突出其新颖独特的一面，着力介绍其新功能、新结构，体现新的审美观和价值观；对于畅销商品，因其功能、质量已广为人知，因此对商品本身无须详细介绍，而应着重说明其畅销的行情和原因，使顾客不但感到畅销合情合理，而且产生一种"如不从速购买，可能失去机会"的心理；而对于滞销商品，则应强调其价格低廉、经济实惠的特点，同时适当地对照说明其滞销的某些原因和可取的优点。比如，对老年人介绍说："这种羽绒服是名牌产品，保暖性强，结实耐穿，式样大方，就是款式不够新颖，没有皮衣那么时髦，所以年轻人不太欣赏。"这正切合了老年人求经济实用、重内在质量的心理。

从营销对象来看，不同的顾客有不同的心理和需求，介绍商品时更应抓住不同顾客的心理特点，因人施语，获得顾客的认同，如年轻人喜欢新颖奇特，而老年人则注重价格；女士往往偏重款式，男士则更讲究品牌；向女士推销服装，应强调款式的新颖、风格的独特，对男士则应着重介绍品牌的知名度、质料的考究。又如，对于老成稳重的顾客，介绍时应力求周全，讲话可以慢一点，要留有余地；对自我意识很强的顾客，不妨先听其言，然后因势利导；对于性情急躁的顾客，介绍商品时应保持冷静，设身处地为之权衡利弊，促其当机立断；而对于优柔寡断的顾客，则应察言观色，晓之以利，激发其购买冲动。

小案例12-2　　　　　　　　　　　　　　　**推销玩具飞碟**

一位顾客走到玩具摊前，伸手拿起一只声控的玩具飞碟。

"您好！您的小孩多大了？"售货员彬彬有礼地发出试探信息。

"10岁。"

顾客不经意的回答却使售货员顿时兴奋起来，从反馈的信息中，她确认找到了达到目的的突破口，便立即发起了"攻势"："10岁，正是玩这种飞碟的年龄。"

她一边说，一边打开玩具飞碟的开关，拿起声控器，熟练地操纵着，一边又对顾客说："玩这种飞碟，可以让孩子从小培养强烈的领导意识。"两三分钟后，介绍产品的任务完成了，果然顾客发出了新的信息：

"多少钱？"

"80元。"

"太贵了！"

"70元好了。"

售货员洞悉家长的心情，为了孩子的成长，一般家长都是不在意价钱，于是，她又发起了新的"攻势"："与培养孩子的领导才能相比，这实在是微不足道。"她对顾客微笑着说。

售货员机灵地拿出两节崭新的电池，说："这样好了，这两节电池免费赠送。说着，便把一个原封的声控玩具飞碟，连同两节电池，一起塞进备用的塑料袋里递给顾客，"不用试一下吗？"不等顾客反应过来，售货员随即答道："质量绝对保证。"付款，开发票，递上发票之后，售货员又补充说："如有质量问题，三天之内凭发票调换。"

资料来源　佚名. 说话技巧［EB/OL］.［2022-04-13］. https://www.qinxue365.com/kczx/309069.html.

（3）充满热情。营销人员在营销过程中要充满信心和热诚，营销人员的热情往往会感染顾客，使顾客产生信任感，形成情感上的共鸣，进而引发顾客的购买欲。例如：

有位妇女给小孩买马蹄衫上用的扣子，营业员见到她的小孩，说："这是你的小孩吧，真漂亮。"妇女高兴地说："你不知道，淘气着哪！"营业员说："小子玩玩是好的，女儿玩玩是巧的，将来一定有出息！"并问："你想看点啥？""我想买五颗扣子。"营业员说："市面上卖的马蹄衫胸前钉的是五颗扣子，衫上还应钉两颗。小孩好动，常掉扣子，加上几颗备用。你买十颗吧。"这位顾客很高兴："你比我想得还周到，听你的买十颗。"

营销人员热情待人，可以使本来不想买的买了，本来想少买的多买，且让人买得更高兴。总的来说，情能动人、能感人，能产生好的效果。

（4）实事求是。它是指在介绍商品时应尊重事实，恰如其分，切忌吹嘘、蒙骗顾客，应当看到，任何商品都有其长处和短处，顾客所关注的是商品的长处在多大程度上大于短处，在于商品的长处和价值要与其价格相符。所以，对商品的成功的介绍并不在于过分渲染和夸大商品的优点，这样做只会引起客户的怀疑和反感，而应当实事求是地介绍，以使客户全面了解商品情况。要消除客户的疑虑和犹豫心理，增强对商品和企业的信任度，买得放心并且称心，营销人员应当铭记的是：商品介绍中最重要的不在于推销者说了些什么，而在于客户相信什么，不在于告诉客户商品如何完美无缺，而在于客户了解此种商品有什么满足其需求的好处，所以实事求是地介绍商品是颇有说服力的。

小案例 12-3　　　　　　　　　　　　　　　　　椅子的价格

马东开了一家家具店，一天，一位客户到家具店想购买一把办公椅。马东带客户看了一圈后，客户问："那两把椅子怎么卖？"

"这一把是 600 元，而较大的那把是 250 元。"马东说。

"为什么这把那么贵，我觉得这一把应该更便宜才对！"客户说。"先生，请您过来坐在它们上面比较一下。"马东说。

客户依照他的话，在两把椅子上都坐了一下，一把较软，而另一把稍微硬一些，不过坐起来都挺舒服。

等客户试坐完两把椅子后，马东接着说："250 元的这把椅子坐起来较软，非常舒服，而 600 元的椅子坐起来感觉不是那么软，因为椅子内的弹簧数不一样。600 元的椅子由于弹簧数较多，绝对不会因变形而影响坐姿。不良的坐姿会让人的脊椎侧弯，这样就会引起人的腰痛，光是多出弹簧的成本就要将近 100 元。同时这把椅子旋转的支架是纯钢的，它比一般非纯钢椅子寿命要长一倍，不会因为长期的旋转或过重的体重而磨损、松脱，因此，这把椅子的平均使用年限要比那把长一倍。"

"另外，这把椅子看起来没有那把那么豪华，但它完全是依人体工程学设计的，坐起来虽然不是软绵绵的，但却能让您坐很长时间都不会感到疲倦。一把好的椅子对于一个长期坐在椅子上办公的人来说，确实是很重要的。这把椅子虽然不是那么显眼，但却是一把精心设计的椅子。老实说，那把 250 元的椅子中看不中用，是卖给那些喜欢便宜的客户的。"

"还好只贵 350 元，为了保护我的脊椎，就是贵 1 000 元我也会购买这把较贵的椅子。"客户听了马东的说明后说道。

资料来源　佚名. 介绍商品 [EB/OL]. [2021-07-19]. https://www.sohu.com/a/478342080_372319.

3. 诱导购买

一位推销大师曾说："如果您想勾起对方吃牛排的欲望，将牛排放在他的面前固然有效，但最令人无法抗拒的是煎牛排的'嗞嗞'声，他会想到牛排正躺在黑色铁板上，嗞嗞作响，浑身冒油，香味四溢，不由得咽下口水。""嗞嗞"的响声使人们产生联想，刺激了欲望。我们在推销说明中，就是要凭借我们的话语，针对顾客的欲望，利用商品的某种效用，为顾客描述商品，使之产生联想，甚至产生"梦幻般的感觉"，以达到刺激其欲望的目的。

（1）描绘购买后的美景。为了使顾客产生购买的欲望，仅让顾客看商品或进行演示是不够的，我们必须同时加以适当的劝诱，使顾客在心理上呈现出一幅美景。我们首先要将有魅力的形象在我们的脑海中描绘出来，并将形象转换成丰富动人的言辞，然后用我们的口才当"放像机"，在对方脑海屏幕上映现出来，以此打动对方。

一位推销室内空调机的能手，他总是滔滔不绝地向顾客介绍空调机的优点如何如何，因为他明白，人们并非完全因为东西好才想得到它。而是由于先有想要的需求，才感到东西好，如果不想要的话，东西再好，他也不会买，因此他在介绍产品时并不说"这般闷热的天气，如果没有冷气，实在令人难受"之类刻板、教条的话，而是假设顾客刚从炎热的阳光下回到一间没有空调机的屋子里："您在炎热的阳光下挥汗如雨地劳动后回到家，一打开房门，迎接您的是一间更加闷热的蒸笼，您刚刚抹掉脸上的汗水，可是额头上马上又渗出了新的汗珠，您打开窗子，但一点风也没有，您打开风扇，却是热风扑面，使您本来就疲劳的身体更加烦闷。可是，您想过没有，假如您一进家门，迎面吹来的是阵阵凉风，那是一种多么惬意的享受啊！"

成功的推销员都明白，在进行商品说明的时候，不能仅以商品的各种物理性能为限，因为仅这样做，还难以使顾客动心。要使顾客产生购买的念头，还必须在此基础上勾画出一幅梦幻般的图景，使商品增加了吸引人的魅力。使用这种描述说明方式有几点必须注意：

第一，不要描述没有事实根据的虚幻形象。我们的描述目的是使我们的商品或服务锦上添花。要做到这点，首先，其必须是"锦"而不是破布，如果我们所描述的是没有事实根据的虚幻形象，日后必招来顾客的怨恨。我国某城市的报纸曾为该市新建的一座森林公园大做广告，称其如何壮丽，开业的那天，不少人慕名而来，结果大呼上当，森林公园中根本见不到几棵树木，倒见到不少的建筑工地，顾客纷纷给报社写信投诉，使该公园声誉扫地。

第二，以具体的措辞进行描绘。如果我们只说"太爷鸡"（这是广州市一家著名个体户的招牌产品），人们的脑海中仅会浮现出一只鸡的形象，至于什么颜色、什么香味，软硬如何，人们不得而知，很难产生美味联想。介绍商品时光说价廉物美不行，还应具体描述一下价廉到什么程度，物美又到何种地步。

第三，以传达感觉的措辞来描述。如果我们只说"痛"，不大能令人了解到底有多痛，是怎样的痛法。如果说"隐隐作痛""针刺般的痛""火烧火燎一样地痛"，人们就理解得深刻了，因为后者的描述中用了传达感觉的措辞。

第四，活用比较和对照的方法来描述。"空调机比电风扇好用得多""电饭锅比烧煤烧柴省事得多，且没有污染"，这样进行比较，人们的印象就会特别深刻。

第五，活用实例来描述。一位卖相机的小姐对欲购相机的另一位小姐说："如果您出差、旅游，背上这样一部相机，不但使您更加富有现代青年的特色，而且会给您带来永久的回忆，请您想一想，如果因为没有相机而失去这些宝贵的一刹那，岂不是终生的憾事？"

如果我们把合理的说明与描述性的话术结合起来，将起到画龙点睛的作用，使我们的说明能更加激发起顾客的欲望。

（2）提供有价值的情报。这也是刺激顾客购买欲望的一种说话方法，也是很多不善言辞的推销员能得以成功的秘诀。什么是有价值的情报呢？那就是顾客的利益及消费的时尚。顾客的需要及利益都是有价值的情报，这里重点讲述应该如何抓住人们消费价值取向的变化，去引导顾客适应新形势，从而激发他们购买的欲望。由于技术的革新，市面上相继出现了具有新奇包装的商品。此外，消费者的收入和教育水平都在提高，生活方式也随之改变，买方的需求逐渐高度化、大型化、多样化、个性化，购买态度和购买方式都一直在急速地改变，顾客的价值观也和以前完全不同，所以，只认为质量过硬或设计精良，就自视商品佳，而陷于千篇一律、随处可见的推销法，注定要失败。

例如，小汽车的销售重点也已从经济性等因素，移向了外观、乘坐的感觉等方面。纺织品也从耐久性方面，转移到色泽、花纹、设计、流行性等方面。住宅也同样，卖的不是孤立的建筑物，而是环绕建筑物的环境或有气氛的生活。即使是领带，卖的也不是单纯的领带，而是由西装、衬衫、手帕等组合成整体的个性的自我表现。这些销售特点，比起商品本身的价值和附加价值，更容易使顾客产生购买动机。现代的推销人员已不光是卖货、运货，还是提供买进的商品是否有用的情报的情报员。要当好这个消费者顾问，在关键时刻得会说话。推销员不但要明晰消费趋势的变化，而且要善于把这些变化传达给那些不知情的顾客。

小案例12-4　　　　　　　　　　　　保险推销策略

保险推销员最初向客户推销保险时，一见到客户便向他们介绍保险的好处，同时还向对方大讲不懂保险会带来什么坏处。最后他就会说："最好你也买份保险。"可是，很少有人找他买保险，一个月下来，他没有得到一份订单。后来经过仔细思考，他改变了策略，不再对客户夸夸其谈，而是换了一种交谈的方式。

"您好！我是××保险公司的推销员。"李强说。

"哦，推销保险的。"客户应道。

"您误会了，我的任务是宣传保险，如果您有兴趣，我可以义务为您介绍一些保险知识。"李强说。

"是这样啊，请进。"客户说。

李强初战告捷。在接下来的谈话中，他像是叙说家常一样，向客户详细介绍有关保险的知识，并将参保的益处以及买保险的手续有机地穿插在介绍中。

最后，李强说："希望我的介绍能让您对保险有所了解，如果您还有什么不明白的地方，请随时与我联系。"说着李强就递上了自己的名片，直到告辞也只字未提动员客户买保险的话。但是到了第二天，客户便主动给李强打电话，请他帮忙买一份保险。

李强成功了，一个月卖出的保险最多时达50份。

资料来源　孙小杰. 演讲与口才：微课版［M］. 北京：人民邮电出版社，2023.

4.消除异议

曾有这样一段有趣的对话，两个人正在聊天。

其中一个人问道："如果比尔·盖茨现在突然要约见你，你准备穿什么衣服去赴约呢？"

另一个人回答："穿什么都可以，只要不穿西装、打领带、手提公文包就行了。"

"为什么？"

"很简单，如果你穿成那样去的话，大老远一看见你，比尔·盖茨就会认为你是来向他推销保险的，还没等你走到他面前，他的秘书就会把你赶走……"

不难看出，销售的第一步是与顾客进行沟通，而沟通的第一步则是消除顾客的异议、疑惑、戒备或误解。无论顾客的异议是来自推销人员、所推销的产品、企业的信誉，还是来自于顾客本身，推销人员都有义务为顾客解决问题，而不应该轻易放弃，更不应该抱怨。

（1）产品异议。这是顾客对产品的质量、样式、设计、款式、规格等提出的异议。这类异议带有一定的主观色彩，其根源在于顾客的认知水平、广告宣传、购买习惯及各种社会成见等因素。处理这种异议，销售员必须首先对产品有充分的认识，然后再根据不同的顾客采用不同的办法去消除其异议。

小案例 12-5　　　　　　　　　　　　　　**产品异议二例**

①某家具经销商："这种衣柜的外形设计非常独特，颜色的搭配也非常棒，可惜选用的材质不太好……"

某衣柜厂家的推销人员："您真是好眼力，一般人是很难看出这一点的，这种衣柜选用的木料确实不是最好的，如果选用最好的木料进行加工的话，价格恐怕就要高出两倍以上。现在这类产品更新换代很快，不是吗？这种衣柜已经不错了，尤其是外形设计十分时尚，可以吸引很多年轻人。订购这种价位适中、外形独特的衣柜既可以使您的资金得以迅速流通，又可以节省成本。"

②某图书经销商："现在的学生根本就不认真读书，他们连学校的课本都没兴趣读，怎么可能看课外书呢？"

某出版社发行人员："是啊，现在的孩子的确没有我们小时候读书用功了，我们这套图书就是为了激发他们的学习兴趣而编写的。图书内容丰富，形式新颖、活泼，对学校教材可以起到很好的辅助作用。"

资料来源　范爱明．与顾客交往的69个禁忌［M］．北京：机械工业出版社，2012．

（2）货源异议。这是指顾客对推销品来源于哪家企业和哪个推销员而产生的异议。如"没听说过你们这家企业""很抱歉，这种商品我们和××厂有固定的供应关系"。

货源异议乍看不可克服，令人难堪，但这又说明顾客对产品是有需要的，推销机会是存在的。这时推销员可以询问顾客目前用的产品品牌和供应厂商。如所用产品与推销品类似，则可侧重介绍推销品的优点。但这时千万不能说同行的坏话。称赞对方就是表示对自己的产品有信心，说别人的坏话反而会引起顾客的反感。如两种产品不同，则货源异议并不成立，成功的希望更大，推销员可着重说明两种产品的不同点，详细地向顾客分析推销品会给他带来什么样的新利益。例如：

顾客说："我从来没听过你们的公司和产品，我们只和知名企业打交道。"

推销员说："是啊，但您是否知道，我们公司今年的销售额已占全市销售额的40%了！"

然后，推销员用简洁的语言向顾客介绍企业的生产情况、引以为豪的成绩、公司的发展前景等，尽量解除顾客的疑惑和不安全感，同时特别强调所推销的产品会给顾客带来的利益。

当推销员向顾客证明了自己所提供的产品比其他企业提供的同类产品更物美价廉时，他就击败了竞争对手，获得了成功。

（3）价格异议。顾客关注产品的价格，并且为了降低价格而进行协商，多半表明他需要这样的产品。顾客说"太贵了"，其实是追求物美价廉的心理使然，同时顾客也想听听你的解释。这时你要做的就是要让他们相信你的产品绝对物有所值，甚至是物超所值。如果能够成功地做到这一点，那么就成交有望了。

因此，顾客提出对价格的异议时，推销人员不用紧张，也不要仅仅围绕着价格问题与顾客展开争论，而是应该看到价格问题背后的价值问题，尽可能地让顾客相信产品的价格完全符合其真实价值，最终说服顾客，促成交易。如果顾客咬定价格问题不肯放松，推销人员也不必受顾客的影响，而应该寻找到顾客认为价格太高的深层次原因，然后再根据这些原因展开有效的销售活动。要记住：不要跟顾客讨论价格，而要跟顾客讨论价值。价格隐含于价值之中，价格就不会显得那么突出了。有一种叫"价格三明治"的方法，就是把价格分解为产品的功能，A 功能、B 功能、C 功能加在一起值这么多价钱。所以我们要学会做价格分析，要告诉顾客价格里面具体包括了什么。

在面对价格争议时，推销人员可以尝试采用价格分解的方式处理顾客的反对意见。在实际的销售活动中，对价格进行分解的方式有如下三种：

第一，差额比较法。当顾客对产品的价格感到不满时，推销人员可以引导顾客说出他们认为比较合理的价格，然后针对产品价格与顾客预期价格的差额对顾客进行有效说服。采用这种方法最大的好处是，一旦确定了价格差额，商谈的焦点问题就不再是庞大的价格总额了，而只是很小的差价。这时，你进一步说明产品的价值，把顾客的注意力吸引到产品的价值上去，顾客可能就不会过于坚持了。

小案例 12-6　　　　　　　　　　　　　　　　　　**价格比较**

顾客：这个价格实在太高了，远远超出了我的预算。

推销人员：那怎样的价格您才能接受呢？

顾客：我的最高预算是 18 000 元。

推销人员：我们的报价是 19 000 元，与您提出的价格只相差 1 000 元，不是吗？

顾客：是的。

推销人员：这台机器平均每天可以为您增加收益 200 余元，也就是说，只要购买这台机器，不到 5 天的时间您就可以把这 1 000 元的差价赚回来了，难道您打算放弃这台机器为您带来的巨大收益吗？

资料来源　范爱明. 与顾客交往的 69 个禁忌［M］. 北京：机械工业出版社，2012.

第二，整除分解法。其目的是通过化整为零的计算，让顾客知道产品的价值所在，把顾客的注意力从较大的数额转移到容易接受的小数额上，更容易让顾客认同产品的价值，从而有利于达成交易。

小案例 12-7   价格分解

顾客：这个房子的整体设计、质量很好，可是价格实在是太高了。

推销人员：房子其实并不像您想象的那么贵。您看，房子的现价是每平方米7 000元，这种房子以后一定会继续升值，其潜在的价值将远远高于它目前的价格。

顾客：这个房子我是准备自己住的，不太可能出让，升不升值与我没有太大的关系。

推销人员：即使是这样，您也不希望今天每平方米7 000元买到的房子，明年就跌到每平方米5 000元吧。这个房子用来自己住最合适了。您算一算，房子的产权期限是70年，而房价总额大概为70万元，那么您一年其实只要花1万元就可以住在如此高品质的住宅之内了；再算一下，即使您每年只在这住10个月，一个月也只需要花1 000元，一天才需要花多少钱呢？

顾客：大概33元钱吧。

推销人员：是啊！才33元钱，您每天只要少在外面吃一顿快餐就能够一辈子住在如此高档的住宅里了，而且您还可以享受到高品质的物业服务。难道您愿意为了每天少花33元钱而放弃这样的人生享受吗？

资料来源　范爱明．与顾客交往的69个禁忌［M］．北京：机械工业出版社，2012.

推销人员运用整除分解法，把顾客一年需要交1万元（大数目）分摊到每天差不多33元（小数目），这样会更容易让顾客动心。

第三，转移注意力。在解决顾客提出的价格异议时，如果顾客一直抓住价格问题不放，推销人员就需要想办法将顾客的注意力转移到他们感兴趣的其他问题上，如让顾客把关注的焦点从价格问题转移到产品价值上。在具体实施过程中，推销人员可以采用积极的询问、引导式的说明方法，再配合相应的产品演示等。

小案例 12-8   转移

顾客：你们公司的这款复印机显然要比××公司的价格高一些，所以我们打算再考虑考虑。

推销人员：我知道您说的那家公司，您认为他们公司的产品质量和性能与我们公司相比哪个更好呢？

顾客：产品的质量不太容易比较，不过我觉得他们公司的产品功能好像更多一些，他们公司的复印机还可以……

推销人员：我们公司的另外一款产品也具有您提到的这种功能，这是针对专业使用者设计的。我觉得贵公司使用复印机的人员比较杂，而且每天需要复印的东西也很多，所以这款操作简单、复印速度快、寿命长的机器更适合贵公司……

资料来源　范爱明．与顾客交往的69个禁忌［M］．北京：机械工业出版社，2012.

这里推销人员把难以解决的价格问题转移到了比较容易解决的质量与性能问题上，从而消除了顾客的异议。

（4）服务异议。它是顾客对企业或推销员提供的服务不满意而拒购的异议。对待顾客的服务异议，推销员应诚恳接受，并耐心解释，以树立企业的良好形象。

小案例12-9　　　　　　　　　　推销员与农民

一次，一位经营通用机械的跨国公司推销员向农民推销一种先进的农业机械，一个农民说："你们公司在我们国家只有很少几个经销维修点，而且离我们农场很远，今后机械零件损坏了怎么办？"推销员回答："本公司不提供机械服务，但我们在严格测试的基础上，为每台机械配足了使用寿命所需的配件，一旦机械出现问题，你们可以自己换零件和维修，这样既省钱又不会误农时。"

资料来源　范爱明. 与顾客交往的69个禁忌［M］. 北京：机械工业出版社，2012.

12.1.4　商务谈判

1.商务谈判的含义

商务谈判是一项集政策性、技术性、艺术性于一体的社会经济活动，它除了包含一系列经济活动的特点以外，同样具有一般谈判的特征。

那么，什么是谈判呢？从广义上讲，只要人们为某事进行交谈、协商，都可视为谈判。美国谈判学会会长尼尔伦伯格认为："只要人们为了改变相互关系而交换观点，只要人们为了取得一致而磋商协议，这就是谈判。"谈判是一种协调人们行为的基本手段。严格说来，所谓谈判，就是指面临共同问题的双方或多方在谋求合作的基础上，通过讨论协商，为实现共同的利益目标而进行的信息沟通与交流活动。从定义中我们看出，谈判的含义包括以下几点：①谈判是在两个或两个以上的组织或个人之间进行的；②谈判是一项合作的事业，是一个合作的过程；③谈判双方或多方面临着共同的利益需求；④谈判是一种信息的沟通与交流活动。

谈与判是两个紧密相联的过程。谈，就是各方充分地阐述其追求的目标、利益需求，应承担的义务和权利、建议、意见等。判，则是对各方共同认可的事项的确认。谈是判的基础，判是谈的结果。谈判是一门高深的科学，是一门复杂的技术，是一门语言艺术。谈判是谈判者知识、信息、修养、口才、风度的综合较量。任何社会组织都希望通过谈判满足自己的利益要求，又不损害与公众之间的关系，对一场成功的谈判来说，双方都应该是胜者。

商务谈判是指一切在有形或无形的交换中的协商治谈行为，也指买方与卖方之间为了促进买卖成交而进行的，或是为了解决买卖双方之间的争议或争端，并取得各自经济利益而进行的一种人际协商行为。

小故事12-1

"你切我挑"

2.商务谈判的主要阶段

（1）导入阶段。谈判的导入阶段所用时间不多，主要是通过介绍相互认识，自始至终保持轻松愉快的合作气氛。在介绍时，个人进行自我介绍最为适宜；团体则可由团长或司仪介绍，把参加谈判的每一位成员的姓名、身份、职务简要介绍给对方。一般先从职务高的开始介绍，然后按顺序介绍下去，介绍到谁时可起立，也可坐在原来的位置上面带微笑点头示意。在一方介绍时，另一方要认真倾听，注意力集中，切不可东张西望、心不在焉。

（2）概说阶段。谈判概说阶段的目的是让对方了解自己的期望目标和谈判设想，同时隐藏不想让对方知道的其他资料、信息。这个阶段只需要单纯地说出基本想法、意图与目的，而不宜过早地把谈判意图全部提出来。因此，概说阶段要注意以下要求：

一是保持愉快的气氛。发言的内容要简短，要能把握重点及表达情感。比如："很高兴来这里开会，今天有关引进设备的讨论，希望能有圆满的结果，使双方都满意。"发言时要面带笑容，以示诚恳，在得到对方首肯以后，也要以目光和点头致意，表示彼此意见相投，成功的可能性很大。

二是倾听对方的发言。在谈判的概说阶段应留出时间让对方发表看法，待认真听完对方的意见后，进一步思考分析，找出双方目的的差别。

（3）明示阶段。在该阶段，谈判双方不再隐瞒自己的真实意图，而把自己的谈判目的和盘托出，使对方明了自己的需求，为交锋阶段做好准备。例如：我国某出口公司在同东南亚某国商人洽谈大米出口交易时有这样一个片段，就是谈判明示阶段常出现的情形：

我方：我们对这笔出口买卖比较感兴趣，我们希望贵方能以现汇支付。不瞒贵方说，我们已收到了某国其他几位买主的递盘，因此现在的问题只是时间，我们希望贵方以最快的速度决定这笔买卖的取舍……

对方：我们的想法和您的一样，都想把这笔买卖做下来。我们认为最好的支付方式是用我们的橡胶交换，因为贵国也很需要。当然，如果贵方大米的价格很有竞争力，我们也愿意考虑用现汇支付……

这样，双方都将自己的要求和意见如实地摆了出来。一个想卖，一个想买，在彼此想法一致的基础上，双方就支付方式问题充分发表了自己的意见。

在明示时要注意分寸，把握谈判内容的"度"，决不要流露自己迫切需要解决问题的心情；否则，就会被对方利用为施加压力的砝码。同时，对自己的真实实力，包括谈判底线等，应给予保密，否则在交锋时会使自己处于被动地位。

（4）交锋阶段。它是谈判各方为了获取利益、争取优势而处于对立状态的阶段。交锋阶段的表现方式一般有两种，即"以我为主"和"各说各的"。

①"以我为主"的交锋方式。这种交锋方式就是在双方的交锋过程中，先由一方对某个具体问题加以陈述，对方如有不同看法，则进行反驳和攻击。下面的例子可以说明这种交锋方式：

卖方：我方这种产品的报价是每吨500美元。

买方：500美元？太高了！这大大地超出了我方的支付能力。你们怎么能要这样高的价格？

卖方：这是市场价格。我们一直按这个价格出售。

买方：据我们所知，市场价格是每吨420美元。你们应当降价！

②"各说各的"的交锋方式。这种交锋方式就是一方在设法弄清对方陈述的意图

之后，再进行自己的陈述。下面举例说明：

卖方：我方这种产品的报价是每吨500美元。

买方：是否包括运费和关税？贵方开价的500美元不包括运费和关税，是吗？

买方：是的，不包括。

卖方：那么，我们希望每吨的价格降到420美元。

谈判的目的就是获得自己想得到的利益。谈判双方的对立状态是从交锋开始的。由于双方都想说服对方以获得更大的利益，因此，彼此都充满信心，运用计谋，斗智斗勇，使争论相当激烈。在交锋阶段要有应对各种困难的思想准备，随时准备回答对方的质询，并表现出适当的强硬态度。但是高明的谈判者又不是有勇无谋的人，因为交锋并不是为了证明一方强于另一方，而只是寻求双方利益一致的妥协范围；否则，谈判将导致破裂。因此，谈判者的态度应硬中有软，适时地软硬兼施。

（5）妥协阶段。妥协是交锋的结果，在相互僵持的过程中总有一方主动做出让步，使另一方也相应退让，若双方都不让步就无法达成协议。让步要选择时间，把握让步的幅度，讲究让步的艺术。谈判中不恰当的让步会让己方难以实现最终愿望。正确的让步是使双方都受益，互为补偿，如果是单方面的让步，就不是成功的谈判。这里要注意两点：

一是在谈判中要慎用妥协。妥协不是目的，而是手段。妥协，就其实质而言，是不得已而为之。因此，要慎用妥协，一般在谈判前就应设想自己的妥协范围，并在谈判过程中依据双方情况的变化，寻找理想的妥协时机。妥协不是无限度地一味退让，而是有限度、有范围的，以不损害自己的根本利益为尺度，使对方能接受，从而达成互利互惠协议。

二是让步要讲究方式。在开始阶段，谈判人员代表组织可做较大的让步，然后在长时间内再缓慢地一点一点地做小的让步。这样，一开始大的让步能取悦对方，建立好感后再逐步做点小的让步，也就比较顺理成章，容易被对方接受。当然，具体选择何种让步，还要视对方情况而定。

小案例12-10　　　　　　　　　打破谈判僵局两例

①幽默语言破僵局。有一次，某商业代表与美国一家新型设备厂商进行谈判，谈判不久就进入僵局。两方争论的焦点是有关专利的问题。双方各执一词，针锋相对。这时候，这位商业代表侃侃而谈："先生们，我们的老祖宗在几千年前发明了指南针和火药，全世界都在享受着这些伟大的成果，可我们的老祖宗从来都没有和你们要过什么专利费。作为后代，我们引以为豪。请问在座的诸位，那时候你们的祖先在哪里？"

美国代表听到这里，一个个不好意思地笑了。这位代表随即补充："不过，诸位不要误会啊，我的意思不是不给你们专利费，只是期待一个公平合理的结果而已。"就这样，谈判桌上的僵局被这几句幽默的话轻松化解了，双方就专利问题进行了新一轮的讨论。

②休息时间破僵局。在谈判中，巧用休息时间也是一种不错的策略。当谈判进入激烈的讨论阶段或者僵局时，可以建议双方休息几分钟。如戴维2016年与某方谈判一个关于房地产租售的项目，在谈判过程中，对方的抵触性很强。戴维先是向对方详细介绍了该项目，然后说："我们休息一下吧，谈了近一个小时了，想必您也累了。"在休息的过程中，戴维和客人边走边聊一些与天气有关的话题，绝口不提工作的事情。过了15分钟后，他们再次进行谈判，这次顾客的抵触心理明显减少，最终这次谈判得以圆满结束。

资料来源　董丽萍. 人际沟通与语言艺术［M］. 北京：清华大学出版社，2017.

（6）协议阶段。谈判双方认为已基本上达到自己的谈判目标，以签订协议宣告谈判的结束。签订协议是很重要的仪式，除了出席谈判的代表外，还可请组织和政府的领导人出席，以示重视。谈判的双方代表在协议上签字后，要交换协议书，并握手祝贺。协议书签订的会场、服务、接待等各项工作都要由专人负责。最后，双方还要发表简短的祝词，以及摄影留念。协议签订的仪式结束后，还可组织招待会、新闻发布会、宴会、舞会等庆祝活动。

小训练 12-1

你是否同意以下观点，请与同学展开讨论。

（1）交谈与谈判都是说话，因而两者是一码事。

（2）只要人们在观点、基本利益和行为方式等方面出现了不一致，就一定会产生谈判。

（3）商务谈判不过是一场施展各种手腕和诡计、争个你死我活的过程。

3.商务谈判的准备

古人说凡事"预则立，不预则废"。谈判获得成功的先决条件是事先做好充分准备。在商务谈判的准备阶段，主要是分析形势，弄清对手的需要和目标，估计谈判双方的实力，最后确定自己的谈判目标，并制定具体的战略方针。谈判准备工作主要包括搜集信息资料，制订谈判计划，组织、人员准备和环境物质准备等几方面。

（1）资料准备，即搜集、整理与谈判有关的信息、资料，具体包括以下三方面资料：一是与谈判主题有关的背景材料。如在经贸谈判中，资料的内容包括己方和对方的财务计划、决策的优先顺序、成本分析、期限压力、组织结构、经营方向及宣传资料、报告书、公开声明等。二是有关谈判对手的各种情况。包括对手的个人详细资料：气质、性格、经历、家庭背景、生活习惯、兴趣爱好、思维方式、行为特点和心理倾向等。三是谈判所涉及的国家有关政策、法令及其他相关资料。资料的掌握有时对谈判的成功起决定性作用，因而它是谈判前最重要的准备工作。谈判决策对资料、信息的基本要求是及时、准确、适用，即信息传递要迅速、及时、准确无误且具有针对性和适用性，便于谈判者掌握有关决策的主要情况，避免纠缠于芜杂无关的资料而贻误时机。

小故事 12-2　　　　　　　　　　　　　　　　　中标

　　1959 年 9 月 26 日，我国在黑龙江松嫩平原上打出了第一口油井，取名为大庆油田。然而，由于当时国际环境复杂多变，中国并没有向外界公布大庆油田的地理位置和产量，有关大庆油田的一切信息几乎都是保密的，甚至外界连大庆油田的具体地址都不知道。但是日本人却不仅知道，而且还掌握得非常准确。他们对我国大庆油田有关的信息收集，既没有派间谍、特务，也没有收买有关领导和一般群众，完全依靠对我国有关大庆油田公开材料的收集与综合分析。

　　1960 年 7 月，《中国画报》封面上登出了一张大庆石油工人艰苦创业的照片，画面上，工人们身穿大棉袄，正冒着鹅毛大雪奋力拼搏。日本人根据这张照片分析出，大庆油田可能是在东三省北部的某个地点。接着，日本人在《人民日报》上又看到这样一篇报道，说王进喜到了马家窑，说了一声：好大的油海啊！我们要把中国石油落后的帽子扔到太平洋里去。于是，日本人找来伪满时期的旧地图，发现马家窑是位于黑龙江省海伦县东南的一个村子。

　　接着，日文版的《中国人民》杂志里又有报道说，中国工人阶级发扬了"一不怕苦，二不怕死"的精神，大庆石油设备不用马拉车推，完全靠肩扛人抬运到工地。日本人据此分析出，大庆的石油钻井离马家窑远不了，远了人工是扛不动的。

　　当 1964 年王进喜光荣出席第三届全国人民代表大会的消息见报时，日本人肯定地得出结论：大庆油田出油了，否则王进喜当不了人大代表。

　　他们进一步根据《人民日报》上一幅大庆油田钻塔的照片，从钻台上手柄的大小等方面推算出油井的直径，再根据油井直径和国务院的政府工作报告，用当时公布的全国石油产量减去原来的石油产量，估算出平时大庆油田的石油产量，在这个基础上，他们很快设计出了适合大庆油田使用的石油设备。

　　这样，当我国大庆油田突然向世界各国宣布征求石油设备的设计方案时，其他各国都没有准备，而唯独日本人胸有成竹，早已准备好了与大庆油田现有情况完全吻合的方案与设备，在与大庆油田代表的谈判中一举中标。

　　资料来源　张强. 商务谈判学［M］. 北京：中国人民大学出版社，2014.

　　（2）计划准备。根据己方的愿望和要求，结合信息资料分析、评估己方实力，了解对手情况，确定具有现实可行性的谈判目标，然后制订出关于谈判的计划，并且演习和检查这一计划。

　　① 确定谈判目标。目标是谈判决策的基础，目标选择得正确与否，直接关系到谈判的成败。但是目标的确立不是随心所欲的，谈判目标是在预测基础上所期望的结果。富有经验的谈判人员将目标分为三个层次：在必要时可以放弃的最高目标；只有在万不得已的情况下才考虑放弃的具有现实可行性的目标；毫无讨价还价余地的必须达成的最低目标。对这些目标区分层次、权衡轻重，才能制订多种方案，力争好的结局。

　　② 评估己方实力。要本着实事求是的精神，公正、客观地评价自己的实力，既

不要自卑，又不能轻敌。通过对有关信息的分析，弄清己方当前面临的形势是怎样的，打算通过谈判得到什么、得到多少，谈判成功会出现什么结果，不成功又会怎样。从而选择自己的谈判论据，在心理上做好充分调整，并制定出灵活的谈判策略。

③ 了解对手情况。通过对对手相关资料的分析，认清对手当前面临的形势，把握他们的需要和目标，谈判成功对他们意味着什么，失败又会怎样，推测他们可能提出的方案等，并在此基础上，寻找谈判双方的共同利益。

④ 制订谈判计划。第一步是确定谈判主题或议题，主题是谈判目的的具体表现，应具体、简洁、明快。第二步是确定谈判的要点，包括谈判目的、程序等，其中谈判程序是最主要的环节。第三步是关于谈判策略的运用，是说服还是强迫，是协作还是争论，是速战速决还是故意拖延等。

⑤ 演习——检查计划。谈判计划制订出来以后，可以通过演习即模拟谈判来检查。利用不同特征的人扮演谈判对手，尽可能提出谈判时可能出现的种种问题，以检查谈判计划是否存在弊端和漏洞。德国商人常常事先演练重要的谈判，使他们对谈判中的每一个问题几乎都做到心中有数，其结果是增强了谈判的实力，取得了理想的效果。

小贴士 12-2　　　　　　　　　　**德国商人重视模拟谈判**

德国商人以严谨缜密而著称于世，不管是大企业还是小企业，也不论是大型复杂的谈判还是小型简单的谈判，德国商人总是以一种不可辩驳的权威面目出现，而他们也常常能控制着谈判桌上的主动权。这要归功于他们对模拟谈判的重视。对德国商人来讲，事先演练某场谈判是一个必然的程序，他们往往对谈判中可能发生的小事都做周密准备，对谈判中可能会发难的问题拟定详细答案。这很自然地增强了其谈判实力，为成功谈判奠定了基础。笔者曾参与过一次中德冶金设备谈判，总体感受是中方提出的每一个问题，德方就像把答案已经打印出来一样熟练回答，而对德方提出的问题，中方准备得并不充分。

资料来源　佚名. 模拟商务谈判的意义 [EB/OL]. [2016-12-20]. https://www.docin.com/p-1814407706.html.

（3）组织准备。组织谈判小组，选择谈判人员，确定谈判领导人，准备后援人员；明确各自的职责范围，加强相互配合，使之成为一个相互协调、步调一致的整体。在谈判的组织准备中，谈判人员的挑选是最关键的环节。在挑选谈判人员时，主要考虑这样三个因素：

① 谈判人员的知识水平和知识结构。谈判人员应具备谈判可能涉及的各方面的知识，且要求结构合理。

② 谈判人员的个人素质，包括知识能力、道德、心理等素质。一般来说，谈判人员应具备的个人素质有：追求高目标，具有吸引人的风度、个性和幽默感，观察力敏锐，表达能力强，善于倾听，正直、冷静、自信、灵活机智等，谈判人员相互间最好能做到性格互补。

③ 谈判人员的年龄。年龄在一定程度上代表着谈判人员的知识、精力和经验，

这些对谈判的成功都有一定的影响。英国谈判专家斯科特认为，谈判人员的最佳年龄为 33～35 岁。因为，在就业早期，人热衷于竞争，具有理想主义色彩；在就业晚期，则具有容忍他人意见和社会责任感强等特点，而竞争性已显不足。而在就业的早期与晚期之间的人，则既有一定的经验，又精力充沛、富有进取心。对大多数人来说，这个年龄为 33～35 岁。

4. 商务谈判的语言特点

小贴士 12-3

谈判，离不开一个"谈"字，不管是和风细雨地劝说，还是理直气壮地唇枪舌剑，时时刻刻都离不开语言。谈判中最重要的工具就是语言，谈判双方必须利用语言来传播信息、交流情感，表达自己的意向。没有语言，谈判根本无法进行。谈判是智慧的较量，而语言又是谈判者思想与智慧的表达方式。谈判语言关系到谈判的成败，其原因就在于谈判语言不同于一般生活中的语言，需要在紧张、激烈的对抗中，始终把握己方的目标，同时运用各种语言技巧来突破对方的防线。谈判语言的主要特征有如下几方面：

商务谈判者的
特质

（1）鲜明的功利性。谈判语言是一种目的非常明确的语言，不管是谈判中的陈述、说服，还是提问、回答，都是为了自己的利益需要而进行的。不带有任何功利目的也无求于对方的谈判是不存在的。

小案例 12-11　　　　　　　　　　　　　　　　　**志在必得**

在某年秋季广交会上，我国的外贸人员在一个清雅的接待室里与外商谈判。中方人员说道："由于国际、国内铅价猛涨，这次出口的蓄电池，我们准备适当提高价格。"听到新的价格，外商连连摇头。再谈下去，对方却说，"还是以前的报价就谈，否则谈判就结束。"眼看谈判陷入僵局。外贸人员找到北京电池厂负责人，要求他们压一压出厂价。副厂长等人一算账，认为压价就肯定赔钱，无法接受这个建议。怎么办？经过充分的准备，王副厂长等人开始与外商直接谈判。在两天半的时间里，厂方详细谈到国际市场铅价及蓄电池价格上涨的幅度，原料价格上涨对产品成本的影响，本厂产品与外国同类产品价格的对比情况，如果双方成交的话各自可获取的盈利。厂方摆出的事实和数据清晰明确，具有无可辩驳的说服力，外商不得不叹服："你们对市场行情真是一清二楚。"买卖最后终于谈成了。

资料来源　佚名. 谈判口才［EB/OL］.［2012-07-18］. https://www.docin.com/p-444271210.html.

（2）灵活的随机性。谈判是一个动态过程，瞬息之间变化万千。尽管一般情况下，谈判双方事前都做了充分的准备，对谈判的内容、己方的条件、可能做出让步的幅度、对方的立场、对方可能采取的策略都进行了研究，并对谈判过程进行了筹划。但是，谈判过程常常是风云变幻、复杂无常的，任何一方都不可能事前设计好谈判中的每一句话。具体的言语应对仍然需要谈判者临场组织，随机应变。

谈判中，谈判者要密切注意信息的输出和反馈情况，根据不同内容和阶段，针对谈判对象、主客观情况变化，及时、灵活地调整谈判语言。尤其是在双方就关键性的问题短兵相接时，一问一答、一叙一辩，都要根据当时谈判场上的变化而变化，这就是灵活的随机性。如果谈判中发生意料之外的变化，而仍然拘泥于既定的对策，思想僵化，方式呆板，语言不能机智应变，则必然在谈判中失去优势，导致被动失利。

（3）巧妙的策略性。因为谈判是一种智慧的较量，所以在谈判中，一方为了获得尽可能多的利益，往往采取各种策略，诱使对方按照己方的条件达成协议。因而成功的谈判者常常在谈判双方的利益冲突和利益协调中，从合作的立场出发，以其特有的机警和敏锐，不放过有利于自己的任何一个机会。同时，运用各种计谋、多种恰到好处的言谈技巧，使谈判朝着有利于己方的方向发展。

小案例12-12   日本人的谈判策略

有一次，日本一家公司与美国一家公司进行一场许可证贸易谈判。谈判伊始，美方代表便滔滔不绝地向日方介绍情况，而日方代表则一言不发，认真倾听，埋头记录，当美方代表讲完后，征求日方代表的意见，日方代表却迷惘地表示"听不明白"，只要求"回去研究一下"。几星期后，日方出现在第二轮谈判桌前的已是全新的阵容，由于他们声称"不了解情况"，美方代表只好重新说明了一次，日方代表仍然以"还不明白"为由使谈判不得不暂告休会。到了第三轮谈判，日方代表团再次易将换兵并故伎重演，只告诉对方，回去后，一旦有结果便会立即通知美方。半年多过去了，正当美国代表团因得不到日方任何回音而烦躁不安、破口大骂日方没有诚意时，日本突然派了一个由董事长亲率的代表团飞抵美国，在美国人毫无准备的情况下要求立即谈判，并抛出最后方案，以迅雷不及掩耳之势催逼美国人讨论全部细节，措手不及的美方代表终于不得不同日本人达成了一个明显有利于日方的协议。事后，美方首席代表无限感慨地说："这次谈判，是日本在取得偷袭珍珠港之后的又一重大胜利。"

资料来源　佚名. 国际商务谈判中的攻防策略［EB/OL］.［2012-07-02］. http://www.doc88.com/p-4834904524101.html.

谈判语言的策略性表现在：一样的话，可以有几种说法；同样的意见，用不同的说法表达，以产生不同的效果。下面是一些不同说法对比的例子：

例一：错误：是你没有把事情办好。

正确：让我们来看看，是否还能比现在做得更好一些？

例二：错误：你必须在下午3点钟以前把它交给我。

正确：请你辛苦一下，下午3点钟以前把它交给我，谢谢！

例三：错误：这事我办不了。

正确：我没有这个权力，但我知道老李也许可以帮你，我帮你联系一下。

例四：错误：你有什么问题？

正确：请你告诉我发生了什么事？

在以上各例中，第一种说法是错误的表达方式，因为说话者用一种在对方听来是受责备、被强迫、打官腔的方式表述意见，这容易立即招致对方的反感和抵触。采用第二种说法，说话者的话语中流露出一种友好、协商的姿态，对方的合作意愿无疑会大大提高。

（4）迅捷的反馈性。谈判中的双方斗智斗勇，往往会出现许多稍纵即逝的机会。

谈判者不仅要反应敏捷，而且要立即做出判断和回答。抓住了机会，也就抓住了成功。所以一方面争取最大限度地满足己方的谈判条件；另一方面要迅速捕捉对方谈话中的矛盾之处或者漏洞，不失时机地加以利用。这就是谈判语言迅捷的反馈性。例如：

一次，某外商向我国一个外贸单位购买香料油，出价每千克40美元，我方要价每千克48美元。外商一听我方要价就急了，说："不，不，你怎么能指望我出45美元以上的价格来买呢？"我方代表立即抓住这一机会，巧妙地反问："这么说，你方是愿意45美元成交了？"外商情急之下露了底，只好说可以考虑。结果双方以每千克45美元成交，比我方原定的成交价高出3美元。

谈判中对时间的要求是很严格的，这与平常的生活语言大不相同。谈判中双方的陈述、说明、提问、回答等都是紧张的智力较量，要求在极短的时间内立即对对方的发言做出反馈。或同意，或拒绝，或反驳，或提出新的建议，都要求谈判者迅速做出反应。迟迟不予回答，或在谈判桌上说错了又收回来，都会被认为是不礼貌的，或者是不负责任的表现。

5.商务谈判的技巧

谈判应该是一种"赢-赢"式谈判，而非"赢-输"式谈判，这是谈判的最高境界。我们在谈判时，一定不要忽视这一基本点。商务谈判的技巧主要有如下几方面：

（1）积极倾听，用心理解。在许多人看来，谈判中要多发言，这样才能把自己的意图说清楚，使另一方完全明白自己的观点、看法。其实，真正高明的谈判家并不这样做。他们采用的办法大多是"多听少说"。尽量少发表自己的看法，多听对方的陈述，这种听是主动的，并非只是简单地用耳朵听就行了，还需要用心去理解，探求对方的动机，积极地做出各种反应。这不仅是出于礼貌，而且是在调节谈话内容和谈判气氛。

① 要耐心倾听。谈判中一般的交谈内容，并非总是包含许多信息量的。有时，一些普通的话题，对你来说知道得已经够多了，可对方却谈兴很浓。这时，出于对谈判对方的尊重，应该保持耐心，不能表现出厌恶的神色，也不能表现出心不在焉的神情。越是耐心倾听他人意见的人，谈判成功的可能性越大。因为聆听是褒奖对方谈话的一种方式，是尊重对方，能加深彼此的感情，为谈判成功创造和谐融洽的环境和气氛。

② 要虚心倾听。谈判的一个主要目的是沟通信息、联络感情，而不是智力测验或演讲比赛，所以在听人谈话时，应该有虚心聆听的态度，不要中途打断对方的谈话，这也是不尊重对方的表现。正确的做法是听话者在谈判中应随时留心对方的"弦外之音"，回味对方谈话的观点、要求，并把对方的要求与自己的愿望做比较，预想好自己要阐述的观点、依据的理由，使谈判走向成功。

③ 要注意主动反馈。在对方说话时，听话者应不时发出表示倾听或赞同的声音，或以面部表情及动作向对方示意，或有意识地重复某句认为很重要、很有意思的话。若一时没有理解对方的话，不妨提出一些富有启发性和针对性的问题，这样对方会觉得你听得很专心，重视他的话。

小案例 12-13　　　　　　　　　　　　　　　小李与领班

有一年夏天，小李以一名推销员身份到一家工厂去谈判产品购销事宜。他习惯于早到谈判地点，四处走走，跟人聊聊天。这次他和这家工厂的一位领班聊上了。善于倾听的小李总有办法让别人讲话，他也真的喜欢听别人讲话，所以不爱讲话的人遇到了小李，也会滔滔不绝起来。这位领班也是如此，在侃侃而谈之中，他告诉小李说："我用过各公司的产品，可是只有你们的产品能通过我们的试验，符合我们的规格和标准。"

后来边走边聊时，他又说："嗨！小李先生，你说这次谈判什么时候才能有结果呢？我们厂里的存货快用完了。"

小李专心致志地倾听领班讲话，满心欢喜地从这位领班的两句话里获取了极有价值的情报。当他与这家工厂的采购经理面对面地谈判时，从工厂领班漫不经心的讲话里获取的情报帮了他的大忙。

资料来源　佚名．商务谈判沟通［EB/OL］．［2014-10-01］．https://www.docin.com/p-925944258.html.

微课 12-3

**善于提问
控制局面**

（2）善于提问，控制局面。有这样一个例子：有一位教徒问神父："我可以在祈祷时抽烟吗？"他的请求遭到神父的严厉斥责。而另一位教徒又去问神父："我可以在吸烟时祈祷吗？"这个教徒的请求却得到了允许，他悠闲地抽起了烟。这两个教徒发问的目的和内容完全相同，只是语言表达方式不同，但得到的结果却相反。由此看来，善于提问、语言技巧高明才能赢得期望的谈判效果。俗话说："知己知彼，百战不殆。"了解谈判对手，是谈判获得成功必不可少的条件。要深入了解对方，除了仔细倾听对方的发言，注意观察对方的举止、神情、仪态以捕捉对方的思想脉络、追踪对方的动机之外，通过适当的语言手段，巧妙地提问，随时控制谈话的方向，并鼓励对方说出自己的意见，也是获取必要信息更为直接有效的方式。

① 不要羞于提问。很多谈判者坐在谈判桌前时羞于提问，虽然没听明白对方的意思，但是因为有众多的谈判人员在场，认为提问题暴露了自己的无知，会让别人瞧不起，有损面子，因此不懂装懂，不提问题；或者怕自己提问题太多，引起对方的反感，因而尽量少提问题，这些都是不正确的态度。谈判牵扯到双方的重要利益，而且谈判时双方都在使用各种策略以争取自己的利益。有时是故意说得复杂让对方听不懂，如果此时稀里糊涂地答应了对方的条件，正合对方心意。因此，如果有疑问，就必须向对方提问，这不仅使己方了解了事实真相，而且在很大程度上控制了局势。我们可以想想在日常生活中，是提问题的人掌握了主动权呢，还是回答问题的人掌握了主动权？当然是提问题的人，因为他控制了对方的思维，回答问题的人更多是被牵着鼻子走，因此，在谈判过程中适时适度地提问不仅不会让己方陷于被动，而且会在很大程度上占据主动权。

② 注意提问的恰当时机，应该等对方发言完毕再问。在日常生活中，我们都知道打断别人的谈话是不礼貌的，在谈判中更是如此。要注意听对方的谈话，不明白的

地方可以先记下来，等对方陈述完后再问。这样有三个好处：首先，是尊重他人的体现，不会因中途打断对方而引起不快；其次，听完了对方的谈话可以完整地了解对方的思路和意图，避免断章取义，错误地理解对方的意图；最后，听完对方的陈述再提问，也为自己争取了思考的时间，可以思考怎样提问比较合适，以免出现漏洞。如果对方的话冗长，也可以适时地打断对方。在打断对方前，要注意当时的气氛和对方的情绪。我们知道在日常生活中如果要向某人提要求，一般是选择该人比较高兴的时候，在谈判中也是如此。如果要打断对方来提问题，要选择对方说话的间歇，而且要在气氛融洽、对方认为形势有利于他们的时候提，这时对方心理往往较少设防，回答得比较详细、充分，己方能获取充足的信息。如果气氛紧张，对方会很谨慎地回答，己方获得的信息有限。

③ 讲究提问方式。提问有不同的方式，在谈判中提问更要注意提问方式的选择。为了保证谈判气氛的融洽，一般来说，较多地使用选择性问句。如"您认为我们先讨论交货方式的问题还是价钱的问题合适呢？"这种问句方式，给对方一个选择的空间，不会引起对方的逆反心理，再配以得体的措辞、柔和的语调，对方会比较容易接受。而且这种问法看起来是让对方选择，实际上己方已经设定了选择的范围"交货方式还是价钱"，表面看起来主动权给了对方，实际上是己方在掌握了主动权的基础上给了对方少许的自主权，而就是这"少许的自主权"往往使得对方心理比较满足，因此，在谈判中经常会使用选择性问句。在提问时应多使用比较委婉的词语，比如，"您觉得这样处理怎样？""我们是不是还需要讨论一下供货方式的问题？""麻烦您解释一下刚才的建议，我们还不是很清楚"等，再辅以诚恳的态度，一定会取得比较理想的效果。

另外，提问应该避免几个问题：一是不要使用盘问、审问式的问句，避免几个问题连着问，因为对方既不可能一一给予详细的回答，还会引起对方的反感，破坏谈判的气氛。二是提问题的态度要诚恳，避免给对方讽刺、威胁等感觉，这样对方才会乐于回答。三是要有疑而问，不要为了表现自己而问。有的人为了表现自己的口才或专业故意卖弄，结果往往弄巧成拙。四是对方不愿回答的问题，不要一而再、再而三地追问，可以委婉地换种方式获得信息，不一定非得逼问对方。

小案例 12-14　　　　　　　　　　　　　　　**连连发问**

在一场货物买卖谈判中，双方就价格问题难以达成一致，买方经过精心策划，提出了下列问题："尊敬的先生，当一件成品所需的原材料开始降价时，随着成本的下降，其价格是否应降低呢？""是的，毫无疑问。""当一件产品改用简易包装时，那么它的价格是否应降低呢？""是的。""那么你方在原材料价格大幅度下降，产品又改用简易包装的情况下，为什么还坚持原来的价格呢？"直到这时卖方才发现落入了陷阱，无言以对，只能应对方的要求降低产品的价格。

资料来源　佚名. 商务谈判口才［EB/OL］.［2015-09-07］. http://www.doc88.com/p-9844463460445.Html.

微课 12-4

巧妙回答避实就虚

（3）巧妙回答，避实就虚。在谈判中，如何回答对方的问题更重要，如果回答得不好，往往会掉进对方设置的"陷阱"中，被对方牵着鼻子走。因此，在很多的政治谈判、军事谈判和商贸谈判中，"回答"比"提问"还重要。同提问一样，回答应为谈判效果服务，该说什么，不该说什么，应该怎么说都要由"有利于谈判效果"来决定。回答问题时的总原则就是"经过慎重思考，再三斟酌，能不答的就不答，能少答就不要多答，尽量少说"。

实际上，对于擅长回答的谈判高手，其回答技巧往往在于给对方提供的是一些等于没有答复的答复。潘肖珏在其所著的《公关语言艺术》中列举了如下实例来说明：

例一：在答复您的问题之前，我想先听听对方的观点。

例二：很抱歉，对您所提及的问题，我并无第一手资料可作答复，但我所了解的大概情况是……

例三：我不太清楚您所说的含义是什么，能否请您把这个问题再说一下？

例四：我们的价格是高了点，但是我们的产品在关键部位使用了优质进口零件，增加了产品的使用寿命。

例一的应答技巧，在于用对方再次叙述的时间来争取自己的思考时间；例二属于模糊应答法，主要是为了避开实质性问题；例三是针对一些不值得回答的问题，让对方澄清他所提及的问题，或许当对方再说一次的时候，也就找到了答案；例四是用"是……，但是……"的逆转式语句，让对方先觉得是尊重他的意见，然后话锋一转，提出自己的看法，这叫"退一步而进两步"。我们应当很熟练地掌握和运用这些回答技巧。在谈判中，回答还要注意以下方面：

①尽量避免正面回答。对方提问的目的是想从我们的回答中获取信息，因此在回答时就要尽量避免正面回答，防止泄露太多的信息。如果对方知道得太多，我们就丧失了主动权。如果对方问："你们的报价是多少？"就不应直接回答是多少，可以回答："跟市场上其他同类产品的价格差不多，但是我们的产品比市场上同类产品的质量要好得多，相信价格方面你们会满意的。"多使用模糊性的词语，回答不要太确切。比如，有的谈判人员想知道对方打算在什么时候结束谈判，以便运用限期策略迫使对方做出让步，于是在一开始见到对方时就非常热情地询问："贵方打算什么时候离开呀？最近机票不好买，如果需要的话，我们可以帮忙预订。"这时可千万不能被对方的热情冲昏了头，说出类似"我们打算下周一走，那就麻烦你们帮忙订机票吧"之类的话，这样就掉进了对方的"陷阱"里，对方可能会在谈判时故意拖延时间，迫使我们最后做出巨大让步，陷于被动。可以这样回答："我们不着急，难得来一趟，有时间我们还要四处玩玩。"这就委婉地向对方表明"时间不是问题，我们有足够的精力进行谈判"。对方也就不敢使用限期策略了。

小故事 12-3

刘伯温妙答

②不要一一作答。有时，对方的问题很多，如"我们想知道关于价格、数量、交款方式等问题贵方是怎样考虑的。"不要一一给予答复，被对方控制思维，可以就其中己方已考虑成熟的问题予以答复，如"我们先讨论一下对我们双方都很重要的问题，就先说说价格吧"。后面的问题，如果对方不追问，就没有必要一一作答了，否则有些像学生回答老

师的提问，心理、气势都处于弱势，不利于谈判的平等进行。

前面已经说过，问者往往控制局势，所以要学会把问题"踢"给对方，把问题"踢"给对方的同时也把压力转移给了对方。如对方问"贵方对价格是怎样考虑的？"可以这样回答："一般说来，价格通常跟货物的数量相关。如果贵方要的数量多，价格就稍微低些；如果贵方要的数量少，价格就相对高些，贵方打算要多少呢？"这样把问题再踢给对方，先让对方思考如何应答"要多少"的问题。己方可以根据对方的回答灵活应答价格问题，变被动为主动。

小案例12-15　　　　　　　　　　　　　　　　　　　幽默语言

在中国加入世贸组织"关于旅游服务业谈判"的过程中，中方谈判代表要求欧盟承认中国厨师资格证书，允许中国厨师作为专家进入欧盟各成员国市场提供服务。中国驻日内瓦代表团杨维宏参赞用生动的语言向欧盟代表介绍了中国厨师的精湛技艺和等级资质。有着法兰西、意大利烹调传统的欧洲人自然能够理解中国烹调技艺的非同寻常。欧盟主谈代表丹尼尔女士也不例外，兴致盎然地点头同意在有商业存在的条件下，中国厨师可以作为专家进入欧盟市场。但是，丹尼尔女士毕竟是一位口才干练、头脑机敏、富有协调能力的贸易谈判专家，所以，她似乎又意识到让步之后应该索要一点什么，于是问道："我们能够得到什么回报呢？（What can we get in return？）"中方代表立刻回答："你们可以在国内享用中国菜呀！（You can enjoy the Chinese food in your country！）"全场都笑了。

资料来源　杨群祥. 商务谈判［M］. 6版. 大连：东北财经大学出版社，2020.

③遇到难以回答的问题，使用缓兵之计。在谈判中，如果遇到难以回答的问题，不要急于回答，可以含糊其词，拖延回答。

小案例12-16　　　　　　　　　　　　　　　　　　　拖延回答

美国一位著名的谈判专家有一次替他邻居与保险公司交涉赔偿事宜。理赔员先发表了意见："先生，我知道你是谈判专家，一向参与关于巨额款项的谈判，恐怕我无法承受你的要价，我们公司若是只出100元的赔偿金，你觉得如何？"

专家表情严肃地沉默着。根据以往的经验，不论对方提出的条件如何，都应表示出不满意，因为当对方提出第一个条件后，总是暗示着可以提出第二个甚至第三个。

理赔员果然沉不住气了："抱歉，请勿介意我刚才的提议，我再加一点，200元如何？"

"加一点，抱歉，无法接受。"

理赔员继续说："好吧，那么300元如何？"

专家等了一会儿道："300元？嗯……我不知道。"

理赔员显得有点惊慌，他说："好吧，400元。"

"400元？嗯……我不知道。"

"就赔500元吧！"

"500元？嗯……我不知道。"

"这样吧，600元。"

专家无疑又用了"嗯……我不知道"，最后这件理赔案终于在950元的条件下达成协议，而邻居原本只希望要300元！

这位专家事后认为，"嗯……我不知道"这样的回答真是效力无穷。

资料来源　佚名. 商务谈判部分案例分析（1）[EB/OL].（2008-08-16）. http://zhuzhu-cp888.blog.163.com/blog/static/46947098200871645111193/.

（4）说服对手，讲究技巧

商务谈判中很重要的工作就是说服，说服常常贯穿谈判的始终。谈判双方都会运用各种方法争取说服对方，达到己方的利益要求。这就是说，在谈判过程中，谁能够通过说服使对方接受自己的观点，谁就能够获取谈判的最终成功；反之，不会说服，就不能克服谈判中的障碍，也就不能取得谈判的最终成功。所以，在谈判中谈判者能否说服对方，对于能否取得满意的谈判结果、促成谈判和局、达到合作共赢至关重要。说服谈判对手要注意运用以下技巧。

①赢得对手信任，建立良好关系。一般情况下，当一个人考虑是否接受他人意见和建议时，往往会先衡量自己与说服者的熟悉程度和信任程度。假如熟悉并信任对方，就会接受和采纳对方提出的意见或建议。在商务谈判过程中，良好的人际关系同样能发挥不可低估的作用。

小案例12-17　　　　　　　　　　　　　　　**谈判前先下围棋**

我国某进出口公司与新加坡一家公司谈生意，中方公司的张经理在此之前了解到新加坡方公司参加谈判的总经理王先生喜欢下围棋。于是在谈判前夕，张经理带着围棋主动来到王先生下榻的宾馆。"下一盘棋怎么样？"，接到这样的邀请，年过半百的王先生居然高兴得像孩子一样手舞足蹈。原来王先生出身于围棋世家。一场"酣战"下来，双方意犹未尽，畅谈起事业、成就、亲情、家世等。王先生对张经理大为赞赏，当即表示："能和你这样的人交朋友，这笔生意我少赚点都值得。"几天后，双方的谈判进行得很顺利，新加坡方公司也欣然接受了我方提出的价格优惠条件，双方友好地签订了外贸合同。

资料来源　佚名. 国际商务谈判中的说服技巧 [EB/OL].［2023-09-20］. https://zhuanlan.zhihu.com/p/657272005.

【点评】此案例说明一个道理，欲说服谈判对手，必先了解和熟悉对方并设法与其建立良好的人际关系。该案例中的张经理，谈判前了解到新加坡方公司总经理王先生酷爱下围棋，并登门与王先生切磋棋艺，张经理这种投其所好的方式正合王先生心意，在下棋过程中两人逐渐建立了良好的关系，于是在接下来的谈判中王先生也欣然接受了中方公司提出的降价要求，并表示"少赚点都值得"。试想，倘若当初中方公司的张经理没有事先与王先生下棋交流并成为棋友，那么在谈判中对方就不大可能如此痛快地答应张经理提出的降价要求。

②设身处地，创造"是"的氛围。如果你想使某人接受你的观点，你就必须熟悉

他的立场，然后引他"到你想要他去的地方"。你千万不要对他大喊大叫，应该先表示对对方的理解，以"协商""肯定"的方式，建立起一种双方在谈判中"一致"的感觉，使对方对自己产生好感，然后逐渐使对方接受自己的建议或观点，在愉快友好的气氛中将谈判不断地向前推进。美国研究人际关系的专家戴尔·卡耐基把这种说服谈判对手的方式称作"苏格拉底问答法"。苏格拉底是著名的古希腊哲学家和思想家，此人以辩论见长。他所创立的问答法是迄今为止被人们公认的"最聪明的劝诱法"。其特点是：通过避开易产生分歧的问题和一些重大的原则问题，先提出那些易使对方说"是"的问题，让对方产生平静而畅快的心境，让对方在做出一系列的肯定回答后，形成一种把肯定回答坚持到底的惯性。

现代心理学研究表明，人们往往会对那些与自己想法一致的人产生好感，并会将自己的想法根据那些人的观点和建议进行调整。比如可以用"我知道在这件事情上你会同意我的建议""你一定会对这个问题感兴趣的"等此类的话，以积极的、主动的态度鼓励和启发对方树立自信心并最终接受己方的观点。

③增加认同感，寻找共同点。在商务谈判中，要想成功地说服对方，一方面要想方设法赢得对方的信任，另一方面还要努力寻找双方的共同点，比如，寻找双方共同感兴趣的事或话题，以此作为跳板，因势利导地展开说服。事实证明，增加"认同"是人们之间相互理解与沟通的有效方式，也是说服谈判对手的一种有效方法。增加"认同"就是寻找谈判双方的共同点，打消对方心理上的一些疑虑，使对方容易接受己方的建议和观点。寻找双方共同点应该从以下几个方面着手：

· 工作方面的共同点。比如，职业相同，追求相同，目标一致等。

· 生活方面的共同点。比如，都喜欢吃中餐，生活经历类似，信仰相同等。

· 双方兴趣、爱好上的共同点。比如，都喜欢踢足球或钓鱼，都爱好书法或旅游等。

· 通过双方共同熟悉的第三者，增加认同感。在初次与对方交往时，想得到对方的认同并说服他，可以通过寻找双方都熟悉的第三方，缩短双方之间的心理距离，便于交谈、成功地说服对方。

④字斟句酌，仔细推敲。在谈判过程中，如果想说服对手，一定要字斟句酌，仔细推敲说服用语。比如，在说服对方时，尽量不用或少用"愤怒""生气""恼怒"等字眼，在表达自己的情绪时，在使用担心、失意、害怕、忧虑等词语前要仔细推敲，做到三思而后说，这样才能实现良好的说服效果。

⑤运用实例，巧妙说服。在商务谈判中，有些谈判对手由于受个人经历的影响，给他讲道理远不如举具体的实际例子更有说服力。

⑥学会洞悉内心，善于抓住良机。敏锐的观察和联想能力，强大的分析判断能力，是巧妙运用说服语言的重要前提，而恰到好处地掌握火候，不失时机地果断决策，也是说服过程中不可缺少的重要环节。比如：当判断对方深感迷茫时，要善于拨云驱雾、指点迷津，使其仿佛看到"雨过天晴太阳升"的美丽景色；当判断对方犹豫不决时，要善于趋利避害、旁征博引，使其尽快舒展"紧锁着的双眉"，跟着你的思路往前走；当判断对方有改弦易张苗头时，要善于调整策略和改变谈话语气，在肯定

其前面表现的基础上趁热打铁赞美他的能力、魄力和人格魅力，使其义无反顾地"跟你走"；当判断双方谈判条件已经没有实质性让步空间，再坚持已方意见就有可能前功尽弃时，要善于当机立断，先适当用一些赞赏对方的语言肯定前期的谈判成果，再主动地做出"为了我们之间的友谊与持续合作，我方准备接受当前的条件"的姿态，为快速达成协议做好铺垫。

小案例12-18　　　　　　　　　　　　　杰克说服承包商

　　杰克是一个俱乐部的经理，他想新建一个规模较大的舞场，于是，他找到了一个正想进入建筑行业的承包商，这个承包商承诺愿以低价为他提供一个优质的舞场，同时也提出，在舞场建成之后允许其他客户来参观，并为他宣传工程质量，以便为自己拉更多生意。杰克当即答应了对方提出的条件。但是，舞场建成以后，杰克又进一步要求承包商承担装饰工程，承包商很生气，当即拒绝了这一要求。

　　杰克既没有指责和怪罪对方，也没有放弃说服对方，他友善而颇有远见地提出："舞场的美观有助于宣传工程质量，相当于贵公司的"实体广告"，我坚信一定会给你们带来更多的生意！"建筑承包商眼睛顿时一亮，毫不犹豫地答应了杰克的新要求，且当即表示要不惜成本地装饰好这个舞场。结果，杰克以优惠的价格得到了一个漂亮的舞场，承包商不仅借此扬了名，而且又获得了好几笔生意。

　　资料来源　陈文静. 国际商务谈判中说服技巧的应用［J］. 外经贸实务，2015（1）：61-63.

　　不难看出，要想说服对方接受己方条件，就要站在对方角度考虑问题，使对方感觉到你像朋友一样设身处地为自己出主意、想办法，才能实现柳暗花明、峰回路转的奇特效果。在谈判实践中，应重点把握以下三个方面的要点：一是将问题重点放在利益上而非立场上。因为促使谈判者做出决定的是利益，利益是隐藏在立场背后的真正动机。单纯地站在立场上磋商问题，其结果只能是谈判双方不欢而散。二是精心设计双方都满意的方案，寻找对双方都有利的解决办法，双方才会在谈判中各自获得相关利益，实现双赢的谈判结局。三是坚持客观标准，用大家共同认可的客观标准判断整个谈判过程。

　　（5）婉言拒绝，不伤情面。在谈判过程中，不仅要经常说服对方，还要避免被对方说服，即拒绝对方的某些要求。因此，拒绝是谈判中一项难度较大的技巧，谈判者需要认真掌握，才能做到得心应手。

　　①委婉语言拒绝。谈判中在拒绝对方时尤其应该使用委婉的语言，如果觉得对方的要求太过分，己方难以承受，我们可以试想，下面两种方式哪种更有利于谈判的进行：一是不等对方把话说完，就怒火中烧，拍案而起，不惜用尖刻的语言回击对方，情绪失控；二是神情平静地听对方把话说完，然后微笑地看着对方，说："我们完全理解您的要求，也希望双方尽量达成一致意见，但是我方的确承受不了这种让步，还希望你们能够理解。"哪一种解决方式更有利于问题的解决呢？当然还是第二种。委婉、真诚中透露着坚定的语气，不容对方置疑，效果远远高于前者。

　　委婉地拒绝对方还要注意对词语和句式的选择，如"这件事情恐怕目前我们还难以做到"要比"这件事，我们做不到"更容易让对方接受。"这个建议也还可以，但我们能否想一个更好的解决办法呢"要比"这个建议不好"更有利于谈判的进行。这些说法，都是侧面地否定对方的建议，不易激起对方的反感心理，也使己方的观点顺理成章。当然，委婉地拒绝对方并不等于不拒绝对方，虽然说法委婉，但一定要让对方清楚是拒绝了他，以免引起误会。例如，某公司谈判代表故作轻松地说："如果贵方坚持这个进价，请为我们准备过冬的衣服和食物，总不能忍心让员工饿着肚子瑟瑟发抖地为你们干活吧！"这样的拒绝不仅转移了对方的视线，还阐述了拒绝的理由，即合理性。

②幽默语言拒绝。在谈判中，有时会遇到不好正面拒绝对方的情况，或者对方坚决不同意的要求或条件，可以并不直接加以拒绝，相反全盘接受，然后根据对方的要求或条件推出一些荒谬的、不现实的结论来，或机警地以诙谐幽默、插科打诨的话题作为掩护，避开实质性问题。这种拒绝法往往能产生幽默的效果。

小案例 12-19　　　　　　　　　　　　　　　　**拒绝的理由**

买家购买完洗涤灵之后，发现了商家的商品有分量不足的现象，便以此为依据向商家讨价还价。这款洗涤灵早在最初商定价格时就将价位降到了底线，所以面对这样的情况，商家派出了业务代表与买家进行谈判。

"仅在对这部分产品的抽查中就发现了分量不足的问题，真不敢想象其他产品还会存在什么样的问题，所以我们要求降低价格。"买家不依不饶。

业务代表笑着说："我曾看过这样一则报道，报道上说美国一家专门为空降部队伞兵生产降落伞的军工厂都存在着万分之一的产品失误率，这也就是说，每一万个降落伞兵就有一个可能因为降落伞质量不合格而失去生命。军方不能容忍这样的情况发生，于是便让生产厂家的人亲自跳伞。从那以后，降落伞的质量再也没有出现过问题。所以，我有个提议，你们不妨将那瓶分量不足的洗涤灵送给我使用，这样以后你们购买的产品肯定一个问题都没有了。而且，这可是我们单位建厂18年以来，第一次有免费使用洗涤灵的机会哦！"

③模糊语言拒绝。巧妙地使用模糊语言也可以避免矛盾激化，变被动为主动。模糊的回答可以避开一些敏感话题，避免泄密，还可以为自己以后的行为留有余地。

（6）摆脱窘境，反败为胜。在谈判中，有时会出现一些意想不到的场面，缺乏经验者往往会一时语塞，无言应答，窘态百出。遇到紧急情况要冷静、沉着，充分运用语言这根"魔棒"调节谈判气氛，尽快摆脱窘境。

①引申转移法。谈判时遇到紧急情况，应尽力转移至新话题、新内容上，化解尴尬，千万别拘泥于一端，执着不放，那样会僵持不下甚至使谈判失败。

小案例 12-20　　　　　　　　　　　　　　　　**打破窘境**

我国一贸易代表团到美洲一个国家洽谈贸易，由于会谈十分成功，参加谈判的成员十分高兴。这时，对方一位年长的谈判者为表达兴奋之情，竟热烈地拥抱了我方的一位女士，并亲吻了她一下。该女士十分尴尬，不知所措。这时，我方代表团团长走上前来，用一句话打破了窘境。他说："尊敬的××先生，您刚才吻的不是她本人，而是我们代表团，对吧？"那位年长者马上说："对！对！我吻的是她，也是你们代表团，也就是你们中国！"尴尬的气氛顿时在笑声中烟消云散了。

资料来源　佚名. 谈判的语言艺术［EB/OL］.［2012-09-26］. http://www.doc88.com/p-936469528682.Html.

②模糊应答法。模糊应答可以应付一些尴尬乃至困窘的场面，使一些难以回答、难以说清的问题变得容易起来。例如，在谈判中，对方提出了一个你既不好当即肯定，也不好当即否定的问题，怎么办？不妨这样回答："这个问题很重要，我们将认真研究。"这就是一种特定语境中的模糊应答。

③反思求解法。有时面对一些很难从正面回答的问题，可换个角度，从话题的反面去思考，这样常可找到新颖的答案，使人脱离窘境。

小案例12-21　　　　　　　　　没有消息就是最好的消息

我方与美方的一次商务谈判已进行到尾声阶段，双方只是就一些细节反复协商。这时，美方有人送来一封信，美方首席谈判者打开一看，信封内空空如也。原来送信人疏忽了，信没装入信封内，美方送信人十分尴尬。这时我方代表为缓和气氛，使谈判顺利地进行下去，微笑着说："没有消息就是最好的消息。"一句话，使美国送信人摆脱了尴尬，冲淡了紧张气氛。这句话是美国人常用的一句谚语，我方代表借此语"反思求解"，使气氛恢复正常。

资料来源　佚名. 商务谈判习题［EB/OL］.［2014-01-27］. http://www.doc88.com/p-9743775964985.Html.

12.2　能力提升

12.2.1　案例讨论

1.经理室的对话

小王是一家科教设备公司的推销员，他希望通过勤奋的工作来创造良好的业绩。一天他急匆匆地走进一家公司，找到经理室，于是就有了如下一段对话：

小王：您好，李先生。我叫王乾，是科教设备公司的推销员。

经理：哦，对不起，这里没有李先生。

小王：你是这家公司的经理吧？我找的就是你。

经理：我姓于，不姓李。

小王：对不起，我没听清你的秘书说你是姓李还是姓于，我想向你介绍一下我们公司的彩色复印机……

经理：我们现在还用不着彩色复印机。

小王：噢，是这样。不过，我们还有别的型号的复印机，这是产品目录，请过目。（接着，掏出香烟和打火机）你来一支。

经理：我不吸烟，我讨厌烟味，而且，我们公司是无烟区。

小王：……

资料来源　佚名. 推销与谈判技巧［EB/OL］.［2014-03-19］. http://www.doc88.com/p-0631986125312.html.

思考与讨论：

（1）小王在与客户的沟通中存在什么问题？

（2）怎样才能与客户实现良好的沟通？

2.失败的推销

一年夏天，推销员小刘浓妆艳抹、衣着时髦地来到顾客家推销产品。她敲开门后立即作自我介绍："我是来推销××消毒液的。"当主人正在犹豫时，她已进入室内，拿出商品，说："我厂的产品质量好，×元一瓶。"顾客说："我从来不用消毒液，请你介绍一下消毒液有何用途。"小刘随即往沙发上一坐，对顾客说："天这么热，你先打开空调我再告诉你。"顾客不悦："那算了，你走吧，我不要了。"小刘临走时说："你真傻，这么好的东西都不要，你会后悔的！"

资料来源　张岩松. 新型现代交际礼仪实用教程［M］. 北京：清华大学出版社，2015.

思考与讨论：

（1）为什么顾客没有接受小刘推销的商品？小刘在推销商品时有哪些不足之处？

（2）如果是你，你将会如何进行推销？

3.感谢并道歉

乳品厂接待了一位在酸奶中喝到碎玻璃碴的消费者。消费者火药味十足："你们难道就只顾挣钱，把消费者的健康、安全置之度外？这块碎玻璃足以让人丧命！我要告诉媒体！"接待人员连忙关切地询问："碎玻璃有没有伤到您哪里？要不要我陪您去医院检查一下？"当得知消费者并未受伤，接待人员又说："那真是不幸中的万幸。如果是老人和孩子喝到这瓶酸奶，那可就糟糕了。"听到这里，消费者的怒气渐消。接待人员又真诚地说："今天您来反映我们酸奶的质量问题，真是对我们的关心，我代表公司谢谢您了！"一个深深的鞠躬之后，接待人员与消费者交换了联系方式。承诺该事故若造成伤害，乳品公司负全责。同时真诚地邀请这位消费者到生产车间去看看，请他多提宝贵意见，并保证今后不再出现类似的事故。

资料来源　未来之舟. 销售礼仪［M］. 北京：中国经济出版社，2009.

思考与讨论：

（1）本案例中乳品厂的接待人员是怎样平息顾客的怒气的？

（2）本案例对你有何启示？

4.客户关系管理的魔力

一位朋友因公务经常去泰国出差，并下榻东方饭店，第一次入住时良好的饭店环境和服务就给他留下了深刻的印象。当他第二次入住时几个细节更使他对饭店的好感迅速升级。

那天早上，在他走出房门准备去餐厅时，楼层服务生恭敬地问道："于先生是要用早餐吗？"于先生很奇怪，反问："你怎么知道我姓于？"服务生说："我们饭店规定，晚上要背熟所有客人的姓名。"这令于先生大吃一惊，因为他频繁往返于世界各地，入住过无数高级酒店，但这种情况还是第一次碰到。

于先生高兴地乘电梯到餐厅所在的楼层，刚走出电梯门，餐厅的服务生就说："于先生，里面请。"于先生更加疑惑，因为服务生没有看到他的房卡，就问："你知道我姓于?"服务生答："上面的电话刚刚下来，说您已经下楼了。"如此高的效率让于先生再次大吃一惊。

于先生刚走进餐厅，服务小姐就微笑着问："于先生还要老位置吗?"于先生的惊讶再次升级，心想："尽管我不是第一次在这里吃饭，但最近的一次也有一年多了，难道这里的服务小姐记忆力那么好?"

看到于先生惊讶的目光，服务小姐主动解释说："我刚查过电脑记录资料，您去年8月8日在靠近第二个窗口的位子上用过早餐。"于先生听后兴奋地说："老位子!老位子!"小姐接着问："老菜单，一个三明治，一杯咖啡，一只鸡蛋?"现在于先生已经不再惊讶了，"老菜单，就要老菜单!"于先生已经兴奋到了极点。

上餐时餐厅赠送了一碟小菜，由于这种小菜于先生是第一次看到，就问："这是什么?"服务生后退两步说："这是我们特有的小菜。"服务生为什么要先后退两步呢?她是怕自己说话时口水不小心落在客人的食品上，这种细致的服务不要说在一般的饭店，就是在美国最好的饭店里于先生都没有见到过!这一次早餐给于先生留下了终生难忘的印象。

后来，由于业务调整的原因，于先生有3年的时间没有再到泰国去，在于先生生日的时候，突然收到一张东方饭店发来的生日贺卡，里面还附了一封短信，内容是："亲爱的于先生，您已经有3年没有来过我们这里了，我们全体人员都非常想念您，希望能再次见到您，今天是您的生日，祝您生日愉快。"

于先生当时激动得热泪盈眶，发誓如果再去泰国，绝对不会入住任何其他饭店，一定要住东方饭店，而且要说服所有的朋友也像他一样选择东方饭店!于先生看了一下信封，上面贴着一枚6元的邮票，6元钱就这样强化了一颗心。这就是客户关系管理的魔力!

资料来源　佚名．泰国曼谷东方饭店著名案例［EB/OL］．［2008-12-16］．http://wuyc68.blog.163.com/blog/static/8108049920081116921584488/．

思考与讨论:

（1）泰国东方饭店与客户沟通有何独到之处?

（2）本案例对你有何启示?

5.一场关于经济赔偿的谈判

中日双方在北京举行了一次关于经济赔偿的谈判。事情的原因是当时我国从日本三菱公司进口的5 800辆三菱汽车质量不合格。这场谈判涉及的不是三五万日元的小数目，而是几亿、几十亿日元巨额的得失，因而谈判双方都派出了精明强干的代表。

首先谈判的是汽车质量问题。日本谈判代表深知理亏在自己，因而想大事化小，小事化了，以"有的""偶有"等语句避重就轻。我方谈判代表以详尽的检验数据和专家鉴定予以辩驳。在事实和科学面前，日方代表不得不同意给我方汽车加工费7.76

亿日元。接着，谈判间接涉及经济损失赔偿问题。这笔经济损失费涉及数目最大、分歧也最大。日方代表在谈到这项损失费时，也貌似事实地逐条报出，每报完一条，总要停一下，环视一下我方代表的反应，仿佛给每笔金额数目都要圈上不留余地的句号。最后提出最多支付30亿日元。

我方代表一方面针对日方的每一笔报价揭穿其所做手脚和滥用"大约""预计"等含混不清的字眼，另一方面，对每一笔赔偿额的来源做到有根有据，提出赔偿间接经济损失费为70亿日元。日方代表听到这个数字后，惊讶得当场说不出话来，反应了老半天才连连说："差额太大！"并苦苦哀求着说："贵国提出的索赔额过高，若不减少，我们会被解雇的。我们是有妻儿老小的，我们吃人家的饭，也有难言之隐呀！……"

我方代表义正词严，并提出："贵公司生产如此低劣的产品，给我国造成多大的经济损失啊！"考虑到对方受雇于人家，也借机给他们一个台阶，便安慰道："我们不愿为难诸位代表，如果你们做不了主，请贵方决策人员与我方谈判。

由于双方分歧太大，又各不相让，双方都沉默不语，谈判陷入了僵局。这样一来对双方都不利。我方代表首先打破僵局："中日贸易不是一天两天的事，以后的日子还很长。我们相信贵公司绝不愿意失去中国这个最大的贸易伙伴和广阔的汽车市场，我们也不希望失去你们这样的朋友。由于贵方有诚意维护自己的信誉，彼此均可以作出适当的让步。"

我方代表的话起了作用，日方代表有所松动："我公司愿付40亿日元，这是最高的数目了。"

"我们希望贵公司最低支付60亿日元。"我方代表不想作出太大的让步。谈判又出现了新的转机。经过反复磋商，日方最终以赔偿我方50亿日元并承担另外几项责任而告终。

思考与讨论：

（1）上述案例的谈判，中方为什么能成功？

（2）这则案例给我们什么启示？

6.服装店里的谈判

一位女顾客在一个服装店里看衣服。店主指着一身套装说："小姐，你身材这么好，这套衣服你穿着准合适。先试一下吧。"

女顾客试了一下，很合身，便问："多少钱？"

店主回答："360元。"

"太贵了"，女顾客说着把衣服脱了下来，准备离开。

"这可是名牌，大商场要卖600多元呢，我这是最后一套了，昨天还卖480元呢。"店主说。

女顾客转回身，拿起衣服看了又看，说："180元，我就买。"

店主道："实话跟你说，我是300元进的货，这样吧，就按进价给你，300元，我就不赚你的钱了。"

女顾客又仔细检查了一下衣服说："你看，这衣服就剩一套了，袖口还脏了一块，有的扣子还松了，最多值250元。"

店主道："250元？多难听呀，图个吉利，280元。"

女顾客催促说："别啰唆了，260元能卖我就买，否则就算了。"

店主答："您真会砍价，260元，成交了。"

资料来源 佚名. 管理沟通教程应试要求［EB/OL］．［2010-09-19］. http://wenku.baidu.com/view/69fb354ae45c3b3567ec8b90.html.

思考与讨论：

（1）用你掌握的谈判技巧分析女顾客成功的原因。

（2）你的生活中有没有类似的情况发生，你是怎么砍价的？

12.2.2 实训项目

1.实训：手机销售的客户沟通

实训目的：通过同学间相互售卖手机的游戏，从中体会销售技巧。

实训学时：2学时。

实训地点：教室。

实训准备：手机等。

实训方法：

（1）相邻座位的同学两人一组，分别扮演销售员和客户。销售员要将手中的手机成功地销售给客户，在推销过程中，客户提出各种疑问和拒绝，直到被销售员说服购买手机。时间5分钟。

（2）邀请2～3组同学上台演练，请其余的同学仔细观察细节。

（3）表演结束后请参与者谈谈角色感受。

（4）总结销售中各环节的技巧。

2.测试：你受客户欢迎的程度

请对下面的陈述做出"是"、"一般"或"否"的判断，测一测你受客户的欢迎程度。

（1）发型整洁。

（2）衣着得体。

（3）知道客户的业余爱好。

（4）了解客户的工作成就。

（5）能有针对性地称赞客户。

（6）言语得体，令客户愉快。

（7）充分尊重客户的意见。

在线练习1

分析提示

（8）了解客户的行业特点。

（9）知道困扰客户的瓶颈问题是什么。

（10）能及时向客户反馈产品改进方案。

（11）以客户为中心。

（12）与客户交谈时面带微笑，亲切自然。

（13）每天上班前自我沟通 3 分钟，保持愉悦、自信的工作状态。

（14）用友善的态度来面对客户所在公司的每一位员工。

（15）通过小赠品传递友好的信息。

（16）通过小赠品完成公司对外的形象宣传。

受客户欢迎程度测试计分方法见表 12-1。

表 12-1　　　　　　　　　　受客户欢迎程度测试计分方法

题号	(1)	(2)	(3)	(4)	(5)	(6)	(7)	(8)	(9)	(10)	(11)	(12)	(13)	(14)	(15)	(16)
是	2	3	4	4	5	3	3	4	5	4	3	3	5	3	2	2
一般	1	1	2	2	3	2	2	2	3	2	2	2	3	2	1	1
否	0	0	0	0	0	0	0	0	0	0	0	0	0	0	0	0

资料来源　谢红霞．沟通技巧［M］．北京：中国人民大学出版社，2015.

3.实训：模拟商务谈判沟通实训目标

（1）能够理解掌握商务谈判的含义和主要阶段。

（2）能够掌握商务谈判的语言特点。

（3）能够灵活运用商务谈判技巧，开展良好的沟通。

实训情境

学院学生爱心社团计划邀请华强制衣公司资助 100 名贫困新生，由企业免费提供价值 500 元的"爱心包"，内含床上用品、日常生活用品等。由学生分别代表学院学生爱心社团和华强实业公司进行洽谈。

实训环境

（1）实训地点：商务谈判实训室。

（2）物品准备：准备座位牌、投影仪、学院与学生爱心社团简介，华强制农公司产品宣传单，"爱心包"设计样式等。

（3）商务谈判团队角色要求。爱心社团谈判代表由社长、秘书长、社团外联部部长、社团干事等组成。华强制农公司谈判代表由公司副经理，公关部主任、秘书、营销员组成。

实训步骤

（1）以组为单位将全班同学分成若干小组，学生可以自由组合，每组 4~6 人，每组确定一名组长。

（2）结合实调任务对各小组进行适当的角色分工，确保组织合理和每位成员的积极参与。

（3）各小组根据实训情境设计进行谈判沟通模拟，注意商务谈判技巧的运用。

（4）各小组进行小结讨论，总结实训操作体验，完成实训报告。

（5）全班同学进行交流，教师进行点评与总结。

实训成果

实训课业：撰写"商务谈判沟通"实训报告。

资料来源　杨群祥. 商务谈判［M］. 2版. 北京：高等教育出版社，2019.

在线练习2

分析提示

4.测试：你的谈判能力如何

（1）你认为商务谈判（　　　）。

A.是一种意志的较量，谈判双方一定有输有赢

B.是一种立场的坚持，谁坚持到底，谁就获利多

C.是一个妥协的过程，双方各让一步一定会海阔天空

D.双方的关系重于利益，只要双方关系友好必然会带来理想的谈判结果

E.是双方妥协和利益得到实现的过程，以客观标准达成协议可取得双赢结果

（2）在签订合同前，谈判代表认为合作条件很苛刻，按此条件自己无权做主，还要通过上司批准。此时你应该（　　　）。

A.责怪对方谈判代表没有权做主就应该早声明，以致浪费这么多时间

B.询问对方上司批准合同的可能性，在最后决策者拍板前要留有让步余地

C.提出要见决策者，重新安排谈判

D.与对方谈判代表先签订合作意向书，取得初步的谈判成果

E.进一步做出让步达到对方谈判代表有权做主的条件

（3）为得到更多的让步，或是为了掌握更多的信息，对方提出一些假设性的需求或问题，目的在于摸清底牌。此时你应该（　　　）。

A.按照对方假设性的需求和问题诚实回答

B.对各种假设性的需求和问题不予理会

C.指出对方的需求和问题不真实

D.了解对方的真实需求和问题，有针对性地给予同样的假设性答复

E.窥视对方真正的需求和兴趣，不要给予清晰的答案，并可将计就计促成交易

（4）谈判对方提出几家竞争对手的情况向你施压，说你的价格太高，要求你给出更多的让步，你应该（　　　）。

A.更多地了解竞争状况，坚持原有的合作条件，不要轻易让步

B.强调自己的价格是最合理的

C.为了争取合作，以对方提出的竞争对手最优惠的价格条件成交

D.询问对方：既然竞争对手的价格如此优惠，你为什么不与他们合作

E.提出竞争事实，指出对方提出的竞争对手情况不真实

（5）当对方提出如果这次谈判你能给予优惠条件，保证下次给你更大的生意时，你应该（　　　）。

A.按对方的合作要求给予适当的优惠条件

B.为了双方的长期合作，得到更大的生意，按照对方要求的优惠条件成交

C.不要为"未来的承诺"牺牲"现在的利益"，可以其人之道还治其人之身

D.要求对方将下次生意的具体情况进行说明，以确定是否给予对方优惠条件

E.坚持原有的合作条件，对对方所提出的下次合作不予理会

（6）谈判对方有诚意购买你整体方案的产品（服务），但苦于财力不足，不能完整成交。此时你应该（　　）。

A.要对方购买部分产品（服务），成交多少算多少

B.指出如果不能购买整体方案，就以后再谈

C.要求对方借钱购买整体方案

D.如果有可能，可协助对方贷款或改变整体方案，改变方案时要注意相应条件的调整

E.先把整体方案的产品（服务）卖给对方，对方有多少钱先给多少钱，所欠余额以后再说

（7）对方在达成协议前，将许多附加条件依次提出，要求得到你更大的让步。此时你应该（　　）。

A.强调你已经做出的让步，强调"双赢"，尽快促成交易

B.对对方提出的附加条件不予考虑，坚持原有的合作条件

C.针锋相对，针对对方提出的附加条件提出相应的附加条件

D.不与这种"得寸进尺"的谈判对手合作

E.运用推销证明的方法，将已有的合作伙伴的情况介绍给对方

（8）在谈判过程中，对方总是改变自己的方案、观点、条件，使谈判无休无止地拖下去。你应该（　　）。

A.以其人之道还治其人之身，用同样的方法与对方周旋

B.设法弄清楚对方的期限要求，提出己方的最后期限

C.节省自己的时间和精力，不与这种对象合作

D.采用休会策略，等对方真正有需求时再和对方谈判

E.采用"价格陷阱"策略，说明如果现在不成交，以后将会涨价

（9）在谈判中双方因某一个问题陷入僵局，此时你应该（　　）。

A.跳出僵局，用让步的方法满足对方的条件

B.放弃立场，强调双方的共同利益

C.坚持立场，要想获得更多的利益就得坚持原有谈判条件不变

D.采用休会的方法，会后转换思考角度，并提出多种选择以消除僵局

E.采用更换谈判人员的方法，重新开始谈判

（10）除非你满足对方的条件，否则对方将转向其他的合作伙伴，并与你断绝一切生意往来，此时你应该（　　）。

A.强调共同的利益，要求平等机会，不要被威胁吓倒而做出不情愿的让步

B.以牙还牙，不合作拉倒，去寻找新的合作伙伴

C.给出可选择的多种方案以达到合作的目的

D.摆事实，讲道理，同时也给出合作的诚意

E.通过有影响力的第三者进行调停，赢得合理的条件

资料来源　谢红霞．沟通技巧［M］．北京：中国人民大学出版社，2015．

拓展阅读

不同性格客户
的沟通技巧

■ 课后练习

1.参加一家企业的营业推广或公共关系促销活动，观察和体验促销礼仪在这些活动中的作用，并写出实训小结。

2.如果你正在和一家百货商场的经理谈"星海"牌加湿器的进场问题，但这位经理说："商场的库房里已经有很多加湿器了。"在此情形下，你该如何应对？

3.请结合自身体会，具体说明谈判在我们生活中的作用。

4.假如你与一位采购商进行价格谈判，他处于绝对优势地位，采取了轻视与傲慢的态度，那么你该如何与他谈判，你的策略如何？

5.在现实生活中，人们都会有这样的切身经验：与某人的关系原本是不错的，但如果不对此加以维护的话，日子久了就会渐渐变淡、变疏远，稍有不慎还会恶化。而一旦关系疏远或恶化了，要想使之恢复到原先的状态和水平，就要花费很多的时间和精力，有的甚至不可能再恢复到原有的状态了。

请分析以上短文，说说它在商务谈判中的现实意义。

6.在一次商务谈判中，如果你是卖方主谈，并且说出"总价绝对不能低于170万元"之类的话而导致谈判气氛紧张，而这时你又没有一位能救场的助手。你打算怎么做呢？

7.在商务谈判中，面对敏感话题一时不便回答，你该怎么办？

8.一天，一位打扮入时的年轻女子牵着一条宠物狗走进一家餐馆，她自己坐下后把小狗放在对面的座位上，引起旁边顾客的不快，有人向老板抱怨。请一位同学扮演这家餐馆的老板，试着与年轻女子（另一位同学扮演）谈判。要求：注意礼貌、风度，使用相应的技巧，力求取得理想的效果。

参考文献

［1］孙小杰．演讲与口才：微课版［M］．2版．北京：人民邮电出版社，2023.

［2］张月琴．基于立德树人的根本要求，构建课程思政"六性六力"发展模式［J］．湖北开放职业学院学报，2022（21）：104-108.

［3］赵京立．演讲与沟通实训［M］．3版．北京：高等教育出版社，2021.

［4］耿燕，梁月．人际沟通与社交礼仪［M］．2版．北京：清华大学出版社，2020.

［5］苏琳．沟通艺术［M］．北京：机械工业出版社，2020.

［6］杨群祥．商务谈判［M］．2版．北京：高等教育出版社，2019.

［7］韦宏，陈福明．商务谈判与沟通技巧［M］．2版．北京：高等教育出版社，2019.

［8］徐飚．沟通技巧［M］．北京：电子工业出版社，2017.

［9］蒋红梅，张晶，罗纯．演讲与口才实训教程［M］．北京：清华大学出版社，2016.

［10］刘淑娥．演讲与口才［M］．北京：首都经济贸易大学出版社，2016.

［11］龙璇．人际关系与沟通技巧［M］．北京：人民邮电出版社，2016.

［12］聂元昆．商务谈判学［M］．北京：高等教育出版社，2016.

［13］徐桂成，林超．写好会议主持词应做到"四个清"［J］．应用写作，2016（10）.

［14］张良．例谈会议主持词开场白的写作方法［J］．办公室业务，2016（4）.

［15］刘春生．商务谈判［M］．北京：电子工业出版社，2016.

［16］李海滨．商务谈判［M］．上海：上海交通大学出版社，2016.

［17］梁辉．有效沟通实务［M］．北京：中国人民大学出版社，2015.

［18］谢红霞．沟通技巧［M］．北京：中国人民大学出版社，2015.

［19］武洪明，许湘岳．职业沟通教程［M］．北京：人民出版社，2014.

［20］李元授．人际沟通训练［M］．武汉：华中科技大学出版社，2014.

［21］高燕．护理礼仪与人际沟通［M］．3版．北京：高等教育出版社，2014.

［22］刘福成，徐红．管理沟通［M］．大连：东北财经大学出版社，2017.

［23］裴芸，崔建农．管理：沟通理念、技能与实践［M］．北京：北京大学出版社，2013.

［24］刘伯奎．大学生情商口才［M］．北京：电子工业出版社，2013.

［25］金常德．学生社交口才实践教程［M］．北京：北京大学出版社，2013.

［26］宋倩华．沟通技巧［M］．北京：机械工业出版社，2012.

［27］刘勇．人际沟通［M］．西安：第四军医大学出版社，2012.

［28］杨丽彬．沟通技巧［M］．北京：机械工业出版社，2012．

［29］宋洪洁．每天学点销售学大全集［M］．上海：立信会计出版社，2011．

［30］王吉芳．营销礼仪［M］．北京：北京交通大学出版社，2011．

［31］丁宁．管理沟通［M］．北京：北京交通大学出版社，2011．

［32］王皓白．商务沟通［M］．杭州：浙江大学出版社，2011．

［33］彭于寿．商务沟通［M］．北京：北京大学出版社，2011．

［34］杨剑，周天生．管理沟通［M］．北京：中央广播电视大学出版社，2011．

［35］刘晖，李作学，张彩霞．管理沟通［M］．北京：机械工业出版社，2011．

［36］傅春丹．演讲与口才案例教程［M］．北京：中国水利水电出版社，2011．

［37］屈海英．新编演讲与口才［M］．杭州：浙江大学出版社，2011．

［38］刘伯奎．口才交际能力训练［M］．北京：中国人民大学出版社，2011．

［39］谢玉华．管理沟通［M］．大连：东北财经大学出版社，2017．

［40］梁辉．有效沟通实务［M］．北京：中国人民大学出版社，2010．

［41］张秋筠．商务沟通技巧［M］．北京：对外经济贸易大学出版社，2010．

［42］胡红霞．浅谈会议中的个人礼仪［J］．秘书之友，2010（1）．

［43］未来之舟．销售礼仪［M］．北京：中国经济出版社，2009．

［44］吴良勤．营销礼仪［M］．北京：清华大学出版社，2009．

［45］张文光．人际关系与沟通［M］．北京：机械工业出版社，2009．

［46］张晓明，袁林．沟通与礼仪［M］．北京：科学出版社，2009．

［47］张喜春，刘康声，盛暑寒．人际交流艺术［M］．北京：清华大学出版社，2009．

［48］梁玉萍，丰存斌．沟通与协调的技巧和艺术［M］．北京：中国人事出版社，2009．

［49］康青，蔡惠伟．管理沟通教程［M］．上海：立信会计出版社，2009．

［50］明卫红．沟通技能训练［M］．北京：机械工业出版社，2008．

［51］张波．口才与交际［M］．北京：机械工业出版社，2008．

［52］邹晓春．沟通能力培训全案［M］．3版．北京：人民邮电出版社，2014．

［53］莫林虎．商务交流［M］．北京：中国人民大学出版社，2008．

［54］惠亚爱．沟通技巧［M］．北京：人民邮电出版社，2008．

［55］徐丽君，明卫红．秘书沟通技能训练［M］．北京：科学出版社，2008．

［56］周璇璇．实用社交口才［M］．北京：北京大学出版社，2008．

［57］黄琳．有效沟通：王牌沟通大师的制胜秘诀［M］．北京：中国华侨出版社，2008．

［58］许爱玉．魅力来自沟通［M］．杭州：浙江大学出版社，2008．

［59］华阳．不只会说话更要说对话［M］．北京：北京工业大学出版社，2008．

［60］穆子青．最受欢迎的说话方式［M］．北京：海潮出版社，2008．

［61］邰启扬．怎么活才不累［M］．北京：社会科学文献出版社，2008．

［62］王淑红，王志超．如何高效筛选简历［J］．人力资源管理，2008（12）．

［63］李国昊，白光林．招聘面试十大技巧［J］．商场现代化，2008（7）．

［64］吕书梅．管理沟通技能［M］．5版．大连：东北财经大学出版社，2021．

［65］许玲．人际沟通与交流［M］．北京：清华大学出版社，2007．

［66］徐卫卫．大学生交际口语［M］．杭州：浙江大学出版社，2007．

［67］陈秀泉．实用情境口才——口才与沟通训练［M］．北京：科学出版社，2007．

［68］李军湘．谈判语言艺术新论［M］．武汉：武汉大学出版社，2007．

［69］刘维娅．口才与演讲教程［M］．武汉：华中师范大学出版社，2007．

［70］马志强．语言交际艺术［M］．北京：中国社会科学出版社，2006．

［71］周彬琳．实用口才艺术［M］．5版．大连：东北财经大学出版社，2016．

［72］李晓．沟通技巧［M］．北京：航空工业出版社，2006．

［73］黄漫宇．商务沟通［M］．北京：机械工业出版社，2006．

［74］潘桂云．口才艺术［M］．北京：旅游教育出版社，2006．

［75］黄雄杰．口才训练教程［M］．广州：广州高等教育出版社，2006．

［76］李钢英．企业招聘过程中的面试技巧［J］．沿海企业与科技，2006（11）．

［77］刘伯奎．口才与演讲——技能训练［M］．北京：中国人民大学出版社，2006．

［78］王建民．管理沟通理论与实务［M］．北京：中国人民大学出版社，2005．

［79］张韬，施春华，尹凤芝．沟通与演讲［M］．北京：清华大学出版社，2005．